Speth
Boller

Wirtschaftskompetenz

Berufsausbildung

Sozialpartner

Rechtsgeschäfte

Sozialversicherung

Marktwirtschaft

Unternehmensgründung

Merkur
Verlag Rinteln

Wirtschaftswissenschaftliche Bücherei für Schule und Praxis
Begründet von Handelsschul-Direktor Dipl.-Hdl. Friedrich Hutkap †

Verfasser:

Dr. Hermann Speth, Dipl.-Hdl.

Dr. Eberhard Boller, Dipl.-Hdl.

* * * * *

2., aktualisierte Auflage 2017

Gesamtherstellung:
MERKUR VERLAG RINTELN Hutkap GmbH & Co. KG, 31735 Rinteln

E-Mail: info@merkur-verlag.de
lehrer-service@merkur-verlag.de
Internet: www.merkur-verlag.de

ISBN 978-3-8120-**0691-0**

Vorwort

Das Buch „Wirtschaftskompetenz" deckt **alle vier Kompetenzbereiche** des **neuen Bildungsplans für das Fach „Wirtschaftskompetenz"** für die gewerblichen, hauswirtschaftlich-pflegerisch-sozialpädagogischen sowie landwirtschaftlichen Berufsschulen in Baden-Württemberg ab. Der neue Bildungsplan vom 22. Juli 2016 ist **zum 1. August 2016** in Kraft getreten.

Kompetenzbereich I:	Die Rolle des Mitarbeiters in der Arbeitswelt aktiv ausüben (1. Schuljahr)
Kompetenzbereich II:	Als Konsument rechtliche Bestimmungen in Alltagssituationen anwenden (2. Schuljahr)
Kompetenzbereich III:	Wirtschaftspolitisches Handeln in der Sozialen Marktwirtschaft beurteilen (3. Schuljahr)
Kompetenzbereich IV:	Entscheidungen im Rahmen einer beruflichen Selbstständigkeit treffen (3. Schuljahr)

- Von den Autoren wurde bewusst darauf geachtet, dass die vom neuen Bildungsplan vorgegebenen **kompetenzorientierten Zielformulierungen in der vorgegebenen Abfolge, inhaltlich vollständig und umfassend thematisiert** werden. Dabei bleibt den Lehrkräften genügend didaktischer Freiraum, eigene Schwerpunkte oder regionale Besonderheiten zu berücksichtigen.

- Der neue Bildungsplan „Wirtschaftskompetenz" fördert **Handlungskompetenz,** die die Schülerinnen und Schüler in die Lage versetzt, Lebenssituationen als Beschäftigte, Konsumenten, Staatsbürger und Selbstständige zu bewältigen. Um diesem Anspruch gerecht zu werden, werden im Buch den Hauptkapiteln **lebensnahe (authentische) Lernsituationen** vorangestellt. Jede Situation enthält am Ende konkrete **kompetenzfördernde Arbeitsaufträge,** die die unterschiedlichen Teilbereiche der Handlungskompetenz fördern. So zielen die problemhaltigen Lernsituationen u. a. darauf ab, die Lebensrealität der Schülerinnen und Schüler mit einzubeziehen, sodass fachliche und überfachliche Kompetenzen problemloser miteinander verknüpft werden können. Des Weiteren erlauben die Lernsituationen **individuelle Lernwege** und ermöglichen den Schülerinnen und Schülern sowohl durch eigenes Handeln als auch in Gruppen **konkrete Handlungs- und Lernergebnisse** anzufertigen und anschließend über die gewählten Lernwege zu reflektieren.

  Zur Beantwortung der an die Lernsituation anknüpfenden Arbeitsaufträge ist es im Regelfall erforderlich, das jeweilige Kapitel zunächst durchzuarbeiten.

- Am Ende eines jeden Kapitels findet sich ein umfangreiches **Kompetenztraining.** Dieses beinhaltet im Wesentlichen komplexe und realitätsnahe Problemstellungen unter Berücksichtigung der Erfahrungswelt der Lernenden. Das Kompetenztraining dient in erster Linie dem selbstgesteuerten Lernen und einer aktiven Beteiligung der Lernenden.

- Zahlreiche **Abbildungen, aktuelle Schaubilder, Begriffsschemata** und **Gegenüberstellungen** erhöhen die Anschaulichkeit und Einprägsamkeit der Informationen.

- Das vorliegende Lehrbuch wird durch die **Arbeitsheft-Reihe „Wirtschaftskompetenz“** optimal ergänzt:

  - „Arbeitsheft Wirtschaftskompetenz – 1. Schuljahr“ (Merkurbuch 1691)
  - „Arbeitsheft Wirtschaftskompetenz – 2. Schuljahr“ (Merkurbuch 1692)
  - „Arbeitsheft Wirtschaftskompetenz – 3. Schuljahr“ (Merkurbuch 1693)

  Die Arbeitshefte zielen darauf ab, dass die Schülerinnen und Schüler ihren Kompetenzzuwachs nachhaltig dokumentieren und anhand eines stufenförmig aufgebauten „Kompetenz-Checks“ festigen und vertiefen können. Um diese Zielsetzung zu unterstützen, folgt das Arbeitsheft einer durchgängigen, dem Schulbuch angelehnten Struktur.

Wir wünschen Ihnen einen guten Lehr- und Lernerfolg!

Die Verfasser

Inhaltsverzeichnis

Kompetenzbereich I: Die Rolle des Mitarbeiters in der Arbeitswelt aktiv ausüben

Kompetenzbereich II: Als Konsument rechtliche Bestimmungen in Alltagssituationen anwenden

Kompetenzbereich III: Wirtschaftliches Handeln in der sozialen Marktwirtschaft beurteilen

Kompetenzbereich IV: Entscheidungen im Rahmen einer beruflichen Selbstständigkeit treffen

Bilderverzeichnis

S. 18: Picture-Factory - Fotolia.com • **S. 38:** Ben – Fotolia.com • **S. 43:** CarpathianPrince – Fotolia.com • **S. 107:** www.colourbox.de • **S. 139:** Jeanette Dietl – Fotolia.com • **S. 155:** www.colourbox.de • **S. 184:** ikonoklast_hh – Fotolia.com • **S. 210:** loraks – Fotolia.com • **S. 232:** pressmaster – Fotolia.com • **S. 238:** Christian Buck – fotolia.com

Kompetenzbereich I: Die Rolle des Mitarbeiters in der Arbeitswelt aktiv ausüben

1 Berufsausbildung unter Berücksichtigung wesentlicher Rechtsvorschriften analysieren

Lernsituation 1:

Moritz Becker ist 16 Jahre alt und hat am Monatsanfang seine Ausbildung als Elektroniker bei der Luftgut Klimatechnik GmbH begonnen. Mit der Luftgut Klimatechnik GmbH hat er den folgenden Berufsausbildungsvertrag (Auszug) abgeschlossen:

Handwerkskammer Ulm

Rathaus des Handwerks für die Regionen Ostwürttemberg, Donau-Iller, Bodensee-Oberschwaben

Berufsausbildungsvertrag

zwischen dem Ausbildungsbetrieb	
Betriebsnummer	306284
Name	Luftgut Klimatechnik GmbH
Straße	Biberacher Str. 12
PLZ/Ort	89079 Ulm
Kreis	
Telefon-Nr.	0731 9633-0
Telefax-Nr.	0731 9633-33
E-Mail	

Ausbilder (Betriebsinhaber) bzw. verantwortlicher Ausbilder
Herget, Fred

Wird nachstehender Vertrag zur Ausbildung im **Ausbildungsberuf**
Elektroniker

mit der **Fachrichtung**/dem **Schwerpunkt,** nach Maßgabe der Ausbildungsordnung, geschlossen
Energie- und Gebäudetechnik

A Die **reguläre Ausbildungszeit** beträgt nach der Ausbildungsordnung
42 Monate

Das Ausbildungsverhältnis

beginnt am:	endet am:
01.08.2017	31.01.2021

Probezeit
3 Monate

Hierauf wird die/das ____________
mit _0_ Monaten angerechnet, bzw. die entsprechende Verkürzung beantragt. Entsprechende Zeugnisse/Nachweise sind beizufügen.

B Die Ausbildung findet statt in:
Biberacher Str. 12, 89079 Ulm

C Berufsschule (Name und Ort)
Im 1. Ausbildungsjahr
Ferdinand-von Steinbeis-Schule
Im 2., 3. und 4. Ausbildungsjahr
Ferdinand-von Steinbeis-Schule

D Überbetriebliche Ausbildung
Der Auszubildende hat an sämtlichen überbetrieblichen Unterweisungsmaßnahmen, die nach den Beschlüssen der Vollversammlung durchgeführt werden, teilzunehmen.

E Die regelmäßige wöchentliche Arbeitszeit beträgt in Stunden:	40,0

und dem Auszubildenden	
Name	Becker
Vorname	Moritz
Straße	Lindauer Str. 57
PLZ/Ort	89079 Ulm
Geburtsdatum und -Ort	11. 01. 2001
Staatszugehörigkeit	Deutsch
Gesetzlicher Vertreter	Eltern

F Der Ausbildende zahlt dem Auszubildenden eine angemessene Vergütung. Soweit Vergütungen tariflich geregelt sind oder während der Dauer der Ausbildung tariflich geregelt werden, gelten grundsätzlich die tariflichen Sätze als angemessen. Besteht keine tarifliche Regelung, werden mindestens die Richtsätze des zuständigen Landesfachverbandes bezahlt. Bei Änderung der tariflichen Vergütungssätze während der Ausbildung ändert sich die Vergütung entsprechend. Die Vergütung beträgt zur Zeit monatlich brutto Euro:

1. Ausbildungsjahr	2. Ausbildungsjahr	3. Ausbildungsjahr	4. Ausbildungsjahr
680,00 €	730,00 €	850,00 €	930,00 €

G Der Ausbildende gewährt dem Auszubildenden Urlaub nach den geltenden Bestimmungen. Die Urlaubsdauer richtet sich grundsätzlich nach dem Jugendarbeitsschutzgesetz, dem Bundesurlaubsgesetz bzw. den gültigen Tarifverträgen. Es besteht zur Zeit ein Urlaubsanspruch von:

Im Jahre	2017	2018	2019	2020	2021
Tage	AT 12	AT 30	AT 30	AT 30	AT 3

AT = Arbeitstage/WT = Werktage

H Auf anzuwendende Tarifverträge und Betriebs- bzw. Dienstvereinbarungen wurde hingewiesen.

I Sonstige Vereinbarungen

Die vorstehenden sowie die weiteren Vertragsbestimmungen §§ 1-11 (Rückseite) sind Gegenstand des Vertrags und werden anerkannt.

Ort	Datum
Ulm	15.02.2017

Der Ausbildende: **Luftgut Klimatechnik GmbH** i.A. Lohmann

Der Auszubildende: Moritz Becker

Die gesetzlichen Vertreter des Auszubildenden: Max Becker Anja Becker

Dieser Vertrag ist anerkannt und in das Verzeichnis der Berufsausbildungsverhältnisse eingetragen.

Nummer	1084767
Datum	22.02.2017
Vorgesehener Prüfungstermin:	Winter 2021

Hinweis: die sich aus dem Berufsbildungsverhältnis ergebenden Daten gemäß § 28 HwO und § 34/35 BBiG werden bei den zuständigen Stellen gespeichert.

Die Luftgut Klimatechnik GmbH hat im aktuellen Ausbildungsjahr 5 Auszubildende in verschiedenen Ausbildungsberufen eingestellt. Fred Herget ist Ausbilder des Unternehmens.

Kompetenzorientierte Arbeitsaufträge:

1. Gemäß dem Berufsbildungsgesetz muss der Ausbildende unverzüglich nach Abschluss des Berufsausbildungsvertrags, spätestens jedoch vor Beginn der Berufsausbildung, den wesentlichen Inhalt des Vertrags schriftlich niederlegen.

   Analysieren Sie den abgebildeten Ausbildungsvertrag und erstellen Sie eine Checkliste mit den wesentlichen Inhalten, die ein Ausbildungsvertrag gemäß dem Berufsbildungsgesetz enthalten muss!

2. Zunächst sollen die Auszubildenden den Betrieb, ihre neue Arbeitssituation und ihre Rechtsposition erkunden.

   Fred Herget erteilt ihnen folgende Aufträge:

   - *„Lesen Sie Ihren Ausbildungsvertrag, besprechen Sie ihn in Gruppen und notieren Sie offene Fragen.“*
   - *„Notieren Sie Ihre Rechte und Pflichten!“*
   - *„Recherchieren Sie, wie viel Urlaubstage Ihnen nach dem Jugendarbeitsschutzgesetz zustehen.“*
   - *„Für den Fall, dass es Ihnen bei uns nicht gefällt: Prüfen Sie nach, auf welche Weise Sie in diesem Fall das Ausbildungsverhältnis vorzeitig beenden können.“*

   Bearbeiten Sie die Arbeitsaufträge von Fred Herget anhand des gegebenen Berufsausbildungsvertrags und den nachfolgenden Informationen aus Kapitel 1!

3. Neben dem Ausbildungsvertrag bilden die Ausbildungsordnung und der Ausbildungsplan die wesentliche Grundlage für die Berufsausbildung.

   Erläutern Sie kurz, worin sich Ausbildungsordnung und Ausbildungsplan unterscheiden!

4. Angesichts der hohen Jugendarbeitslosigkeit in vielen südeuropäischen Ländern wird Deutschland häufig um das Erfolgsmodell „Duale Ausbildung“ beneidet. Daher unterstützt Deutschland durch Beratung und Pilotprojekte die europäischen Partnerländer bei der Reform ihrer Berufsbildungssysteme.

   Erklären Sie, welche Elemente die duale Ausbildung so erfolgreich machen!

5. Stellen Sie Ihre eigenen Interessen und mögliche Interessen Ihres Ausbildungsbetriebes an der Durchführung der Ausbildung gegenüber und kennzeichnen Sie Übereinstimmungen (☺) und mögliche Konfliktbereiche (☹) durch Ankreuzen. Erstellen Sie hierzu eine Tabelle nach folgendem Muster!

Eigene Interessen	☺	☹	Betriebsinteressen

1.1 Konzept der dualen Ausbildung charakterisieren

(1) Gesetzliche Grundlagen

Für das Handwerk sind die **Berufsausbildung,** die **berufliche Fortbildung** und die **berufliche Umschulung** in der **Handwerksordnung [HwO]** und im **Berufsbildungsgesetz [BBiG]** geregelt. Maßgebend für die Ausbildung in den verschiedenen Ausbildungsberufen ist die **Ausbildungsordnung.** § 4 BBiG

(2) Ausbildungsordnung

Die **Ausbildungsordnung** ist die Grundlage für eine geordnete und einheitliche Berufsausbildung in anerkannten Ausbildungsberufen. Sie hat **mindestens festzulegen:**

- die Bezeichnung des **Ausbildungsberufs** (z. B. Werkzeugmechaniker/-in; Hochbaufacharbeiter/-in; Friseur/-in);
- die **Ausbildungsdauer,** sie soll nicht mehr als drei und nicht weniger als zwei Jahre betragen;
- das **Ausbildungsberufsbild,** es enthält die Fertigkeiten und Kenntnisse, die Gegenstand der Berufsausbildung sind; § 5 BBiG
- den **Ausbildungsrahmenplan,** es handelt sich hierbei um eine Anleitung zur sachlichen und zeitlichen Gliederung der Fertigkeiten und Kenntnisse und
- die **Prüfungsanforderungen.**

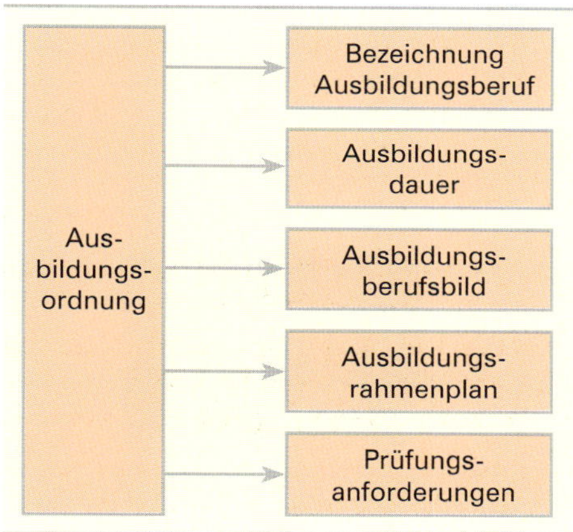

Für einen anerkannten Ausbildungsberuf darf nur nach der Ausbildungsordnung ausgebildet werden. Jugendliche unter 18 Jahren dürfen nur in anerkannten Ausbildungsberufen ausgebildet werden.

(3) Ausbildungsplan

Der Ausbildungsplan regelt die sachliche und zeitliche Berufsausbildung im Betrieb. Der Ausbildungsplan wird von jedem Ausbildungsbetrieb eigenständig erstellt. Er muss jedoch abgestimmt sein mit dem Ausbildungsberufsbild, dem Ausbildungsrahmenlehrplan sowie den Prüfungsanforderungen. §§ 11, 14 BBiG

(4) Beziehungen zwischen Ausbildungsrahmenlehrplan und Ausbildungsplan (duales Ausbildungssystem)

Ausbildungsrahmenplan

Er beinhaltet die sachliche und zeitliche Gliederung der Berufsausbildung.

Rahmenlehrplan

Er ist Grundlage für den berufsbezogenen Unterricht in der Berufsschule und ist zeitlich und inhaltlich mit dem Ausbildungsrahmenlehrplan abgestimmt.

Ausbildungsplan

Der Ausbildungsrahmenlehrplan wird in einen betrieblichen Ausbildungsplan umgesetzt, der die Grundlage für die individuelle Ausbildung im Betrieb bildet.

Betrieb

Berufsschule

1.2 Rechtliche Voraussetzungen zur Begründung von Ausbildungsverhältnissen sowie die Inhalte des Ausbildungsvertrags herausarbeiten

1.2.1 Begriffe Ausbildender, Ausbilder und Auszubildender

(1) Begriff Ausbildender und Ausbilder

- **Ausbildender** ist derjenige, der einen Auszubildenden zur Berufsausbildung einstellt.

Beispiel:

Jens Zeiler wird von dem Maler- und Lackierbetrieb Werner OHG ausgebildet. Die Werner OHG ist Ausbildender.

- **Ausbilder** ist derjenige, der vom Ausbildenden mit der Durchführung der Ausbildung beauftragt wird.

Beispiel:

In der Lackierabteilung wird Jens Zeiler von dem Gesellen Bert Freiberg ausgebildet. Bert Freiberg ist Ausbilder.

Ausbilden darf nur, wer **persönlich** und **fachlich geeignet** und mindestens 24 Jahre alt ist. Die fachliche Eignung umfasst vor allem die für den jeweiligen Beruf erforderlichen Fertigkeiten und Kenntnisse.

Die Ausbilder vermitteln die Fertigkeiten und Kenntnisse, die zur Erreichung des Ausbildungsziels erforderlich sind. Ferner muss der Ausbildungsbetrieb in der Lage sein, die wesentlichen Inhalte der Ausbildung zu vermitteln.

(2) Begriff Auszubildender

Auszubildender ist derjenige, der nach den Bestimmungen des Berufsbildungsgesetzes [BBiG] einen anerkannten Ausbildungsberuf aufgrund staatlicher und bundeseinheitlich gültiger Ausbildungsverordnung erlernt.

Beispiel:

Jens Zeiler schließt mit der Werner OHG einen Ausbildungsvertrag als Maler und Lackierer Fachrichtung „Gestaltung und Instandhaltung" ab. Jens Zeiler ist Auszubildender.

Anforderungen an Auszubildende. Eine Maschinenfabrik umschreibt die Anforderungen an Auszubildende auf ihrer Internetseite folgendermaßen:

„Die Voraussetzung für die Bewerbung bei uns sind gute schulische Leistungen und eine abgeschlossene Schulausbildung. Die Fähigkeit zur Teamarbeit ist ebenso wichtig wie ein hohes Verantwortungsbewusstsein. Wir möchten Auszubildende gewinnen, die überdurchschnittlich motiviert und engagiert sind. Neben den schulischen Leistungen interessiert uns vor allem die Persönlichkeit der Bewerber."

1.2.2 Berufsausbildungsvertrag

(1) Abschluss des Berufsausbildungsvertrags

Vor Beginn der Berufsausbildung ist zwischen dem Ausbildenden und dem Auszubildenden ein Berufsausbildungsvertrag zu schließen. § 10 I BBiG

Der Berufsausbildungsvertrag muss bei der zuständigen Stelle (z. B. **Handwerkskammer**) zur Genehmigung und Eintragung in das **„Verzeichnis der Berufsausbildungsverhältnisse (Lehrlingsrolle)"** vorgelegt werden. § 36 BBiG

Unverzüglich nach Abschluss des Berufsausbildungsvertrags, spätestens vor Beginn der Berufsausbildung, hat der Ausbildende den wesentlichen Inhalt des Vertrags schriftlich niederzulegen. Der Vertrag ist vom **Ausbildenden,** vom **Auszubildenden** und – wenn der Auszubildende noch **minderjährig** ist – von dessen **gesetzlichem Vertreter** zu unterzeichnen. Eine Ausfertigung der unterzeichneten Niederschrift ist dem Auszubildenden und dessen gesetzlichem Vertreter unverzüglich auszuhändigen. § 11 I, S. 1 BBiG § 11 III BBiG

2 Speth u.a. - ISBN 978-3-8120-0691-0

Der Berufsausbildungsvertrag muss folgende Punkte enthalten:

§ 11 BBiG

- sachliche und zeitliche Gliederung sowie Ziel der Berufsausbildung,
- Berufstätigkeit, für die ausgebildet werden soll,
- Beginn und Dauer der Berufsausbildung,
- Ausbildungsmaßnahmen außerhalb der Ausbildungsstätte (überbetriebliche Ausbildung),
- Dauer der regelmäßigen täglichen Arbeitszeit,
- Dauer der Probezeit,
- Zahlung und Höhe der Ausbildungsvergütung,
- Dauer des Urlaubs,
- Voraussetzungen, unter denen der Berufsausbildungsvertrag gekündigt werden kann,
- Hinweis auf anwendbare Tarifverträge und Betriebsvereinbarungen.

§ 43 Nr. 3 BBiG Die Eintragung wird nur vorgenommen, wenn der Berufsausbildungsvertrag dem Berufsbildungsgesetz und der Ausbildungsordnung entspricht und die **persönliche und fachliche Eignung des Ausbildungspersonals** sowie die **Eignung der Ausbildungsstätte** vorliegen. Die Eintragung ist u.a. Voraussetzung dafür, dass der Auszubildende zur Abschlussprüfung, z.B. bei der Handwerkskammer, zugelassen wird.

(2) Pflichten und Rechte aus dem Berufsausbildungsvertrag

§§ 13 ff. BBiG / §§ 14 ff. BBiG

Pflichten des Auszubildenden (Rechte des Ausbildenden)	Pflichten des Ausbildenden (Rechte des Auszubildenden)
■ **Befolgungspflicht:** Weisungen des Ausbildenden im Rahmen der Berufsausbildung sind sorgfältig zu befolgen. ■ **Berufsschulpflicht.** ■ **Lernpflicht:** Der Auszubildende muss sich bemühen, so zu lernen, dass die Abschlussprüfung bestanden wird. ■ **Ausbildungsnachweispflicht (Berichtsheftpflicht):** Der Auszubildende hat in der Regel wöchentlich Ausbildungsnachweise zu führen. Sie geben Auskunft über den Ablauf der Ausbildung und müssen bei der Abschlussprüfung vorgelegt werden. Die einzelnen Ausbildungsnachweise sind vom Ausbilder zu unterschreiben. ■ **Schweigepflicht** über Geschäftsdaten. ■ **Haftpflicht:** Bei grob fahrlässig oder vorsätzlich verursachten Schäden an Maschinen, Büroeinrichtungen usw. haftet der Auszubildende.	■ **Ausbildungspflicht:** Vermittlung der Fertigkeiten und Kenntnisse, die zur Erreichung des Ausbildungsziels erforderlich sind. ■ **Ausbildungsmittel:** Müssen kostenlos zur Verfügung gestellt werden. ■ **Fürsorgepflicht:** Die Vermeidung sittlicher und körperlicher Schäden; Anmeldung zur Sozial- und Unfallversicherung. ■ **Freistellungspflicht:** Der Ausbildende muss den Auszubildenden zum Besuch der Berufsschule anhalten und freistellen. ■ **Anmeldepflicht zu Prüfungen:** Der Auszubildende muss rechtzeitig zu Prüfungen angemeldet und freigestellt werden. ■ **Urlaubspflicht:** Der Urlaub beträgt nach dem Jugendarbeitsschutzgesetz: **Alter** – **Mindesturlaub** bis 16 Jahre – 30 Werktage bis 17 Jahre – 27 Werktage bis 18 Jahre – 25 Werktage Für Berufsschüler soll der Urlaub in die Schulferien gelegt werden. ■ **Vergütungspflicht:** Die Zahlung des Arbeitsentgelts muss spätestens am letzten Werktag des Monats erfolgen. ■ **Pflicht zur Entgeltfortzahlung:** An gesetzlichen Feiertagen und im unverschuldeten Krankheitsfall bis zu sechs Wochen. ■ **Pflicht zur Ausstellung eines Zeugnisses.**

(3) Ausbildungszeit

Die Ausbildungszeit beträgt zwischen 3 Jahren (z. B. Maurer, Wärme-, Kälte- und Schallschutzisolierer, Zimmerer) und $3^1/_2$ Jahren (z. B. Chirurgiemechaniker, Kraftfahrzeugmechatroniker, Klempner). Eine Verkürzung der Ausbildungszeit ist unter bestimmten Voraussetzungen möglich.

(4) Probezeit

Die Probezeit beträgt **mindestens einen Monat** und darf **nicht länger als vier Monate** dauern. Die Probezeit ist Bestandteil des Ausbildungsverhältnisses. Während der Probezeit kann jeder der Vertragspartner das Ausbildungsverhältnis ohne Angabe von Gründen fristlos lösen. § 20 BBiG

1.3 Abschlussprüfung ablegen und Möglichkeiten zur Beendigung von Ausbildungsverhältnissen beschreiben

(1) Abschlussprüfung ablegen

Nach Abschluss der schriftlichen Prüfung an der Berufsschule erhält der Auszubildende ein **Abschlusszeugnis.** Hat der Auszubildende die Prüfung bestanden, stellt die Handwerkskammer den **Gesellenbrief** aus.

(2) Möglichkeiten zur Beendigung von Ausbildungsverhältnissen beschreiben

Das Ausbildungsverhältnis endet spätestens mit dem **Ablauf der Ausbildungszeit,** frühestens mit dem **Bestehen der Abschlussprüfung** oder durch schriftliche **Kündigung.**

Während der Probezeit kann das Berufsausbildungsverhältnis **jederzeit ohne Einhaltung einer Kündigungsfrist** gekündigt werden.

Nach der Probezeit kann das Ausbildungsverhältnis grundsätzlich **nicht gekündigt** werden. Es besteht ein Kündigungsschutz. Eine **Ausnahme** ist nur in folgenden Fällen möglich:

§§ 21, 22 BBiG

Kündigung nach der Probezeit durch	Voraussetzungen für eine Kündigung	Aufhebungsvertrag
das ausbildende Unternehmen	**Aus einem wichtigen Grund ohne Einhalten einer Kündigungsfrist,** z. B. wegen Unterschlagung.	Auflösung des Ausbildungsverhältnisses in **beiderseitigem Einvernehmen** durch einen **Aufhebungsvertrag**
den Auszubildenden	■ **Aus einem wichtigen Grund** ohne Einhalten einer Kündigungsfrist, z. B. wegen ständigen Mobbings. ■ Kündigung vom Auszubildenden mit vierwöchiger Frist, wenn der Auszubildende die **Berufsausbildung aufgeben oder wechseln** möchte.	

Die Kündigung muss **schriftlich** erfolgen und bei einer Kündigung aus einem wichtigen Grund oder wegen Aufgabe oder Wechsel der Berufsausbildung die **Kündigungsgründe** enthalten.

1.4 Zuständige Stellen für die Überwachung der Berufsausbildung ermitteln

Sind Auszubildende der Meinung, dass der ausbildende Betrieb seinen Pflichten nicht nachkommt, können sie sich an verschiedene Stellen wenden.

- Im Bereich des **Betriebs- und Gefahrenschutzes** sind die **staatlichen Gewerbeaufsichtsämter** als Landesbehörden für die Überwachung aller Betriebe ihres Bezirks zuständig. Die **Aufsichtsdienste der Berufsgenossenschaften**[1] kontrollieren die Betriebe des jeweiligen Wirtschaftszweigs.
- Im Bereich des **sozialen Arbeitsschutzes** können sich die Auszubildenden an den **Betriebsrat** – insbesondere an die **Jugend- und Auszubildendenvertretung** – wenden.
- Ansprechpartner sind auch die zuständigen **Kammern** (z. B. die Handwerkskammern). Sie haben u. a. die Aufgabe, über eine **ordnungsgemäße Berufsausbildung** zu wachen. Hilfe gewähren auch die zuständigen **Gewerkschaften.**

Ist zwischen den Parteien keine gütliche Einigung möglich, müssen die **Arbeitsgerichte** angerufen werden.

Überblick: Berufsausbildung

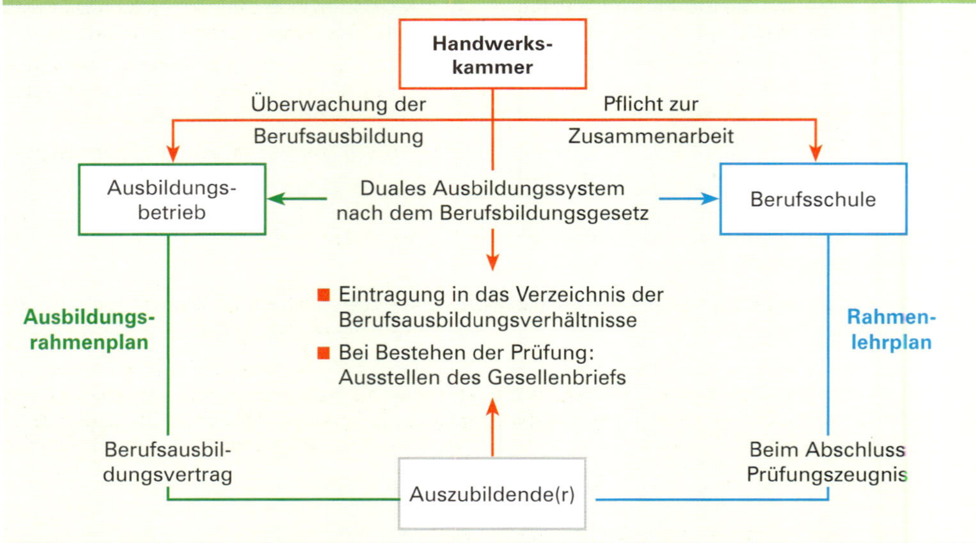

1 **Berufsgenossenschaften** sind Verbände mit Zwangsmitgliedschaft für die versicherungspflichtigen Betriebe. Sie sind die Träger der gesetzlichen Unfallversicherung. Die Berufsgenossenschaften übernehmen den Versicherungsschutz bei Arbeitsunfällen, Wegeunfällen und Berufskrankheiten.

Kompetenztraining

1

1. Nennen Sie die Voraussetzungen, die an einen Ausbilder gestellt werden!

2. Nennen Sie die Gesetze, die die Berufsausbildung regeln!

3. Der 17-jährige Alexander Kannbacher erhält einen Ausbildungsvertrag als Feinwerkmechaniker.

   Aufgaben:

   3.1 Begründen Sie, wer den Ausbildungsvertrag unterschreiben muss!

   3.2 Erklären Sie, welche Voraussetzungen die Handwerkskammer beim Ausbildungsbetrieb überprüfen muss!

4. Der Auszubildende Florian Pfiffig ist seit zwei Monaten als Auszubildender bei der Zimmerei Max Müller beschäftigt.

   Aufgaben:

   4.1 Nennen Sie den Vertrag, der zwischen Florian Pfiffig und der Zimmerei Max Müller geschlossen wurde! Geben Sie die zugrunde liegende Rechtsgrundlage an!

   4.2 Nennen Sie drei Angaben, die im Vertrag unbedingt enthalten sein müssen!

   4.3 Begründen Sie, ob Florian Pfiffig im Einverständnis mit der Zimmerei Max Müller eine Probezeit von sechs Monaten im Berufsausbildungsvertrag vereinbaren durfte!

   4.4 Angenommen, die Probezeit beträgt 4 Monate und die Ausbildungszeit für Florian Pfiffig beginnt am 1. April. Die Ausbildung wurde nicht unterbrochen. Nennen Sie den Tag, an welchem die Probezeit endet!

   4.5 Nennen Sie die Form, in der der Berufsausbildungsvertrag abzuschließen ist und geben Sie an, wo er registriert ist!

5. Der Auszubildenden Margit gefällt es bei der Hammer OHG nicht mehr. Die Kolleginnen und Kollegen sind ihr unsympathisch, der Chef erst recht.

   Aufgabe:

   Prüfen Sie, ob Margit ihr Berufsausbildungsverhältnis lösen kann! Wenn ja, nennen Sie die Bedingung!

6. Die 18-jährige Gabi Meier hat eine Ausbildung zur pharmazeutisch-kaufmännischen Angestellten begonnen. Nach sechs Monaten stellt sie fest, dass es doch der falsche Beruf für sie ist. Sie hat einen neuen Ausbildungsplatz als Systemelektronikerin gefunden. Gabi Meier reicht am 1. Februar folgende Kündigung ein: „Hiermit kündige ich zum 15. Februar 20.. mein Ausbildungsverhältnis bei Ihnen!"

   Aufgabe:

   Prüfen Sie, ob diese Kündigung rechtswirksam ist!

7. 7.1 Die Berufsausbildung verursacht den Ausbildungsbetrieben hohe Kosten.

   Aufgabe:

   Erläutern Sie, warum die Berufsausbildung den ausbildenden Betrieben dennoch Vorteile bringen kann!

   7.2 Nicht alle Ausgebildeten werden von den Ausbildungsbetrieben auch übernommen.

   Aufgabe:

   Beschreiben Sie an einem Beispiel, ob dies immer ein Nachteil für die Ausgebildeten sein muss!

2 Schutzvorschriften am Arbeitsplatz analysieren und deren Auswirkungen für die Arbeitnehmerinnen und Arbeitnehmer erläutern

Lernsituation 2:

Am ersten Tag ihrer Ausbildung werden die neuen Auszubildenden vom stellvertretenden Geschäftsführer der Metallwerke Esslingen, Herr Dr. Daschner, zu einem Gespräch eingeladen. In seiner Ansprache legt der Geschäftsführer besonderen Wert auf die Beachtung der betrieblichen Ordnung, die sich stark an den gesetzlichen Vorgaben orientiert. Beispielhaft führt er die Sicherheitsbestimmungen auf dem Betriebsgelände an, wo es trotz aller Vorsichtsmaßnahmen in der Vergangenheit leider immer wieder zu kleineren Zwischenfällen kam.

Stolz sei das Unternehmen hingegen auf die von verschiedenen Stellen bereits mehrfach ausgezeichnete Gesundheitsförderung im Betrieb, zu dessen Bausteinen neben einigen Betriebssportgruppen auch vielfältige Programme zur gesunden Ernährung gehören.

Schließlich verweist Herr Dr. Daschner noch auf die nachhaltige Ausrichtung des Unternehmens, wobei man besonderen Wert auf Abfallvermeidung und Recycling legt.

Nach Beendigung seiner Rede lädt der Geschäftsführer die Auszubildenden noch zu einem kleinen Stehimbiss ein. Dabei kommt der 18-jährige Leon, der seine Ausbildung zur Fachkraft für Metalltechnik startet, ins Gespräch mit einem seiner Mitauszubildenden, dem 17-jährigen Kevin, der in dem Unternehmen eine Ausbildung zum Fachlageristen beginnt.

Während des Gesprächs beschwert sich Kevin direkt bei Leon, wie sehr ihn schon jetzt die ganzen Arbeitsschutzbestimmungen nerven.

So müsse er im Gegensatz zu Leon während der Arbeitszeit ständig schwere Sicherheitsschuhe und einen Helm tragen, unter dem man mächtig schwitzt. Mit Leon tauschen möchte Kevin allerdings auch nicht. Er führt an, dass er im Gegensatz zu Leon nicht im Anschluss an die Berufsschule noch in den Betrieb müsse. Auch habe er von einem Kumpel erfahren, dass er mit 60 Minuten eine im Vergleich zu Leon um 15 Minuten längere Mittagspause habe. Leon wiederum versteht überhaupt nicht, was derartige Regelungen mit Schutzvorschriften zu tun haben sollen.

Kompetenzorientierte Arbeitsaufträge:

1. Nennen Sie zunächst die in der Lernsituation aufgeführten bzw. angesprochenen „Schutzbereiche"!
2. Herr Dr. Daschner bedauert, dass es trotz der Arbeitsschutzvorschriften im Betrieb immer wieder zu kleineren Zwischenfällen kam. Recherchieren Sie, welche Behörden für die Überwachung der Arbeitsschutzbestimmungen zuständig sind und erläutern Sie anschließend kurz deren Aufgabe!
3. Sammeln Sie gemeinsam mit Ihrem Sitzpartner oder in Kleingruppen Vorschläge bzw. Aktivitäten, die Ihnen im Rahmen einer betrieblichen Gesundheitsförderung wichtig erscheinen. Versuchen Sie dabei die von Ihnen aufgeführten Maßnahmen so konkret wie möglich zu beschreiben, um Sie anschließend vor der Klasse präsentieren zu können!

4. Beschäftigen Sie sich zunächst mit den wichtigsten Bestimmungen des Jugendarbeitsschutzgesetzes! Erläutern Sie anschließend in Form eines kleinen Erfahrungsberichtes, inwiefern bei Ihnen oder bei Ihren Bekannten diese Bestimmungen in Betrieben eingehalten bzw. nicht eingehalten wurden!
5. Bevor Herr Dr. Daschner die neuen Auszubildenden nach Hause entlässt, teilt er ihnen mit, dass sich Herr Bückler in den nächsten Monaten um die Auszubildenden kümmern wird, da sich die eigentliche Ausbilderin Frau Dellermann noch im Mutterschutz und anschließend in Elternzeit befindet. Erläutern Sie, was man unter Mutterschutz und Elternzeit versteht!

2.1 Arbeitsschutz

Nach dem Arbeitsschutzgesetz [ArbSchG] sind die Unternehmen verpflichtet, die zur Sicherheit und Gesundheit der Beschäftigten bei der Arbeit erforderlichen Maßnahmen des Arbeitsschutzes zu treffen. Sie müssen z. B. die Arbeit so gestalten, dass eine Gefährdung für Leben und Gesundheit möglichst vermieden und die verbleibende Gefährdung gering gehalten wird. Gefahren sind an ihren Quellen zu bekämpfen. Zudem ist den Arbeitnehmern die Möglichkeit einzuräumen, sich arbeitsmedizinisch untersuchen zu lassen.

Arbeitsschutzmaßnahmen müssen den Stand der Technik, Arbeitsmedizin, Hygiene und spezielle Gefahren besonders schutzbedürftiger Beschäftigungsgruppen berücksichtigen. Hierzu sind den Beschäftigten geeignete Anweisungen zu erteilen.

Sicherheitszeichen weisen die Mitarbeiter auf mögliche Gefahren und Risiken hin.

Verbotszeichen

Keine offene Flamme

Gebotszeichen

Kopfschutz benutzen

Warnzeichen

Warnung vor elektrischer Spannung

Rettungszeichen

Rettungsweg Notausgang (rechts)

Für die **Überwachung der Arbeitsschutzbedingungen** sind zuständig:

Gewerbeaufsichtsämter	Sie überwachen die Arbeitsschutzvorschriften und sorgen dafür, dass Missstände beseitigt werden.
Berufsgenossenschaften	Sie erstellen Unfallverhütungsvorschriften, die die Unternehmen zur Einführung von Schutzmaßnahmen verpflichten. Die Unfallverhütungsvorschriften müssen im Betrieb ausgelegt oder ausgehängt werden. Mitarbeiter der Berufsgenossenschaften überwachen deren Einhaltung, beraten, beanstanden und verlangen gegebenenfalls die Beseitigung von Mängeln unter Fristsetzung. Werden die Auflagen nicht erfüllt, können Ordnungsstrafen verhängt werden.
Sicherheitsbeauftragte	Sicherheitsbeauftragte des Unternehmens haben darüber zu wachen, dass die Unfallvorschriften eingehalten werden.

Bei einem **Betriebsunfall** oder bei einem **Wegeunfall** (d. h. einem Unfall auf dem Hinweg zur Arbeitsstätte und dem Rückweg nach Hause) ist die zuständige **Berufsgenossenschaft** zu **informieren,** wenn es sich um einen Arbeitsunfall handelt, der zu einer Arbeitsunfähigkeit von mehr als drei Kalendertagen führt (Unfallanzeige). Diese Meldung muss sowohl vom Arbeitgeber als auch vom behandelnden Arzt erfolgen.

2.2 Jugendarbeitsschutz

(1) Geltungsbereich

Grundlage des Jugendarbeitsschutzes ist das **Jugendarbeitsschutzgesetz [JArbSchG]**. Das Gesetz geht davon aus, dass Jugendliche (Personen **bis zum vollendeten 18. Lebensjahr**) nur eine begrenzte Leistungsfähigkeit besitzen, weil ihre körperliche und geistig-seelische Entwicklung noch **nicht vollständig** abgeschlossen ist. Das Jugendarbeitsschutzgesetz gilt daher für alle Arbeitgeber, die Jugendliche beschäftigen (Auszubildende, Arbeitnehmer).

(2) Mindestalter für ein Beschäftigungsverhältnis

Die Beschäftigung von Kindern und von Jugendlichen, die der Vollzeitschulpflicht unterliegen, ist **grundsätzlich verboten.**

(3) Grenzen der Arbeitszeit

Arbeitsbeginn und Arbeitsende	06:00 Uhr frühestens und 20:00 Uhr spätestens.
Tägliche Arbeitszeit	Maximal 8,5 Stunden am Tag; bei 5-Tage-Woche (40 Stunden) maximal 8 Stunden am Tag.
Ruhepausen	Mindestens 30 Minuten Pause bei einer Beschäftigung von mehr als $4^1/_2$ Stunden. Mindestens 60 Minuten Pause bei einer Beschäftigung von mehr als 6 Stunden.
Berufsschultage	Keine Beschäftigung an Berufsschultagen mit mehr als 5 Unterrichtsstunden von mindestens 45 Minuten, jedoch nur einmal in der Woche.
Wöchentliche Arbeitszeit	5-Tage-Woche; 40-Stunden-Woche. Keine Beschäftigung an Samstagen und Sonntagen. Im Einzelhandel darf der Jugendliche beschäftigt werden, wenn er an einem anderen berufsschulfreien Tag einen entsprechenden Ausgleich erhält.
Verbotene Arbeiten	Gefährliche Arbeiten; Arbeiten, bei denen die Jugendlichen sittlichen Gefahren ausgesetzt sind.
Tägliche Freizeit	Zwischen dem Ende der Arbeitszeit eines Tages und dem Beginn der Arbeitszeit/Schulzeit am nächsten Tag müssen mindestens 12 Stunden Freizeit liegen.

(4) Gesundheitliche Betreuung

Jugendliche, die in das Berufsleben eintreten, dürfen nur beschäftigt werden, wenn

- sie innerhalb der **letzten 14 Monate** von einem Arzt untersucht worden sind **(Erstuntersuchung)** und
- sie dem künftigen Arbeitgeber eine von diesem **Arzt ausgestellte Bescheinigung** über diese Untersuchung vorlegen.

Spätestens nach **einem Jahr** haben sich die Jugendlichen einer **Nachuntersuchung** zu unterziehen. Wird nach 14-monatiger Beschäftigung keine ärztliche Bescheinigung vorgelegt, besteht **Beschäftigungsverbot,** was für den Ausbildungsbetrieb ein Grund zur fristlosen Kündigung ist. Weitere jährliche Untersuchungen sind erlaubt. Die Kosten für die ärztlichen Untersuchungen trägt das Bundesland.

(5) Sonstige Schutzvorschriften

Das Unternehmen ist zu einer **menschengerechten Gestaltung der Arbeit** verpflichtet. Es hat alle Maßnahmen zu treffen, die zum Schutz der Jugendlichen gegen Gefahren für Leben und Gesundheit sowie zur Vermeidung einer Beeinträchtigung der körperlichen und seelisch-geistigen Entwicklung der Jugendlichen erforderlich sind.

Vor Beginn der Beschäftigung und bei wesentlicher Änderung der Arbeitsbedingungen sind die Jugendlichen vom Ausbildungsbetrieb über die **Unfall- und Gesundheitsgefahren,** denen sie am Arbeitsplatz ausgesetzt sind, sowie über Einrichtungen und Maßnahmen zur Abwendung dieser Gefahren zu unterweisen.

2.3 Arbeitszeit und Urlaub

(1) Arbeitszeitgesetz [ArbZG]

Das Arbeitszeitgesetz legt die Rahmenbedingungen dafür fest, wann und wie lange Arbeitnehmer/-innen höchstens arbeiten dürfen. Es stellt den Gesundheitsschutz der Beschäftigten sicher, indem es die tägliche Höchstarbeitszeit begrenzt sowie Mindestruhepausen während der Arbeit und Mindestruhezeiten nach Arbeitsende festlegt. Zugleich enthält das Gesetz Bestimmungen für die Vereinbarung flexibler Arbeitszeiten.

Beispiele für Arbeitszeitregelungen:

- Die werktägliche Arbeitszeit der Arbeitnehmer beträgt grundsätzlich 8 Stunden. Nach Beendigung der täglichen Arbeitszeit haben sie Anspruch auf ununterbrochene Ruhezeit von elf Stunden.
- Die werktägliche Arbeitszeit kann auf zehn Stunden ausgedehnt werden, wenn die Verlängerung innerhalb von sechs Monaten auf durchschnittlich acht Stunden ausgeglichen wird.
- Der Arbeitgeber ist verpflichtet, die über die werktägliche Arbeitszeit hinausgehende Arbeitszeit der Arbeitnehmer aufzuzeichnen und ein Verzeichnis der Arbeitnehmer zu führen, die in eine Verlängerung der Arbeitszeit eingewilligt haben. Die Nachweise sind mindestens zwei Jahre aufzubewahren.
- Die Ruhepause muss bei einer Arbeitszeit bis zu neun Stunden 30 Minuten und bei einer Arbeitszeit über neun Stunden 45 Minuten dauern.
- Sofern die Arbeiten nicht an Werktagen vorgenommen werden können, dürfen Arbeitnehmer an Sonn- und Feiertagen arbeiten. Allerdings müssen die Arbeitnehmer an einem Werktag innerhalb von zwei Wochen frei haben. Zudem müssen mindestens 15 Sonntage im Jahr beschäftigungsfrei bleiben.

Über die Einhaltung der Arbeitszeitregelung wachen die Gewerbeaufsichtsämter bzw. die Arbeitsschutzämter der Länder.

Die durchschnittliche Arbeitswoche hat in Westdeutschland 37,5 Stunden, in Ostdeutschland sind es 38,7 Stunden. Hinter diesem Durchschnitt verbergen sich höchst unterschiedliche Wochenarbeitszeiten. So hat jeder vierte tarifvertraglich abgesicherte Arbeitnehmer im Westen die 35-Stunden-Woche; jeder dritte arbeitet allerdings 39 oder mehr Stunden. In den letzten Jahren hat es keine weitere Verkürzung der Arbeitszeit mehr gegeben; eher zeigt der Trend wieder eine Verlängerung an. Seit 1993 liegt die durchschnittliche Wochenarbeitszeit in den westdeutschen Ländern bei unter 38 Stunden. Dagegen gibt es in den ostdeutschen Ländern viele Arbeitnehmer, die noch 40 Stunden pro Woche arbeiten. Im Durchschnitt beträgt die wöchentliche Arbeitszeit dort heute 38,7 Stunden (1991: 40,2 Stunden). Insgesamt kommen die tariflich gebundenen Arbeitnehmer in Deutschland auf eine Jahresarbeitszeit von 1658 Stunden (West: 1649 Stunden, Ost: 1705 Stunden).

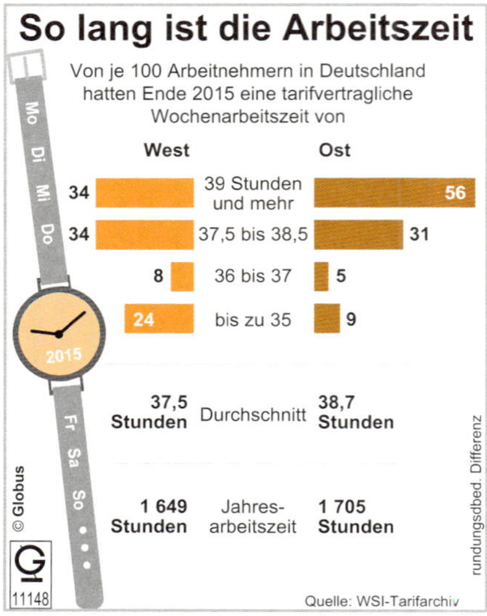

(2) Bundesurlaubsgesetz [BUrlG]

Jeder Arbeitnehmer hat Anspruch auf bezahlten Erholungsurlaub. Der Urlaub beträgt jährlich **mindestens 24 Werktage**. Als **Werktage** gelten alle Kalendertage, die nicht Sonn- oder gesetzliche Feiertage sind. Der volle Urlaubsanspruch wird erstmalig nach sechsmonatigem Bestehen des Arbeitsverhältnisses erworben. In Tarifverträgen oder im Einzelarbeitsvertrag kann der Urlaubsanspruch zugunsten des Arbeitnehmers abgeändert werden. Während des Urlaubs darf der Arbeitnehmer keine dem Urlaubszweck widersprechende Erwerbstätigkeit leisten. Erkrankt der Arbeitnehmer während des Urlaubs, so werden die durch ärztliches Zeugnis nachgewiesenen Tage der Arbeitsunfähigkeit auf den Jahresurlaub nicht angerechnet.

Das **Urlaubsentgelt** richtet sich nach dem durchschnittlichen Arbeitsverdienst der letzten dreizehn Wochen ohne Überstunden.

2.4 Mutterschutz, Elternzeit und Elterngeld

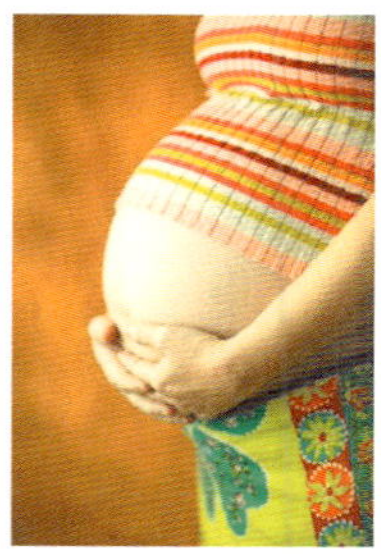

2.4.1 Mutterschutzgesetz

(1) Grundlegendes

Das Gesetz zum Schutz der erwerbstätigen Mutter [MuSchG] gilt für alle schwangeren Frauen, die in einem Arbeitsverhältnis stehen – dazu gehören auch Auszubildende, Teilzeitbeschäftigte und Frauen, die im Rahmen eines freiwilligen sozialen Jahres tätig sind.

Sobald der Arzt die Schwangerschaft und den errechneten Geburtstermin bestätigt, sollen Schwangere dem Arbeitgeber die Schwangerschaft und den mutmaßlichen Tag der Entbindung mitteilen sowie die Bescheinigung des Arztes vorlegen.

(2) Mutterschutzfristen

Sechs Wochen vor der Geburt beginnt die Mutterschutzfrist. Schwangere Frauen dürfen in den letzten sechs Wochen vor der Entbindung nicht beschäftigt werden, es sei denn, dass sie sich zur Arbeitsleistung ausdrücklich bereit erklären. Die Erklärung kann jederzeit widerrufen werden.

Beispiel:

Der vom Arzt errechnete Entbindungstag ist der 18. Juli.

In diesem Fall beginnt die Schutzfrist am 6. Juni.

Die Schutzfrist endet **acht Wochen nach dem berechneten Entbindungstermin.** Liegt die Entbindung einige Tage vor dem errechneten Tag, so verlängert sich die Acht-Wochen-Frist entsprechend. Bei einer Früh- oder Mehrlingsgeburt verlängert sie sich auf zwölf Wochen. In dieser Zeit besteht absolutes Beschäftigungsverbot. Wird der errechnete Geburtstermin überschritten, verlängert sich die Schutzfrist um diesen Zeitraum.

Beispiel:

Der vom Arzt errechnete Entbindungstag ist der 18. Juli. Das Kind kommt bereits am 11. Juli auf die Welt.

In diesem Fall endet die Schutzfrist trotzdem am 12. September (8 Wochen + 7 Tage).

(3) Beschäftigungsverbote

Schwangere Frauen dürfen u. a. **nicht beschäftigt** werden

- mit schweren körperlichen Arbeiten (z. B.: regelmäßiges Heben von Lasten über 5 kg; Arbeiten, die übermäßiges Strecken und Beugen erfordern),
- mit Arbeiten, bei denen sie erhöhten Unfallgefahren ausgesetzt sind (z. B.: bei Gefahr auszurutschen oder zu stürzen),
- mit Arbeiten, bei denen sie gesundheitsgefährdenden Stoffen, Strahlen, Nässe, Lärm oder Erschütterungen ausgesetzt sind,
- mit Akkordarbeit und Fließbandarbeit mit vorgegebenem Tempo,
- nach Ablauf des fünften Schwangerschaftsmonats mit Arbeiten, bei denen sie ständig stehen müssen.

(4) Kündigungsschutz

Während der Schwangerschaft und bis zum Ablauf von vier Monaten nach der Entbindung darf der Arbeitnehmerin nicht gekündigt werden. Voraussetzung dafür ist, dass dem Arbeitgeber zur Zeit der Kündigung die Schwangerschaft oder Entbindung bekannt war oder innerhalb zweier Wochen nach Zugang der Kündigung mitgeteilt wird.

2.4.2 Elternzeit und Elterngeld

Nach der Geburt ihres Kindes können Eltern gleichzeitig, jeder Elternteil anteilig oder allein bis zu drei Jahren **Elternzeit**[1] nehmen. Die Elternzeit kann auf 3 Zeitabschnitte verteilt werden. Bis zu 24 Monate der Elternzeit können ab dem 3. Geburtstag bis zum 8. Lebensjahr des Kindes in Anspruch genommen werden. Eine Zustimmung des Arbeitgebers ist nicht erforderlich.

§ 18 BEEG Ab dem Zeitpunkt, von dem Elternzeit verlangt worden ist und während der Elternzeit, darf der Arbeitgeber das Arbeitsverhältnis nicht kündigen. Es gilt ein **Kündigungsschutz.**

Das (herkömmliche) **Elterngeld** beträgt 67 % des weggefallenen Nettoeinkommens, mindestens 300,00 EUR, höchstens 1 800,00 EUR mit einer Laufzeit von 12 Monaten, bei Beteiligung des Partners bzw. bei Alleinerziehenden 14 Monate oder doppelte Laufzeit mit dem halben Monatsbetrag.

Für Eltern, deren Kinder nach dem 1. Juli 2015 geboren wurden, gibt es neue Regelungen in Form des Elterngeldes Plus und des Partnerschaftsbonus. Die Eltern haben dann die Wahl zwischen dem **herkömmlichen Elterngeld,** dem **Elterngeld Plus** (es kann bei Teilzeit doppelt so lang bezogen werden wie das Elterngeld, ist aber höchstens halb so hoch wie dieses) oder einer **Kombination von beiden.** Zusätzlich erhalten die Eltern als **Partnerschaftsbonus** auf Antrag vier zusätzliche Monate Elterngeld Plus, wenn beide Elternteile in dieser Zeit Teilzeit arbeiten. Die maximale Bezugsdauer des Elterngeldes beträgt 28 Monate.

Überblick: Arbeitsschutz

Arbeitsrecht

z. B.:
- Berufsbildungsgesetz
- Bürgerliches Gesetzbuch
- Betriebsverfassungsgesetz
- Tarifvertragsgesetz
- Nachweisgesetz
- Bundesurlaubsgesetz

Schutz der Rechte durch Arbeitsvertrags-, Berufsbildungs-, Tarifvertrags- und Mitbestimmungsrecht

Arbeitsschutzrecht

Sozialer Arbeitsschutz

z. B.:
- Arbeitszeitgesetz
- Mutterschutzgesetz
- Jugendarbeitsschutzgesetz
- Sozialgesetzbuch
- Kündigungsschutzgesetz
- Elterngeld- und Elternzeitgesetz

Betriebs- und Gefahrenschutz

z. B.:
- Arbeitsschutzgesetz
- Produktsicherheitsgesetz
- Arbeitssicherheitsgesetz
- Arbeitsstättenverordnung
- Sicherheitsregeln
- Richtlinien der Berufsgenossenschaften, DIN-Normen (technische Regeln)

Schutz des Lebens und der Gesundheit durch menschengerechte Gestaltung der Arbeit, technischen Arbeitsschutz und Unfallverhütung

1 Die Elternzeit ist im Bundeselterngeld- und Elternzeitgesetz [BEEG] geregelt.

Kompetenztraining

2 1. Beschreiben Sie die Aufgabe der Arbeitsschutzgesetze, recherchieren Sie drei Arbeitsschutzgesetze und nennen Sie den betroffenen Personenkreis!

2. 2.1 Die 17-jährige Bärbel Emsig muss nach bestandener Prüfung als Informationselektronikerin 45 Wochenstunden ohne Überstundenvergütung arbeiten. Der Chef beruft sich auf das Arbeitszeitgesetz, wonach sogar über 50 Wochenstunden zulässig sind.

   Aufgabe:

   Klären Sie die Rechtslage!

   2.2 Nennen Sie zwei wesentliche Bestimmungen des Arbeitsschutzgesetzes!

   2.3 Recherchieren Sie, welche Maßnahmen bei einem Arbeitsunfall zu ergreifen sind und berichten Sie in der Klasse!

   2.4 Recherchieren Sie die Bedeutung der angeführten Gefahrenpiktogramme!

3. Ermitteln Sie mithilfe des Arbeitszeitgesetzes

   3.1 die Pflicht, die der Arbeitgeber hat, wenn ein Arbeitnehmer über die gewöhnliche werktägliche Arbeitszeit von acht Stunden hinaus arbeitet!

   3.2 wer die Einhaltung des Arbeitszeitgesetzes überwacht!

4. Recherchieren Sie, ob die im Folgenden beschriebenen Beschäftigungen nach dem Jugendarbeitsschutzgesetz zulässig sind! Begründen Sie Ihre Antworten mithilfe des Jugendarbeitsschutzgesetzes!

   4.1 Die 16-jährige Auszubildende Anna Viviani soll in Inventurarbeiten eingearbeitet werden. Zu diesem Zweck wird sie am 31. Dezember bis 15:00 Uhr beschäftigt.

   4.2 Der 17-jährige Auszubildende Robert Restle soll nach bestandener Abschlussprüfung an der Berufsschule 45 Stunden in der Woche arbeiten. Robert Restle ist in keiner Gewerkschaft. Sein Ausbildungsbetrieb ist nicht tarifgebunden.

   4.3 Die 17-jährige Auszubildende Heidrun Mager hat am Montag ihre Abschlussprüfung. Sie wird am vorausgehenden Freitag beschäftigt.

   4.4 Der Auszubildende Karl Nunnemacher (17 Jahre) hat dienstags und freitags jeweils 6 Unterrichtsstunden zu je 45 Minuten Berufsschulunterricht. Er verlangt daher von seinem Ausbilder, ihm an diesen Tagen frei zu geben.

5. Eva Müller hat von ihrem Arzt die freudige Nachricht erhalten, dass sie schwanger ist. Sie arbeitet zurzeit als Kraftfahrzeugmechatronikerin bei einer großen Autowerkstatt.

   Aufgaben:

   5.1 Beschreiben Sie, wie sich Eva Müller nun gegenüber ihrem Arbeitgeber verhalten sollte!

   5.2 Nennen Sie drei Arbeiten, die Eva Müller während der Schwangerschaft nicht übertragen werden dürfen!

   5.3 Der errechnete Geburtstermin ist der 21. März. Ermitteln Sie, wann die Schutzfrist beginnt!

   5.4 Als der Arbeitgeber von Eva Müllers Schwangerschaft erfährt, kündigt er ihr zum Quartalsende. Prüfen Sie die Rechtslage!

   5.5 Nach dem Ärger mit ihrem Arbeitgeber kündigt Eva Müller einige Tage nach der Geburt ihres Sohnes ohne Einhaltung einer Kündigungsfrist. Recherchieren Sie dazu die Rechtslage nach dem Mutterschutzgesetz (vgl. § 10 MuSchG)!

3 Anbahnung, Inhalt und Beendigung eines Arbeitsvertrags erarbeiten und ein qualifiziertes Arbeitszeugnis prüfen

Lernsituation 3:

Der zwanzigjährige Benno Winkler hat nach seinem erfolgreichen Abschluss als Tischler eine Arbeitsstelle bei der Stuttgarter Möbelmanufaktur AG angeboten bekommen. Schon während des Vorstellungsgesprächs bekommt er einen unterschriftsreifen Vertrag vorgelegt. Benno soll den Vertrag möglichst am nächsten Tag unterschrieben in der Personalabteilung einreichen. Bevor er den Vertrag unterschreibt, legt er diesen am Abend ganz stolz seinem Vater vor und bittet ihn, sich diesen tollen Vertrag doch einmal kurz anzuschauen.

Bennos Vater liest den Vertrag in aller Ruhe durch, schüttelt zwischendurch immer wieder den Kopf und sagt schließlich: *„Tja, bei Ahnungslosen kann man es ja mal probieren! Wahrscheinlich unterschreibt der ein oder andere ja sogar so ein Papier!“.* Daraufhin schaut Benno seinen Vater ziemlich fragend an.

Arbeitsvertrag zwischen Benno Winkler und der Stuttgarter Möbelmanufaktur AG:

Zwischen der Stuttgarter Möbelmanufaktur AG, Industriestr. 5, 70565 Stuttgart – nachfolgend „Arbeitgeber“ – und Herrn Benno Winkler, wohnhaft Hohenloher Str. 13, 70435 Stuttgart – nachfolgend „Arbeitnehmer“ – wird folgender

Arbeitsvertrag

geschlossen.

§ 1 Beginn des Arbeitsverhältnisses

Das Arbeitsverhältnis beginnt am 01.09.20..

§ 2 Probezeit

Dieser Vertrag wird auf die Dauer von sechs Monaten vom 01.09.20.. bis zum 28.02.20.. zur Probe abgeschlossen. Nach Ablauf dieser Befristung endet das Arbeitsverhältnis, ohne dass es einer Kündigung bedarf, wenn nicht bis zu diesem Zeitpunkt eine Fortsetzung des Arbeitsverhältnisses vereinbart wird. Innerhalb der Probezeit kann das Arbeitsverhältnis mit einer Frist von zwei Wochen gekündigt werden. Der Arbeitnehmer erhält während der Probezeit keine Ausfertigung dieses Arbeitsvertrags.

§ 3 Tätigkeit

Der Arbeitnehmer wird als Tischler eingestellt.

§ 4 Arbeitsvergütung

Wegen der Befristung des Arbeitsvertrags erhält der Arbeitnehmer einen Bruttostundenlohn von 15,50 EUR und somit 4,00 EUR weniger als die unbefristet beschäftigten Arbeitnehmer.

§ 5 Arbeitszeit

Die regelmäßige wöchentliche Arbeitszeit beträgt derzeit 38,5 Stunden. Beginn und Ende der täglichen Arbeitszeit richten sich nach der betrieblichen Einteilung.

§ 6 Urlaub

Der Arbeitnehmer hat Anspruch auf einen gesetzlichen Mindesturlaub von 20 Werktagen im Kalenderjahr.

§ 7 Krankheit

Ist der Arbeitnehmer infolge unverschuldeter Krankheit arbeitsunfähig, so besteht Anspruch auf Fortzahlung der Arbeitsvergütung bis zur Dauer von vier Wochen nach den gesetzlichen Bestimmungen. Die Arbeitsverhinderung ist dem Arbeitgeber unverzüglich mitzuteilen. Dauert die Arbeitsunfähigkeit länger als drei Kalendertage, hat der Arbeitnehmer eine ärztliche Bescheinigung über das Bestehen sowie deren voraussichtliche Dauer spätestens an dem auf den dritten Kalendertag folgenden Arbeitstag vorzulegen.

§ 8 Verschwiegenheitspflicht

Der Arbeitnehmer verpflichtet sich, während der Dauer des Arbeitsverhältnisses und auch nach dem Ausscheiden, über alle Betriebs- und Geschäftsgeheimnisse Stillschweigen zu bewahren.

§ 9 Nebentätigkeit

Jede entgeltliche oder das Arbeitsverhältnis beeinträchtigende Nebenbeschäftigung ist nur mit Zustimmung des Arbeitgebers zulässig.

§ 10 Kündigung

Nach Ablauf der Probezeit beträgt die Kündigungsfrist vier Wochen zum 15. oder Ende eines Kalendermonats. Jede gesetzliche Verlängerung der Kündigungsfrist zugunsten des Arbeitnehmers gilt in gleicher Weise auch zugunsten des Arbeitgebers. Die Kündigung bedarf der Schriftform. [...]

§ 11 Ausschlussklausel/Zeugnis

Die Vertragsparteien müssen Ansprüche aus dem Arbeitsverhältnis innerhalb von drei Monaten nach dessen Beendigung schriftlich geltend machen und im Falle der Ablehnung durch die Gegenseite innerhalb von weiteren drei Monaten einklagen. Andernfalls sind sie verwirkt.

Bei Beendigung des Arbeitsverhältnisses nach sechs Monaten erhält der Arbeitnehmer – auch auf sein Verlangen hin – kein qualifiziertes Zeugnis.

Stuttgart, den 26. Juli 20..	*Stuttgart, den 26. Juli 20..*
(Ort, Datum)	*(Ort, Datum)*
R. Lautenbach	
(Unterschrift Arbeitgeber)	(Unterschrift Arbeitnehmer/-in)

Kompetenzorientierte Arbeitsaufträge:

1. Erklären Sie die Abläufe, die spätestens am 28.02.20.. notwendig sind, damit ein unbefristetes Arbeitsverhältnis entsteht!
2. § 625 BGB, Stillschweigende Verlängerung, lautet: *„Wird das Dienstverhältnis nach dem Ablauf der Dienstzeit von dem Verpflichtenden mit Wissen des anderen Teiles fortgesetzt, so gilt es als auf unbestimmte Zeit verlängert, sofern nicht der andere Teil unverzüglich widerspricht."*

   Stellen Sie dar, wodurch sich die gesetzliche Regelung von der im Arbeitsvertrag vereinbarten unterscheidet!
3. Recherchieren Sie im Internet, ob die arbeitsvertraglichen Vereinbarungen in Bezug auf wöchentlicher Arbeitszeit und Urlaubstagen den tariflichen Vorgaben für die Holz verarbeitende Industrie entsprechen!
4. Beurteilen Sie die Reaktion von Bennos Vater auf diesen Arbeitsvertrag, indem Sie die Regelungen im Einzelnen überprüfen! Halten Sie mögliche Unstimmigkeiten fest und – dort wo möglich – korrigieren Sie diese!

3.1 Anbahnung und Zustandekommen eines Arbeitsvertrags erarbeiten

(1) Anbahnung eines Arbeitsvertrags

Dem Abschluss des Arbeitsvertrags geht in der Regel voraus:

- **Stellenausschreibung** des Arbeitgebers.
- **Bewerbung** des Stellensuchenden.
- Einladung zu einem **Vorstellungsgespräch** durch den Arbeitgeber.
- **Entscheidung des Arbeitgebers,** die Stelle mit dem Bewerber zu besetzen.

Im Rahmen des Vorstellungsgesprächs versucht der Arbeitgeber, zum einen die Informationen aus den Bewerbungsunterlagen zu überprüfen und zum anderen einen persönlichen Eindruck vom Bewerber zu gewinnen. Allerdings muss der Bewerber beim Vorstellungsgespräch nicht jede Frage des möglichen Arbeitgebers beantworten.

Beispiele für erlaubte Fragen an den Bewerber:

- *„Warum haben Sie sich gerade bei unserem Unternehmen beworben?"*
- *„Was gefällt Ihnen besonders an dieser Stelle bzw. an diesem Ausbildungsberuf?"*
- *„Wo sehen Sie Ihre Stärken und Ihre Schwächen?"*
- *„Welche Hobbys betreiben Sie?"*
- *„Wie stellen Sie sich Ihre Arbeit bzw. Ihre Ausbildung vor?"*
- *„Warum sollten wir gerade Sie den übrigen Mitbewerbern vorziehen?"*

Nicht beantworten muss der Bewerber Fragen, die gegen das Recht auf Schutz der Persönlichkeit verstoßen:

- **Familienplanung** und **Schwangerschaft,**
- **Vorstrafen,** außer sie sind berufsrelevant (Bewerbung als Kassierer, Buchhalter, Sicherheitsbeauftragter),
- **Krankheiten,** sofern die Krankheit die Berufsausübung nicht erschwert oder unmöglich macht (ansteckende Krankheiten, Bandscheibenleiden),
- **Partei-, Kirchen- oder Gewerkschaftszugehörigkeit,**
- **finanzielle Verhältnisse,** es sei denn, es wird eine Führungsposition oder eine besondere Vertrauensstellung angestrebt.

Der Bewerber hat darauf zu achten, dass er arbeitsrechtlich zulässige Fragen wahrheitsgemäß und vollständig beantwortet. Zudem ist der Bewerber verpflichtet, dem möglichen Arbeitgeber alle Sachverhalte mitzuteilen, die der angestrebten Tätigkeit entgegenstehen (z.B. Krankheit, Kur). Diese Verpflichtung gilt auch dann, wenn der Bewerber im Bewerbungsgespräch nicht danach gefragt wird. Kommt der Bewerber der Offenlegungspflicht nicht nach, so kann der Arbeitgeber einen abgeschlossenen Arbeitsvertrag anfechten.

(2) Zustandekommen eines Arbeitsvertrags

Ein Arbeitsvertrag kommt zustande, indem der Bewerber dem vorliegenden Arbeitsvertrag innerhalb des vom Arbeitgeber vorgegebenen Zeitraums zustimmt.

- Ein **Arbeitsvertrag** liegt vor, wenn ein Arbeitnehmer in einem **Unternehmen angestellt** ist, um nach **Weisungen des Arbeitgebers Leistungen gegen Entgelt** zu erbringen.
- Der Arbeitsvertrag kann geschlossen werden als **unbefristeter** oder **befristeter Arbeitsvertrag.**

Die Besonderheit des Arbeitsvertrags besteht darin, dass ein Arbeitnehmer **abhängige Arbeit** zu verrichten hat. Der Arbeitsvertrag ist eine **Sonderform des Dienstvertrags.**[1] Für den Abschluss eines **Einzelarbeitsvertrags (Individualarbeitsvertrag)** gibt es **keine gesetzliche Formvorschrift.** § 611 BGB

Das Nachweisgesetz [NachwG] bestimmt jedoch, dass der Arbeitgeber **spätestens einen Monat** nach dem vereinbarten Beginn des Arbeitsverhältnisses die **wesentlichen Vertragsbedingungen** schriftlich (nicht nur elektronisch) niederzulegen, die Niederschrift zu unterzeichnen und dem Arbeitnehmer auszuhändigen hat. § 2 NachwG

3.2 Rechte und Pflichten der Vertragsparteien benennen

§§ 611–630 BGB

Pflichten des Arbeitgebers (Rechte des Arbeitnehmers)	Pflichten des Arbeitnehmers (Rechte des Arbeitgebers)
■ **Zahlung der vereinbarten Vergütung.** ■ **Fürsorgepflicht:** Arbeitsbedingungen sind so zu gestalten, dass sie der Gesundheit der Beschäftigten nicht schaden. Der Arbeitnehmer ist zur Sozialversicherung anzumelden, die Beiträge dafür sind einzubehalten und an den Sozialversicherungsträger abzuführen. ■ **Informations- und Anhörungspflicht:** Der Arbeitnehmer hat z. B. das Recht, Einsicht in die Personalakte zu nehmen, sich bei ungerechter Behandlung zu beschweren, Verbesserungsvorschläge zu unterbreiten und Auskunft über die Zusammensetzung des Gehalts zu verlangen. ■ **Pflicht zur Ausstellung eines Zeugnisses:** Bei Beendigung des Arbeitsverhältnisses ist ein schriftliches Zeugnis auszustellen. Auf Verlangen des Arbeitnehmers muss ein qualifiziertes Zeugnis erteilt werden. ■ **Pflicht zur Urlaubsgewährung und Zahlung von Urlaubsentgelt:** Der Urlaub beträgt jährlich mindestens 24 Werktage. ■ **Entgeltfortzahlung an gesetzlichen Feiertagen** und im **unverschuldeten Krankheitsfall** bis zu sechs Wochen.	■ **Dienstleistungspflicht:** Die im Arbeitsvertrag übernommenen Arbeitsaufgaben sind ordnungsgemäß durchzuführen. ■ **Pflicht zur Verschwiegenheit.** ■ **Pflicht zur Einhaltung des gesetzlichen Wettbewerbsverbots:** Ohne Einwilligung des Arbeitgebers darf der Arbeitnehmer kein eigenes Handelsgewerbe betreiben und/oder im Geschäftszweig des Arbeitgebers Geschäfte auf eigene oder fremde Rechnung machen. ■ **Pflicht den Anordnungen des Arbeitgebers Folge zu leisten.** ■ **Haftpflicht** bei grob fahrlässig oder vorsätzlich verursachten Schäden. ■ **Pflicht zur unverzüglichen Anzeige der Arbeitsunfähigkeit** (dauert die Arbeitsunfähigkeit länger als drei Kalendertage, muss ein ärztliches Attest vorgelegt werden). Die Arbeitgeber können bereits ab dem ersten Tag der Arbeitsunfähigkeit eine ärztliche Bescheinigung verlangen.

1 Beim **Dienstvertrag** verpflichtet sich ein Vertragspartner zur Leistung der versprochenen Dienste, der andere Vertragspartner zur Zahlung der vereinbarten Vergütung. Es besteht lediglich die Verpflichtung zum „Tätigwerden“, nicht jedoch ein bestimmter Erfolg.

3 Speth u.a. - ISBN 978-3-8120-0691-0

3.3 Befristete und unbefristete Arbeitsverträge vergleichen

(1) Zulässigkeit der Befristung

§ 14 TzBfG Die **Befristung eines Arbeitsvertrags** ist **zulässig,** wenn sie durch einen **sachlichen Grund gerechtfertigt** ist. Ein sachlicher Grund liegt z. B. vor, wenn

- der betriebliche Bedarf an Arbeitsleistung nur vorübergehend besteht,
- der Arbeitnehmer zur Vertretung eines anderen Arbeitnehmers beschäftigt wird oder
- die Befristung zur Erprobung erfolgt.

Liegt **kein sachlicher Grund** für die kalendermäßige Befristung eines Arbeitsvertrags vor, so ist die Befristung **bis zur Dauer von 2 Jahren** zulässig.

Befristete Arbeitsverträge müssen **schriftlich vereinbart** werden, damit die Befristung rechtswirksam ist.

(2) Diskriminierungsverbot[1]

§ 4 TzBfG Für befristet beschäftigte Arbeitnehmer gilt ein Diskriminierungsverbot, d. h., sie dürfen nicht ohne sachlichen Grund schlechter gestellt werden als ihre unbefristet beschäftigten Kollegen. Das besagt, dass der befristet beschäftigte Arbeitnehmer in der Regel Anspruch auf ein Arbeitsentgelt hat, das dem entspricht, was der unbefristet beschäftigte Arbeitnehmer für den gleichen Zeitraum erhalten würde.

(3) Ende des befristeten Arbeitsvertrags

- Ein **kalendermäßig befristeter Arbeitsvertrag** endet mit **Ablauf der vereinbarten Zeit.**[2]
- Ein **zweckbefristeter Arbeitsvertrag** endet mit **Erreichen des Zwecks,** frühestens jedoch 2 Wochen nach Zugang der schriftlichen Unterrichtung des Arbeitnehmers durch den Arbeitgeber über den Zeitpunkt der Zweckerreichung.

3.4 Möglichkeiten der Beendigung von Arbeitsverhältnissen erläutern und die Vorschriften des Kündigungsschutzes anwenden

Lernsituation 4:

Die Stuttgarter Möbelmanufaktur AG sieht sich gezwungen, sich von einigen Mitarbeitern zu trennen.

Fall 1: Jürgen Knolle, 38 Jahre alt, seit 5 Jahren Monteur im Außendienst, wurde am 31. Mai zum 31. Juli gekündigt. Grund: Seine Arbeitsleistungen ließen objektiv sehr zu wünschen übrig. Eine Abmahnung diesbezüglich hatte Jürgen Knolle bereits im Vorfeld erhalten.

Am 2. Juni kommt Jürgen Knolle ins Personalbüro. Die Kündigung sei ihm erst am 1. Juni zugegangen. Sie sei daher nicht wirksam.

1 **Diskriminierung**: Benachteiligung, Herabsetzung.

2 Wird das befristete Arbeitsverhältnis einfach fortgesetzt, ohne dass Arbeitgeber und Arbeitnehmer darüber sprechen, so gilt das Arbeitsverhältnis als auf unbestimmte Zeit verlängert.

Fall 2: Dem 40-jährigen Schreiner Moritz Bauer, seit 18 Jahren im Unternehmen beschäftigt, wurde, mit Wirkung zum 31. August, aus zwingenden betrieblichen Gründen am 16. Mai gekündigt. Moritz Bauer zweifelt daran, dass die Kündigung wirklich zum 31. August wirksam wird. Er bittet um eine Begründung.

Fall 3: Der Buchhalterin Maria Hehl wurde ebenfalls am 16. Mai mit der gleichen Begründung gekündigt. Sie weist durch ein ärztliches Attest eine bestehende Schwangerschaft nach. Voraussichtlicher Geburtstermin: 20. Oktober. Sie möchte zudem Elternzeit in Anspruch nehmen.

Kompetenzorientierte Arbeitsaufträge:

Die Abteilungsleiterin Beate Stark gibt Ihnen die obigen drei Fälle und bittet Sie, nachfolgende Arbeitsaufträge im Laufe des Tages zu bearbeiten.

1. Erläutern Sie den Unterschied zwischen einer Kündigung und einem Aufhebungsvertrag!
2. Im Zuge einer Kündigung müssen bestimmte Fristen eingehalten werden. Erklären Sie den Unterschied zwischen einer gesetzlichen und vertraglichen Kündigungsfrist!
3. Erläutern Sie drei Fälle einer sozial gerechtfertigten Kündigung und bilden Sie hierzu jeweils zwei Beispiele!
4. Erläutern Sie vier Fälle für besonderen Kündigungsschutz!
5. Unterscheiden Sie zwischen einem einfachen und einem qualifizierten Zeugnis!
6. Beurteilen Sie die Fälle 1–3 aus rechtlicher Sicht!
7. Versetzen Sie sich in die Situation, dass Sie Ihre Ausbildung erfolgreich abgeschlossen haben. Formulieren Sie für Ihre Ausbildungszeit ein qualifiziertes Zeugnis, das Sie gerne am Ende in den Händen halten würden! Nachdem Sie Ihr eigenes Zeugnis verfasst haben, markieren Sie bitte die Bereiche, in denen Sie sich für die verbleibende Ausbildungszeit noch verbessern müssen. Notieren Sie abschließend für die markierten Bereiche konkrete Maßnahmen, um dieses selbst formulierte Zeugnis auch tatsächlich erreichen zu können!

3.4.1 Gründe für die Beendigung von Arbeitsverhältnissen

In einem Betrieb kann es notwendig werden, den Mitarbeiterbestand zu verringern. Die Freisetzung kann in der **Person**[1] oder dem **Verhalten des Mitarbeiters**[1] begründet sein oder auf **dringenden betrieblichen Erfordernissen** beruhen.

Ein Arbeitsverhältnis kann beendet werden durch

- Vertragsablauf,
- Aufhebungsvertrag,
- Kündigung.

3.4.2 Vertragsablauf und Aufhebungsvertrag

(1) Vertragsablauf

Ist der Arbeitsvertrag zeitlich befristet oder auf die Erfüllung einer bestimmten Aufgabe ausgerichtet, so endet der Arbeitsvertrag mit Ablauf der vereinbarten Frist bzw. mit Erfüllung des Auftrags.

Beispiele:

- Eine ehemalige Hörakustikerin erhält einen Arbeitsvertrag für drei Monate, um eine erkrankte Mitarbeiterin zu ersetzen.
- Für die Zeit einer Umbaumaßnahme werden zwei Aushilfskräfte eingestellt.

1 Vgl. hierzu die Ausführungen auf S. 37 f.

(2) Aufhebungsvertrag[1]

Der **Aufhebungsvertrag** ist ein **Vertrag zwischen Arbeitnehmer** und **Arbeitgeber,** der das **Arbeitsverhältnis** zu einem **bestimmten Zeitpunkt** beendet.

Der entscheidende Unterschied zur Kündigung ist, dass das Arbeitsverhältnis im **gegenseitigen Einvernehmen** beendet wird. Arbeitgeber und Arbeitnehmer können den Inhalt des Aufhebungsvertrags selbst bestimmen. Die Einhaltung von Auflösungsfristen ist nicht erforderlich. Um die Zustimmung des Arbeitnehmers zu erhalten, zahlt der Arbeitgeber oftmals eine **Abfindung.**

Beispiel:

Dem Abteilungsleiter für den Bereich Einkauf, dem mangelnder Leistungswille vorgeworfen wird, wird ein Aufhebungsvertrag mit einer Abfindung von zwei Monatsgehältern angeboten, um eine Kündigung zu vermeiden. Der Mitarbeiter stimmt zu, den Betrieb am Monatsende zu verlassen.

3.4.3 Kündigung

(1) Begriff Kündigung

Die **Kündigung** ist eine einseitige, empfangsbedürftige Willenserklärung,[2] mit der ein Arbeitsvertrag beendet werden soll. Die Kündigung muss **schriftlich** erfolgen und ist erst wirksam, wenn sie dem Mitarbeiter zugegangen ist.[3]

(2) Gesetzliche Kündigung (ordentliche Kündigung)

§ 622 BGB Das Arbeitsverhältnis eines Arbeitnehmers kann vom Arbeitgeber und vom Arbeitnehmer mit einer Frist von **vier Wochen** zum **Fünfzehnten** oder zum **Ende eines Kalendermonats** gekündigt werden. Bei längerer Betriebszugehörigkeit gelten für eine Kündigung durch den Arbeitgeber verlängerte gesetzliche Kündigungsfristen.

Für Arbeitnehmer, die kündigen wollen, beträgt die gesetzliche Kündigungsfrist immer vier Wochen zum 15. oder zum letzten Tag eines Kalendermonats. In Tarifverträgen können allerdings abweichende Kündigungsfristen vereinbart werden. Auch in einzelnen Arbeitsverträgen können andere Fristen festgelegt werden. Kürzere Fristen als vom Gesetzgeber vorgesehen können nur in besonderen Ausnahmefällen vereinbart werden. Längere sind aber möglich, wobei die Frist für den Arbeitnehmer nie länger sein darf als für den Arbeitgeber.

1 Man spricht auch von **Auflösungsvertrag.**

2 Zum Begriff Willenserklärung siehe S. 96f.

§ 102 BetrVG 3 Der Betriebsrat ist vor jeder Kündigung durch den Arbeitgeber unter Angabe der Kündigungsgründe zu hören. Ohne Anhörung des Betriebsrats ist die Kündigung unwirksam.

(3) Vertragliche Kündigung

Die zwischen Mitarbeitern und Arbeitgebern vereinbarten Kündigungsfristen dürfen grundsätzlich **länger,** aber **nicht kürzer** als die gesetzlichen Kündigungsfristen sein.

(4) Fristlose Kündigung (außerordentliche Kündigung)

Das Arbeitsverhältnis kann von jeder Vertragspartei ohne Einhaltung einer Kündigungsfrist gelöst werden, wenn ein wichtiger Grund vorliegt. Wenn der Betriebsrat nicht vor der Kündigung unterrichtet wird, ist diese **unwirksam.**

Beispiele: § 626 BGB

Verstöße gegen die Schweigepflicht; Diebstahl; grobe Beleidigungen; Tätlichkeiten; Mobbing (soziale Isolierung von Kollegen durch üble Nachrede, Missachtung und Unterstellungen); ungerechtfertigte Arbeitsverweigerung.

(5) Abmahnung

Die Arbeitnehmer haben das Recht, **vor einer Kündigung** durch den Arbeitgeber eine **Abmahnung** zu erhalten.

Mit der rechtswirksamen – gesetzlich nicht geregelten – Abmahnung muss ein konkreter Vorfall oder ein bestimmtes Fehlverhalten des Mitarbeiters (z. B. fehlende unverzügliche Krankmeldung, unpünktlicher Arbeitsbeginn) missbilligt und der Mitarbeiter aufgefordert werden, dieses Fehlverhalten künftig zu unterlassen. Weiterhin müssen bei weiteren Verfehlungen der gleichen Art Rechtsfolgen (z. B. die Kündigung des Arbeitsverhältnisses) angedroht werden.

3.4.4 Kündigungsschutz

(1) Allgemeiner Kündigungsschutz

Der allgemeine Kündigungsschutz schützt Arbeitnehmer vor **sozial ungerechtfertigter Kündigung,** wenn das Arbeitsverhältnis im gleichen Unternehmen ohne Unterbrechung länger als sechs Monate bestanden hat und das Unternehmen in der Regel mehr als zehn Arbeitskräfte (Auszubildende nicht mitgerechnet) beschäftigt. § 1 KSchG

Eine **sozial ungerechtfertigte Kündigung** ist **rechtsunwirksam.** Bei notwendigen Entlassungen müssen z. B. die Dauer der Betriebszugehörigkeit, das Lebensalter und die Unterhaltspflichten der Arbeitnehmer berücksichtigt werden.

Beispiel:

Einem einzelnen Mitarbeiter am Fließband in einer Werkzeugfabrik mit 2000 Mitarbeitern wird mit der Begründung gekündigt, es läge Auftragsmangel vor.

Sozial gerechtfertigt ist eine Kündigung z. B. in folgenden Fällen:

§ 1 II KSchG

Kündigungsgründe	Beispiele
Der Kündigungsgrund liegt in der **Person** des Arbeitnehmers.	Eine Buchhalterin ist nicht in der Lage, sich auf ein neues Softwareprogramm umzustellen. – Ein Mitarbeiter leidet unter einer schweren Krankheit, sodass er seine Arbeit auf Dauer nicht mehr ausführen kann.
Der Kündigungsgrund liegt im **Verhalten** des Arbeitnehmers.	Ein Mitarbeiter an einer Stanzmaschine produziert dauernd überdurchschnittlich viel Ausschuss. – Eine Kassiererin unterschlägt mehrere tausend Euro.
Die Kündigung ist durch **dringende betriebliche Erfordernisse** bedingt.	Personalabbau aufgrund von erforderlichen Rationalisierungsmaßnahmen. – Entlassungen aufgrund von nachhaltigem Auftragsmangel.

Eine ordentliche Kündigung mit Gründen, die im **Verhalten** der Arbeitnehmer liegen, ist nur dann **sozial gerechtfertigt,** wenn ihr eine **Abmahnung** vorausgegangen ist.

(2) Besonderer Kündigungsschutz

Einen besonderen Kündigungsschutz genießen:

Auszubildende	Ihnen kann nach Ablauf der Probezeit während der Berufsausbildung nur aus einem wichtigen Grund gekündigt werden.
Betriebsratsmitglieder, Jugend- und Auszubildendenvertreter	Ihre Kündigung ist während ihrer Zugehörigkeit zum Betriebsrat bzw. zur Jugend- und Auszubildendenvertretung in der Regel unzulässig.
Frauen	Während der Schwangerschaft und bis zum Ablauf von vier Monaten nach der Entbindung besteht Kündigungsschutz.
Schwerbehinderte Menschen	Ihnen kann durch den Arbeitgeber ohne vorherige Zustimmung des Integrationsamtes nicht gekündigt werden. Die Kündigungsfrist beträgt mindestens vier Wochen.
Arbeitnehmer mit Elternzeit	Der Arbeitgeber darf das Arbeitsverhältnis ab acht Wochen vor Beginn der Elternzeit und während der Elternzeit nicht kündigen.

3.5 Qualifiziertes Arbeitszeugnis prüfen

Jedem ausscheidenden Mitarbeiter ist ein schriftliches **Zeugnis** auszustellen. Die Zeugniserteilung in elektronischer Form ist ausgeschlossen. Das Zeugnis muss in ordentlicher Form (mit Briefkopf des Unternehmens, frei von Flecken usw.) abgefasst sein und die Unterschrift des Arbeitgebers enthalten.

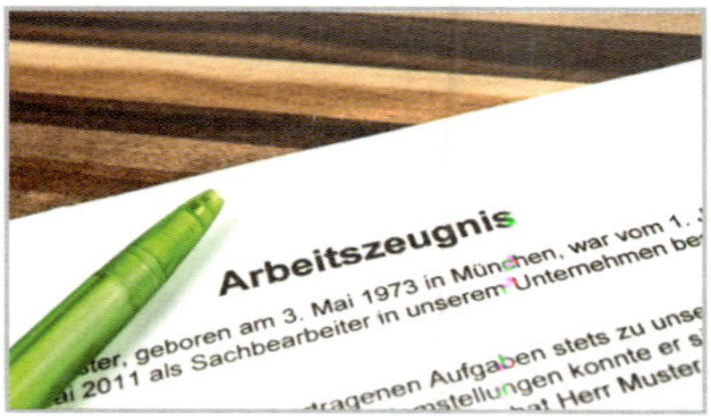

(1) Einfaches Zeugnis

Das einfache Zeugnis enthält Angaben

- zur **Person** (ohne Bewertung),
- zur **Dauer** der Beschäftigung und
- zur **Art** der Beschäftigung (die einzelnen Tätigkeitsbereiche des Arbeitnehmers).

(2) Qualifiziertes Zeugnis

Auf **Verlangen des Arbeitnehmers** hat der Arbeitgeber Angaben zu **Leistung und Verhalten (Führung)** mit in das Arbeitszeugnis aufzunehmen, also ein **qualifiziertes Arbeitszeugnis** zu erstellen.

Das qualifizierte Zeugnis enthält ebenso wie das einfache Zeugnis Angaben zur Person, zur Dauer und zur Art der Beschäftigung. Darüber hinaus beinhaltet es Aussagen **zu Leistung und Verhalten (Führung).**

Leistungsbeurteilung	Die Leistungsbeurteilung wird nach den **Schulnoten** kategorisiert, die in die übliche Zeugnissprache übersetzt werden.
Verhaltensbeurteilung	Bei der Verhaltensbeurteilung wird beschrieben, wie der **Umgang mit Kollegen** war, wie sich der Arbeitnehmer gegenüber **Vorgesetzten** verhalten hat oder gegenüber **Dritten** (Kunden, Lieferanten, Beratern usw.). Bei übertragener Leitungs- und/oder Führungskompetenz wird erläutert, wie er diese Kompetenzen wahrgenommen hat.

Ein Arbeitszeugnis darf **nichts Schädigendes** über den Mitarbeiter enthalten. Andererseits müssen auch nachteilige Eigenschaften (z. B. Untreue des Buchhalters) aufgeführt sein, um nicht **schadenersatzpflichtig** gegenüber späteren Arbeitgebern zu werden.

In Form einer bewusst gewählten Formulierungssprache hat sich in den Arbeitszeugnissen eine Art **Zeugniscode** durchgesetzt. Erst durch die Entschlüsselung dieses Codes kann eine Aussage über die dahinter stehende Beurteilung getroffen werden.

Formulierung im Zeugnis	Klartext (Bedeutung)	Notenstufe
a) Sie/er hat die ihr/ihm übertragenen Arbeiten … b) Sie/er hat unseren Erwartungen …		
a) … stets zu unserer vollsten Zufriedenheit erledigt. b) … in jeder Hinsicht und in allerbester Weise entsprochen.	sehr gute Leistungen	sehr gut (1)
a) … zu unserer vollen Zufriedenheit erledigt. b) … in jeder Hinsicht und in bester Weise entsprochen.	gute Leistungen	gut (2)
a) … stets zu unserer Zufriedenheit erledigt. b) … in jeder Hinsicht entsprochen.	befriedigende Leistungen	befriedigend (3)
a) … zur Zufriedenheit erledigt. b) … entsprochen.	ausreichende Leistungen	ausreichend (4)
a) … im Großen und Ganzen zu unserer Zufriedenheit erledigt. b) … im Großen und Ganzen entsprochen.	mangelhafte Leistungen	mangelhaft (5)
Sie/er hat sich bemüht …	ungenügende Leistungen	ungenügend (6)

Überblick: Arbeitsvertrag

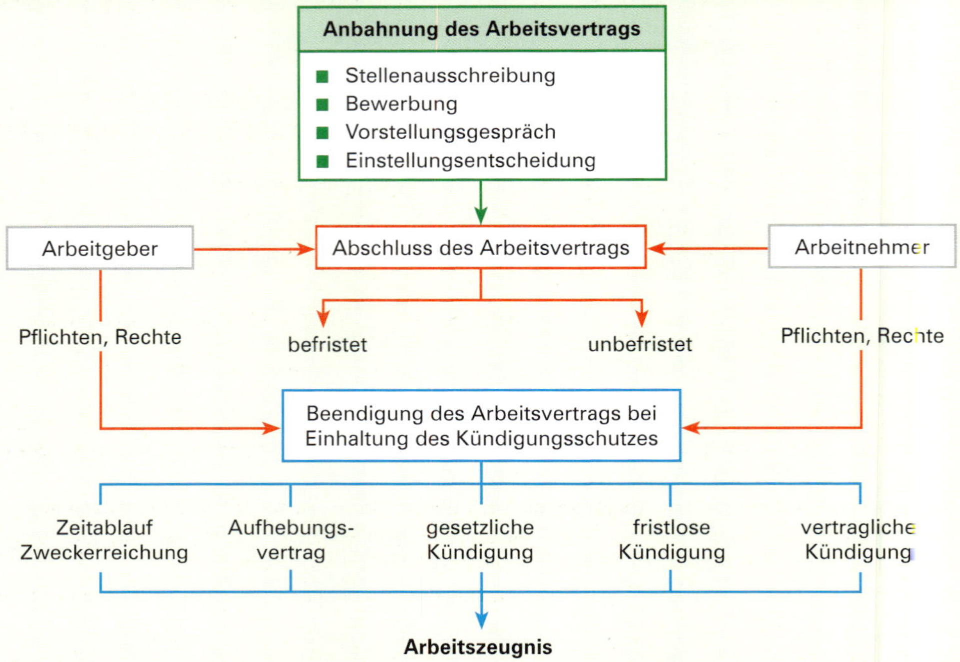

Kompetenztraining

3

1. Die Karosserie- und Fahrzeugbaumechanikerin Beate Braun stellt sich beim Personalchef des Karosseriebaus Südring GmbH vor. Dieser sagt ihr, dass sie am 15. des folgenden Monats ihre Arbeit in der Entwicklungsabteilung beginnen könne. Beate Braun sagt zu. Schriftlich wird nichts vereinbart.

   Aufgabe:

   Erläutern Sie die Rechtslage!

2. Recherchieren Sie den Unterschied zwischen Arbeitsvertrag und Dienstvertrag!

3. 3.1 Ein Gipser arbeitet über das Wochenende, ohne Genehmigung des Arbeitgebers, an der Renovierung eines Hauses gegen Entgelt.

   Aufgabe:

   Erklären Sie, welche Pflicht aus dem Arbeitsvertrag verletzt wurde und recherchieren Sie welche rechtlichen Folgen sich daraus für den Arbeitnehmer ergeben!

   3.2 Ein Feinwerkmechaniker verletzt sich an einer Maschine wegen einer schadhaften Schutzeinrichtung.

   Aufgabe:

   Erklären Sie, welche Pflicht aus dem Arbeitsvertrag verletzt wurde und recherchieren Sie welche rechtlichen Folgen sich daraus für den Arbeitgeber ergeben!

4. Die Umsatzerwartungen der Werkzeugfabrik Philip Leber OHG haben sich nicht erfüllt. Die Philip Leber OHG muss sich betriebsbedingt von zwei Mitarbeitern trennen. Sie werden beauftragt zu klären, ob in den folgenden Fällen eine Kündigung durch den Betrieb rechtswirksam erfolgen kann und welche Fristen zu beachten sind.

   Aufgaben:

   4.1 Auszubildender Ingo ist im zweiten Ausbildungsjahr zum Werkzeugmechaniker.

   4.2 Eva Möhrle ist seit einem Jahr im Betrieb. Sie hat eine ärztliche Bescheinigung über eine Schwangerschaft vorgelegt.

   4.3 Jens Holder, 34 Jahre, alleinstehend, ist seit 10 Jahren im Betrieb.

   4.4 Charlotte Groß, 32 Jahre, verheiratet, keine Kinder, ist seit einem Jahr im Betrieb.

   4.5 Die Philip Leber OHG will auch Kira Hübner, 28 Jahre, alleinerziehend, 2 Kinder, seit 2 Jahren im Betrieb, kündigen.

5. Die Mitarbeiterin Franziska Müller (28 Jahre; 5 Jahre im Betrieb) will zum 30. Juni kündigen.

   Aufgaben:

   5.1 Ermitteln Sie ihre Kündigungsfrist!

   5.2 Geben Sie das Datum an, an dem die Kündigung dem Arbeitgeber spätestens vorliegen muss!

   5.3 Franziska Müller kündigt am 30. Mai. Geben Sie an, wann ihr letzter Arbeitstag ist!

   5.4 Dem Mitarbeiter Fabian Specht wurde fristgemäß zum 30. September gekündigt. Fabian Specht hält die Kündigung für sozial ungerechtfertigt.

   Nennen Sie die Gründe, bei denen eine Kündigung als sozial ungerechtfertigt bezeichnet wird!

6. Dem zwanzigjährigen Kevin Bär, der seit einem Jahr bei der Kniebis KG beschäftigt ist, wird zum 31. Dezember gekündigt. Es ist davon auszugehen, dass die Kündigung sozial gerechtfertigt ist.

   Aufgaben:

   6.1 Ermitteln Sie den Tag, an dem der Unternehmer spätestens kündigen muss!

   6.2 Erläutern Sie, warum die Kündigung begründet werden muss!

   6.3 Stellen Sie dar, was Kevin Bär gegen die Kündigung unternehmen könnte!

   6.4 Nennen Sie zwei Gründe für eine fristlose Entlassung eines Mitarbeiters!

   6.5 Kevin Bär erhielt rechtzeitig eine Abmahnung. Erklären Sie, was hierunter zu verstehen ist!

   6.6 Bilden Sie einen Fall, bei dem eine Abmahnung entbehrlich ist!

7. Dem Mitarbeiter Albert Schön wurde fristgemäß zum 30. September gekündigt. Albert Schön hält die Kündigung für sozial ungerechtfertigt.

   Aufgabe:

   Recherchieren Sie, an welches Gericht sich Albert Schön wenden kann, wenn die Kündigung vom Arbeitgeber nicht zurückgenommen wird!

8. 8.1 Erläutern Sie die Voraussetzungen für einen befristeten Arbeitsvertrag!

   8.2 Nennen Sie drei Fälle, in denen die Befristung des Arbeitsvertrages gesetzlich zulässig ist (lesen Sie hierzu § 14 I TzBfG)!

   8.3 Erklären Sie, warum der Gesetzgeber für befristet beschäftigte Arbeitnehmer ein Diskriminierungsverbot festgelegt hat!

   8.4 Geben Sie den Zeitpunkt an, an dem ein befristeter Arbeitsvertrag endet!

4

1. Nennen Sie die Inhalte eines einfachen Arbeitszeugnisses!
2. Stellen Sie dar, was die Leistungs- und Verhaltensbeurteilung beim qualifizierten Arbeitszeugnis umfasst!
3. Die Maschinenfabrik Hamburg AG sucht per Stellenanzeige einen Einkäufer bzw. eine Einkäuferin. Nach Ablauf der Bewerbungsfrist liegen Anja Stark, der Personalleiterin, zwei Arbeitszeugnisse vor.

   Aufgaben:

   3.1 Bewerten Sie diese Zeugnisse!

   3.2 Begründen Sie Ihre Auswahl mit drei stichhaltigen Argumenten!

Kraus GmbH & Co. KG – Maschinenfabrik
In der Schwende 2, 59063 Hamm

Arbeitszeugnis

Frau Michaela Pullmann, geboren am 22. 05. 1998, trat am 1. September 2014 als Auszubildende zur Metallbauerin in unser Unternehmen ein. Im Anschluss an ihre Ausbildung übernahm Frau Pullmann am 1. Januar 2018 in der Konstruktionsabteilung den Aufgabenbereich Fensterkonstruktion. Sie ist allein verantwortlich für den Bereich Fensterumrahmungen.

Die ihr übertragenen Aufgaben erledigt Frau Pullmann zu unserer Zufriedenheit. Bei Bedarf ist sie zur Mehrarbeit bereit. Durch ihre ruhige und unaufdringliche Art ist sie in allen Abteilungen gern gesehen. Ihr Verhalten gegenüber Kollegen, Außenstehenden und Vorgesetzten ist stets befriedigend.

Frau Pullmann möchte uns aus eigenem Wunsch verlassen, um eine Aufgabe zu übernehmen, die ihren Neigungen eher entspricht. Für die Zukunft wünschen wir ihr alles Gute und weiterhin viel Erfolg.

...

Wenzel & Partner GmbH – Behälterbau
Daimlerstraße 13, 68250 Senden

Arbeitszeugnis

Herr Bernd Waldmann, geboren am 17. 07. 1985, ist seit 1. März 2005 für unser Unternehmen als Ofen- und Luftheizungsbauer tätig.

Er führt selbstständig Verhandlungen mit Kunden und Lieferanten und ist für die Termin- und Qualitätsüberwachung aller auszuliefernden Erzeugnisse zuständig.

Herr Waldmann ist ein zuverlässiger und gewissenhafter Mitarbeiter und führt die ihm übertragenen Arbeiten zu unserer vollen Zufriedenheit aus. Stets findet er gute und kostengünstige Lösungen.

Sein Verhalten im Team ist vorbildlich. Zu seinen Vorgesetzten hatte er stets ein gutes Verhältnis.

Da wir Herrn Waldmann auf absehbare Zeit keine Aufstiegschancen bieten können, möchte er uns aus eigenem Wunsch verlassen. Unsere besten Wünsche begleiten ihn.

...

4 Betriebliche Mitwirkung und Mitbestimmung der Arbeitnehmer am Beispiel des Betriebsrats beschreiben und anwenden

Lernsituation 5:

Die Textilfabrik Kramer GmbH ist ein noch relativ junges Unternehmen, das in den letzten Jahren aufgrund seiner attraktiven Produkte sehr stark gewachsen ist. Die Kramer GmbH hat inzwischen 74 Mitarbeiter, darunter 7 Auszubildende. Allerdings bereitete das rasche Wachstum nicht jedem Mitarbeiter Freude, da es versäumt wurde, die dafür erforderlichen Organisationsstrukturen und festen Regeln zu schafffen.

Vieles wurde nach wie vor aus dem Bauch heraus entschieden oder mal so, mal so gehandhabt. Insbesondere die immer wieder „von oben herab" geänderten Arbeitszeiten und die Handhabung der Kündigungen sorgten für Unruhe unter den Mitarbeitern. Der Wunsch nach mehr Mitwirkung und mehr Mitbestimmung durch die Mitarbeiter wurde immer lauter.

Gerd Sommer, seit einem Jahr Mitarbeiter in der Kramer GmbH und Mitglied der Gewerkschaft „IG Metall, Bereich Textil und Bekleidung in Baden-Württemberg", wurde zum Ansprechpartner vieler Mitarbeiter und darum gebeten, „endlich mal was zu unternehmen". Also organisierte er eine Zusammenkunft der Mitarbeiter und referierte – so gut er es konnte – über die Möglichkeiten der betrieblichen Mitbestimmung.

Die Zusammenkunft verlief turbulent, die Zuhörer waren neugierig und stellten viele Fragen. Annegret Geiger protokollierte die Zusammenkunft.

Kramer GmbH, Pforzheimer Str. 21,
75433 Maulbronn

TEXTILFABRIK KRAMER

Protokoll

Anlass:	Zusammenkunft der Mitarbeiter der Kramer GmbH
Ort:	Verwaltungsgebäude der Kramer GmbH, Konferenzraum 1
Zeit:	20. 01. 20 . ., 16:30–18:00 Uhr
Teilnehmer:	Siehe Anhang Teilnehmerliste

Tagesordnungspunkte (TOP)

TOP 1: Änderung der Arbeitszeiten seitens der Geschäftsleitung ohne Rücksprache

TOP 2: Kurzfristige Kündigungen in Lager und Verwaltung

TOP 3: Verschiedenes

. . .

Zu TOP 3: Die Terminabsprache mit der Geschäftsleitung für die nächste Zusammenkunft erfolgt durch Gerd Sommer. Bis dahin werden von ihm folgende Fragen geklärt:

1. Welche rechtliche Stellung hat ein Betriebsrat?
2. Erfüllt die Kramer GmbH die Voraussetzungen, damit ein Betriebsrat eingerichtet werden kann?

3. An welchem Tag findet die Wahl statt?
4. Wer ist wahlberechtigt?
5. Wer ist wählbar?
6. Wie viele Betriebsratsmitglieder sind für die Kramer GmbH notwendig?
7. Wie wird der Vorsitzende des Betriebsrates gewählt?
8. Können auch Mitarbeiter mit einer ausländischen Staatsangehörigkeit Mitglied im Betriebsrat werden?
9. Gibt es in der Kramer GmbH die Möglichkeit zu einer Jugend- und Auszubildendenvertretung?
10. Welche Rechte hat die Jugend- und Auszubildendenvertretung?
11. Welche Aufgaben hat die Jugend- und Auszubildendenvertretung?
12. Welche Rechte hat der Betriebsrat
    - bei der Neueinstellung eines Mitarbeiters,
    - wenn Herr Kramer wieder mal die Arbeitszeiten ändern will,
    - wenn einem Mitarbeiter gekündigt werden soll?

Protokollführung: Annegret Geiger

Kompetenzorientierte Arbeitsaufträge:

1. Nennen Sie Gründe dafür, warum über die Zusammenkunft ein Protokoll geführt wird!
2. Versetzen Sie sich in die Rolle von Gerd Sommer und beantworten Sie die Fragen der Mitarbeiter!

4.1 Sich mit den Bestimmungen zur Errichtung eines Betriebsrats auseinandersetzen

(1) Begriff Betriebsrat

Der **Betriebsrat** ist eine Vertretung der Arbeitnehmer gegenüber dem Arbeitgeber.

(2) Zusammensetzung und Wahl des Betriebsrats

In Betrieben mit in der Regel mindestens **fünf ständig wahlberechtigten Arbeitnehmern,** von denen **drei wählbar** sind, **kann** ein Betriebsrat gewählt werden.

- **Wahlberechtigte Belegschaftsmitglieder**[1] sind vor allem Arbeiter, Angestellte und Auszubildende des Betriebs sofern sie das 18. Lebensjahr vollendet haben.
- **Wählbar** sind alle wahlberechtigten **Arbeitnehmer,** die mindestens sechs Monate dem Betrieb angehören.[2] Dies gilt unabhängig davon, welche Staatsangehörigkeit der Arbeitnehmer besitzt.

Der Betriebsrat bleibt **vier Jahre** im Amt, die Wahlen finden immer in der Zeit vom 1. März bis 31. Mai statt.

1 Das Recht, wählen zu können, nennt man „aktives Wahlrecht". („Aktiv sein" bedeutet „tätig sein"; wer wählt, „tut etwas".)

2 Das Recht, gewählt zu werden, bezeichnet man als „passives Wahlrecht". (Wenn jemand „passiv" ist, geschieht etwas mit ihm, er lässt etwas mit sich tun. Beim „passiven" Wahlrecht wird also jemand gewählt.)

Die **Anzahl der Mitglieder eines Betriebsrats** richtet sich an der **Anzahl der wahlberechtigten Mitglieder im Betrieb** aus. Je mehr Mitarbeiter ein Betrieb hat, desto mehr Mitglieder umfasst der Betriebsrat. In Betrieben mit 5 bis 20 wahlberechtigten Arbeitnehmern besteht der Betriebsrat aus mindestens einer Person. Bei mehr als 20 Arbeitnehmern besteht der Betriebsrat aus mindestens drei Mitgliedern.[1] Die Mitglieder des Betriebsrats wählen aus ihrer Mitte einen **Vorsitzenden** und einen **Stellvertreter**.

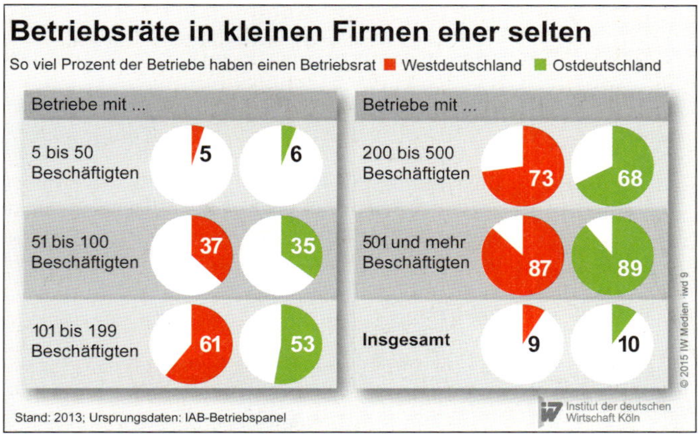

Quelle: iw-dienst: Informationen aus dem Institut der deutschen Wirtschaft Köln, Nr. 9 vom 26. Februar 2015, S. 7

Ab einer bestimmten Betriebsgröße sind Mitglieder des Betriebsrats von der beruflichen Tätigkeit freizustellen.

Beispiel:

In Betrieben mit in der Regel 200 bis 500 Arbeitnehmern ist mindestens ein Betriebsrat von seiner beruflichen Tätigkeit freizustellen.

4.2 Aufgaben des Betriebsrats darstellen und die Stufen der Mitbestimmung des Betriebsrats vergleichen

(1) Aufgaben des Betriebsrats

Allgemeine Aufgabe des Betriebsrats ist, darauf zu achten, dass im Betrieb die **Rechte der Mitarbeiter gewahrt** und deren **Interessen gegenüber dem Arbeitgeber vertreten** werden. Im Einzelnen hat der Betriebsrat

- darüber zu wachen, dass die geltenden Gesetze, Verordnungen, Unfallverhütungsvorschriften, Tarifverträge und Betriebsvereinbarungen eingehalten werden.
- die Anregungen von Arbeitnehmern entgegenzunehmen und durch Verhandlungen mit dem Arbeitgeber auf eine Erledigung hinzuwirken.
- die Wahl der Jugend- und Auszubildendenvertretung vorzubereiten und durchzuführen.
- die Beschäftigung insgesamt im Betrieb zu fördern und zu sichern.
- die Durchsetzung der Gleichberechtigung von Frauen und Männern – insbesondere bei der Einstellung, Aus-, Fort- und Weiterbildung und den beruflichen Aufstieg – zu unterstützen.
- die Eingliederung ausländischer Arbeitnehmer im Betrieb zu fördern.
- die besondere Lage der Schwerbehinderten und sonstiger Schutzbedürftiger im Betrieb zu beachten.
- ...

1 Näheres sieht § 9 BetrVG: z. B.
21 bis 50 wahlberechtigte Arbeitnehmer: 3 Betriebsratsmitglieder,
51 bis 100 wahlberechtigte Arbeitnehmer: 5 Betriebsratsmitglieder,
101 bis 200 wahlberechtigte Arbeitnehmer: 7 Betriebsratsmitglieder.

(2) Stufen der Mitbestimmung

Die im **Betriebsverfassungsgesetz** geregelte **Mitbestimmung** umfasst vier Stufen.

Rechte des Betriebsrats	Erläuterungen	Beispiele
Informationsrecht	Der Betriebsrat hat einen Anspruch auf rechtzeitige und umfassende Unterrichtung über die von der Geschäftsleitung **geplanten betrieblichen Maßnahmen.**	■ Information über geplante Neu-, Um- und Erweiterungsbauten. ■ Einführung neuer Arbeitsverfahren und Arbeitsabläufe oder Veränderung von Arbeitsplätzen. ■ Der Arbeitgeber hat mit dem Betriebsrat die vorgesehenen Maßnahmen und ihre Auswirkungen auf die Arbeitnehmer zu beraten.
Beratungsrecht	Der Betriebsrat hat das Recht, aufgrund der ihm gegebenen Informationen seine **Auffassung gegenüber dem Arbeitgeber** darzulegen und **Gegenvorschläge** zu unterbreiten. Eine Einigung ist jedoch nicht erzwingbar.	■ Personalplanung (gegenwärtiger und künftiger Personalbedarf), ■ Sicherung und Förderung der Beschäftigung, ■ Ausschreibung von Arbeitsplätzen, ■ Rationalisierungsvorhaben, ■ Einschränkung oder Stilllegung von Betriebsteilen, ■ Zusammenschluss von Betrieben, ■ Änderung der Betriebsorganisation.
Mitwirkungsrecht	Der Betriebsrat besitzt ein **Vetorecht (Widerspruchsrecht).** Es umfasst vor allem die „personellen Einzelmaßnahmen" wie Neueinstellungen, Eingruppierungen in Lohn- und Gehaltsgruppen und Versetzungen von Arbeitskräften. Bei Kündigungen hat der Betriebsrat ein Widerspruchsrecht. Die **volle Mitbestimmung** bei personellen Einzelmaßnahmen besteht in Unternehmen mit in der Regel **mehr als zwanzig wahlberechtigten Arbeitnehmern.**	Angenommen, einem jungen Arbeitnehmer wird fristgemäß gekündigt. Der Betriebsrat widerspricht. Dieser Widerspruch führt **nicht** zur Aufhebung der Kündigung. Gibt die Geschäftsleitung nicht nach, muss der Fall vom Arbeitsgericht geklärt werden. Unter Umständen sichert der Widerspruch die Weiterbeschäftigung des gekündigten Arbeitnehmers bis zur endgültigen gerichtlichen Entscheidung. Hier dürfen Einstellungen und Versetzungen nur mit Zustimmung des Betriebsrats erfolgen. Verweigert der Betriebsrat die Zustimmung, kann der Arbeitgeber das Arbeitsgericht anrufen. Das Arbeitsgericht kann die Zustimmung des Betriebsrats ersetzen.
Mitbestimmungsrecht	Die Mitbestimmung ist **zwingend.** Dies bedeutet, dass der Arbeitgeber bestimmte Maßnahmen **nur mit Zustimmung des Betriebsrats** durchführen kann. Diese eigentliche Mitbestimmung steht dem Betriebsrat vor allem in sogenannten „sozialen Angelegenheiten" zu, soweit eine gesetzliche oder tarifliche Regelung nicht besteht.	■ Arbeitszeitregelung, ■ Zeit, Ort und Art der Auszahlung der Arbeitsentgelte, ■ Aufstellung allgemeiner Urlaubsgrundsätze und des Urlaubsplans, ■ Einführung der Arbeitszeitüberwachung (z. B. Stempeluhren), ■ Regelung der Unfallverhütung, ■ Form, Ausgestaltung und Verwaltung der Sozialeinrichtungen (z. B. Kantine, Kinderbetreuung), ■ Zuweisung und Kündigung von Betriebswohnungen, ■ betriebliche Lohngestaltung, ■ Abschluss von **Betriebsvereinbarungen.** Betriebsvereinbarungen sind schriftlich niedergelegte Absprachen zwischen Arbeitgeber und Betriebsrat.

(3) Betriebsversammlung

- Die **Betriebsversammlung** ist die Versammlung der Arbeitnehmer und des Betriebsrats eines Unternehmens.
- **Zweck der Betriebsversammlung** ist es, die Arbeitnehmer über die den Betrieb betreffenden Angelegenheiten zu unterrichten.

Der Betriebsrat hat in jedem Kalendervierteljahr eine Betriebsversammlung einzuberufen, die während der Arbeitszeit stattfindet. In der Betriebsversammlung berichtet der Betriebsrat über seine Tätigkeit, z. B. über die wirtschaftliche und soziale Lage des Betriebs sowie über den betrieblichen Umweltschutz. Dem Betriebsrat können Anträge unterbreitet und zu Betriebsratsbeschlüssen Stellung genommen werden. Betriebsversammlungen sind **nicht öffentlich.**

Der Unternehmer bzw. die Geschäftsführung ist zu den Betriebsversammlungen unter Mitteilung der Tagesordnung **einzuladen.** Er bzw. sie ist berechtigt, in der Versammlung zu **sprechen.**

4.3 Jugend- und Auszubildendenvertretung beschreiben

Die **Jugend- und Auszubildendenvertretung** ist die Vertretung der jugendlichen Arbeitnehmer und Auszubildenden im Betriebsrat.

Sofern der Betrieb in der Regel mindestens fünf Arbeitnehmer beschäftigt, die das 18. Lebensjahr noch nicht vollendet haben oder die in ihrer Berufsausbildung stehen und das 25. Lebensjahr noch nicht vollendet haben, **kann** von dem genannten Personenkreis eine **Jugend- und Auszubildendenvertretung** gewählt werden. Diese kann aus bis zu 15 Vertretern bestehen. Die Jugend- und Auszubildendenvertreter können nur Arbeitnehmer des Betriebs sein, die das 25. Lebensjahr noch nicht vollendet haben. Die Jugend- und Auszubildendenvertretung bleibt **zwei Jahre** im Amt. Die Jugend- und Auszubildendenvertretung ist **Teil des Betriebsrats.** Zu jeder Betriebsratssitzung kann die Jugend- und Auszubildendenvertretung einen Vertreter entsenden. Wenn im Betriebsrat ein Beschluss gefasst werden soll, der die jugendlichen Arbeitnehmer oder die Auszubildenden betrifft, haben die Jugend- und Auszubildendenvertreter auch Stimmrecht.

Die **Hauptaufgabe** der Jugend- und Auszubildendenvertretung ist, die Förderung der Berufsbildung zu unterstützen und über die Einhaltung der zugunsten der Arbeitnehmer geltenden Gesetze, Verordnungen und Unfallverhütungsvorschriften sowie der Regelungen des Tarifvertrags und der Betriebsvereinbarungen zu wachen.

4.4 Vor- und Nachteile der betrieblichen Mitbestimmung abwägen

Vorteile	Nachteile
■ Grundlegender Vorteil der Mitbestimmung ist, dass die zwischen Arbeit und Kapital vorhandenen Konflikte gemildert oder gelöst werden können. ■ Es ist zu erwarten, dass informierte und in ihrer Stellung gestärkte Arbeitnehmer mehr Interesse am Betrieb gewinnen.	Ein Nachteil der Mitbestimmung ist, dass betriebliche Entscheidungen verzögert, abgeändert oder unmöglich gemacht werden können, obwohl eine marktwirtschaftlich orientierte Volkswirtschaft schnelle Entscheidungen erforderlich machen kann.

Überblick: Betriebsrat

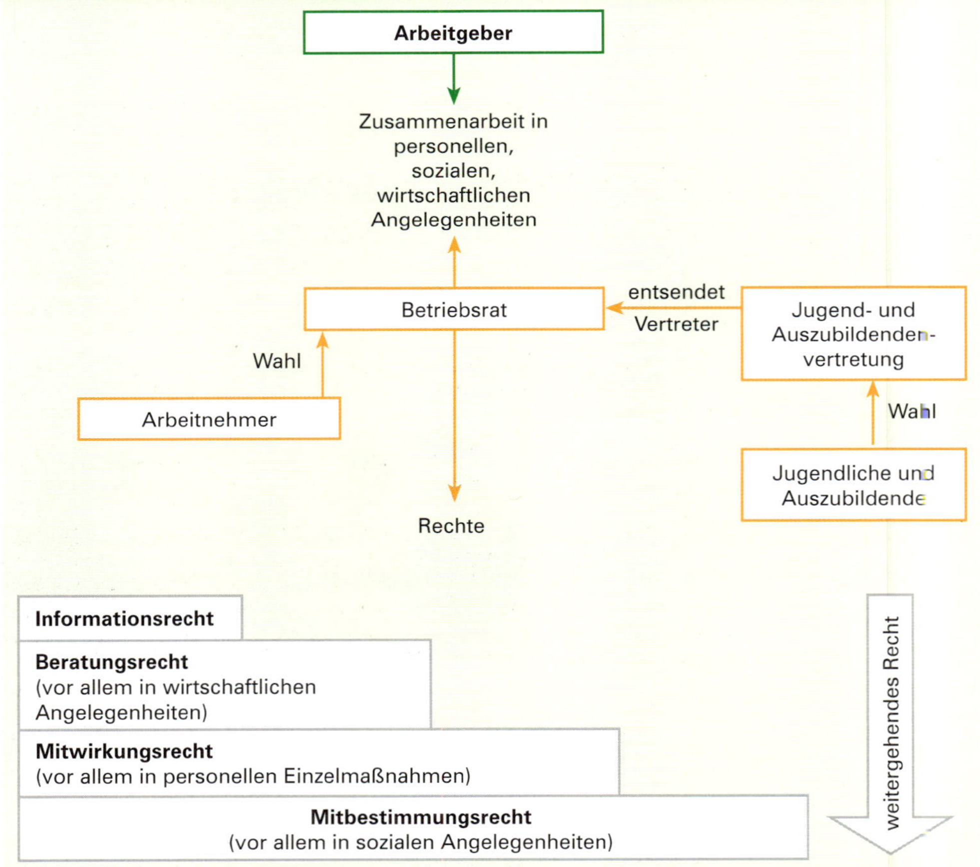

Kompetenztraining

5 Das Metallwerk Frühbauer KG beschäftigt 28 Mitarbeiter. Die Mitarbeiter beschließen, einen Betriebsrat zu wählen.

Aufgaben:

1 1.1 Nennen Sie das Gesetz, in welchem sich die Regelungen zur Wahl des Betriebsrats befindet!

1.2 Begründen Sie, ob sich der Geschäftsinhaber dem Wunsch der Belegschaft widersetzen kann!

2. 2.1 Eva Wenzler ist 35 Jahre alt und seit vier Monaten im Metallwerk Frühbauer KG als Metallbauerin tätig.

2.1.1 Erläutern Sie, ob Eva Wenzler bei der Betriebsratswahl stimmberechtigt ist!

2.1.2 Begründen Sie, ob sich Eva Wenzler zur Betriebsrätin wählen lassen darf!

2.2 Erklären Sie, aus welchem Grund die Mitarbeiter des Metallwerks Frühbauer KG die Wahl eines Betriebsrats befürworten!

3. Nennen Sie zwei Angelegenheiten, in denen der Betriebsrat ein Informationsrecht besitzt und zwei Angelegenheiten, in denen er die Geschäftsleitung beraten kann!

4. Die Leiterin der Personalabteilung Erika Moosbrucker hat den Angestellten Schlick zum Leiter der Rechnungswesenabteilung ernannt. Der Betriebsrat widerspricht. Er sähe an dieser Stelle lieber das langjährige Gewerkschaftsmitglied Blau. Erläutern Sie, ob sich der Betriebsrat durchsetzen kann!

5. Geben Sie für das Mitwirkungsrecht und das Mitbestimmungsrecht des Betriebsrats jeweils zwei Beispiele an!

6. Die Einrichtung eines Betriebsrats soll dazu beitragen, Konflikte zwischen der Arbeitnehmer- und der Arbeitgeberseite zu vermeiden, zu mildern oder gar zu lösen. Nennen Sie drei mögliche Konflikte!

7. Nennen Sie die Voraussetzung, die gegeben sein muss, damit eine Betriebsversammlung durchgeführt werden kann!

8. Ohne Anhörung des Betriebsrats führt Erika Moosbrucker neue Arbeitszeiten ein. Der Betriebsrat widerspricht dieser Anordnung. Prüfen Sie, ob die Anordnung trotzdem wirksam ist!

9. Nennen Sie die Voraussetzungen, die gegeben sein müssen, um in einem Betrieb eine Jugend- und Auszubildendenvertretung wählen zu können!

4 Speth u.a. - ISBN 978-3-8120-0691-0

5 Bedeutung von Tarifverträgen und die Rolle der Sozialpartner beurteilen

Lernsituation 6:

Nils und Tobias, Auszubildende zum Elektroniker, und Jennifer, Auszubildende zur Feinwerkmechanikerin, besuchen zurzeit im Rahmen ihrer Ausbildung die Berufsschule in Stuttgart. Während der ersten Pause erzählt Nils ihnen ganz aufgeregt, dass er soeben über sein Smartphone von einem Kollegen die Nachricht erhalten habe, dass er morgen früh in den ersten beiden Stunden nicht wie üblich mit der Arbeit beginnen, sondern an einem Warnstreik vor seinem Ausbildungsbetrieb, der Allgäuer Elektronikwerke KG, teilnehmen soll. Des Weiteren erwähnt Nils noch, dass der Kollege in der Mail vermerkt hat, dass dieser Warnstreik wohl erst der Anfang sei. Nach Einschätzung des Kollegen kommt es bald im Anschluss an eine Urabstimmung zu tage- wenn nicht sogar wochenlangen Streiks im Betrieb und Nils solle sich schon mal auf einen harten Arbeitskampf einstellen.

Tobias reagiert ziemlich überrascht, da er von derartigen Aktionen in seinem Ausbildungsbetrieb bisher noch nichts mitbekommen hat. Zudem wundert er sich, dass Nils als Auszubildender an solchen Aktionen überhaupt teilnehmen darf.

Nils erwidert seinem Mitschüler, dass er gleich zu Beginn der Ausbildung auf Anraten des Betriebsratsvorsitzenden der Allgäuer Elektronikwerke KG der Gewerkschaft ver.di beigetreten sei. Für einen relativ kleinen Mitgliedsbeitrag habe er enorme Vorteile. So würde die Gewerkschaft nicht nur seine Interessen gegenüber dem Arbeitgeber vertreten, er habe damit auch einen kostenlosen Rechtsschutz bei arbeits- und sozialrechtlichen Auseinandersetzungen, eine Freizeit-Unfallversicherung und eine sehr informative Mitgliederzeitschrift sowie Zugang zu einem umfassenden Seminarangebot zur Weiterbildung. Nils ergänzt noch, dass aus seiner Sicht und nach seinem Verständnis das Beste jedoch darin besteht, dass er als Mitglied von einer eventuell von der Gewerkschaft ver.di ausgehandelten Erhöhung der Ausbildungsvergütung profitiert und somit ja bald mehr Geld in der Tasche habe als seine Mitschüler.

Jetzt schaltet sich Jennifer in das Gespräch ein und fragt Nils ganz interessiert, ob er mit solchen Aktionen nicht seinen Ausbildungsplatz oder gar seine spätere Übernahme in ein Arbeitsverhältnis leichtfertig riskiert. Auch das Argument, dass nur Nils als Gewerkschaftsmitglied von einer eventuellen Erhöhung der Ausbildungsvergütung profitieren soll, kann sie überhaupt nicht nachvollziehen. Denn schließlich habe sie im Vorfeld ihrer Bewerbung zur Feinwerkmechanikerin im Internet nur eine einheitliche Angabe der Ausbildungsvergütung gefunden. Wenn die Behauptung von Nils stimmen würde, gäbe es ja unterschiedliche Ausbildungsvergütungen für Mitglieder bzw. für Nicht-Mitglieder der Gewerksachaft ver.di. Schließlich versteht Jennifer überhaupt nicht, was ein Warnstreik eigentlich bezwecken soll und warum dieser nur zwei Stunden dauert.

Kompetenzorientierte Arbeitsaufträge:

1. Stellen Sie zunächst in Partnerarbeit alle möglichen Aspekte, die Ihnen zum Thema Gewerkschaften bekannt sind, in Form einer Mindmap zusammen! Versuchen Sie die gesammelten Aspekte im Anschluss so weit wie möglich zu ordnen und informieren Sie Ihre Klasse über Ihr Arbeitsergebnis!
2. In der Lernsituation wird der Begriff „Warnstreik" angeführt. Recherchieren Sie, was man unter dieser Art von Streik genau versteht! Gehen Sie im Rahmen Ihrer Recherche auch auf die von Jennifer in diesem Zusammenhang aufgeworfenen Fragen zum Warnstreik ein!
3. Erläutern Sie, was man unter einer in der Lernsituation angeführten „Urabstimmung" versteht!
4. In dem Gespräch behauptet Nils, dass nur er als Gewerkschaftsmitglied von einer eventuellen Erhöhung der Ausbildungsvergütung profitiert; Jennifer hingegen bezweifelt dies. Klären Sie diese gegensätzlichen Positionen!

5.1 Tarifvertragsarten unterscheiden

5.1.1 Sozialpartner

(1) Überblick

Die Gründung von **Gewerkschaften** und **Arbeitgeberverbänden** ist ein in Artikel 9 III Grundgesetz [GG] ausdrücklich verbrieftes Recht. Da – zumindest kurz- und mittelfristig – die Interessen der Arbeitnehmer denen der Arbeitgeber zuwiderlaufen können, sind beide Interessenvertretungen dazu aufgerufen, auf einen Interessenausgleich hinzuwirken. Ihre Aufgabe ist es, für einen **sozialen Ausgleich** Sorge zu tragen. **Gewerkschaften und Arbeitgeberverbände als Tarifpartner** werden daher auch als **Sozialpartner** bezeichnet.

(2) Gewerkschaften

Die Gewerkschaften sind die Interessenvertretungen der Arbeitnehmer. Sie sind insbesondere durch folgende Kriterien gekennzeichnet:

- **Koalitionsfreiheit,** d. h., die Arbeitnehmer haben die Freiheit, Gewerkschaften zu bilden, ihnen beizutreten oder auch fernzubleiben;
- **Unabhängigkeit,** d. h., die Gewerkschaften sind unabhängig vom Staat, von Arbeitgebern, von politischen Parteien und Weltanschauungen;
- **Kampfbereitschaft,** d. h., die Gewerkschaften sind bereit, ihre Forderungen gegebenenfalls mithilfe eines Arbeitskampfs durchzusetzen.

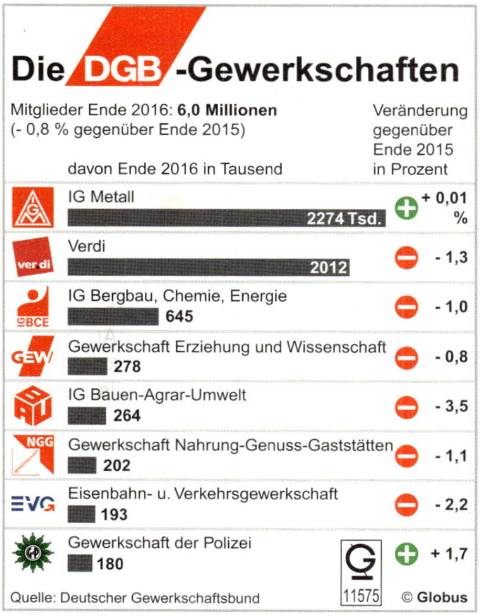

(3) Arbeitgeberverbände

Den Gewerkschaften stehen die Arbeitgeberverbände gegenüber. Die Arbeitgeberverbände befassen sich mit **lohnpolitischen und arbeitsrechtlichen Aufgaben** sowie mit **sozialpolitischen Fragen** wie z. B. der Berufsausbildung und Fortbildung, der Altersversorgung, der Vertretung von Unternehmerinteressen bei der Sozialgesetzgebung, der Mitwirkung bei der Selbstverwaltung der Sozialversicherungsträger und der Öffentlichkeitsarbeit.

Gleiche Wirtschaftszweige organisieren sich zu Fachverbänden (z. B. Verband der Metallindustrie in Baden-Württemberg e. V.). Die einzelnen Bundesfachspitzenverbände führen die Tarifverhandlungen. Die Dachorganisation der Arbeitgeberverbände ist die **Bundesvereinigung der Deutschen Arbeitgeberverbände (BDA).**

5.1.2 Begriff, Arten und Geltungsbereich des Tarifvertrags

5.1.2.1 Tarifautonomie, Tarifvertragsparteien, Tarifvertrag

Das Recht der Tarifpartner, selbstständig und ohne staatliche Einmischung Arbeitsbedingungen (z. B. Arbeitsentgelte, Urlaubszeit, Arbeitszeit) vereinbaren zu können, nennt man **Tarifautonomie.**[1] Tarifpartner – auch **Tarifparteien** genannt – sind die Sozialpartner. Sie haben die **Tariffähigkeit**. Die Vereinbarungen werden im **Tarifvertrag** festgeschrieben.

Der **Tarifvertrag** ist ein **Kollektivvertrag**[2] zwischen den Tarifparteien, in dem die Arbeitsbedingungen für die Berufsgruppen eines Wirtschaftszweiges einheitlich für eine bestimmte Dauer festgelegt werden. Er bedarf der **Schriftform.**

Der Tarifvertrag regelt die Einkommens- und die Arbeitsbedingungen. Er enthält **Mindestbedingungen,** die der Arbeitgeber **nicht unterschreiten** darf, von denen er aber **zugunsten der Arbeitnehmer** abweichen kann.

5.1.2.2 Arten von Tarifverträgen

Manteltarifvertrag (Rahmentarifvertrag)	Lohn- und Gehaltstarifvertrag
▪ Sie enthalten solche Arbeitsbedingungen, die sich über längere Zeit nicht ändern (z. B. Kündigungsfristen, Urlaubsregelungen, Arbeitszeitvereinbarungen, Nachtarbeit, Sonn- und Feiertagsarbeit, Lohn- und Gehaltsgruppen). ▪ Sie haben eine Gültigkeit von mehreren Jahren.	▪ In ihnen sind die getroffenen Vereinbarungen über Lohn- bzw. Gehaltshöhe enthalten. Dabei werden die Arbeitnehmer nach ihrer Tätigkeit in bestimmte Lohn- bzw. Gehaltsgruppen eingeteilt.[3] ▪ Jeder Lohn- bzw. Gehaltsgruppe wird ein bestimmter Lohnsatz bzw. ein bestimmtes Gehalt zugeordnet. ▪ Lohn- und Gehaltstarifverträge werden im Abstand von 1–2 Jahren festgeschrieben.

1 **Autonomie**: Unabhängigkeit, Selbstständigkeit.

2 **Kollektiv** (lat. collectivus): Ansammlung. Hier: Personengruppe.

3 Die Festlegung der Gehaltsgruppen sowie deren Tätigkeitsmerkmale sind im **Manteltarifvertrag (Rahmentarifvertrag)** enthalten.

Beispiel für einen Manteltarifvertrag (Auszug):[1]

...

§ 3 Arbeitszeit

1. Allgemeine Regelungen

1.1 Die regelmäßige wöchentliche Arbeitszeit beträgt 39 Stunden. Die regelmäßige werktägliche Arbeitszeit, ausschließlich der Ruhepausen, beträgt 8 Stunden.

1.2 Eine abweichende Vereinbarung kann aus betrieblichen Gründen vom Arbeitgeber im Einvernehmen mit dem Betriebsrat festgelegt werden.

1.3 Mehrarbeit oder ausfallende Arbeitszeit kann durch Verkürzung oder Verlängerung der festgelegten Wochenarbeitszeit an anderen Werktagen innerhalb von einem Monat ohne Mehrarbeitszuschlag ausgeglichen werden.

2. Beginn und Ende der Arbeitszeit

2.1 Die Arbeitszeit beginnt und endet an der Arbeitsstelle. Hat der Arbeitnehmer vor oder nach Aufsuchen der Arbeitsstelle eine betriebliche Sammelstelle (Aufenthalts-, Umkleide- oder Putzraum) aufzusuchen, beginnt oder endet die Arbeitszeit dort.

3. Mehr-, Nacht-, Sonn- und Feiertagsarbeit

3.1 Mehrarbeit (Überstunden) ist die Arbeitszeit, die über die regelmäßige wöchentliche oder werktägliche Arbeitszeit gemäß Nr. 1 hinaus geleistet wird.

3.2 Als Nachtarbeit gilt die in der Zeit von 22.00 Uhr bis 5:00 Uhr geleistete Arbeit.

3.3 Die an Sonn- und Feiertagen in der Zeit von 0:00 Uhr bis 24:00 Uhr geleistete Arbeit gilt als Sonn- und Feiertagsarbeit.

3.4 Unbedingt notwendige Mehr-, Nacht-, Sonn- und Feiertagsarbeit kann, wenn sie aus betrieblichen Gründen notwendig ist, angeordnet werden.

...

3.7 Mehr-, Nacht-, Sonn- und Feiertagsarbeit ist zuschlagspflichtig. Die Zuschläge betragen:

a)	für Mehrarbeit	25 v. H.
b)	für Nachtarbeit während der regelmäßigen Arbeitszeit	25 v. H.
c)	für Nachtarbeit über die regelmäßige Arbeitszeit hinaus	100 v. H.
d)	für Arbeit an Sonntagen sowie an gesetzlichen Feiertagen, sofern diese auf einen Sonntag fallen	100 v. H.

3.8 Die Zuschläge sind aus dem Stundenlohn zu berechnen. Treffen mehrere der vorgenannten Zuschläge zusammen, ist nur der jeweils höchste zu zahlen.

5.1.2.3 Geltungsbereich des Tarifvertrags

(1) Flächentarifverträge

Flächentarifverträge sind Tarifverträge, die für mehrere Orte, Bezirke, ein oder mehrere Bundesländer oder für das gesamte Bundesgebiet verbindlich sind.

Flächentarifverträge enthalten in der Regel **Tariföffnungsklauseln.** Sie sollen es den Betrieben, denen es wirtschaftlich nicht besonders gut geht, ermöglichen, ihre Belegschaft für eine bestimmte Zeit (z. B. für ein Jahr) bis zu einem vereinbarten Prozentsatz **unter Tarif** zu bezahlen **(Entgeltkorridor).** Die konkreten Vereinbarungen werden zwischen **Betriebsrat** und **Arbeitgeber** ausgehandelt.

1 Quelle: http://www.gebaeudereiniger.de/uploads/media/Rahmentarifvertrag_2014_allgemeinverbindlich.pdf [26.08.2016].

(2) Allgemeinverbindlichkeit

Grundsätzlich gilt der Tarifvertrag nur für **organisierte Arbeitnehmer und Arbeitgeber,** die Mitglied der Gewerkschaft bzw. im Arbeitgeberverband sind.

Das Bundesministerium für Arbeit und Soziales kann einen Tarifvertrag auf Antrag einer Tarifvertragspartei für **allgemein verbindlich** erklären. Mit der **Allgemeinverbindlichkeitserklärung** gelten die Bestimmungen des Tarifvertrags auch für die nicht tarifgebundenen Arbeitnehmer und Arbeitgeber.

5.1.3 Wirkungen des Tarifvertrags

Tarifbindung	■ Die Mitglieder der Tarifvertragsparteien sind an die Vereinbarungen des Tarifvertrags gebunden. Dies bedeutet, dass die Inhalte des Tarifvertrags **Mindestbedingungen** für die Arbeitsverhältnisse darstellen (z. B. Mindestlöhne, Mindesturlaubstage). ■ Grundsätzlich unbeschränkt zulässig ist hingegen die Vereinbarung günstigerer Arbeitsbedingungen (z. B. übertarifliche Löhne), als sie der Tarifvertrag vorschreibt.
Friedenspflicht	Während der Gültigkeitsdauer eines Tarifvertrags dürfen keine Arbeitskampfmaßnahmen (Streiks, Aussperrungen) ergriffen werden.
Grundsatz der Nachwirkung	Nach Ablauf des Tarifvertrags (nach Kündigung oder nach Ablauf der vereinbarten Dauer) gelten die bisherigen Regelungen weiter, bis sie durch einen neuen Tarifvertrag ersetzt werden.

5.2 Ablauf von Tarifverhandlungen sowie den Arbeitskampf darstellen

(1) Forderungen der Gewerkschaft

Die Gewerkschaft kündigt den Tarifvertrag unter Einhaltung der entsprechenden Kündigungsfrist und übermittelt dem zuständigen Arbeitgeberverband ihre Forderungen für den neuen Tarifvertrag.

(2) Verhandlungen

Arbeitgeberverband und Gewerkschaften bilden jeweils eine Verhandlungskommission. Die Verhandlungen beginnen zwei Wochen vor Ablauf des Tarifvertrags. Ein oder beide Partner können das Scheitern der Verhandlungen erklären.

(3) Friedenspflicht

Vier Wochen nach Ablauf des Tarifvertrags endet die Friedenspflicht, die während der Laufzeit des Tarifvertrags gilt.

Nach Ablauf der Friedenspflicht werden die Verhandlungen fortgesetzt. Nötigenfalls unterstützen Gewerkschaftsmitglieder die Verhandlungen mit Warnstreiks, Demonstrationen und Aktionen.

(4) Scheitern der Verhandlungen

Die Gewerkschaft bricht die Verhandlungen ab, erklärt das Scheitern der Verhandlungen und fordert eine **Schlichtung.** Scheitert die Schlichtung, ruft die Gewerkschaft ihre Mitglieder zur Urabstimmung auf.

(4) Positives Verhandlungsergebnis

Beide Tarifparteien erreichen in Verhandlungen ein Verhandlungsergebnis und stimmen zu. Die Gewerkschaft und der Arbeitgeberverband nehmen das Verhandlungsergebnis an.

(5) Es gilt der **neue Tarifvertrag.**

(5) Urabstimmung, Festlegen des Streikbeginns, Streik, Aussperrung

Entscheiden sich mindestens 75 % der aufgerufenen Gewerkschaftsmitglieder in einem Unternehmen für **Streik,** so legt der Vorstand der Gewerkschaft den Streikbeginn fest. Das Arbeitskampfmittel der Arbeitgeber gegen den Streik ist die **Aussperrung.**

Während des Streiks gibt es weitere Tarifgespräche. Es kann auch die **Schlichtung** angerufen werden. Liegt ein Verhandlungsergebnis vor, gibt es darüber eine erneute Urabstimmung.

Entscheiden sich mindestens 25 % der aufgerufenen Gewerkschaftsmitglieder für die Annahme, so steht der neue Tarifvertrag.

(6) Es gilt der **neue Tarifvertrag.**

Erläuterung der Begriffe Streik, Aussperrung, Schlichtung:

- Unter **Streik** versteht man die **gemeinsame Arbeitseinstellung mehrerer Arbeitnehmer** mit dem Ziel, nach Durchsetzung bestimmter Forderungen die Arbeit wieder aufzunehmen. Da dem Streik keine Kündigung der Arbeitsverhältnisse vorausgeht, bleiben diese auch während des Streiks erhalten.

  Streiks, die nicht von den Gewerkschaften organisiert sind und denen keine Urabstimmung vorausging, sind grundsätzlich illegal (unrechtmäßig). Es handelt sich um **„wilde" Streiks.** Die Kündigung der führenden Streikorganisatoren ist daher rechtens.
- **Aussperrung** bedeutet, dass die Arbeitnehmer durch den Arbeitgeber gemeinschaftlich daran gehindert werden, zu arbeiten (im Gegensatz zum Streik, bei dem die streikenden Arbeitnehmer nicht arbeiten wollen).
- Die **Schlichtung** hat die Aufgabe, zur Verhinderung bzw. zur Beendigung von Streiks beizutragen.

5.3 Bedeutung der Tarifverträge erörtern

Vorteile für den Arbeitnehmer	Vorteile für den Arbeitgeber
■ Sicherung der Mindestarbeitsbedingungen (Mindestlohn, Urlaubsgeld, Kündigungsschutz usw.) für die Laufzeit des Tarifvertrags. ■ Gleichstellung der Arbeitnehmer mit gleichen Tätigkeiten, gleichen Berufserfahrungen und gleicher Verantwortung (Schutz vor willkürlicher Behandlung).	■ Einheitliche Kalkulationsgrundlage durch einheitliche Lohn- und Gehaltstarife für die Dauer des Tarifvertrags. ■ Einschränkung der Konkurrenz innerhalb der Branchen bezüglich der Personalanwerbung, geringere Mitarbeiterwechsel in Zeiten der Vollbeschäftigung.

Überblick: Tarifvertrag

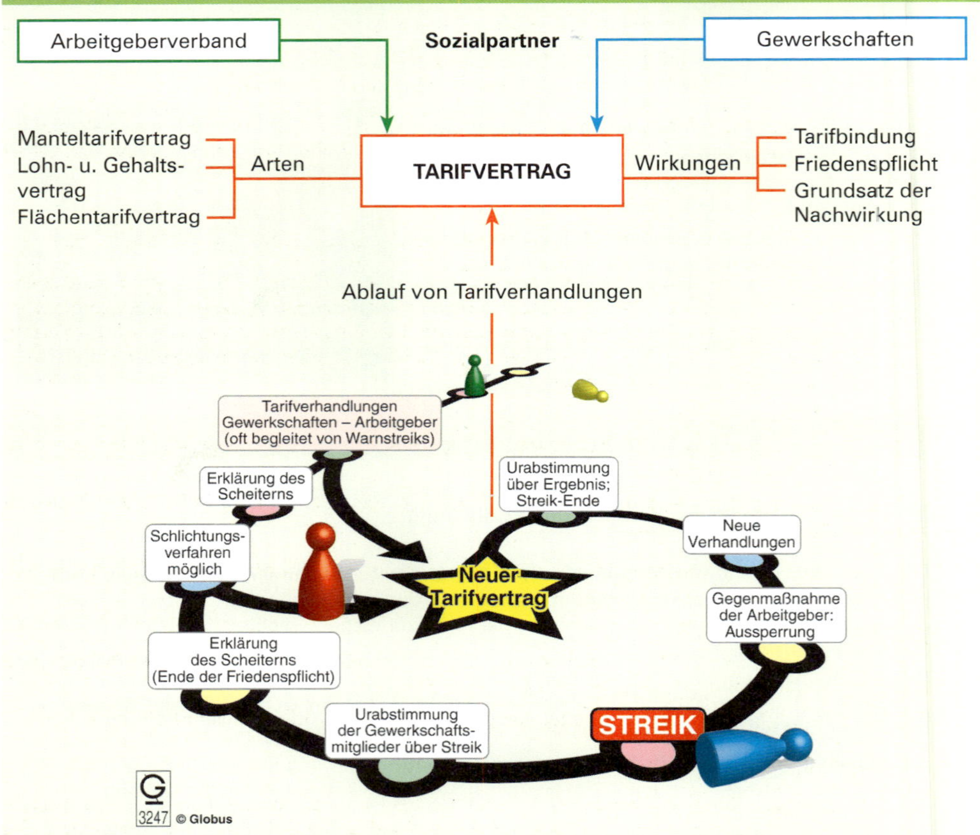

Kompetenztraining

6 1. Die Arbeitgeber und die Gewerkschaften vereinbaren eine Regelung über die Entgeltfortzahlung im Krankheitsfall.

Aufgabe:

Nennen Sie die Tarifvertragsart, in welcher steht eine solche Regelung steht!

2. Erläutern Sie kurz folgende Begriffe:

2.1 Tarifvertrag,

2.2 Tarifautonomie,

2.3 Allgemeinverbindlichkeit,

2.4 Tarifgebundenheit,

2.5 Manteltarif,

2.6 Lohn- bzw. Gehaltstarif.

3. 3.1 Nennen Sie die Vertragspartner beim

3.1.1 Arbeitsvertrag,

3.1.2 Tarifvertrag!

3.2 Erklären Sie, welche Bedeutung die Entscheidung, Tarifverträge für allgemein verbindlich zu erklären, für die Arbeitnehmer hat!

3.3 Nennen Sie vier Inhalte, die im Manteltarifvertrag geregelt sind!

4. Das Elektrogeschäft Klar e. K. zahlt seinen Monteuren grundsätzlich 10 % mehr als der Tarifvertrag vorsieht. Lediglich dem Neuling Lahm will Inhaber Klar zunächst das Tarifgehalt zahlen.

Aufgabe:

Prüfen Sie, ob diese beiden Maßnahmen rechtlich zulässig sind!

5. In einer Pressemitteilung verlangt der „Gesamtverband Textil + Mode“ einen maßvollen Tarifabschluss, um neue Arbeitsplätze schaffen zu können. Er appelliert[1] dabei an die Bundesregierung, diese Forderung zu unterstützen. Der Pressesprecher der Bundesregierung lehnt diese Forderung mit dem Hinweis ab, die Bundesregierung habe keine Möglichkeit, direkt in Tarifverhandlungen einzugreifen.

Aufgaben:

5.1 Begründen Sie, ob die Bundesregierung rechtlich die Möglichkeit hat, in Tarifverhandlungen einzugreifen!

5.2 Nennen Sie zwei Gründe die dafür sprechen, dass der Staat nicht in Tarifverhandlungen eingreifen soll!

6. Der neue Lohntarifvertrag in der chemischen Industrie sieht eine Gehaltssteigerung von 2,5 % vor.

Aufgaben:

6.1 Nennen Sie die Voraussetzungen unter welchen ein Unternehmen seinen Mitarbeitern 2,5 % mehr Gehalt zahlen muss!

6.2 Prüfen Sie, ob alle Mitarbeiter Anspruch auf die 2,5 %ige Gehaltserhöhung haben!

7. Erklären Sie die Begriffe Streik und Aussperrung!

8. Die Belegschaft der Werkzeugfabrik Unruh GmbH hat gegen den Willen der Gewerkschaft seit drei Tagen die Arbeit niedergelegt. Sie will ein höheres Urlaubsgeld erzwingen. Die Geschäftsleitung kündigt den drei führenden Streikorganisatoren.

Aufgabe:

Prüfen Sie die Rechtslage!

1 **Appell:** Aufruf, Weckruf.

6 System der sozialen Absicherung beschreiben und begründen

Lernsituation 7:

Jan, Max, Philipp und Sebastian, allesamt noch Schüler bzw. Auszubildende, sind beste Freunde. Sie treffen sich seit vielen Jahren regelmäßig, zumeist am Wochenende, um etwas gemeinsam zu unternehmen.

So auch an diesem Wochenende, an dem sich die vier Freunde verabredet haben, um zunächst gemeinsam eine Pizzeria aufzusuchen und anschließend noch etwas Trinken zu gehen. Kurz nachdem sie die Bestellung aufgegeben haben, sagt **Philipp,** dass er sich solche Abende wohl künftig nicht mehr allzu oft leisten kann. Seit Freitag habe sein Vater seinen Arbeitsplatz verloren, ihm wurde gekündigt. Da seine Familie erst vor wenigen Jahren neu gebaut habe und noch das Darlehen für das Eigenheim stemmen müsse, sei das Haushaltsbudget durch die – hoffentlich nur vorübergehende – Arbeitslosigkeit des Vaters stark eingeschränkt. Sein Vater habe gestern bereits angedeutet, dass er noch gar nicht absehen könne, wie es finanziell weitergehen soll, ob er überhaupt Arbeitslosengeld erhält und wenn ja, wie viel dies genau sei. Vor diesem Hintergrund müssten sich auch Philipp, der zurzeit eine Ausbildung als Kraftfahrzeugmechatroniker macht, und seine beiden Geschwister darauf einstellen, „den Gürtel enger zu schnallen", zumindest was das Taschengeld anbelangt.

Jan kann die Nöte von Philipp nur allzu gut verstehen. Auch in seiner Familie gibt es zurzeit ziemliche Sorgen. Seine Oma, die bei ihnen im Haus wohnt, ist vor zwei Wochen im Badezimmer ausgerutscht und hat sich dabei den Oberschenkelhals gebrochen. Seither sitzt sie im Rollstuhl und kann nicht mehr laufen. Im Krankenhaus haben seine Eltern zudem darauf hingewiesen, dass die Oma schon vor dem Sturz nicht nur erkennbar unsicher auf den Beinen unterwegs war, sondern in der letzten Zeit auch einen zunehmend vergesslicheren Eindruck macht. So habe sie immer häufiger in kurzen Zeitabständen die gleichen Fragen gestellt. Daraufhin haben die Ärzte im Rahmen weitergehender Untersuchungen festgestellt, dass sie unter einer Demenz im fortgeschrittenen Stadium leidet. Die Sorgen der Eltern richten sich nun auf die Zeit, wenn die Oma aus dem Krankenhaus entlassen wird, da sie nicht genau wissen, wie sie die Pflege der nunmehr – zumindest für einen längeren Zeitraum – an den Rollstuhl gefesselten Oma sicherstellen sollen.

Schnell stellen die vier Freunde im Gespräch fest, dass es eigentlich in all ihren Familien gleichartig gelagerte Sorgen gibt. Bei **Sebastian** ist es die ältere Schwester, die noch zu Hause wohnt und den Eltern finanzielle Probleme bereitet. Sebastian ist vor zwei Monaten erstmalig Onkel geworden. Eigentlich ein erfreuliches Ereignis, allerdings ist seine Schwester noch in der Ausbildung zur Konditorin. Der Vater des Kindes hingegen wohnt nicht in Deutschland und hat auch nach derzeitigem Stand der Dinge kein Interesse, dies grundsätzlich ändern zu wollen. Da für das Kind kein Unterhalt vom Vater des Kindes gezahlt wird, stellt sich nunmehr die Frage, inwiefern der Staat an dieser Stelle finanzielle Hilfen vorsieht.

Schließlich kann auch **Max** von ähnlichen Problemen berichten. Seine Mutter leidet seit längerer Zeit unter einer seltenen Krankheit und muss sich infolgedessen in besonderer Weise ernähren. Diese Form der Ernährung sei ziemlich kostenintensiv und die Krankenkasse habe noch nicht abschließend erklärt, ob und in welchem Umfang sie sich an den Kosten beteiligen werde. Erschwerend kommt hinzu, dass sich die finanzielle Situation seiner Mutter zugespitzt hat, seit die Ärzte sie aufgrund dieser Erkrankung vor einigen Wochen nach dem Verlust ihres Arbeitsplatzes für erwerbsunfähig erklärt hätten und sie nunmehr auf den endgültigen Rentenbescheid wartet.

Am Ende des Gesprächs sagt Philipp: „Erschreckend ist für mich, wie viele Familien anscheinend derartige Probleme haben. Dabei dachte ich immer, dass wir in einem Sozialstaat leben."

Kompetenzorientierte Arbeitsaufträge:

1. Notieren Sie, welche Bereiche bzw. welche Leistungen der Sozialpolitik in der vorliegenden Lernsituation angesprochen werden!
2. Erläutern Sie, wozu Sozialpolitik Ihrer Meinung nach erforderlich ist und welche Ziele sie verfolgen sollte!
3. Erklären Sie die Notwendigkeit sozialer Absicherung. Gehen Sie dabei auch darauf ein, wie diese in der Bundesrepublik Deutschland umgesetzt wird!
4. Leistungen der gesetzlichen Krankenkassen sind im Sinne von Regelleistungen gesetzlich vorgeschrieben. Führen Sie drei typische Regelleistungen der gesetzlichen Krankenkasse an und nennen Sie dazu jeweils drei Beispiele!
5. Erläutern Sie, was unter dem Generationenvertrag zu verstehen ist!
6. Analysieren Sie, wie sich die Bevölkerungsentwicklung hierzulande auf die soziale Sicherheit auswirken wird. Gehen Sie dabei auch darauf ein, welche Konsequenzen sich zukünftig für Sie hieraus ergeben könnten und zeigen Sie Möglichkeiten auf, wie sich negative Auswirkungen des Bevölkerungswandels auffangen ließen!
7. **Arbeitsvorschlag mit regionalem Bezug:**
   Die Klasse sollte in Kleingruppen eingeteilt werden, von denen jede Gruppe ein soziales Projekt aus ihrer Region vorstellt (z.B. eine örtliche Obdachlosenhilfe, eine regional aktive Jugendhilfe, eine örtliche Tafel). Im Fokus der Referate sollte vor allem stehen, welcher Kreis von sozial benachteiligten Menschen durch dieses Projekt unterstützt wird und welche Hilfen im Einzelnen geleistet werden. Diskutieren Sie im Anschluss an die vorgestellten Projekte als Klassengemeinschaft darüber, welches Projekt Sie als Klasse – eventuell unter Einbindung Ihrer Schule – ganz konkret unterstützen könnten!

Quelle: Bundesverband Deutsche Tafel e. V., Foto: Wolfgang Borrs.

8. Erläutern Sie die Notwendigkeit privater Altersvorsorge!
9. Als weitere Ergänzungen durch private Zusatzversicherung gelten die Berufsunfähigkeitsversicherung sowie die private Haftpflichtversicherung.
   Erläutern Sie, was man unter diesen Versicherungen versteht und welche Risiken sie abdecken!

6.1 Grundprinzip der Sozialversicherung beschreiben

6.1.1 Notwendigkeit sozialer Absicherung

Die **soziale Sicherung** ist eine wesentliche Lebensgrundlage der Menschen.

Die bedeutsamste Absicherung erfolgt in der Bundesrepublik Deutschland durch die gesetzliche **Sozialversicherung.**

- Die gesetzliche Sozialversicherung ist durch das **Solidaritätsprinzip** gekennzeichnet: „Einer für alle, alle für einen."

- Die Sozialversicherung ist eine **gesetzliche Versicherung,** der die Mehrheit der Bevölkerung **kraft Gesetzes** angehören muss **(Pflichtversicherung).**
- Die **meisten Leistungen** der Sozialversicherung sind **gesetzlich festgelegt.** Der Beitrag orientiert sich bis zu einer **Beitragsbemessungsgrenze** an der Höhe des Einkommens aus. Versicherte mit hohen Einkommen tragen so zur Finanzierung von Leistungen für Versicherte mit niedrigen Einkommen bei.

6.1.2 Überblick über die Zweige der Sozialversicherung

Die fünf Zweige der gesetzlichen Sozialversicherung				
Gesetzliche Krankenversicherung Träger z. B.: ▪ Allgemeine Ortskrankenkassen ▪ Betriebskrankenkassen ▪ Innungskrankenkassen ▪ Ersatzkassen (z. B. Barmer, DAK, KKH)	**Soziale Pflegeversicherung** Träger: ▪ Pflegekassen (verwaltet von den Krankenkassen)	**Gesetzliche Rentenversicherung** Träger z. B.: ▪ Bundesträger (Deutsche Rentenversicherung Bund) ▪ Regionalträger (Deutsche Rentenversicherung mit Zusatz für jeweilige regionale Zuständigkeiten)	**Gesetzliche Arbeitsförderung** Träger: ▪ Bundesagentur für Arbeit in Nürnberg mit den Regionaldirektionen (mittlere Verwaltungsebene) und den Agenturen für Arbeit (örtliche Verwaltungsebene)	**Gesetzliche Unfallversicherung** Träger z. B.: ▪ Gewerbliche und landwirtschaftliche Berufsgenossenschaften ▪ Gemeindeunfallversicherungsverbände
Gesetzliche Krankenkassen	**Pflegekassen***	**Deutsche Rentenversicherung**	**Bundesagentur für Arbeit**	**Berufsgenossenschaften und Unfallversicherungsträger der öffentlichen Hand**
Träger der Sozialversicherung				

* Die soziale Pflegeversicherung ist eine eigenständige Säule im System der gesetzlichen Sozialversicherung, auch wenn die gesetzlichen Pflegekassen organisatorisch in die Träger der gesetzlichen Krankenversicherung eingebunden sind.

6.2 Grundlegende gesetzliche Leistungen des jeweiligen Versicherungszweiges erläutern

6.2.1 Gesetzliche Krankenversicherung

(1) Versicherungspflicht

Die **Versicherungspflicht** umfasst z. B. grundsätzlich alle Arbeitnehmer, wenn sie monatlich durchschnittlich nicht mehr als 4800,00 EUR brutto verdienen,[1] alle Auszubildenden, die Bezieher von Renten aus der Rentenversicherung, Empfänger von Arbeitslosengeld und eine Reihe von Selbstständigen.

1 Diese **Versicherungspflichtgrenze** gilt für das Jahr 2017. Allerdings sind höherverdienende Arbeitnehmer erst dann **krankenversicherungsfrei** – und können damit selbst entscheiden, ob sie weiterhin freiwillig gesetzlich versichert bleiben oder sich privat krankenversichern wollen –, wenn sie **im vergangenen Kalenderjahr mit ihrem Arbeitsentgelt die Jahresarbeitsentgeltgrenze (JAG) überschritten** haben **und im laufenden Jahr überschreiten** werden.

Bestimmte Beschäftigungsgruppen, wie z.B. Beamte, sind nicht versicherungspflichtig. Sie können sich bei einer privaten Krankenkasse versichern lassen.

Alle Bürger müssen einer (gesetzlichen oder privaten) **Krankenversicherung** angehören und dadurch einen Krankenversicherungsschutz erhalten.

(2) Gesundheitsfonds

Die Krankenversicherungsbeiträge werden in einen **Gesundheitsfonds** eingezahlt, aus dem die einzelnen Krankenkassen dann pro **Versicherten** eine **Pauschale** sowie **ergänzende Zu- und Abschläge** – Risikostrukturausgleich genannt – je nach Alter, Geschlecht und Krankheit erhalten.

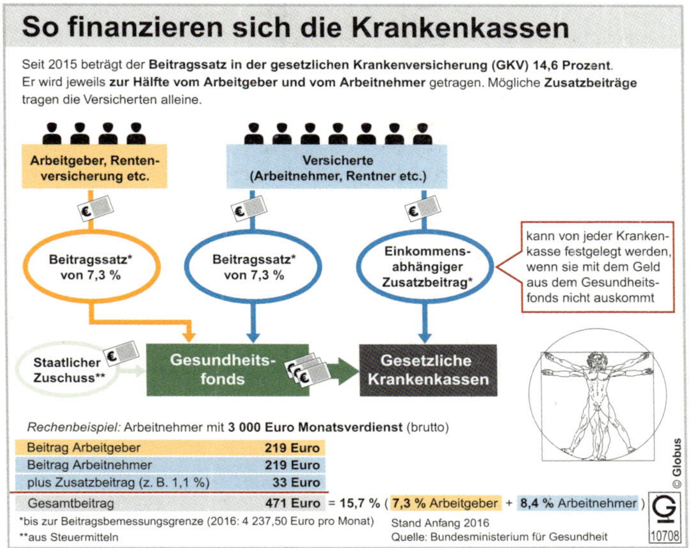

(3) Leistungen

Die Leistungen der gesetzlichen Krankenkassen sind gesetzlich vorgeschrieben **(Regelleistungen).** Über diese Mindestleistungen hinaus können die Krankenkassen in ihren Satzungen **Mehrleistungen** festlegen. Die folgende Tabelle gibt einen Überblick über die wichtigsten Leistungen der gesetzlichen Krankenversicherung:

Folgende Leistungen werden erbracht:	Beispiele aus dem Leistungskatalog
Früherkennung von Krankheiten	■ Krebsvorsorge für Frauen (ab dem 20. Lebensjahr) und Männer (ab dem 45. Lebensjahr) jährlich einmal. ■ Vorsorgeuntersuchungen für Kinder. ■ Gesundheits-Check-up ab dem 35. Lebensjahr zur Erkennung von Herz-, Kreislauf- und Nierenerkrankungen alle zwei Jahre. (Weitere Beispiele erfragen Sie bitte bei Ihrer Krankenkasse.)
Krankenbehandlung	■ Ärztliche Behandlung. ■ Zahnärztliche Behandlung. ■ Versorgung mit Arznei-, Verband-, Heil- und Hilfsmitteln. ■ Krankenhausbehandlung. ■ Häusliche Krankenpflege und Haushaltshilfe. ■ Maßnahmen zur Rehabilitation.

Folgende Leistungen werden erbracht:	Beispiele aus dem Leistungskatalog
Krankengeld	Versicherte, die durch eine Krankheit arbeitsunfähig sind oder stationär in einem Krankenhaus oder einer Rehabilitationseinrichtung behandelt werden, haben Anspruch auf Krankengeld, das 70 % des regelmäßig erzielten Arbeitsentgelts beträgt.
Bei Schwangerschaft und Mutterschaft	Sie umfassen z. B. die ärztliche Betreuung, Versorgung mit Arznei-, Verband- und Hilfsmitteln, Hebammenhilfe, die stationäre Entbindung, häusliche Pflege, Haushaltshilfe, Zahlung von Mutterschaftsgeld sowie Zahlung von Elterngeld.
Sonstige Hilfen	Hierzu gehören z. B. alle Leistungen, die im Zusammenhang mit der Empfängnisverhütung, Sterilisation, dem Schwangerschaftsabbruch und der künstlichen Befruchtung stehen.

Alle Versicherten können einen Arzt ihrer Wahl aufsuchen. Als Versicherungsnachweis dient die **elektronische Gesundheitskarte.** Mit deren Hilfe rechnen Ärzte und Krankenhäuser direkt mit der Krankenversicherung ab.

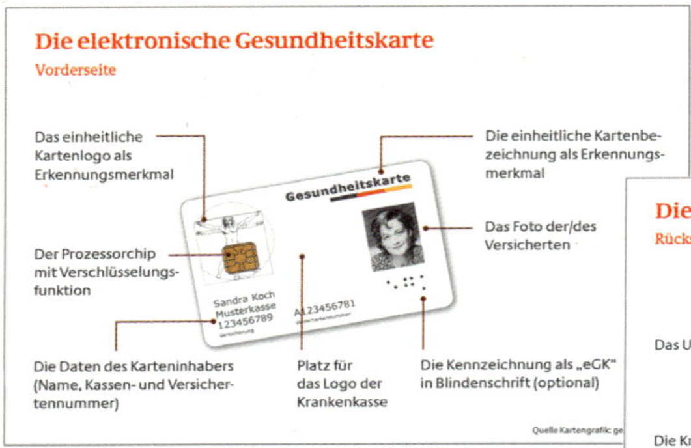

Bundesministerium für Gesundheit www.bundesgesundheitsminister

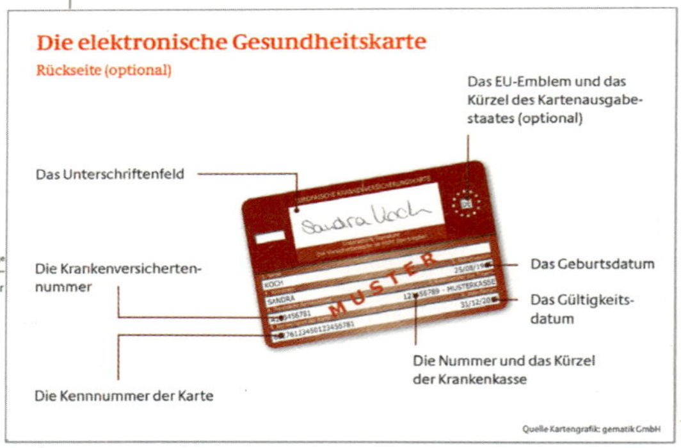

Bundesministerium für Gesundheit www.bundesgesundheitsministerium.de/egk

6.2.2 Soziale Pflegeversicherung

(1) Begriff Pflegebedürftigkeit

- Als **pflegebedürftig** gelten
  - Personen, die gesundheitlich bedingte **Beeinträchtigungen von Selbstständigkeit oder von Fähigkeiten** aufweisen und deshalb der Hilfe durch andere bedürfen.
  - Personen, die **körperliche, kognitive[1] oder psychische Beeinträchtigungen** oder **gesundheitliche Belastungen** nicht selbstständig bewältigen können.
- Die Pflegebedürftigkeit muss **dauerhaft** sein, **mindestens** aber für **6 Monate** bestehen.

1 **Kognitiv:** die Erkenntnis betreffend.

(2) Pflegegrad

Pflegebedürftige erhalten je nach Schwere der Beeinträchtigung einen Pflegegrad, der in einem pflegewissenschaftlichen Begutachtungsverfahren, dem **Neuen Begutachtungs-assessment (NBA),** abgeklärt wird. Dazu werden die Beeinträchtigungen in sechs pflegerelevanten Lebensbereichen mit Punkten bewertet. Aus einer gewichteten Gesamtpunktzahl ergibt sich das Maß der Pflegebedürftigkeit, unterschieden nach **fünf Pflegegraden:**

- Pflegegrad 1: geringe Beeinträchtigung der Selbstständigkeit
- Pflegegrad 2: erhebliche Beeinträchtigung der Selbstständigkeit
- Pflegegrad 3: schwere Beeinträchtigung der Selbstständigkeit
- Pflegegrad 4: schwerste Beeinträchtigung der Selbstständigkeit
- Pflegegrad 5: schwerste Beeinträchtigung der Selbstständigkeit mit besonderen Anforderungen an die pflegerische Versorgung

(3) Versicherungspflicht

Die Versicherungspflicht in der **sozialen Pflegeversicherung** besteht für alle Mitglieder der Krankenversicherung (auch freiwillige), ihre nicht berufstätigen Ehepartner und Kinder. Privatversicherte wie z. B. Beamte müssen eine **private Pflegeversicherung** abschließen.

(4) Leistungen

Art der Leistungen	Erläuterungen
Bei häuslicher Pflege:	
■ Pflegehilfe	Pflegebedürftige haben bei häuslicher Pflege Anspruch auf körperbezogene Pflegemaßnahmen und pflegerische Betreuungsmaßnahmen sowie auf Hilfen bei der Haushaltsführung als **Sachleistung.** Häusliche Pflege wird durch geeignete Pflegekräfte erbracht. Die Höhe der Pflegehilfe hängt von der Pflegebedürftigkeit ab.
■ Pflegegeld	Pflegebedürftige, welche ihre Pflege selbst sicherstellen, können anstelle der häuslichen Pflegehilfe ein nach dem Pflegegrad gestaffeltes monatliches Pflegegeld erhalten. Nimmt der Pflegebedürftige die Sachleistungen nur teilweise in Anspruch, erhält er daneben ein anteiliges Pflegegeld.
Teilstationäre Pflege und Kurzzeitpflege: ■ Tages- und Nachtpflege ■ Kurzzeitpflege	Pflegebedürftige haben Anspruch auf teilstationäre Pflege, wenn häusliche Pflege nicht in ausreichendem Umfang möglich ist. Die Höhe der Aufwendungen für Pflege, Betreuung und medizinische Behandlung richtet sich nach dem jeweiligen Pflegegrad. Kann häusliche Pflege zeitweise nicht, noch nicht oder nicht im erforderlichen Umfang erbracht werden und reicht teilstationäre Pflege nicht aus, kann für eine Übergangszeit von maximal 8 Wochen im Jahr vollstationäre Pflege in Anspruch genommen werden.
Vollstationäre Pflege	Ist häusliche oder teilstationäre Pflege nicht möglich, haben Pflegebedürftige Anspruch auf vollstationäre Pflege. Die Pflegekasse trägt die Aufwendungen für Pflege, Betreuung und medizinische Behandlung bis zu einem monatlichen Höchstbetrag.

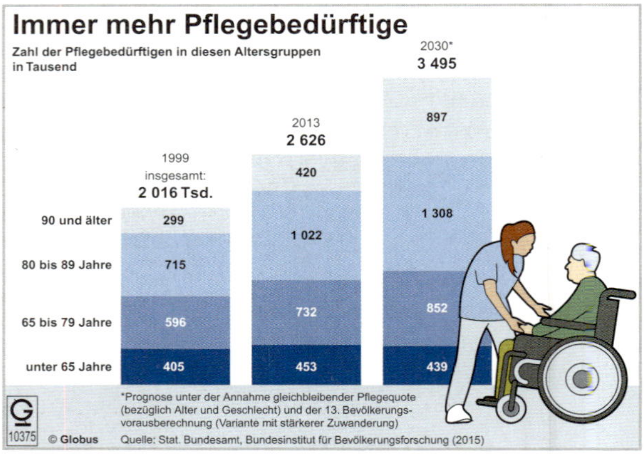

2,6 Millionen Menschen waren im Jahr 2013 in Deutschland pflegebedürftig. Bis zum Jahr 2030 wird sich diese Zahl nach einer Prognose des Bundesinstituts für Bevölkerungsforschung um rund 35 Prozent auf 3,5 Millionen erhöhen. Besonders steigen wird demnach die Zahl der Pflegebedürftigen bei den betagten Menschen. Bei den 80- bis 89-Jährigen wird sie sich um mehr als ein Viertel erhöhen, bei den 90-Jährigen und Älteren sogar verdoppeln. Als Grund hierfür nennt das Bundesinstitut die Alterung der starken Babyboomer-Jahrgänge der in den 1950er- und 60er-Jahren Geborenen. Bis zu einem Alter von 80 Jahren sind die Pflegequoten von Männern und Frauen gleich hoch. Danach sind Frauen stärker von Pflegebedürftigkeit betroffen als Männer. Ab einem Alter von 90 Jahren sind etwa zwei Drittel aller Frauen auf Pflege angewiesen, bei den Männern nur etwa jeder Zweite.

6.2.3 Gesetzliche Arbeitsförderung (Arbeitslosenversicherung)

(1) Versicherungspflicht

Die **Versicherungspflicht** umfasst vor allem die Auszubildenden und Arbeitnehmer ohne Rücksicht auf die Höhe ihrer Einkommen.

(2) Leistungen der gesetzlichen Arbeitsförderung

■ Berufsberatung und Arbeitsmarktberatung

Die Agenturen für Arbeit beraten Jugendliche und Erwachsene, die am Arbeitsleben teilnehmen oder teilnehmen wollen, zum Beispiel über die Berufswahl, die berufliche Entwicklung, über Berufswechsel, über die Lage und Entwicklung des Arbeitsmarkts und der Berufe sowie über die Leistungen der Arbeitsförderung.

Quelle: Bundesagentur für Arbeit

■ Ausbildungs- und Arbeitsvermittlung

Die örtliche Agentur für Arbeit bietet Ausbildungsuchenden, Arbeitsuchenden und Arbeitgebern eine grundsätzlich unentgeltliche Ausbildungs- und Arbeitsvermittlung an. Zur **ortsnahen Leistungserbringung** sollen die Leistungen der Arbeitsförderung vorrangig durch die **örtlichen Agenturen für Arbeit** erbracht werden. Als einheitliche Anlaufstelle für alle einen Arbeitsplatz oder Ausbildungsplatz suchenden Personen werden von den Agenturen für Arbeit **Job-Center** eingerichtet. Hier werden diese Personen informiert, der Beratungs- und Betreuungsbedarf geklärt und der erste Eingliederungsschritt in die Arbeit verbindlich vereinbart. Vor allem Langzeitarbeitslose und erwerbsfähige Sozialgeldempfänger sollen hierdurch wieder schneller eine Arbeit vermittelt bekommen.

Arbeitslose können von der Agentur für Arbeit die **Zuweisung in eine Maßnahme** zur Aktivierung und beruflichen Eingliederung verlangen, wenn sie **sechs Monate** nach Eintritt ihrer Arbeitslosigkeit noch arbeitslos sind.

Leistungen an Arbeitnehmer

Leistungen (Auswahl)	Erläuterungen
Hilfen zur Eingliederung in den Arbeitsprozess	■ **Verbesserung der Eingliederungsaussichten** durch Trainingsmaßnahmen, indem z. B. Maßnahmekosten (Lehrgangskosten, Prüfungsgebühren, Fahrkosten) von der Agentur für Arbeit übernommen werden. ■ **Maßnahmen der Eignungsfeststellung** und **Förderung der Aufnahme einer Beschäftigung,** z. B. durch Leistungen aus dem Vermittlungsbudget, Gründungszuschuss, Förderung der Berufsausbildung, der beruflichen Weiterbildung, berufsvorbereitende Bildungsmaßnahmen, Förderung der Teilnahme behinderter Menschen am Arbeitsleben.
Zahlung von Entgeltersatzleistungen	
■ **Arbeitslosengeld I**	Arbeitnehmer haben einen Anspruch auf Arbeitslosengeld bei **Arbeitslosigkeit** oder bei **beruflicher Weiterbildung.** Der Arbeitslose hat sich persönlich bei der zuständigen Agentur für Arbeit arbeitslos zu melden. Wer einen Arbeitsplatz ohne wichtigen Grund aufgibt, erhält Arbeitslosengeld grundsätzlich erst nach 12 Wochen. Überhaupt kein Arbeitslosengeld erhält, wer einen von der Agentur für Arbeit vermittelten zumutbaren Arbeitsplatz auf Dauer ablehnt.[1] Die Dauer des Anspruchs auf Arbeitslosengeld hängt von der Dauer des Versicherungsverhältnisses und dem Lebensalter der arbeitslosen Person bei der Entstehung des Anspruchs ab. Das Arbeitslosengeld beträgt zurzeit 60 % und für die Arbeitslosen, die z. B. mindestens ein Kind haben, 67 % des für den Bemessungszeitraum berechneten pauschalierten Nettoentgelts.
■ **Kurzarbeitergeld**	Kurzarbeitergeld erhalten Arbeitnehmer, wenn ein erheblicher Arbeitsausfall mit Entgeltausfall vorliegt. Das Kurzarbeitergeld wird längstens zwölf Monate für den Arbeitsausfall während der Bezugsfrist gezahlt.
■ **Insolvenzgeld**	Insolvenzgeld[2] erhalten Arbeitnehmer, wenn sie z. B. bei der Eröffnung des Insolvenzverfahrens über das Vermögen des Arbeitgebers für die dem Insolvenzereignis vorausgehenden drei Monate des Arbeitsverhältnisses noch Ansprüche auf Arbeitsentgelt haben. Das Insolvenzgeld wird in Höhe des **Nettoarbeitsentgelts** geleistet.

Leistungen zur Eingliederung in Arbeit

Durch diese Leistungen soll die Eingliederung der erwerbsfähigen Leistungsberechtigten in Arbeit unterstützt werden. Hierzu soll die Agentur für Arbeit z. B. für jeden erwerbsfähigen Leistungsberechtigten einen **persönlichen Ansprechpartner** benennen und mit diesen Personen die für ihre Eingliederung erforderlichen Leistungen vereinbaren **(Eingliederungsvereinbarungen).**

1 Die Dauer der **Sperrzeit** wegen Arbeitsablehnung, wegen Ablehnung einer beruflichen Eingliederungsmaßnahme oder wegen Abbruchs einer beruflichen Eingliederungsmaßnahme beträgt drei Wochen, bei unzureichenden Eigenbemühungen zur Beendigung der Arbeitslosigkeit zwei Wochen.

2 Als **Insolvenz** bezeichnet man vorübergehende Zahlungsschwierigkeiten oder die dauernde Zahlungsunfähigkeit eines Schuldners.

5 Speth u.a. - ISBN 978-3-8120-0691-0

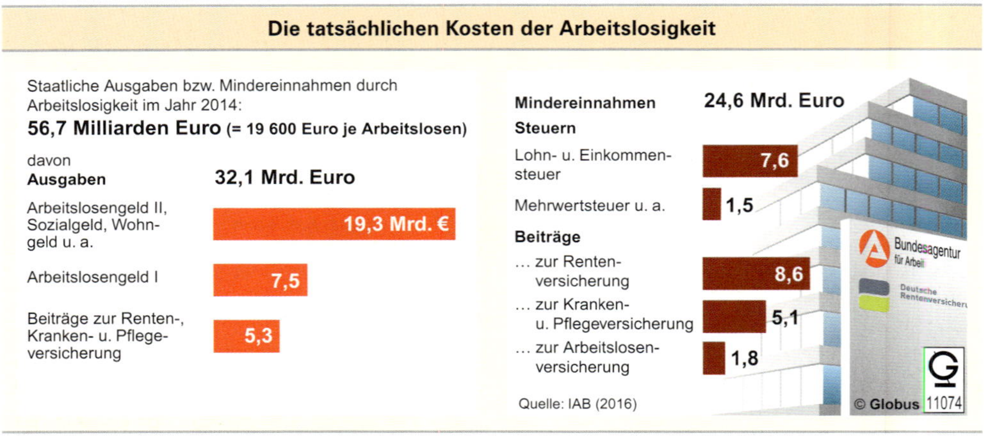

Leistungen zur Sicherung des Lebensunterhalts

Arbeitslosengeld II	Als Arbeitslosengeld II werden vom Staat Leistungen zur **Sicherung des Lebensunterhalts** einschließlich der angemessenen Kosten für Unterkunft und Heizung gewährt. Empfänger sind alle erwerbsfähigen Sozialgeld- und Sozialhilfeempfänger sowie alle Arbeitslose, die noch keinen Anspruch auf Arbeitslosengeld haben oder deren Anspruch abgelaufen ist (Langzeitarbeitslose). Zu berücksichtigende Einkommen und Vermögen mindern die Geldleistungen der Agentur für Arbeit und kommunalen Träger (z. B. Gemeinden, Kreise). Der **monatliche Regelbedarf** zur Sicherung des Lebensunterhalts (insbesondere für die Ernährung, Kleidung, Körperpflege, Hausrat, Bedarfe des täglichen Lebens, Beziehungen zur Umwelt und zur Teilnahme am kulturellen Leben) beträgt für Personen, die alleinstehend oder alleinerziehend sind, zurzeit 409,00 EUR.[1] Für Jugendliche zwischen 13 und 18, die in einer Bedarfsgemeinschaft ohne eigenen Haushalt leben, beträgt der Regelbedarf 311,00 EUR pro Monat. Jeweils zum 1. Januar eines Jahres wird der Regelbedarf der aktuellen Preis- und Lohnentwicklung entsprechend angepasst.
Leistungen für Unterkunft und Heizung	Leistungen für Unterkunft und Heizung werden in Höhe der tatsächlichen Aufwendungen erbracht, soweit diese angemessen sind.
Sozialgeld	Sozialgeld erhalten nicht erwerbsfähige Leistungsbedürftige ohne einen Anspruch auf Sozialhilfe, wenn in ihrer Bedarfsgemeinschaft mindestens ein erwerbsfähiger Hilfebedürftiger lebt.
Bedarfe für Bildung und Teilhabe („Bildungspaket")	Damit wird Kindern aus Familien, in denen Arbeitslosengeld II, Sozialgeld oder Sozialhilfe bezogen wird, ermöglicht, in verschiedenen Formen am kulturellen, sozialen und sportlichen Leben teilzuhaben (z. B. Teilnahme an Schulausflügen, an Mittagsverpflegung, Nachhilfeunterricht, Mitgliedsbeiträge für Sport). Für die Erbringung dieser Leistungen sind ausschließlich die Gemeinden und Städte verantwortlich.

1 Stand: Januar 2017.

6.2.4 Gesetzliche Unfallversicherung

(1) Versicherungspflicht

Versicherungspflicht besteht z. B. für alle Arbeitnehmer einschließlich Auszubildende, unabhängig von der Höhe ihres Einkommens, für die meisten Unternehmer (Arbeitgeber), Arbeitslose, Kinder während des Besuchs von Kindergärten, Schüler und Personen während der Rehabilitation.

(2) Leistungen

Die Leistungen der Unfallversicherung bestehen vor allem in der **Unfallverhütung** (die Berufsgenossenschaften erlassen Unfallverhütungsvorschriften) und in den finanziellen Leistungen bei **Unfallfolgen**.

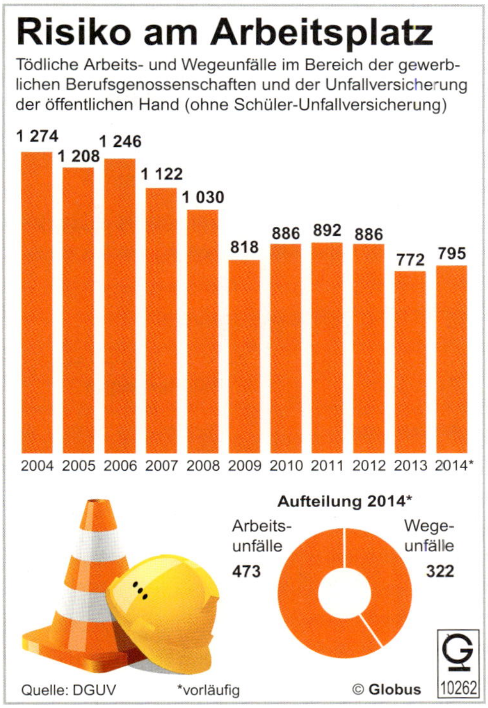

Leistungen (Auswahl)	Erläuterungen
Unfallverhütung	Die Unfallverhütungsvorschriften verpflichten den Unternehmer (Arbeitgeber), die Arbeitsplätze so einzurichten und zu erhalten, dass die Arbeitskräfte im Rahmen des Möglichen gegen Unfälle und Berufskrankheiten geschützt sind.
Finanzielle Leistungen bei Unfallfolgen	■ **Heilbehandlung.** Hierzu gehören vor allem die Kosten für ärztliche und zahnärztliche Behandlung, Arznei- und Verbandmittel, sonstige Hilfsmittel, stationäre Behandlung in Krankenhäusern oder Spezialkliniken. ■ **Leistungen zur Teilhabe am Arbeitsleben.** Diese umfassen z. B. Leistungen zur Erhaltung und Erlangung eines Arbeitsplatzes einschließlich der Leistungen zur Förderung der Arbeitsaufnahme, zur beruflichen Anpassung, Fortbildung, Ausbildung und Umschulung. ■ **Leistungen zur Teilnahme am Leben in der Gemeinschaft und ergänzende Leistungen.** Hierzu gehören z. B. die Kraftfahrzeughilfe, Wohnungshilfe, Haushaltshilfe, Reisekosten, Beratung sowie sozialpädagogische und psychosoziale Betreuung. ■ **Rentenzahlungen.** Renten an Versicherte bei Minderung ihrer Erwerbsfähigkeit infolge eines Versicherungsfalls um mindestens 20 %, an Hinterbliebene als Witwen- und Witwerrente und als Waisenrente für Kinder von verstorbenen Versicherten. ■ **Verletztengeld.** Es wird bei einem Unfall oder einer Berufskrankheit bezahlt und hat den Zweck, einen eintretenden Einkommensausfall auszugleichen. Es wird ab der 7. Woche bezahlt, wenn der Arbeitgeber keinen Lohn mehr bezahlt. Es beträgt 80 % des Regelentgelts.

6.2.5 Gesetzliche Rentenversicherung

(1) Versicherungspflicht

Die **Versicherungspflicht** umfasst vor allem alle Auszubildenden und Arbeitnehmer **ohne Rücksicht auf die Höhe ihres Einkommens.** Pflichtversichert sind u.a. auch Heimarbeiter und bestimmte selbstständig Tätige.

Wer aus einem Arbeitsverhältnis ausscheidet (z.B. Frauen, die sich ihrer Familie widmen möchten), kann sich freiwillig weiterversichern lassen.

(2) Leistungen (Beispiele)

Rentenart	Erläuterungen
Altersrente	Versicherte haben Anspruch auf Altersrente, wenn sie ihre persönliche Altersgrenze (zwischen dem 65. und 67. Lebensjahr) erreicht und eine Versicherungszeit von fünf Jahren erfüllt haben. Damit die gesetzliche Rentenversicherung ihre Aufgabe – Sicherung eines angemessenen Lebensunterhalts im Alter – angesichts der sinkenden Geburtenzahlen und steigender Lebenserwartung weiterhin erfüllen kann, wird zwischen 2012 und 2029 das Rentenalter schrittweise angehoben. Für die Geburtenjahrgänge 1947 bis 1964 steigt die Altersgrenze für die Regelaltersrente stufenweise von 65 auf 67 Jahre. 2030 ist dieser Übergang zur **„Rente mit 67"** abgeschlossen.
Rente wegen Erwerbsminderung	Einen Anspruch auf eine **Rente wegen voller Erwerbsminderung** haben Versicherte bis zur Vollendung des 65. Lebensjahrs. Versicherte sind grundsätzlich voll erwerbsgemindert, wenn diese wegen ihrer Krankheit oder Behinderung auf nicht absehbare Zeit außerstande sind, unter den üblichen Bedingungen des allgemeinen Arbeitsmarkts mindestens drei Stunden täglich erwerbstätig zu sein. Wer noch mindestens 3, aber nicht mehr als 6 Stunden täglich arbeiten kann, erhält eine halbe Erwerbsminderungsrente.
Renten wegen Todes	Renten an Hinterbliebene werden als große oder kleine **Witwen- bzw. Witwerrenten,** als **Erziehungsrente** (bei Tod des geschiedenen Ehegatten, wenn ein eigenes oder ein Kind des geschiedenen Ehegatten erzogen wird) und als **Waisenrente** bezahlt.

(3) Dynamisierung[1] der Renten

Die Rentenhöhe ist nicht für alle Zeiten absolut festgelegt. Erhöht sich der durchschnittliche Nettoarbeitsverdienst aller Arbeitnehmer, so erhöhen sich grundsätzlich die Renten entsprechend. Die in gewissen Zeitabständen durch **Rentenanpassungsgesetze** erfolgte Anpassung der Renten an die allgemeine Lohnentwicklung ist die sogenannte **Rentendynamisierung.**

1 **Dynamisch:** beweglich, sich entwickelnd.

(4) Generationenvertrag[1]

Dem deutschen Rentensystem liegt der sogenannte Generationenvertrag zugrunde. Er besagt, dass die **heute Berufstätigen** durch ihre Beiträge zur Rentenversicherung die **Rente der Älteren finanzieren** – in der Erwartung, dass die kommende Generation dann später die Renten für sie aufbringt. Da derzeit die Anzahl der Kinder abnimmt, müssen in den kommenden Jahren weniger Beitragszahler mehr Rentner finanzieren.

6.3 Notwendigkeit privater Zusatzversicherung begründen

6.3.1 Staatlich geförderte private Altersvorsorge

(1) Problemstellung

Weil das derzeitige Rentenniveau in der gesetzlichen Rentenversicherung langfristig abgesenkt werden muss, steigt die Bedeutung der privaten Altersvorsorge.

Der „Einstieg" in eine **staatlich geförderte private Altersvorsorge** erfolgte durch das Altersvermögensgesetz [AVmG].

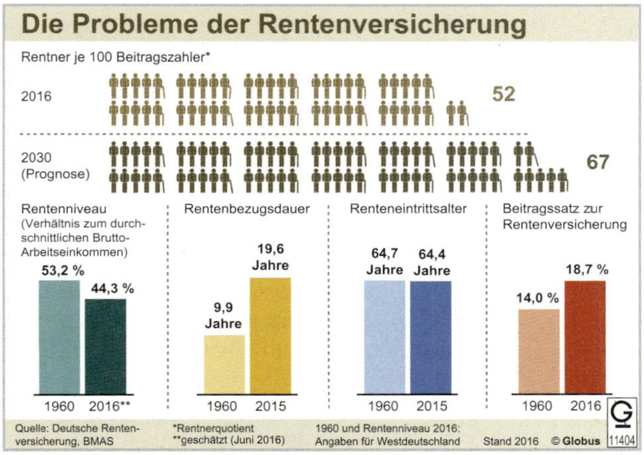

(2) Beispiel für private Vorsorge: Riester-Rente

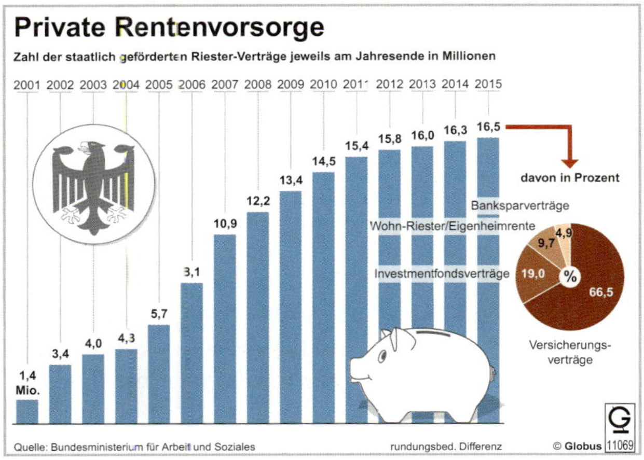

Ein Beispiel für eine private Altersversorgung ist die **Riester-Rente.**[2] Die Beitragszahlungen werden vom Staat in Form von Zulagen und Steuervorteilen gefördert. Wer die höchstmögliche Förderung (154,00 EUR) erreichen möchte, muss 4 % des versicherungspflichtigen Bruttoeinkommens im Jahr sparen. Für jedes Kind erhält der Riester-Sparer 185,00 EUR bzw. 300,00 EUR für nach 2007 geborene Kinder. Allerdings muss wegen der Förderung in der Ansparphase die Rentenzahlung im Alter voll versteuert werden. Die Riester-Verträge gibt es bei Banken, Fonds-Gesellschaften und Versicherungsunternehmen.

1 Der Generationenvertrag ist nirgendwo schriftlich festgelegt – er ist ein allgemeines gesellschaftliches Übereinkommen.

2 Die Bezeichnung Riester-Rente geht auf Walter Riester zurück, der als Bundesminister für Arbeit und Sozialordnung die Förderung der freiwilligen Altersvorsorge durch eine Altersvorsorgezulage vorschlug.

(3) Betriebliche Altersvorsorge

Drei Säulen der Altersvorsorge
■ Gesetzliche Rentenversicherung ■ Private Altersvorsorge ■ Betriebliche Altersvorsorge

Jedes Unternehmen muss seinen Mitarbeitern die Möglichkeit geben, in eine betriebliche Altersvorsorgung einzuzahlen. Der Arbeitnehmer hat einen **Rechtsanspruch auf eine Entgeltumwandlung** in Höhe von 4 % der Beitragsbemessungsgrenze (Rentenversicherung). Die Anlage muss förderwürdig sein. Der Arbeitgeber kann die betriebliche Altersversorgung z. B. über eine Versicherung oder eine Pensionskasse organisieren.

6.3.2 Private Vorsorge für Erwerbs- und Berufsunfähigkeit

Es ist sinnvoll, sich gegen die Folgen einer Berufs- und Erwerbsunfähigkeit abzusichern. Vor allem Berufsanfänger sollten sich versichern, da sie gerade in der Anfangsphase ihrer Berufstätigkeit nur unzureichend finanziell versorgt sind.

Die **Berufsunfähigkeitsversicherung**[1] sichert das finanzielle Risiko der Berufs- und Erwerbsunfähigkeit ab.

In der Regel sind die Versicherungsverträge so abgefasst, dass der Versicherte die vereinbarte Leistung aus der Berufsunfähigkeitsversicherung (z. B. Rente) erhält, wenn er zumindest 50 % berufsunfähig ist. Generell mitversichert ist heute der Pflegefall. Die Versicherungs- und Beitragszahlungsdauer kann auf ein bestimmtes Alter – zum Beispiel 45 Jahre – beschränkt werden. In der Regel werden Leistungen aus der Berufsunfähigkeitsversicherung nicht über das 65. Lebensjahr hinaus erbracht.

6.3.3 Private Haftpflichtversicherung

Die **private Haftpflichtversicherung** ist eine wichtige **Vermögensversicherung**. Vermögensversicherungen haben die Aufgabe, den Versicherungsnehmer gegen Vermögensnachteile zu schützen.

Haftpflicht bedeutet, dass jeder, der vorsätzlich oder fahrlässig das Leben, den Körper, die Gesundheit, die Freiheit, das Eigentum oder ein sonstiges Recht widerrechtlich verletzt, dem anderen zum Ersatz des daraus entstandenen Schadens verpflichtet ist. Die Haftpflichtversicherung übernimmt für ihre Versicherten die **Regulierung von Schadensersatzansprüchen durch fahrlässige Handlungen** und zwar für **Personen- und Sachschäden.** Neben der Schadensregulierung trägt die private Haftpflichtversicherung auch die **Kosten für die Prüfung der Rechtmäßigkeit von Schadensersatzansprüchen.**

Private Haftpflichtversicherungen können z. B. abgeschlossen als Privat-, Sport-, Berufs-, Gebäude- und Tierhaltungsversicherung.

1 Während bei der **Berufsunfähigkeit** nur der erlernte Beruf nicht mehr ausgeübt werden kann, ist bei der **(vollen) Erwerbsunfähigkeit** überhaupt keine Erwerbstätigkeit (keine Berufstätigkeit) mehr möglich.

Überblick: Sozialversicherung und private Zusatzversicherungen

Zweige und Träger der Sozialversicherung

Gesetzliche Krankenversicherung	**Soziale Pflegeversicherung**	**Gesetzliche Rentenversicherung**	**Gesetzliche Arbeitsförderung**	**Gesetzliche Unfallversicherung**
Gesetzliche Krankenkassen	Pflegekassen	Deutsche Rentenversicherung	Bundesagentur für Arbeit	Berufsgenossenschaften und Unfallversicherungsträger der öffentlichen Hand

Private Altersvorsorge	Berufsunfähigkeitsversicherung	Private Haftpflichtversicherung
■ Riester-Rente ■ betriebliche Altersvorsorge		

Ergänzung durch private Zusatzversicherung

Kompetenztraining

7

1. Nennen Sie die Zweige des Sozialversicherungssystems der Bundesrepublik Deutschland!

2. Nennen Sie die zwei Leistungen, die die gesetzliche Arbeitsförderung erbringt!

   2.1 Heilbehandlung
   2.2 Arbeitslosengeld
   2.3 Krankengeld
   2.4 Rentenzahlung
   2.5 Berufsberatung
   2.6 Sozialhilfe

3. Die Friseurin Verena Schussel fällt im Friseursalon von der Leiter, als sie vom obersten Regal ein Haarfärbemittel herunterholen will. Sie verletzt sich so schwer, dass sie stationär behandelt werden muss.

   Aufgaben:

   3.1 Nennen Sie die Versicherung, die dafür zuständig ist!
   3.2 Nennen Sie die Leistungen, die von dieser Versicherung zu erbringen sind!

4. Notieren Sie die Zielsetzung, die das Arbeitslosengeld II hat!

   4.1 Eingliederung in den Arbeitsprozess
   4.2 Hilfe bei Berufsunfähigkeit
   4.3 Sicherung des Lebensunterhalts
   4.4 Angebot zur Arbeitsvermittlung

5. Begründen Sie, warum der Staat eine private Altersvorsorge durch finanzielle Anreize zu fördern sucht!

8

1. Irmgard Klein, Bäckerin, wird krank. Sie freut sich, denn jetzt – so meint sie – erhält sie 6 Wochen lang das volle Gehalt und das Krankengeld.

   Aufgabe:

   Begründen Sie, ob die Freude von Irmgard Klein berechtigt ist!

2. Emil Pfender ist nicht der Fleißigste. Als Maurer unterhält er sich lieber mit den Kollegen und Kolleginnen statt zu arbeiten. Als ihn der Vorarbeiter zurechtweist, geht Pfender wütend ins Personalbüro, kündigt fristlos und lässt sich seine Papiere geben. Am nächsten Tag beantragt er bei der Agentur für Arbeit Arbeitslosengeld.

   Aufgabe:

   Begründen Sie, ob Emil Pfender Arbeitslosengeld erhalten wird! Wenn nein, begründen Sie rechtlich, warum nicht! Wenn ja, nennen Sie den Zeitpunkt, ab dem Emil Pfender Arbeitslosengeld erhält!

3. Ilse Fröhlich arbeitet als Augenoptikerin. Nach Geschäftsschluss geht sie in ein Kino. Auf dem Nachhauseweg fällt sie bei Glatteis hin und bricht sich ein Bein. Deshalb will sie die Leistungen der gesetzlichen Unfallversicherung in Anspruch nehmen. Diese lehnt ab. Ilse Fröhlich erhebt Widerspruch, der ebenfalls abschlägig beschieden wird. Sie möchte im Anschluss daran beim Sozialgericht klagen.

   Aufgabe:

   Prüfen Sie, ob Ilse Fröhlich Erfolg haben wird!

4. Die Mitarbeiter des Installations- und Heizungsbaus Karin Krause KG sind alle sozialversichert.

   Aufgabe:

   Unterscheiden Sie die gesetzliche Sozialversicherung von der Individualversicherung!

5. 5.1 Erläutern Sie, welches Problem das nachfolgende Schaubild zeigt!

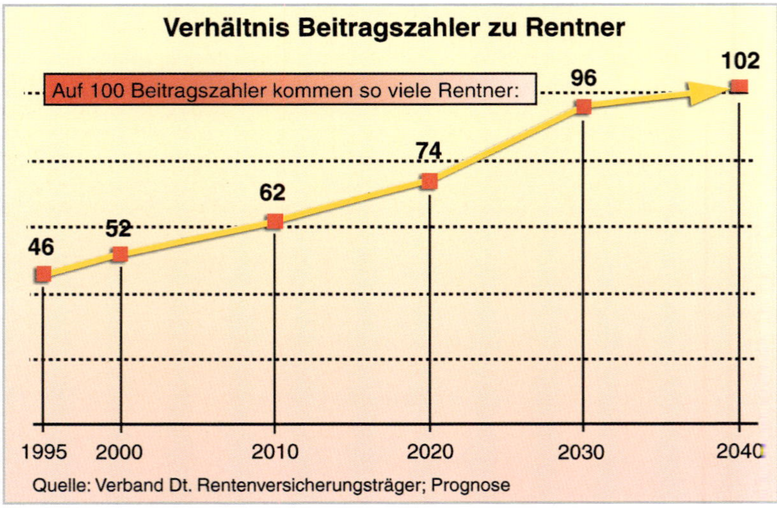

   5.2 Beschreiben Sie drei Ursachen für diese Entwicklung!

7 Eine Lohn- und Gehaltsabrechnung erstellen

Lernsituation 8:

Schreinermeister Klaus Erler ist neuer Werkstattleiter in der Stuttgarter Möbelmanufaktur AG. Gestern erhielt er seine erste Entgeltabrechnung mit folgenden Grunddaten:

Entgeltabrechnung
April 20..

Stuttgarter Möbelmanufaktur AG

Personal-Nr.	St.-Klasse	Kinderfreibetrag	Konfession
4762	3	2,0	rk

Klaus Erler
Zeller Str. 4
73235 Weilheim an der Teck

Bruttoentgelt		**5 292,00 EUR**
Lohnsteuer	739,66 EUR	
Solidaritätszuschlag	21,69 EUR	
Kirchensteuer	31,56 EUR	
Krankenversicherung	365,40 EUR	
Pflegeversicherung	55,46 EUR	
Rentenversicherung	494,80 EUR	
Arbeitslosenversicherung	79,38 EUR	
Summe Steuern	792,91 EUR	
Summe Sozialversicherung	995,04 EUR	
Summe Abzüge		1 787,95 EUR
Nettoentgelt (Auszahlungsbetrag)		3 504,05 EUR

Schon am frühen Morgen kommt er ins Personalbüro und legt seine Entgeltabrechnung auf den Tisch: *„Irgendwas stimmt da nicht. Sie müssen sich verrechnet haben. Schauen Sie sich die Krankenversicherung an! 15,7 % einschließlich 1,1 % Zusatzbeitrag vom Bruttoentgelt und davon die Hälfte – das sind 415,42 EUR und nicht 365,40 EUR. Und auch die Pflegeversicherung stimmt nicht! 2,55 % von 5 292,00 EUR und davon die Hälfte – das sind 67,47 EUR und nicht 55,46 EUR."*

Kompetenzorientierte Arbeitsaufträge:

1. Erklären Sie, aus welchem Grund der Gesetzgeber vorgesehen hat, dass Steuerklassen und Kinderfreibeträge bei der Entgeltabrechnung zu berücksichtigen sind!
2. Überprüfen Sie die Entgeltabrechnung von Klaus Erler. Falls sie richtig ist, erklären Sie Klaus Erler seinen Irrtum. Im anderen Fall korrigieren Sie die Fehler!
3. Begründen Sie, unter welchen Voraussetzungen Sie eine Besteuerung des Einkommens für gerecht halten!
4. Da Klaus Erler früher in Hessen beschäftigt war und dort gelebt hat, wundert er sich über die Höhe der Kirchensteuer. So musste er vorher bei etwa gleichem Gehalt mehr zahlen.
   Klären Sie Klaus Erler über diesen Sachverhalt auf!
5. In der Mittagspause unterhält er sich mit einem Kollegen, der bei exakt gleichem Einkommen einen höheren Beitrag in die Pflegeversicherung zahlen muss.
   Erläutern Sie diesen Sachverhalt und berechnen Sie den von ihm zu zahlenden Beitrag!

7.1 Eine Lohn- und Gehaltsabrechnung durchführen

7.1.1 Schema zur Lohn- und Gehaltsabrechnung

Ermittlung des Bruttoentgeltes	Addition von Lohn/Gehalt, vermögenswirksamen Leistungen (Arbeitgeber), Überstundenvergütungen, Urlaubsgeld, Sachwerten
– Steuern	Lohnsteuer, Solidaritätszuschlag, Kirchensteuer
– Sozialversicherungsbeiträge	Kranken-, Pflege-, Renten- und Arbeitslosenversicherung (unter Berücksichtigung der Beitragsbemessungsgrenzen)
Nettoentgelt	
– sonstige Abzüge	Verrechnung von Vorschüssen, Kantinenessen, Lohnpfändung, vermögenswirksamen Leistungen (Arbeitnehmer)
Auszahlungsbetrag	

Vom Aufwand für Arbeit, wie ihn das Unternehmen in seiner Kostenrechnung kalkuliert, landet nur gut die Hälfte auf dem Konto des Arbeitnehmers. Durchschnittlich 3326,00 EUR im Monat mussten die Arbeitgeber im Jahr 2015 für jeden abhängig Beschäftigten kalkulieren. Davon sind nur 2722,00 EUR brutto auf der monatlichen Lohn- und Gehaltsabrechnung ausgewiesen. Unsichtbar für den Arbeitnehmer bleiben jene 604,00 EUR, die der Betrieb als Arbeitgeberbeiträge an die Sozialkassen abführt. Nach Abzug der Lohnsteuer und der Arbeitnehmerbeiträge zur Renten-, Arbeitslosen-, Kranken- und Pflegeversicherung bleiben dem Beschäftigten 1807,00 EUR netto im Monat. Fazit: Der Betrieb wendet 3326,00 EUR auf, der Beschäftigte erhält 1807,00 EUR. Der Unterschiedsbetrag zwischen Lohnkosten und Nettolohn – in diesem Beispiel 1519,00 EUR – geht an den Staat und die Sozialversicherung.

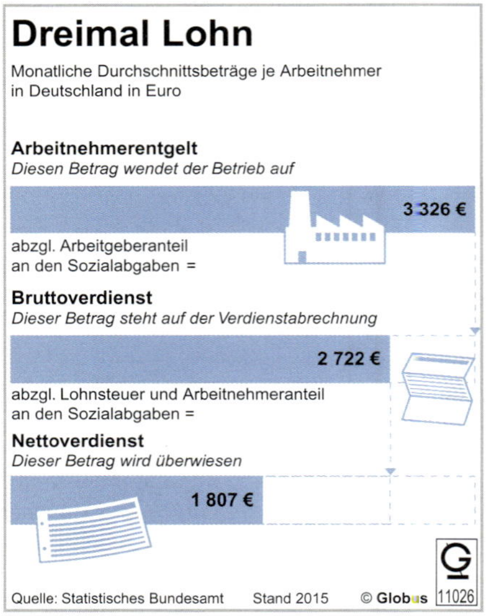

7.1.2 Berechnung der Steuern

(1) Berechnung der Lohnsteuer und des Solidaritätszuschlags

Begriff Lohnsteuer

Die Lohnsteuer ist eine Sonderform der Einkommensteuer. Besteuert werden die **Einkünfte aus nichtselbstständiger Arbeit**. Die **Höhe der Lohn- bzw. Einkommensteuer** wird bestimmt durch

- die **Höhe des Bruttolohns** bzw. **-gehalts,**
- den **Familienstand,**
- die **Anzahl der Kinder** und
- durch **bestimmte Freibeträge.**

Auf die Lohnsteuer wird derzeit ein **Solidaritätszuschlag** von 5,5 % erhoben.

Lohnsteuerklassen

Die Lohnsteuertabelle enthält sechs Lohnsteuerklassen, die durch unterschiedlich hohe Pausch- und Freibeträge die persönlichen Verhältnisse des Arbeitnehmers berücksichtigen.

Steuer-klasse	Personenkreis	Pauschbeträge und Freibeträge[1]	EUR[2]
I	Arbeitnehmer, die ledig, geschieden, verwitwet sind oder getrennt leben.	Grundfreibetrag Arbeitnehmer-Pauschbetrag	8820,00 1000,00
II	Arbeitnehmer der Steuerklasse I, wenn bei ihnen der **Entlastungsbetrag für Alleinerziehende** zu berücksichtigen ist.	Grundfreibetrag Arbeitnehmer-Pauschbetrag	8820,00 1000,00
III	**Verheiratete** Arbeitnehmer, von denen nur ein Ehegatte in einem Dienstverhältnis steht oder der andere Partner zwar arbeitet, aber in der Steuerklasse V eingestuft ist.	Grundfreibetrag Arbeitnehmer-Pauschbetrag	17640,00 1000,00
IV	**Verheiratete** Arbeitnehmer, wenn **beide** Ehegatten Arbeitslohn beziehen.	Grundfreibetrag Arbeitnehmer-Pauschbetrag	8820,00 1000,00
V	**Verheiratete** Arbeitnehmer, die unter die Lohnsteuerklasse IV fallen würden, bei denen jedoch ein Ehegatte nach Steuerklasse III besteuert wird.	Arbeitnehmer-Pauschbetrag	1000,00
VI	Arbeitnehmer, die aus **mehr** als einem Arbeitsverhältnis (von verschiedenen Arbeitgebern) Arbeitslohn beziehen.		

Erläuterungen:

Grundfreibetrag. Er bedeutet, dass Einkommen bis zur Höhe von 8820,00 EUR jährlich auf jeden Fall steuerfrei bleiben. Bei Verheirateten erhöht sich der Grundfreibetrag auf 17640,00 EUR.

Arbeitnehmer-Pauschbetrag. Arbeitnehmer erhalten für ihre Einkünfte aus nichtselbstständiger Arbeit von vornherein einen Pauschbetrag angerechnet, um ihre Einnahmen (Lohn, Gehalt) zu sichern (z.B. Aufwendungen für berufliche Fortbildung, Fahrkosten zwischen Wohnung und Arbeitsstätte, Aufwendungen für typische Berufskleidung).

Lohnsteuertabelle

Zur Berechnung der Lohnsteuer, der Kirchensteuer und des Solidaritätszuschlags bedient man sich der **Lohnsteuertabellen.** In die Lohnsteuertabellen sind alle maßgebenden Pausch- und Freibeträge eingearbeitet, sodass die Lohnsteuer unmittelbar abgelesen werden kann.

1 Aus Vereinfachungsgründen wird nur die wichtigste Pauschale und der wichtigste Freibetrag angeführt.

2 Stand Januar 2017.

Auszug aus der allgemeinen Monats-Lohnsteuertabelle:

MONAT 1938,–*

Lohn/ Gehalt	Abzüge an Lohnsteuer, Solidaritätszuschlag (SolZ) und Kirchensteuer (8%, 9%) in den Steuerklassen																								
	I–VI					I, II, III, IV																			
			ohne Kinderfreibeträge					mit Zahl der Kinderfreibeträge . . .																	
								0,5			1			1,5			2			2,5			3**		
bis €*		LSt	SolZ	8%	9%		LSt	SolZ	8%	9%	SolZ	8%	9%	SolZ	8%	9%	SolZ	8%	9%	SolZ	8%	9%	SolZ	8%	9%
1 940,99	I,IV	193,50	10,64	15,48	17,41	I	193,50	6,53	9,50	10,68	—	4,02	4,52	—	—	—	—	—	—	—	—	—	—	—	—
	II	165,08	9,07	13,20	14,85	II	165,08	2,20	7,36	8,28	—	2,32	2,61	—	—	—	—	—	—	—	—	—	—	—	—
	III	17,66	—	1,41	1,58	III	17,66	—	—	—	—	—	—	—	—	—	—	—	—	—	—	—	—	—	—
	V	414,66	22,80	33,17	37,31	IV	193,50	8,55	12,44	13,99	6,53	9,50	10,68	0,41	6,64	7,47	—	4,02	4,52	—	1,79	2,01	—	—	—
	VI	445,33	24,49	35,62	40,07																				
1 943,99	I,IV	194,25	10,68	15,54	17,48	I	194,25	6,56	9,54	10,73	—	4,06	4,57	—	—	—	—	—	—	—	—	—	—	—	—
	II	165,75	9,11	13,26	14,91	II	165,75	2,31	7,40	8,33	—	2,36	2,65	—	—	—	—	—	—	—	—	—	—	—	—
	III	18,—	—	1,44	1,62	III	18,—	—	—	—	—	—	—	—	—	—	—	—	—	—	—	—	—	—	—
	V	415,66	22,86	33,25	37,40	IV	194,25	8,58	12,49	14,05	6,56	9,54	10,73	0,53	6,69	7,52	—	4,06	4,57	—	1,83	2,06	—	—	—
	VI	446,16	24,53	35,69	40,15																				
1 946,99	I,IV	194,91	10,72	15,59	17,54	I	194,91	6,60	9,60	10,80	—	4,10	4,61	—	0,02	0,02	—	—	—	—	—	—	—	—	—
	II	166,41	9,15	13,31	14,97	II	166,41	2,45	7,46	8,39	—	2,39	2,69	—	—	—	—	—	—	—	—	—	—	—	—
	III	18,33	—	1,46	1,64	III	18,33	—	—	—	—	—	—	—	—	—	—	—	—	—	—	—	—	—	—
	V	416,50	22,90	33,32	37,48	IV	194,91	8,62	12,54	14,11	6,60	9,60	10,80	0,66	6,74	7,58	—	4,10	4,61	—	1,86	2,09	—	0,02	0,02
	VI	447,33	24,60	35,78	40,25																				

(2) Kirchensteuer

Die Kirchensteuer erheben die Kirchen von ihren Mitgliedern. Die Veranlagung erfolgt durch die Finanzämter, an die auch die Zahlungen zu leisten sind. Bei den Arbeitnehmern wird die Kirchensteuer zusammen mit der Lohnsteuer und dem Solidaritätszuschlag vom Arbeitgeber einbehalten und abgeführt. Zurzeit beträgt die Kirchensteuer 9 % von der zu zahlenden Lohn- bzw. Einkommensteuer. Lediglich in Baden-Württemberg und Bayern beträgt der Kirchensteuersatz 8 %.

Beispiel:

Edda Meyer ist Elektronikerin beim Leuchtenhersteller Hell Dunkel GmbH in Heilbronn, bezieht für den Monat Juli ein Bruttogehalt in Höhe von 1 941,00 EUR. Sie ist ledig (Lohnsteuerklasse I) und hat keine Kinder. Konfession: röm.-kath.

Bruttogehalt	1 941,00 EUR
Lohnsteuer lt. LSt.-Tabelle (Klasse I, ohne Kinder)	194,25 EUR
Solidaritätszuschlag	10,68 EUR
Kirchensteuer 8 %	15,54 EUR.

Edda Meyer hat insgesamt 220,47 EUR an Steuern zu entrichten. (Siehe Auszug aus obenstehender Lohnsteuertabelle!)

Beachte:

- Die Lohnsteuer wird im **Abzugsverfahren**[1] erhoben, d. h., die Arbeitgeber sind verpflichtet, die Lohnsteuer, die Kirchensteuer und den Solidaritätszuschlag einzubehalten und bis zum 10. des folgenden Monats an das Finanzamt abzuführen.
- Die Lohnsteuer ist **keine selbstständige Steuerart,** sondern eine **besondere Erhebungsform der Einkommensteuer bei Arbeitnehmern.**[2]

1 Merkmal des **Abzugsverfahrens** ist, dass der Steuerpflichtige **sofort** zur Steuerzahlung herangezogen wird, indem die auszahlende Stelle (z. B. der Einzelhändler) verpflichtet ist, die fällige Steuer einzubehalten und an das Finanzamt abzuführen.

2 Vgl. hierzu Kapitel 7.2, S. 80 ff.

7.1.3 Berechnung der Sozialversicherungsbeiträge

Außer der **Unfallversicherung**, die der Arbeitgeber allein zu tragen hat, müssen Arbeitnehmer und Arbeitgeber je 50 % der Beiträge zur Kranken-, Pflege-, Renten- und Arbeitslosenversicherung zahlen. Die Beiträge für jeden Sozialversicherungszweig werden bis zur jeweiligen Beitragsbemessungsgrenze über einen festen Prozentsatz vom jeweiligen Bruttoverdienst berechnet. Über die Beitragsbemessungsgrenze hinaus werden keine Beiträge zur jeweiligen Sozialversicherung erhoben.

Derzeit gelten für die Sozialversicherung folgende monatliche **Beitragssätze** bzw. **Beitragsbemessungsgrenzen** (2017):[1]

			In den alten Bundesländern	In den neuen Bundesländern
Krankenversicherung:	14,6 %	Beitragsbemessungsgrenze:	4350,00 EUR	4350,00 EUR
Pflegeversicherung:	2,55 %	Beitragsbemessungsgrenze:	4350,00 EUR	4350,00 EUR
Rentenversicherung:	18,7 %	Beitragsbemessungsgrenze:	6350,00 EUR	5700,00 EUR
Arbeitslosenversicherung:	3,0 %	Beitragsbemessungsgrenze:	6350,00 EUR	5700,00 EUR

Beachte:

- Der **Beitragssatz zur Krankenversicherung** in Höhe von 14,6 % gilt bundeseinheitlich. Zusätzlich kann jede Krankenkasse einen einkommensabhängigen **Zusatzbeitrag** erheben. Der Zusatzbeitrag ist je nachdem, wie die Krankenkasse wirtschaftet, unterschiedlich hoch. Der durchschnittliche Zusatzbeitrag beträgt 2017 1,1 %. Er ist eine Richtschnur für die Krankenkassen bei der Festlegung ihres individuellen Zusatzbeitragssatzes. An dem Zusatzbeitrag ist der **Arbeitgeber nicht beteiligt.**
- Für alle kinderlosen Pflichtversicherten erhöht sich der **Beitrag zur Pflegeversicherung** ab dem 23. Lebensjahr um 0,25 % des beitragspflichtigen Einkommens. Für diesen Personenkreis beträgt daher der Beitragssatz 1,525 %. An dieser Erhöhung ist der **Arbeitgeber nicht beteiligt.**

Beispiel 1:

Die kinderlose Elektronikerin Edda Meyer, 25 Jahre alt, erhält ein Bruttogehalt in Höhe von 1941,00 EUR. Ihre Krankenkasse verlangt einen Zusatzbeitrag von 1,1 %.

Aufgaben:

Berechnen Sie

1. den Arbeitnehmeranteil zum Sozialversicherungsbeitrag,
2. den Arbeitgeberanteil zum Sozialversicherungsbeitrag!

Lösungen:

Bruttogehalt		1941,00 EUR
Krankenversicherung: 14,6 % (7,3 % AN-Anteil)	141,69 EUR	
Zusatzbeitrag für Arbeitnehmer: 1,1 %	21,35 EUR	
Pflegeversicherung: 2,55 % (1,275 % AN-Anteil)	24,75 EUR	
Zusatzbeitrag für kinderlose Arbeitnehmer: 0,25 %	4,85 EUR	
Rentenversicherung: 18,7 % (9,35 % AN-Anteil)	181,48 EUR	
Arbeitslosenversicherung: 3,0 % (1,5 % AN-Anteil)	29,12 EUR	
1. Arbeitnehmeranteil	403,24 EUR	
2. Arbeitgeberanteil (403,24 EUR – 26,20 EUR)	377,04 EUR	

1 Die Beitragssätze für die Sozialversicherung bzw. die Beitragsbemessungsgrenzen werden im Regelfall jährlich neu festgelegt. Informieren Sie sich bitte über die derzeit geltenden Beitragssätze und Bemessungsgrenzen.

Beispiel 2:

Der Geschäftsführer der Solarwerke Pforzheim GmbH Peter Sonnenschein ist verheiratet und hat ein Kind. Er verdient 6980,00 EUR. Peter Sonnenschein ist in der gesetzlichen Krankenkasse versichert. Seine Krankenkasse verlangt einen Zusatzbeitrag von 1,0 %.

Aufgaben:

Berechnen Sie

1. den Arbeitnehmeranteil zu den Sozialversicherungsbeiträgen,
2. den Arbeitgeberanteil zu den Sozialversicherungsbeiträgen!

Lösungen:

Bruttogehalt		6980,00 EUR
Krankenversicherung: 7,3 % (von 4350,00 EUR)	317,55 EUR	
Zusatzbeitrag für Arbeitnehmer: 1,0 % (von 4350,00 EUR)	43,50 EUR	
Pflegeversicherung: 1,275 % (von 4350,00 EUR)	55,46 EUR	
Rentenversicherung: 9,35 % (von 6350,00 EUR)	593,73 EUR	
Arbeitslosenversicherung: 1,5 % (von 6350,00 EUR)	95,25 EUR	
1. Arbeitnehmeranteil	1105,49 EUR	
2. Arbeitgeberanteil (1105,49 EUR – 43,50 EUR)	1061,99 EUR	

7.1.4 Beispiel für eine Gehaltsabrechnung

Beispiel:

Ein Mitarbeiter erhält ein Gehalt lt. Tarifvertrag von 3610,00 EUR; Lohnsteuerklasse II/1. Seine Krankenkasse verlangt einen Zusatzbeitrag von 1,1 %.

Aufgabe:

Erstellen Sie die Gehaltsabrechnung für den Mitarbeiter unter Verwendung des abgedruckten Auszugs aus der Lohnsteuertabelle und der Beitragssätze zur Sozialversicherung! Die Kirchensteuer beträgt 8 %.

3 608,99* MONAT

Abzüge an Lohnsteuer, Solidaritätszuschlag (SolZ) und Kirchensteuer (8%, 9%) in den Steuerklassen

Lohn/ Gehalt bis €*	I–VI					I, II, III, IV																				
			ohne Kinderfreibeträge					mit Zahl der Kinderfreibeträge . . .																		
								0,5			1			1,5			2			2,5			3**			
		LSt	SolZ	8%	9%		LSt	SolZ	8%	9%	SolZ	8%	9%	SolZ	8%	9%	SolZ	8%	9%	SolZ	8%	9%	SolZ	8%	9%	
3 608,99	I,IV	625,16	34,38	50,01	56,26	I	625,16	29,01	42,20	47,47	23,90	34,76	39,11	19,04	27,70	31,16	14,45	21,02	23,64	10,11	14,70	16,54	5,71	8,76	9,86	
	II	588,16	32,34	47,05	52,93	II	588,16	27,07	39,38	44,30	22,05	32,08	36,09	17,30	25,16	28,31	12,80	18,62	20,94	8,55	12,44	14,—	0,41	6,64	7,47	
	III	348,66	19,17	27,89	31,37	III	348,66	15,06	21,90	24,64	7,86	16,10	18,11	—	10,56	11,88	—	5,70	6,41	—	1,65	1,85	—	—	—	
	V	990,41	54,47	79,23	89,13	IV	625,16	31,66	46,06	51,81	29,01	42,20	47,47	26,42	38,44	43,24	23,90	34,76	39,11	21,44	31,18	35,08	19,04	27,70	31,16	
	VI	1026,66	56,46	82,13	92,39																					
3 611,99	I,IV	626,—	34,43	50,08	56,34	I	626,—	29,05	42,26	47,54	23,94	34,82	39,17	19,08	27,76	31,23	14,48	21,07	23,70	10,14	14,76	16,60	5,83	8,81	9,91	
	II	589,—	32,39	47,12	53,01	II	589,—	27,11	39,44	44,37	22,10	32,14	36,16	17,33	25,22	28,37	12,83	18,67	21,—	8,58	12,49	14,05	0,53	6,69	7,52	
	III	349,33	19,21	27,94	31,43	III	349,33	15,09	21,96	24,70	8,—	16,16	18,18	—	10,60	11,92	—	5,74	6,46	—	1,68	1,89	—	—	—	
	V	991,50	54,53	79,32	89,23	IV	626,—	31,71	46,12	51,89	29,05	42,26	47,54	26,46	38,50	43,31	23,94	34,82	39,17	21,48	31,24	35,15	19,08	27,76	31,23	
	VI	1027,75	56,52	82,22	92,49																					
3 614,99	I,IV	626,91	34,48	50,15	56,42	I	626,91	29,10	42,33	47,62	23,98	34,89	39,25	19,13	27,82	31,30	14,52	21,13	23,77	10,18	14,81	16,66	5,96	8,86	9,97	
	II	589,91	32,44	47,19	53,09	II	589,91	27,16	39,51	44,45	22,14	32,21	36,23	17,38	25,28	28,44	12,87	18,72	21,06	8,62	12,54	14,11	0,66	6,74	7,58	
	III	350,—	19,25	28,—	31,50	III	350,—	15,13	22,01	24,76	8,13	16,21	18,23	—	10,65	11,98	—	5,78	6,50	—	1,72	1,93	—	—	—	
	V	992,58	54,59	79,40	89,33	IV	626,91	31,75	46,19	51,96	29,10	42,33	47,62	26,51	38,56	43,38	23,98	34,89	39,25	21,52	31,31	35,22	19,13	27,82	31,30	
	VI	1028,83	56,58	82,30	92,59																					

Lösung:

	Bruttogehalt		3 610,00 EUR
–	Lohnsteuer	589,00 EUR	
–	Solidaritätszuschlag	22,10 EUR	
–	Kirchensteuer (8 %)	32,14 EUR	
–	Krankenversicherung 7,3 %	263,53 EUR	
–	Zusatzbeitrag 1,1 %	39,71 EUR	
–	Pflegeversicherung 1,275 %	46,03 EUR	
–	Rentenversicherung 9,35 %	337,54 EUR	
–	Arbeitslosenversicherung 1,5 %	54,15 EUR	1 384,20 EUR
=	Nettoentgelt (Auszahlungsbetrag)		2 225,80 EUR

Überblick: Vom Bruttolohn zum Auszahlungsbetrag

Bruttolohn

– Lohnsteuer
– Solidaritätszuschlag
– Kirchensteuer für Kirchenmitglieder
– Sozialversicherungsbeiträge

= **Nettolohn**

Nettolohn
– sonstige Abzüge
(z. B. vermögenswirksame Leistungen, Kantinenessen, Verrechnung von Vorschüssen)

= **Auszahlungsbetrag**

Kompetenztraining

9

1. Erklären Sie, wozu der Arbeitgeber im Rahmen des Abzugsverfahrens verpflichtet ist!
2. Tabea Gruber, Lohnsteuerklasse II/1, erhält ein Bruttogehalt in Höhe von 1 760,00 EUR. Ihre Krankenkasse verlangt einen Zusatzbeitrag von 1,1 %!

   2.1 Berechnen Sie den Auszahlungsbetrag (Kirchensteuer 8 %)!

MONAT 1 734,–*

Lohn/ Gehalt	Abzüge an Lohnsteuer, Solidaritätszuschlag (SolZ) und Kirchensteuer (8%, 9%) in den Steuerklassen																								
	I–VI					I, II, III, IV																			
			ohne Kinderfreibeträge					mit Zahl der Kinderfreibeträge . . .																	
								0,5			1			1,5			2			2,5			3**		
bis €*		LSt	SolZ	8%	9%		LSt	SolZ	8%	9%	SolZ	8%	9%	SolZ	8%	9%	SolZ	8%	9%	SolZ	8%	9%	SolZ	8%	9%
1 757,99	I,IV	154,66	8,50	12,3	13,91	I	154,66	0,25	6,58	7,40	—	1,74	1,96	—	—	—	—	—	—	—	—	—	—	—	—
	II	127,08	6,98	10,16	11,43	II	127,08	—	4,59	5,16	—	0,35	0,39	—	—	—	—	—	—	—	—	—	—	—	—
	III	—	—	—	—	III	—	—	—	—	—	—	—	—	—	—	—	—	—	—	—	—	—	—	—
	V	363,16	19,97	29,05	32,68	IV	154,66	6,48	9,43	10,61	0,25	6,58	7,40	—	3,96	4,46	—	1,74	1,96	—	—	—	—	—	—
	VI	392,83	21,60	31,42	35,35																				
1 760,99	I,IV	55,41	8,54	2,43	13,98	I	155,41	0,38	6,63	7,46	—	1,78	2,—	—	—	—	—	—	—	—	—	—	—	—	—
	II	127,83	7,03	10,22	11,50	II	127,83	—	4,64	5,22	—	0,38	0,43	—	—	—	—	—	—	—	—	—	—	—	—
	III	—	—	—	—	III	—	—	—	—	—	—	—	—	—	—	—	—	—	—	—	—	—	—	—
	V	364,—	20,02	29,12	32,76	IV	155,41	6,52	9,48	10,67	0,38	6,63	7,46	—	4,01	4,51	—	1,78	2,—	—	—	—	—	—	—
	VI	393,83	21,66	31,50	35,44																				
1 763,99	I,IV	156,16	8,58	12,49	14,05	I	1 ,16	0,51	6,68	7,52	—	1,82	2,05	—	—	—	—	—	—	—	—	—	—	—	—
	II	128,50	7,06	10,28	11,56	II	128,50	—	4,68	5,27	—	0,42	0,47	—	—	—	—	—	—	—	—	—	—	—	—
	III	—	—	—	—	III	—	—	—	—	—	—	—	—	—	—	—	—	—	—	—	—	—	—	—
	V	365,—	20,07	29,20	32,85	IV	156,16	6,55	9,54	10,73	0,51	6,68	7,52	—	4,06	4,56	—	1,82	2,05	—	—	—	—	—	—
	VI	394,83	21,71	31,58	35,53																				

2.2 Begründen Sie, weshalb für die Arbeitnehmer unterschiedlich hohe Lohnsteuerabzüge anfallen!

2.3 Die Horst Traber GmbH hat bei Einstellung von Tabea Gruber die für die Berechnung der lohnsteuernotwendigen Abzugsmerkmale bei der Finanzverwaltung abgerufen. Nennen Sie drei Lohnsteuerabzugsmerkmale!

3. Tabea Gruber weiß nicht, ob die Beitragsbemessungsgrenze für sie von Bedeutung ist. Erklären Sie ihr, welche Auswirkung die Beitragsbemessungsgrenze auf die Höhe der zu zahlenden Sozialversicherungsbeiträge hat!

10 Ein verheirateter Mitarbeiter, dessen Ehefrau nicht berufstätig ist, erhält ein Gehalt lt. Tarifvertrag von 3610,00 EUR. Er hat ein Kind und ist kirchensteuerpflichtig mit 8 %. Der Zusatzbeitrag zur Krankenversicherung beträgt 1,2 %. Abzüge: Lohnpfändung 146,00 EUR, Wareneinkauf im Betrieb 90,00 EUR zuzüglich 19 % USt, Miete für Werkswohnung 360,00 EUR.

Aufgabe:
Berechnen Sie den Auszahlungsbetrag für den Mitarbeiter!

3 608,99* MONAT

Lohn/ Gehalt bis €*	Abzüge an Lohnsteuer, Solidaritätszuschlag (SolZ) und Kirchensteuer (8%, 9%) in den Steuerklassen																								
	I–VI					I, II, III, IV																			
			ohne Kinderfreibeträge					mit Zahl der Kinderfreibeträge . . .																	
								0,5			1			1,5			2			2,5			3**		
		LSt	SolZ	8%	9%		LSt	SolZ	8%	9%	SolZ	8%	9%	SolZ	8%	9%	SolZ	8%	9%	SolZ	8%	9%	SolZ	8%	9%
3 608,99	I,IV	625,16	34,38	50,01	56,26	I	625,16	29,01	42,20	47,47	23,90	34,76	39,11	19,04	27,70	31,16	14,45	21,02	23,64	10,11	14,70	16,54	5,71	8,76	9,86
	II	588,16	32,34	47,05	52,93	II	588,16	27,07	39,38	44,30	22,05	32,08	36,09	17,30	25,16	28,31	12,80	18,62	20,94	8,55	12,44	14,—	0,41	6,64	7,47
	III	348,66	19,17	27,89	31,37	III	348,66	15,06	21,90	24,64	7,86	16,10	18,11	—	10,56	11,88	—	5,70	6,41	—	1,65	1,85	—	—	—
	V	990,41	54,47	79,23	89,13	IV	625,16	31,66	46,06	51,81	29,01	42,20	47,47	26,42	38,44	43,24	23,90	34,76	39,11	21,44	31,18	35,08	19,04	27,70	31,16
	VI	1 026,66	56,46	82,13	92,39																				
3 611,99	I,IV	626,—	34,43	50,08	56,34	I	626,—	29,05	42,26	47,54	23,94	34,82	39,17	19,08	27,76	31,23	14,48	21,07	23,70	10,14	14,76	16,60	5,83	8,81	9,91
	II	589,—	32,39	47,12	53,01	II	589,—	27,11	39,44	44,37	22,10	32,14	36,16	17,33	25,22	28,37	12,83	18,67	21,—	8,58	12,49	14,05	0,53	6,69	7,52
	III	349,33	19,21	27,94	31,43	III	349,33	15,09	21,96	24,70	8,—	16,16	18,18	—	10,60	11,92	—	5,74	6,46	—	1,68	1,89	—	—	—
	V	991,50	54,53	79,32	89,23	IV	626,—	31,71	46,12	51,89	29,05	42,26	47,54	26,46	38,50	43,31	23,94	34,82	39,17	21,48	31,24	35,15	19,08	27,76	31,23
	VI	1 027,75	56,52	82,22	92,49																				
3 614,99	I,IV	626,91	34,48	50,15	56,42	I	626,91	29,10	42,33	47,62	23,98	34,89	39,25	19,13	27,82	31,30	14,52	21,13	23,77	10,18	14,81	16,66	5,96	8,86	9,97
	II	589,91	32,44	47,19	53,09	II	589,91	27,16	39,51	44,45	22,14	32,21	36,23	17,38	25,28	28,44	12,87	18,72	21,06	8,62	12,54	14,11	0,66	6,74	7,58
	III	350,—	19,25	28,—	31,50	III	350,—	15,13	22,01	24,76	8,13	16,21	18,23	—	10,65	11,98	—	5,78	6,50	—	1,72	1,93	—	—	—
	V	992,58	54,59	79,40	89,33	IV	626,91	31,75	46,19	51,96	29,10	42,33	47,62	26,51	38,56	43,38	23,98	34,89	39,25	21,52	31,31	35,22	19,13	27,82	31,30
	VI	1 028,83	56,58	82,30	92,59																				

7.2 Steuerformular für eine einfache Einkommensteuererklärung (nichtselbstständige Arbeit) ausfüllen

Fortsetzung der Lernsituation 8

Lernsituation 9:

Klaus Erler ist für die neue Stelle als Werkstattleiter aus seiner hessischen Heimat mit seiner Familie nach Weilheim in die Nähe von Stuttgart gezogen. Vor diesem Umzug hat sich seine in Kassel wohnende Schwester immer um seine Steuererklärung gekümmert. Nunmehr aber muss Klaus Erler erstmals versuchen, seine Steuererklärung allein zu bewältigen, ohne dass er sich jemals eingehend mit diesem Thema beschäftigt hat.

Kompetenzorientierte Arbeitsaufträge:

1. Klaus Erler ist der Meinung, dass er gar keine Steuererklärung abgeben muss, da ihm doch die Steuern bereits vom Lohn abgezogen wurden und weder er noch seine Ehefrau weitere Einkünfte bezieht.

Erläutern Sie, warum es sich für Klaus Erler möglicherweise doch lohnt, eine solche Erklärung abzugeben!

2. Nachdem Klaus Erler festgestellt hat, dass er aufgrund seiner Werbungskosten mit einer Steuererstattung rechnen kann, entscheidet er sich für die Abgabe einer Einkommensteuererklärung!

   Beschreiben Sie, was man unter Werbungskosten versteht und geben Sie fünf Beispiele für derartige Kosten an!

3. Im Zuge seiner Einkommensteuererklärung stößt Klaus Erler auf die Begriffe Sonderausgaben und außergewöhnliche Belastungen. Erläutern Sie, was man unter diesen Ausgaben versteht! Nennen Sie im Rahmen Ihrer Ausführungen mindestens drei Beispiele!

4. Klaus Erler begreift, dass all diese Angaben erforderlich sind, um das zu versteuernde Einkommen zu ermitteln.

   Erklären Sie, was man unter dem zu versteuernden Einkommen versteht und wie es ermittelt wird!

7.2.1 Beziehung zwischen Lohnsteuer und Einkommensteuer

Die Lohnsteuer ist eine besondere Form der Einkommensteuer bei Arbeitnehmern.[1] Sie besteuert das **Einkommen aus nichtselbstständiger Arbeit,** d.h. den Lohn bzw. das Gehalt. In vielen Fällen ist für den Arbeitnehmer die Pflicht zur Steuerzahlung mit der Einbehaltung der Lohnsteuer durch den Arbeitgeber erfüllt. Eine Einkommensteuererklärung

- **muss** jedoch abgegeben werden, wenn der Arbeitnehmer z.B.
  - nebeneinander von **mehreren Arbeitgebern Arbeitslohn** bezogen hat.
  - **Nebeneinkünfte,** die nicht dem Steuerabzug unterlegen haben, von monatlich mehr als 410,00 EUR bezieht.
- **kann** abgegeben werden, wenn der Lohnsteuerpflichtige damit rechnen kann, dass er aufgrund besonderer Aufwendungen zuviel gezahlte Lohnsteuer, Kirchensteuer sowie Solidaritätszuschlag zurückerstattet erhält **(Antragsveranlagung).**

7.2.2 Ermittlung des zu versteuernden Einkommens aus nichtselbstständiger Arbeit

7.2.2.1 Ermittlung der Einkünfte aus nichtselbstständiger Arbeit

Von den Bruttoeinnahmen aus Lohn bzw. Gehalt darf der Steuerpflichtige noch **Werbungskosten** abziehen.

Einkünfte = Bruttoeinnahmen − Werbungskosten

Werbungskosten sind Aufwendungen eines Steuerpflichtigen, die der Erwerbung, Sicherung und Erhaltung der Einnahmen dienen.

1 Vgl. hierzu S. 74f.

6 Speth u.a. - ISBN 978-3-8120-0691-0

Wichtige Werbungskosten eines **Arbeitnehmers** sind z. B.:

Aufwendungen für die **Fahrtkosten zwischen Wohnung und Arbeitsstätte.** Geltend gemacht werden kann eine Entfernungspauschale von 0,30 EUR je Entfernungskilometer (einfache Strecke). Fahrten mit öffentlichen Verkehrsmitteln können ebenfalls abgesetzt werden. Der Höchstbetrag beläuft sich auf 4500,00 EUR.

Beiträge zu **Berufsverbänden** (z. B. Gewerkschaftsbeiträge).

Aufwendungen für **Arbeitsmittel** (z. B. Fachliteratur, vom Arbeitnehmer selbst zu beschaffendes Werkzeug, typische Berufskleidung).

Notwendige Mehraufwendungen wegen einer aus beruflichem Anlass begründeten **doppelten Haushaltsführung.**

Bewerbungskosten (z. B. Inseratkosten, Telefonkosten, Reisekosten für Fahrten zu Vorstellungsgesprächen).

Aufwendungen für eine **berufliche Fortbildung.**

Verpflegungsmehraufwendungen aufgrund von Dienstreisen. Folgende Pauschbeträge können geltend gemacht werden: bei einer Abwesenheit von der Wohnung von mindestens 8 Stunden 12,00 EUR je Kalendertag, bei einer Abwesenheit von 24 Stunden 24,00 EUR je Kalendertag.

7.2.2.2 Ermittlung des Einkommens aus nichtselbstständiger Arbeit

Von den Einkünften aus nichtselbstständiger Arbeit darf der Steuerpflichtige noch seine **Sonderausgaben** und die **außergewöhnlichen Belastungen** abziehen.

Einkommen = Einkünfte aus nichtselbstständiger Arbeit − Sonderausgaben − außergewöhnliche Belastungen

(1) Sonderausgaben

- **Sonderausgaben** sind Ausgaben, die aus **wirtschafts- und sozialpolitischen Gründen** vom Gesetzgeber für **abzugsfähig** erklärt wurden.
- **Sonderausgaben** stehen mit den Einkünften aus nichtselbstständiger Arbeit in keinem unmittelbaren Zusammenhang. Sie hängen vielmehr mit den **persönlichen Verhältnissen** des Steuerpflichtigen zusammen.

Wichtige Sonderausgaben eines **Arbeitnehmers** sind z. B.

- **Aufwendungen für die Altersvorsorge** (z. B. Arbeitnehmerbeitrag zur Rentenversicherung).
- **Sonstige Vorsorgeaufwendungen** (z. B. Beiträge zu Kranken-, Pflege-, Arbeitslosen-, Unfall- und Haftpflichtversicherungen).
- **Übrige Sonderausgaben** (z. B. Spenden, Kosten für die erstmalige Berufsausbildung, gezahlte Kirchensteuer.

Nicht alle Sonderausgaben können in voller Höhe abgezogen werden. Für einen Teil der Sonderausgaben gelten Höchstgrenzen.

(2) Außergewöhnliche Belastungen

Außergewöhnliche Belastungen sind Aufwendungen außergewöhnlicher Art, denen sich der Steuerpflichtige aus tatsächlichen, rechtlichen oder sittlichen Gründen nicht entziehen kann.

Zu den außergewöhnlichen Belastungen rechnen beispielsweise Krankheitskosten, Kosten für Kuren und die Unterstützung bedürftiger Verwandter, wobei eine bestimmte zumutbare Eigenbelastung vom Steuerpflichtigen selbst getragen werden muss.

7.2.2.3 Ermittlung des zu versteuernden Einkommens

Vom Einkommen aus nichtselbstständiger Arbeit darf der Steuerpflichtige, sofern er Kinder hat, noch den **Kinderfreibetrag** (2017: 2 358,00 EUR) und den **Freibetrag für Betreuungs- und Erziehungs- oder Ausbildungsbedarf** [BEA-Freibetrag] (2017: 1 320,00 EUR) abziehen. Die Freibeträge beziehen sich jeweils auf ein Kind. Bei Ehegatten, die zusammen zur Einkommensteuer veranlagt werden, verdoppeln sich die Beträge.

Zu versteuerndes Einkommen = Einkommen – Kinderfreibetrag – BEA-Freibetrag

Das **zu versteuernde Einkommen** ist die Grundlage für die Berechnung der Einkommensteuer, des Solidaritätszuschlags und der Kirchensteuer.

Mithilfe des Steuertarifs wird die Steuerschuld ermittelt. Die Steuersätze sind unterschiedlich hoch. Es gilt: Je höher das Einkommen, desto höher die Steuerschuld.

7.2.3 Steuertarif

Der Steuertarif unterscheidet 3 Zonen:

- **Nullzone (steuerfreies Existenzminimum).** Bis zu einem Einkommen von 8 820,00 EUR (Ledige) bzw. 17 640,00 EUR (Verheiratete) müssen keine Steuern bezahlt werden.
- **Progressionszone.** Einkommen über der Nullzone werden mit einem ansteigenden Steuersatz belastet. Er beginnt mit 14 % und erhöht sich ständig bis zum Spitzensteuersatz von 42 % bei einem Einkommen von 54 058,00 EUR (Ledige) bzw. 108 116,00 EUR (Verheiratete).
- **Proportionalzone.** Bis zu einem Einkommen von 256 304,00 EUR (Ledige) bzw. 512 608,00 EUR (Verheiratete) beträgt der Steuersatz 42 %. Danach wird ein Zuschlag von 3 %, d. h. ein Steuersatz von 45 %, erhoben **(„Reichensteuer")**.

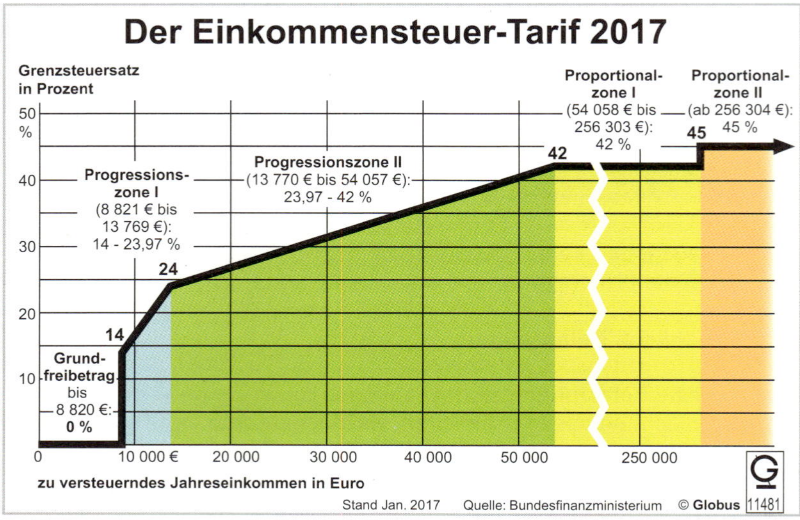

7.2.4 Ausfüllen von Steuerformularen

Das Formular für die Einkommensteuererklärung besteht aus einem **Mantelbogen** und mehreren **Anlagebögen.** Für die Einkünfte aus nichtselbstständiger Arbeit wird der **Anlagebogen N** sowie die **Anlage Vorsorgeaufwendungen** benötigt.

Beispiel: Mantelbogen (Auszug)

2017

1 X **Einkommensteuererklärung** | **Antrag auf Festsetzung der Arbeitnehmer-Sparzulage** | Eingangsstempel

2 **Erklärung zur Festsetzung der Kirchensteuer auf Kapitalerträge** | **Erklärung zur Feststellung des verbleibenden Verlustvortrags**

3 **Steuernummer** 91228/45123

An das Finanzamt

4 Wangen

Bei Wohnsitzwechsel: bisheriges Finanzamt

5

Teil des Mantelbogens

Allgemeine Angaben

6 Telefonische Rückfragen tagsüber unter Nr.

Steuerpflichtige Person (stpfl. Person), nur bei Zusammenveranlagung: **Ehemann / Lebenspartner(in) A** nach dem LPartG *)

Identifikationsnummer (IdNr.)

7 91 677 528 704 — *) Bitte Anleitung beachten.

Name

8 Musterfrau — Geburtsdatum 07.01.1990

Vorname

9 Leoni

Religionsschlüssel: Evangelisch = EV Römisch-Katholisch = RK nicht kirchensteuerpflichtig = VD Weitere siehe Anleitung

Titel, akademischer Grad

10 Bachelor

Straße (derzeitige Adresse)

11 Sonnenstr. — Religion RK

Hausnummer / Hausnummerzusatz / Adressergänzung

12 37

Postleitzahl / Wohnort

13 88239 Wangen im Allgäu

Ausgeübter Beruf

14 Systemelektronikerin

Beispiel: Anlage Vorsorgeaufwand (Auszug)

Anlage Vorsorgeaufwand

Teil der Anlage Vorsorgeaufwand

1 Name: Musterfrau

2 Vorname: Leoni Bachelor

3 Steuernummer: 91228/45123

Angaben zu Vorsorgeaufwendungen 52

Beiträge zur Altersvorsorge

			stpfl. Person / Ehemann / Lebenspartner(in) A EUR		Ehefrau / Lebenspartner(in) B EUR
	Beiträge				
4	– lt. Nr. 23 a/b der Lohnsteuerbescheinigung (Arbeitnehmeranteil)	300	3467,–	400	,–
5	– zu landwirtschaftlichen Alterskassen sowie zu berufsständischen Versorgungseinrichtungen, die den gesetzlichen Rentenversicherungen vergleichbare Leistungen erbringen (abzgl. steuerfreier Zuschüsse) – ohne Beiträge, die in Zeile 4 geltend gemacht werden –	301	,–	401	,–
6	– zu gesetzlichen Rentenversicherungen – ohne Beiträge, die in Zeile 4 geltend gemacht werden –	302	,–	402	,–
7	– zu zertifizierten Basisrentenverträgen (sog. Rürup-Verträge) mit Laufzeitbeginn nach dem 31.12.2004 – ohne Altersvorsorgebeiträge, die in der Anlage AV geltend gemacht werden –	303	,–	403	,–
8	Arbeitgeberanteil / -zuschuss lt. Nr. 22 a/b der Lohnsteuerbescheinigung	304	3466,–	404	,–
9	Arbeitgeberanteile zu gesetzlichen Rentenversicherungen im Rahmen einer pauschal besteuerten geringfügigen Beschäftigung (bitte Anleitung beachten)	306	,–	406	,–

Eine Eintragung ist stets vorzunehmen; bei Zusammenveranlagung von jedem Ehegatten / Lebenspartner:

10	Haben Sie zu Ihrer Krankenversicherung oder Ihren Krankheitskosten Anspruch auf – steuerfreie Zuschüsse (z. B. Rentner aus der gesetzlichen Rentenversicherung) oder – steuerfreie Arbeitgeberbeiträge (z. B. sozialversicherungspfl. Arbeitnehmer und deren mitversicherter Ehegatte / Lebenspartner) oder – steuerfreie Beihilfen (z. B. Beamte oder Versorgungsempfänger und deren Ehegatten / Lebenspartner) ?	307	1 (1 = Ja, 2 = Nein)	407	(1 = Ja, 2 = Nein)

Beiträge zur gesetzlichen Kranken- und Pflegeversicherung

11	Arbeitnehmerbeiträge zu Krankenversicherungen lt. Nr. 25 der Lohnsteuerbescheinigung	320	3041,–	420	,–
12	In Zeile 11 enthaltene Beiträge, aus denen sich kein Anspruch auf Krankengeld ergibt	322	,–	422	,–
13	Arbeitnehmerbeiträge zu sozialen Pflegeversicherungen lt. Nr. 26 der Lohnsteuerbescheinigung	323	529,–	423	,–
14	Zu den Zeilen 11 bis 13: Von der Kranken- und / oder sozialen Pflegeversicherung erstattete Beiträge	324	,–	424	,–
15	In Zeile 14 enthaltene Beiträge zur Krankenversicherung, aus denen sich kein Anspruch auf Krankengeld ergibt, und zur sozialen Pflegeversicherung	325	,–	425	,–

Beispiel: Anlage N (Auszug)

Anlage N

Jeder Ehegatte / Lebenspartner mit Einkünften aus nichtselbständiger Arbeit hat eine eigene Anlage N abzugeben.

Teil der Anlage N

1 Name: Musterfrau

2 Vorname: Leoni Bachelor

3 Steuernummer: 91228/45123

X stpfl. Person / Ehemann / Lebenspartner(in) A

☐ Ehefrau / Lebenspartner(in) B

4 eTIN lt. Lohnsteuerbescheinigung(en), sofern vorhanden: MSTRLNIO90A07A — eTIN lt. weiterer Lohnsteue[rbescheinigungen, sofern] vorhanden:

Einkünfte aus nichtselbständiger Arbeit 4

Angaben zum Arbeitslohn

			Lohnsteuerbescheinigung(en) Steuerklasse 1 – 5 EUR Ct		Lohnsteuerbescheinigung(en) Steuerklasse 6 oder einer Urlaubskasse EUR Ct
5	Steuerklasse	168	1		
6	Bruttoarbeitslohn	110	37079,–	111	,–
7	Lohnsteuer	140	5701,39	141	
8	Solidaritätszuschlag	150	313,52	151	
9	Kirchensteuer des Arbeitnehmers	142	456,08	143	
10	Nur bei konfessionsverschiedener Ehe: Kirchensteuer für den Ehegatten	144		145	

Werbungskosten - ohne Betrag lt. Zeilen 91 bis 94 - 8

Wege zwischen Wohnung und erster Tätigkeitsstätte / Sammelpunkt / weiträumigem Tätigkeitsgebiet (Entfernungspauschale)

Erste Tätigkeitsstätte in (PLZ, Ort und Straße) | vom | bis | Arbeitstage je Woche | Urlaubs- und Krankheitstage

Teil der Anlage N

31 Ravensburg, Marktstr. 15

32

⋮

Ort lt. Zeile | aufgesucht an Tagen | einfache Entfernung | davon mit eigenem oder zur Nutzung überlassenem Pkw zurückgelegt | davon mit Sammelbeförderung des Arbeitgebers zurückgelegt | davon mit öffentl. Verkehrsmitteln, Motorrad, Fahrrad o. Ä., als Fußgänger, als Mitfahrer einer Fahrgemeinschaft zurückgelegt | Aufwendungen für Fahrten mit öffentlichen Verkehrsmitteln (ohne Flug- und Fahrkosten) EUR | Behinderungsgrad mind. 70 oder mind. 50 und Merkzeichen „G"

35 32 110 215 111 19 km 112 19 km 113 km km 114 ,— 115 1 = Ja

⋮

Beiträge zu Berufsverbänden (Bezeichnung der Verbände)

40 Gewerkschaft 310 180,—

Aufwendungen für Arbeitsmittel – soweit nicht steuerfrei ersetzt – (Art der Arbeitsmittel bitte einzeln angeben.) EUR

41 ,—

42 + ,— ▸ 320 ,—

Aufwendungen für ein häusliches Arbeitszimmer

43 325 ,—

Fortbildungskosten – soweit nicht steuerfrei ersetzt –

44 Kursgebühren/Lernmittel/Fahrtk. Fortbild. 330 2000,—

Überblick: Von den Bruttoeinnahmen (z. B. Bruttolohn) zum zu versteuernden Einkommen aus nichtselbstständiger Arbeit

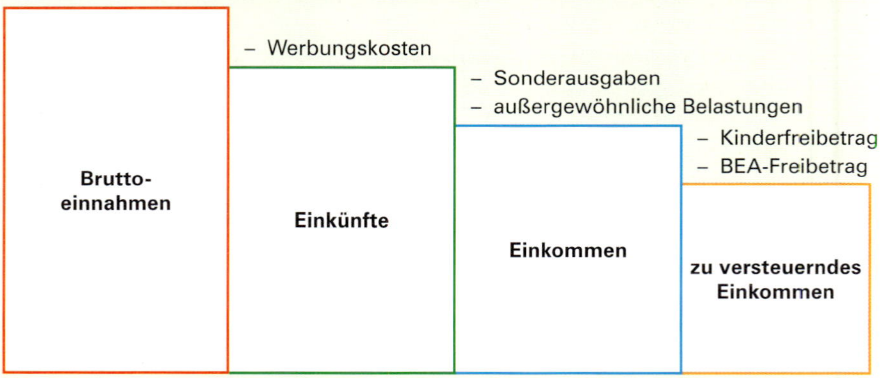

Kompetenztraining

11 1. Besorgen Sie sich beim Finanzamt die kostenlose Broschüre „Lohnsteuer 2017. Kleiner Ratgeber für alle Lohnsteuerzahler."

Aufgaben:

1.1 Nennen Sie fünf außergewöhnliche Belastungen, die in der genannten Broschüre erwähnt werden!

1.2 Definieren Sie den Begriff außergewöhnliche Belastungen!

2. 2.1 Ein lediger Arbeitnehmer hat ein jährliches steuerpflichtiges Einkommen aus nichtselbstständiger Arbeit in Höhe von 11 000,00 EUR. Darüber hinaus hat er aus seiner Bienenzucht Nebeneinkünfte von netto 300,00 EUR pro Jahr.

   Aufgabe:

   Erklären Sie, ob der Arbeitnehmer einkommensteuerpflichtig ist!

   2.2 Begründen Sie, ob die Frage 2.1 anders zu beantworten wäre, wenn der Arbeitnehmer unter sonst gleichen Bedingungen ein zu versteuerndes Jahreseinkommen von 17 500,00 EUR hätte!

3. Erklären Sie den steuerrechtlichen Unterschied zwischen den Begriffen „Einkünfte" und „Einkommen"!

4. Erläutern Sie den Begriff und den Zweck der Sonderausgaben!

5. Begründen Sie, ob Sie eine progressive Besteuerung der Einkommen für gerecht halten!

6. Der Presse lässt sich entnehmen, dass von den Arbeitnehmern jährlich Steuern in Millionenhöhe an den Staat „verschenkt" werden. Auch Frau Mooser hat im letzten Jahr „zu viel" Lohnsteuer gezahlt.

   Aufgaben:

   6.1 Beschreiben Sie, was Frau Mooser tun kann, um die zu viel gezahlte Lohnsteuer vom Finanzamt zurückzuerhalten!

   6.2 Nennen Sie zwei Kriterien von denen die Höhe der Lohnsteuer abhängt!

12 Karl Hintermoser, geb. am 15. Mai 1980, ledig, Gerüstbauer, wohnhaft in 87561 Oberstdorf, Bergstraße 7, Steuernummer 1928374651 beantragt für sich die Veranlagung seiner Einkünfte aus nichtselbstständiger Arbeit für 20..

Karl Hintermoser hatte 20.. einen Jahresbruttoarbeitslohn von 26 880,00 EUR. Aus seiner Lohnsteuerbescheinigung ist weiterhin zu entnehmen, dass er im vergangenen Jahr 2 284,52 EUR Lohnsteuer, 73,92 EUR Solidaritätszuschlag und 107,52 EUR Kirchensteuer bezahlt hat.

An Sonderausgaben kann Karl Hintermoser folgende Beträge nachweisen:

- Arbeitnehmeranteil an der gesetzlichen Rentenversicherung insgesamt 1 406,16 EUR.
- Arbeitnehmeranteil an den Beträgen zur gesetzlichen Krankenkasse, Pflegeversicherung und Arbeitslosenversicherung 1 633,08 EUR.
- Spenden an SOS-Kinderdorf 60,00 EUR.
- An Werbungskosten sind entstanden:
  - Bezahlter Gewerkschaftsbeitrag monatlich 10,00 EUR.
  - Für einen Fortbildungslehrgang wendete Karl Hintermoser im vergangenen Jahr insgesamt 300,00 EUR auf.

Aufgabe:

Besorgen Sie sich beim Finanzamt oder aus dem Internet www.formulare-bfinv.de die erforderlichen Formulare und füllen Sie diese für Karl Hintermoser aus! Die Bankverbindung von Karl Hintermoser lautet: IBAN: DE52 7115 4680 0000 9828 64; BIC: BYLADEM1WSB.

Kompetenzbereich II: Als Konsument rechtliche Bestimmungen in Alltagssituationen anwenden

1 Rechtliche Grundbegriffe erklären

Lernsituation 1:

Michel, Paul und Lennard absolvieren in einem größeren Unternehmen in Mannheim eine Ausbildung zum Mechatroniker. Die drei Auszubildenden verbringen die Mittagspause stets gemeinsam. Wie so oft in den letzten Monaten ist das Thema Auto und Führerschein Gegenstand ihrer Pausengespräche.

Der 18-jährige **Michel** berichtet, dass er nach bestandener Führerscheinprüfung nunmehr ganz kurz vor dem Kauf eines eigenen Pkw steht. Da alle drei auf dem Land wohnen und der Weg sowohl zum Ausbildungsbetrieb als auch zur Berufsschule mit den öffentlichen Verkehrsmitteln zeit- und nervenaufreibend ist, stellt Michel eine baldige Fahrgemeinschaft in Aussicht. Dies würde ihnen viel Zeitersparnis bringen.

Lennard ist total begeistert und interessiert sich natürlich dafür, wann Michel denn Eigentümer eines Autos wird. Michel führt aus, dass er seinen „Traumwagen" bereits bei einem örtlichen Händler bis morgen hat reservieren lassen. Jetzt hänge alles davon ab, ob **Konstantin,** der Sohn des Nachbarn, seinen Motorroller heute Nachmittag kauft. Schließlich würde er als künftiger Autofahrer den Roller nicht mehr benötigen.

Michel ergänzt, dass der 15-jährige Konstantin sich ohne Wissen von dessen Eltern den Roller für drei Tage zum Probefahren ausgeliehen hat. Bisher sei er so begeistert, dass er bereit wäre, ihm den Roller für 800,00 EUR abzukaufen, auch auf die Gefahr hin, sich mit seinen eigenen Eltern anzulegen. Das Geld hätte er schließlich in den letzten 10 Jahren nach und nach gespart. Jetzt könne er sich endlich mal statt einer weiteren E-Gitarre etwas Sinnvolles davon kaufen.

Sogleich schaltet sich Paul in das Gespräch mit der Bemerkung ein, dass der Nachbarsjunge noch gar nicht volljährig sei und somit den Roller gar nicht kaufen könnte. Also würde sich nach seinem Verständnis am gemeinsamen Busfahren wohl künftig nichts ändern. Michel ist ziemlich erstaunt über Pauls Einwand, da er überhaupt nicht versteht, was Paul damit meint. Schließlich habe der Junge das Geld in seinem eigenen Sparschwein und könne deshalb damit machen, was er möchte. Lennard hält sich aus der Diskussion raus und zuckt nur ahnungslos mit den Schultern.

Kompetenzorientierte Arbeitsaufträge:

1. Paul zweifelt mit Blick auf das Alter an der Geschäftsfähigkeit von Konstantin. Erläutern Sie, was man unter Geschäftsfähigkeit versteht und grenzen Sie die einzelnen Arten der Geschäftsfähigkeit voneinander ab! Prüfen Sie in diesem Zusammenhang abschließend die Geschäftsfähigkeit von Konstantin!
2. Erläutern Sie, ob Konstantin gegen den Willen seiner Eltern seine Ersparnisse zum Kauf des gebrauchten Rollers rechtswirksam verwenden kann!

3. Prüfen Sie, wer im vorliegenden Fall Eigentümer und wer Besitzer des Rollers zum jetzigen Zeitpunkt ist!
4. Angenommen Michel würde sich am Nachmittag mit den Nachbarn und deren Sohn über einen Kauf des Rollers rechtswirksam einig werden. Stellen Sie dar, wie dann im vorliegenden Fall die Eigentumsübertragung stattfinden würde!
5. Erläutern Sie, wie die Eigentumsübertragung stattfinden würde, wenn
   5.1 Konstantin den Roller zwischenzeitlich schon wieder an Michel zurückgegeben hätte,
   5.2 Michel den Roller nach Rückgabe bereits an seinen Freund Lennard verliehen hätte und die Eigentumsübertragung trotzdem umgehend vollzogen werden soll!

1.1 Rechtsfähigkeit erklären und die Geschäftsfähigkeit prüfen

1.1.1 Rechtsfähigkeit

Rechtsfähigkeit ist die Fähigkeit von Personen, Träger von Rechten und Pflichten sein zu können.

Rechtsfähig sind **natürliche Personen (Menschen)** und **juristische Personen.**

(1) Natürliche Personen

Natürliche Personen sind **alle Menschen.** Der Gesetzgeber verleiht ihnen **Rechtsfähigkeit.** § 1 BGB

Beispiel:

Das Recht des Erben, ein Erbe antreten zu dürfen. – Das Recht des Käufers, Eigentum zu erwerben. – Die Pflicht, Steuern zahlen zu müssen. (Das Baby, das ein Grundstück erbt, ist Steuerschuldner, z. B. in Bezug auf die Grundsteuer.)

Die **Rechtsfähigkeit des Menschen** (der **natürlichen Personen**) **beginnt** mit der Vollendung der Geburt und **endet** mit dem Tod. **Jeder Mensch** ist rechtsfähig.

(2) Juristische Personen[1]

Juristische Personen sind „künstliche" Personen, denen der Staat die Eigenschaft von Personen **kraft Gesetzes** verliehen hat. Sie sind damit rechtsfähig, d.h. Träger von Rechten und Pflichten.

Beispiele:

- Gesellschaft mit beschränkter Haftung (GmbH);
- eingetragene Vereine;
- Handwerkskammer;
- öffentliche Rundfunkanstalten;
- Stiftungen.

1 **Juristisch:** rechtlich.

1.1.2 Geschäftsfähigkeit

(1) Begriff Geschäftsfähigkeit

Geschäftsfähigkeit ist die Fähigkeit von Personen, Willenserklärungen rechtswirksam abgeben, entgegennehmen (empfangen) und widerrufen zu können.

(2) Gesetzliche Regelungen zur Geschäftsfähigkeit

§ 104 BGB ■ **Geschäftsunfähigkeit**

Kinder vor Vollendung des siebten Lebensjahres sind **geschäftsunfähig.** Den Kindern sind Menschen, die sich in einem dauernden Zustand krankhafter Störung der Geistestätigkeit befinden, gleichgestellt.

Rechtsfolge:

Geschäftsunfähige können keine rechtswirksamen Willenserklärungen abgeben. Verträge mit Kindern und Geschäftsunfähigen sind **immer nichtig,** d.h. von vornherein ungültig.

Da Geschäftsunfähige keine Rechtsgeschäfte abschließen können, brauchen sie einen **Vertreter,** der für sie handeln kann. Bei Kindern sind dies in der Regel kraft Gesetzes die Eltern. Man bezeichnet die Eltern daher auch als **„gesetzliche Vertreter"**.

§ 106 BGB ■ **Beschränkte Geschäftsfähigkeit**

Minderjährige, die zwar das siebte Lebensjahr, aber noch nicht das achtzehnte Lebensjahr vollendet haben, sind **beschränkt geschäftsfähig.**

Rechtsgeschäfte mit einem beschränkt Geschäftsfähigen bedürfen der **Zustimmung des gesetzlichen Vertreters.**

- §§ 107, 183 BGB ■ Diese Zustimmung kann **im Voraus** erteilt werden. Sie heißt dann **Einwilligung.**
- §§ 108, 184 BGB ■ Sie kann aber auch **nachträglich** gegeben werden. Die nachträglich erfolgte Zustimmung heißt **Genehmigung.**

Rechtsfolge:

Solange die Genehmigung des gesetzlichen Vertreters fehlt, ist ein durch den beschränkt Geschäftsfähigen abgeschlossenes **Rechtsgeschäft schwebend unwirksam.** Dies bedeutet, dass z.B. ein Vertrag (noch) nicht gültig, wohl aber genehmigungsfähig ist. Wird die **Genehmigung verweigert,** ist der **Vertrag**[1] **von Anfang an ungültig.** Wird sie erteilt, ist der Vertrag **von Anfang an wirksam.**

1 Siehe S. 97.

Keiner Zustimmung bedarf ein beschränkt Geschäftsfähiger für folgende Rechtsgeschäfte:

Geschäfte, die lediglich einen **rechtlichen Vorteil bringen.**	§ 107 BGB
Geschäfte, die er mit **eigenen Mitteln** begleicht **(Taschengeldparagraf).** Diese Regelung gilt **nicht** für Ratenkäufe und Handyverträge, da über zukünftiges Taschengeld nicht verfügt werden darf.[1]	§ 110 BGB
Geschäfte, die ein **Arbeitsverhältnis** betreffen, dem der gesetzliche Vertreter zugestimmt hat. Ein **Ausbildungsverhältnis** ist **kein** Arbeitsverhältnis im Sinne des § 113 BGB.	§ 113 BGB

Unbeschränkte Geschäftsfähigkeit

Personen, die das achtzehnte Lebensjahr vollendet haben, sind **unbeschränkt geschäftsfähig.** Ausnahmen bestehen nur für Menschen, die sich in einem dauernden Zustand krankhafter Störung der Geistestätigkeit befinden. § 2 BGB

Rechtsfolge:

Die unbeschränkte Geschäftsfähigkeit bedeutet, dass von dem Erklärenden (der natürlichen Person) jedes Rechtsgeschäft, soweit dies gesetzlich erlaubt ist, **rechtsgültig** abgeschlossen werden kann. Eine Zustimmung gesetzlicher Vertreter und/oder die Genehmigung eines Familiengerichts ist nicht (mehr) erforderlich.

Kompetenztraining

13

1. Unterscheiden Sie die Begriffe Rechtsfähigkeit und Geschäftsfähigkeit!
2. Erklären Sie, welche Rechtsgeschäfte eine beschränkt geschäftsfähige Person ohne Einwilligung des gesetzlichen Vertreters abschließen darf! Bilden Sie hierzu jeweils ein Beispiel!
3. Begründen Sie, warum das BGB bei den Stufen der Geschäftsfähigkeit feste Altersgrenzen zugrunde legt! Nennen Sie die Altersgrenzen!
4. Erklären Sie, welche Rechtsfolgen eintreten, wenn geschäftsunfähige, beschränkt geschäftsfähige oder voll geschäftsfähige Personen Willenserklärungen abgeben!
5. Der 17-jährige Auszubildende Finn wohnt und arbeitet mit Zustimmung seiner Eltern in Stuttgart, während seine Eltern in Mannheim zu Hause sind.

   Aufgaben:

   5.1 Am Monatsende ist die Miete zu zahlen. Begründen Sie, ob Finn aus rechtlicher Sicht mit seiner Ausbildungsvergütung die Miete bezahlen darf!

   5.2 Finn möchte sich von seiner Vergütung eine High-End-Stereoanlage kaufen. Erläutern Sie die Rechtslage!

1 Die über einen längeren Zeitraum angesammelten **Ersparnisse** gelten im Sinne des Gesetzes **nicht** als Taschengeld.

5.3 Erklären Sie, ob Finn, falls er 750,00 EUR geschenkt bekommt, eine High-End-Stereoanlage kaufen kann!

5.4 Begründen Sie, wie im Fall 5.1 zu entscheiden ist, wenn Finn von zu Hause fortgelaufen ist und seit mehreren Monaten ohne Wissen der Eltern unter falschem Namen in Tübingen arbeitet!

6. Die 17-jährige Berufsschülerin Lisa entnimmt ihrer Sparbüchse 400,00 EUR und kauft sich davon ein Notebook, welches sie auch gleich mitnimmt.

Aufgaben:

Stellen Sie die Rechtslage dar, wenn

6.1 keine Einwilligung der Eltern vorliegt,

6.2 eine Einwilligung der Eltern vorliegt,

6.3 die Eltern den Kauf nachträglich genehmigen,

6.4 die Eltern nach Aufforderung durch den Verkäufer die Genehmigung verweigern!

7. Ein Kranker, der sich in einem Zustand dauernder Störung der Geistestätigkeit befindet, erhält von seinem Bruder ein Mietshaus geschenkt. Prüfen Sie rechtlich, ob der Kranke Eigentümer des Hauses und wegen der Mieteinkünfte steuerpflichtig werden kann!

8. Das Finanzamt verlangt von einem 4 Jahre alten Kind die Bezahlung rückständiger Steuern. Prüfen Sie die Rechtslage!

1.2 Besitz und Eigentum unterscheiden

(1) Begriff Besitz und die Übertragung des Besitzes

Besitz ist die **tatsächliche Gewalt** über eine Sache.

§ 854 I BGB

Der Besitz wird bei **beweglichen Sachen** durch **Übergabe,** bei **unbeweglichen Sachen** durch **Gebrauchsüberlassung** verschafft.

(2) Begriff Eigentum und die Eigentumsübertragung bei beweglichen Sachen

Begriff Eigentum

Eigentum ist die **rechtliche Verfügungsgewalt** einer Person über Sachen.

Beispiel:

Der Auszubildende Jonas hat sich im Buchgeschäft ein Buch gekauft und gleich mitgenommen. Er ist Eigentümer und Besitzer des Buchs. Sein Klassenkamerad Tim borgt sich das Buch für ein paar Tage aus, um es zu lesen. Jonas bleibt Eigentümer, während Tim Besitzer wird. Tim ist rechtmäßiger Besitzer, der Besitzübergang ist mit Willen des bisherigen Besitzers erfolgt.

Hätte Tim das Buch einfach an sich genommen (gestohlen), wäre er unrechtmäßiger Besitzer geworden. Gibt Tim das Buch wieder an Jonas zurück, wird Jonas wieder Besitzer.

Besitz und Eigentum können somit auseinanderfallen. Im Unterschied zum Eigentum kann man sich den Besitz auch unrechtmäßig verschaffen, z.B. durch Diebstahl oder durch Unterschlagung eines Fundes.

Eigentumsübertragung an beweglichen Sachen

§§ 929, 930, 931 BGB

Ausgangssituation	Eigentumsübertragung durch:	Beispiel
Ware ist beim Verkäufer (Eigentümer).	**Einigung** und **Übergabe**	Frieda Fröhlich, Inhaberin einer Kunstschmiede, übergibt der Kundin Maja Schnurr eine aus Stahl gefertigte Engelsfigur. Mit der Einigung und der Übergabe der Figur ist Maja Schnurr Eigentümerin geworden.
Ware ist bereits beim Käufer.	**Einigung,** dass das Eigentum auf den Käufer übergehen soll.	Herr Schmidt hat sich vom Schreiner Klaus aus dessen Sortiment eine Sitzbank ins Esszimmer stellen lassen, um diese auszuprobieren. Nach 8 Tagen teilt er der Schreinerei Klaus mit, dass er die Sitzbank erwerben möchte. Stimmt die Schreinerei Klaus zu, wird Herr Schmidt Eigentümer der Sitzbank. (Der Eigentumsübergang hat nichts damit zu tun, ob Herr Schmidt die Sitzbank bereits bezahlt hat oder nicht!)
Käufer soll Eigentümer werden, Verkäufer bleibt Besitzer.	**Einigung** und **Besitzkonstitut** (d.h. Veräußerer bleibt im Besitz der Sache).	Frau Schlank ist begeisterte Reiterin. Sie kauft einem Pferdezüchter ein Reitpferd ab mit der Vereinbarung, das Pferd in den Stallungen des Züchters zur dortigen Pflege zu lassen. Frau Schlank ist Eigentümerin (und „mittelbare" Besitzerin), der Pferdezüchter ist unmittelbarer Besitzer des Pferdes.
Verkäufer (Eigentümer) ist nicht im Besitz der Sache.	**Einigung** und **Abtretung des Herausgabeanspruchs** an den Käufer.	Der Heizölhändler Gebhard Schwarze e. Kfm. in Lindau hat das von ihm gekaufte Heizöl bei einer Lagergesellschaft in Kempten gelagert. Er verkauft mehrere tausend Liter Heizöl an einen Heizölhändler in Landsberg. Damit der Landsberger Heizölhändler das gekaufte Heizöl bei der Lagergesellschaft in Kempten abholen kann, muss er Eigentümer sein. Dies wird er durch Einigung und Abtretung des Herausgabeanspruchs.

Sonderfall: Gutgläubiger Eigentumserwerb

Konnte ein Erwerber nicht wissen, dass sich der erworbene Gegenstand **nicht im Eigentum des Veräußerers** befand, wird er Eigentümer (gutgläubiger Eigentumserwerb). § 932 I BGB

Beispiel:

Der Sanitärbetrieb Mehlig hat vom Großhändler Waschbecken unter Eigentumsvorbehalt gekauft und noch nicht bezahlt. Hausfrau Fröhlich kauft ein Waschbecken. Mit der Einigung darüber, dass das Eigentum an dem Waschbecken übergehen soll und der Übergabe, wird sie Eigentümerin des Waschbeckens.

Gutgläubiger Erwerb ist **nicht möglich,** wenn es sich um **gestohlene, verlorene** oder **sonst abhandengekommene** (z. B. unterschlagene) **Sachen** handelt. § 935 I BGB

(3) Eigentumsvorbehalt

§ 449 I BGB

Will der Käufer sofort in den Besitz der Kaufsache kommen, aber erst zu einem späteren Zeitpunkt bezahlen, können Verkäufer und Käufer vereinbaren, dass der Verkäufer bis zur Zahlung des Kaufpreises Eigentümer der Kaufsache bleibt.

Beispiel:

Die Ware bleibt bis zur restlosen Bezahlung aller Forderungen aus laufenden Rechnungen unser Eigentum. Ein Weiterverkauf ist bis zur restlosen Bezahlung der Ware nicht zulässig.

- Der **Eigentumsvorbehalt** ist eine zusätzliche Vereinbarung beim Abschluss eines Kaufvertrags, wonach der Käufer mit der Übergabe der Kaufsache zunächst nur **unmittelbarer Besitzer, nicht aber Eigentümer** werden soll.
- Ein Eigentumsvorbehalt kann nur beim Kauf **beweglicher Sachen** vereinbart werden.

Der Eigentumsvorbehalt erlischt z. B., wenn die Ware

- vom Käufer bezahlt wird,
- verarbeitet oder umgebildet wird,
- der Verkäufer vom Kaufvertrag zurücktritt und die Kaufsache zurückverlangt,
- an einen gutgläubigen Dritten veräußert wird.

Überblick: Rechtliche Grundbegriffe

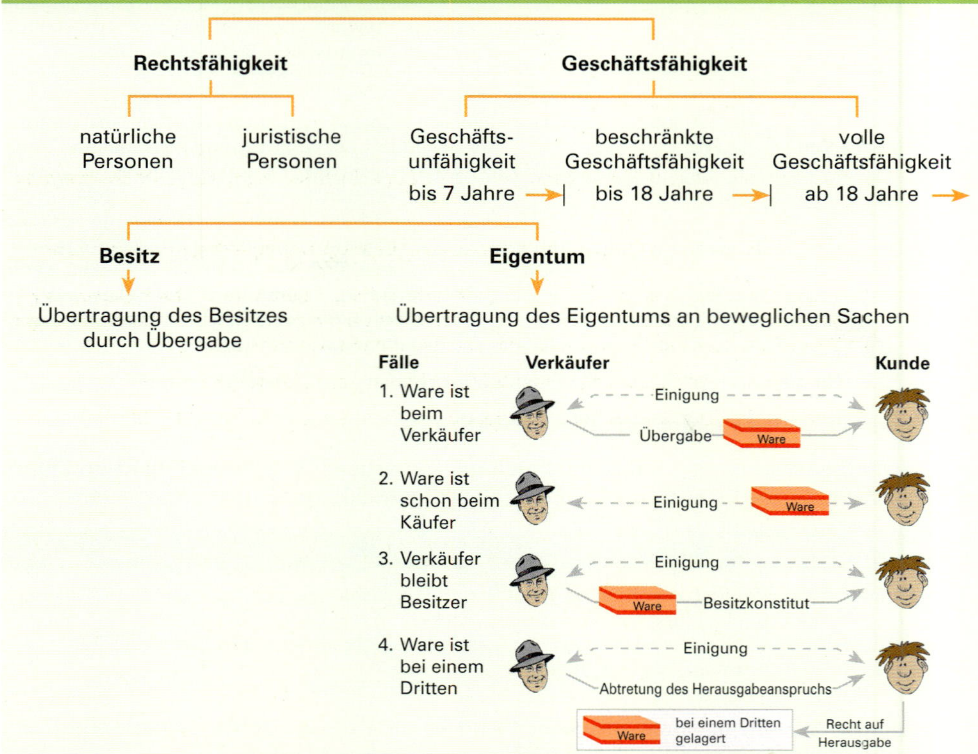

Kompetenztraining

14

1. Unterscheiden Sie zwischen Besitz und Eigentum!

2. Hannes Schmidt hat sich ein Einfamilienhaus gebaut. Er nennt sich jetzt stolz „Hausbesitzer“.

   Aufgabe:

   Beschreiben Sie, inwiefern dieser Ausdruck zutreffend ist, inwiefern nicht! Beschreiben Sie, wie Ihre Antwort lautet, wenn Hannes Schmidt das Haus mietet!

3. Beschreiben Sie, warum Eigentum nicht gleich Vermögen ist!

4. Das Eigentum wird vom Gesetz grundsätzlich geschützt. Klären Sie, ob das auch für den Besitz zutrifft!

5. In den nachfolgenden Abbildungen sind symbolisch zwei verschiedene Möglichkeiten der Eigentumsübertragung durch Rechtsgeschäft dargestellt.

   Die Symbole bedeuten:

   ——→ Übergabe einer Sache

   ←---→ Einigung zwischen Erwerber und Veräußerer

   □ Veräußerer

   ○ Erwerber

   bewegliche Sache

   5.1 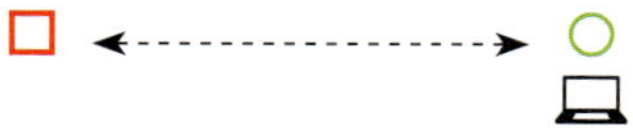

   5.2 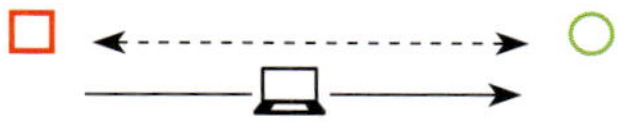

   Aufgabe:

   Beschreiben Sie, welche rechtsgeschäftlichen Möglichkeiten der Eigentumsübertragung dargestellt werden!

6. Nennen Sie die Bedingungen, unter welchen man Eigentum gutgläubig erwerben kann!

7. 7.1 Begründen Sie, warum ein Eigentumsvorbehalt nur durch eine Vereinbarung zwischen Verkäufer und Käufer und nicht allein durch die Erklärung des Verkäufers, nur unter Eigentumsvorbehalt zu liefern, rechtswirksam werden kann!

   7.2 Nennen Sie Vorteile, die der Eigentumsvorbehalt dem Lieferanten bietet!

   7.3 Nennen Sie Gründe, bei deren Vorliegen der Eigentumsvorbehalt erlischt!

1.3 Zustandekommen von ein- und zweiseitigen Rechtsgeschäften erklären und besondere Formvorschriften begründen

Fortsetzung der Lernsituation 1

Lernsituation 2:

Am nächsten Tag berichtet Michel seinem Azubikollegen Lennard von dem Ablauf des Gesprächs zwischen ihm und den Eltern von Konstantin am Vortag. Dabei äußert er, dass er sich mit Konstantin ursprünglich auf einen Kaufpreis von 800,00 EUR für den Roller geeinigt habe.

Nachdem die Eltern von Konstantin dem Kauf zunächst ablehnend gegenüberstanden, habe der Vater von Konstantin dann die verfahrene Situation doch noch einer Lösung zugeführt und gemeinsam mit seiner Frau in den Kauf eingewilligt. Allerdings sei Michel selbst rückblickend erst aufgefallen, dass Konstantins Eltern dem Kauf lediglich bei einem Preis von 750,00 EUR zustimmen würden.

Nunmehr ist sich Michel unsicher, ob denn überhaupt durch diese einseitige und von der ursprünglichen Vereinbarung abweichende Äußerung von Konstantins Vater ein Kaufvertrag rechtswirksam zustande gekommen ist.

Kompetenzorientierter Arbeitsauftrag:

Prüfen Sie, ob im vorliegenden Fall ein Kaufvertrag zustande gekommen ist! Gehen Sie dabei auch kurz auf die Unterscheidung zwischen ein- und zweiseitigen Rechtsgeschäften ein!

1.3.1 Einseitige und zweiseitige Rechtsgeschäfte

1.3.1.1 Willenserklärung als wesentlicher Bestandteil eines Rechtsgeschäfts

Wir schließen tagtäglich Verträge ab, ohne uns dessen bewusst zu sein. Wenn wir beim Bäcker Brot kaufen, liegt ein Kaufvertrag vor. Verleihen wir einem Freund eine DVD, haben wir einen Leihvertrag abgeschlossen. Leihen wir unserem Freund ein paar Euro, handelt es sich um einen Gelddarlehensvertrag. In jedem dieser Fälle handelt es sich um ein Rechtsgeschäft.

Wenn man Rechtsgeschäfte abschließen möchte (z. B. einen Kauf tätigen möchten), muss man seinen Willen äußern (erklären). Dies geschieht durch **Willenserklärungen**.

Willenserklärungen sind Äußerungen (Handlungen) einer Person, die mit der Absicht vorgenommen werden, eine **rechtliche Wirkung** herbeizuführen.

Die Willenserklärung besteht aus dem **Willen** und der **Erklärung** des Willens.

Beispiel:

Eine von Ihnen ausgesprochene Einladung, zu einem Open-Air-Konzert mitzugehen, ist keine Willenserklärung. Es fehlt der Wille auf einen rechtlichen Erfolg, d. h., Sie wollen z. B. für den anderen nicht die Eintrittskarte bezahlen.

Die **Erklärung des Willens** kann abgegeben werden durch:

- **unmittelbare Handlungen**: z. B. mündlich, telefonisch, schriftlich, per E-Mail.

- **schlüssige Handlungen:** z. B. Einsteigen in die Straßenbahn, Münzeinwurf in einen Automaten, Kopfnicken auf ein Angebot, Handheben bei einer Auktion.
- **ausnahmsweise Schweigen:** z. B. als Zustimmung, wenn dies vertraglich vereinbart war. Ein Maler schweigt auf eine Rechnung für den Bezug von Farben, obwohl der vereinbarte Preis erhöht wurde.

1.3.1.2 Begriff und Arten von Rechtsgeschäften

(1) Begriff Rechtsgeschäfte

Rechtsgeschäfte kommen durch Willenserklärungen zustande.

(2) Einseitige Rechtsgeschäfte

Einseitige Rechtsgeschäfte benötigen nur **eine Willenserklärung.**

- **Einseitige, nicht empfangsbedürftige Rechtsgeschäfte** sind rechtswirksam, sobald die Willenserklärung **abgegeben worden ist.**

Beispiel:

Ein **Testament** ist bereits mit der Niederschrift rechtswirksam und nicht erst dann, wenn der Erbe das Testament empfangen oder gelesen hat.

- **Einseitige, empfangsbedürftige Rechtsgeschäfte** sind erst dann rechtswirksam, wenn die Willenserklärung dem Empfänger zugegangen ist.

Beispiel:

Eine **Kündigung** ist erst dann rechtswirksam, wenn sie dem Erklärungsempfänger rechtzeitig zugegangen ist.

Eine empfangsbedürftige Willenserklärung ist

- unter **Anwesenden** mit der **Abgabe rechtswirksam.**
- unter **Abwesenden** zum **Zeitpunkt ihres Zugangs rechtswirksam.** Sie gilt als zugegangen, wenn der Empfänger normalerweise von ihr **Kenntnis nehmen kann** (z. B. die Kündigung liegt im Briefkasten des Mitarbeiters zu Hause. Ob er sie liest, ist seine Sache.).

(3) Zweiseitige Rechtsgeschäfte

- Rechtsgeschäfte, die zu ihrer Gültigkeit **mindestens zwei sich inhaltlich deckende Willenserklärungen benötigen,** sind **mehrseitige (zweiseitige) Rechtsgeschäfte.** Sie bezeichnet man als **Verträge.**
- Alle Verträge haben gemeinsam, dass sie durch **Antrag (1. Willenserklärung)** und **Annahme (2. Willenserklärung)** zustande kommen.

- Wird aus dem Vertrag nur ein Vertragspartner zur Leistung verpflichtet, so liegt ein **einseitig verpflichtender Vertrag** vor (z. B. Schenkungsvertrag).
- Werden aus dem Vertrag beide Vertragspartner zu Leistungen verpflichtet, so handelt es sich um einen **zweiseitig verpflichtenden Vertrag** (z. B. Kaufvertrag, Mietvertrag, Berufsausbildungsvertrag).

7 Speth u.a. - ISBN 978-3-8120-0691-0

1.3.2 Besondere Formvorschriften für Rechtsgeschäfte

Fortsetzung der Lernsituationen 1 und 2

Lernsituation 3:

Am Nachmittag einigen sich Michel und die Eltern von Konstantin auf einen Kaufpreis von 775,00 EUR für den Roller. Der Vater von Konstantin besteht anschließend auf einem schriftlichen Kaufvertrag. Er bittet Michel darum, ein entsprechendes Vertragspapier zu verfassen, in dem die wichtigsten Punkte des Vertragsabschlusses rechtswirksam festgehalten werden.

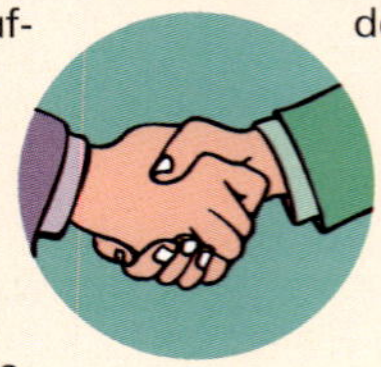

Michel hingegen vertritt die Meinung, dass der zwischen ihnen geschlossene Vertrag durch die erzielte Einigung und den bereits erfolgten Handschlag besiegelt sei und es keines derart aufwendigen Schriftstückes bedarf!

Kompetenzorientierte Arbeitsaufträge:

1. Erklären Sie, was unter dem Begriff Formfreiheit zu verstehen ist!
2. Erläutern Sie die folgenden gesetzlichen Formen für Verträge und bilden Sie jeweils zwei Beispiele:

   Gesetzlichen Formen:
   - Schriftform
   - elektronische Form
   - Textform
   - öffentliche Beglaubigung
   - notarielle Beurkundung

3. Prüfen Sie die Rechtslage im vorliegenden Fall!

1.3.2.1 Formfreiheit

Formfreiheit bedeutet, dass die Rechtsgeschäfte in **jeder möglichen** Form abgeschlossen werden können.

Die meisten Geschäfte können mit beliebigen Mitteln, z. B. **durch Worte** (mündlich, telefonisch, schriftlich, mittels E-Mail), **durch schlüssige Handlungen** (Kopfnicken, Handheben, Einsteigen in ein Taxi usw.) und in bestimmten Fällen sogar **durch Schweigen** abgeschlossen werden.

1.3.2.2 Formzwang

Für einzelne Gruppen von Rechtsgeschäften schreibt das **Gesetz** bestimmte Formen vor. Dieser sogenannte Formzwang dient vor allem

- der **Beweissicherung,**
- dem **Schutz vor voreiligen Verpflichtungen** (z. B. des Schenkers und des Bürgen) und
- einer genauen **Abgrenzung zwischen unverbindlichen Vorverhandlungen und verbindlichen Aufzeichnungen** (z. B. beim Testament und Erbvertrag).

(1) Schriftform

§ 126 BGB

Die Schriftform verlangt, dass die Erklärung niedergeschrieben und vom Erklärenden **eigenhändig durch Namensunterschrift unterzeichnet** wird. Bei Verträgen muss die Vertragsurkunde grundsätzlich von allen Vertragsparteien unterschrieben sein.

Mögliche Anwendungsbereiche:

- Berufsausbildungsvertrag,
- Beendigung von Arbeitsverhältnissen durch Kündigung oder Aufhebungsvertrag,
- Verbraucherdarlehensvertrag,
- Bürgschaftserklärung.

(2) Elektronische Form

§ 126 a BGB

Die **gesetzliche Schriftform** kann grundsätzlich (soweit im Gesetz nichts Abweichendes bestimmt ist) durch die **elektronische Form ersetzt werden.** Zur Rechtswirksamkeit muss der Aussteller der Erklärung seinen Namen hinzufügen und das elektronische Dokument mit einer qualifizierten elektronischen Signatur versehen werden.

Mögliche Anwendungsbereiche:

- Onlinebanking,
- Kreditkartennutzung,
- Pay-TV, Teleshopping,
- elektronische Ausweispapiere,
- automatische Empfangsbestätigung von Schriftstücken im Schriftverkehr mit Behörden.

(3) Textform

§ 126 b BGB

Die Textform verlangt, dass die Erklärung in einer Urkunde abgegeben, die Person des Erklärenden genannt und der Abschluss der Erklärung durch eine Nachbildung der Namensunterschrift (Faksimile) oder anders erkennbar gemacht wird. Geeignet hierfür sind z. B. eine Website im Internet, eine E-Mail oder ein Computerfax.

Mögliche Anwendungsbereiche:

- Belehrung über das Widerrufsrecht beim Fernabsatzvertrag seitens des Unternehmens gegenüber dem Verbraucher.
- Garantieerklärungen beim Verbrauchsgüterkauf.

(4) Öffentliche Beglaubigung

§ 129 BGB

Die öffentliche Beglaubigung ist eine Schriftform, bei der die **Echtheit der eigenhändigen Unterschrift des Erklärenden** von einem Notar beglaubigt wird. Der Notar beglaubigt nur die Echtheit der Unterschrift, nicht jedoch den Inhalt der Urkunde.

Mögliche Anwendungsbereiche:

Anmeldungen

- zum Handelsregister,
- zum Vereinsregister und
- zum Güterrechtsregister.

Beispiel für die Beglaubigung einer Unterschrift

Urkundenrolle Nummer: 333

Vorstehende, vor mir vollzogene (bzw. anerkannte) Unterschrift des Herrn Franz Müller, Kfz-Mechatroniker, wohnhaft in Karlsruhe, Benzstraße 57, geboren am 1. Januar 1982, beglaubige ich. Herr Franz Müller wies sich durch seinen Personalausweis aus.

Karlsruhe, den 5. März 20 . .
(Ort und Datum)

§ 128 BGB

(5) Notarielle Beurkundung

Sie erfordert ein Protokoll, in welchem der Beurkundungsbeamte die vor ihm abgegebenen Erklärungen beurkundet. Der Notar beurkundet die **Unterschrift** und den **Inhalt der Erklärungen.**

Mögliche Anwendungsbereiche:

- Grundstückskaufverträge,
- Schenkungsversprechen,
- Erbverzichtsverträge,
- Erbverträge.

Rechtsgeschäfte, die **nicht** in der vom **Gesetz vorgeschriebenen Form** erfolgt sind, sind grundsätzlich **nichtig.** § 125 BGB

Überblick: Arten von Rechtsgeschäften – Formvorschriften

Arten von Rechtsgeschäften

- Einseitige Rechtsgeschäfte
  - empfangsbedürftig – z. B.: Kündigung
  - nicht empfangsbedürftig – z. B.: Testament
- Zweiseitige Rechtsgeschäfte
  - einseitig verpflichtend – z. B.: Schenkung
  - mehrseitig verpflichtend – z. B.:
    - Kaufvertrag
    - Berufsausbildungsvertrag

Gesetzliche Formvorschriften

- Schriftform
- Elektronische Form
- Textform
- Öffentliche Beglaubigung
- Öffentliche Beurkundung

Kompetenztraining

15

1. Erklären Sie den Begriff „Rechtsgeschäft"!
2. Begründen Sie, warum eine Willenserklärung zugleich ein Rechtsgeschäft sein kann und sich in anderen Fällen die Begriffe Willenserklärung und Rechtsgeschäft nicht decken!
3. Begründen Sie, ob in folgenden Fällen eine Willenserklärung vorliegt! Wenn ja, notieren Sie in welcher Form die jeweilige Willenserklärung geäußert wurde!

   3.1 Sie werden von Ihrem Onkel zu einer Ferienfahrt eingeladen.

   3.2 Sie steigen in Stuttgart mit gültigem Fahrschein in die Straßenbahn ein.

3.3 Sie möchten mit Ihrem Freund nach dem Kinobesuch mit dem Taxi nach Hause fahren. Durch „Handheben“ veranlassen Sie ein vorbeifahrendes Taxi zu halten, in das Sie dann unter Angabe Ihrer Wohnung einsteigen.

3.4 Sie entnehmen in einem Selbstbedienungsladen im Regal lagernde Waren und legen diese auf das Laufband der Kasse.

4. Prüfen Sie, ob ein- oder zweiseitige Rechtsgeschäfte vorliegen und wie die Willenserklärungen abgegeben wurden:

4.1 Der Hauseigentümer schließt mit Ihren Eltern einen Vertrag über die Benutzung von Wohnräumen ab.

4.2 Nele Kaiser bestellt bei amazon.de eine Konzertfilm-DVD.

4.3 Der Angestellte Max Lehmann kündigt seinen Arbeitsvertrag.

4.4 Alexander Thein verliert seinen wertvollen Ring und lässt öffentlich bekanntgeben, dass er dem ehrlichen Finder 150,00 EUR Finderlohn zahlt (man nennt dies „Auslobung“).

4.5 Ein Unternehmen nimmt eine ohne Auftrag gelieferte Maschine in Betrieb.

5. 5.1 Erklären Sie den Unterschied zwischen einseitig verpflichtenden und zweiseitig verpflichtenden Verträgen!

5.2 Nennen Sie zwei einseitig und drei zweiseitig verpflichtende Verträge!

6. Begründen Sie mithilfe des Gesetzes, inwieweit es rechtlich von Bedeutung ist, ob eine empfangsbedürftige Willenserklärung unter Anwesenden oder unter Abwesenden abgegeben wurde!

16

1. Begründen Sie die Notwendigkeit gesetzlicher Formvorschriften!

2. Erklären Sie, welchen Zweck die Vertragsparteien verfolgen, wenn diese für die abzuschließenden Rechtsgeschäfte eine bestimmte Form vereinbaren!

3. Die Eheleute Hans und Irma Holzmann besitzen mehrere Grundstücke. Sie wollen ihrer Tochter Heike an deren 18. Geburtstag ein Grundstück übertragen.

   Aufgabe:

   Nennen Sie die Form, die für die Übertragung des Grundstücks erforderlich ist!

4. Karin Weber hat bis zum 31. März d. J. bei der Baumeister GmbH gearbeitet. Ihr wurde versehentlich kein Arbeitszeugnis erteilt. Jetzt ruft sie in der Personalabteilung der Baumeister GmbH an und bittet darum, ihr möglichst sofort ein Arbeitszeugnis per Fax oder E-Mail zu übermitteln.

   Aufgabe:

   Prüfen Sie, ob diese Verfahren grundsätzlich für diesen Zweck einsetzbar sind! Lesen Sie hierzu § 630 BGB! Begründen Sie Ihre Antwort!

5. Erläutern Sie den Zweck, den das BGB verfolgt, wenn es bestimmt, dass Rechtsgeschäfte, die nicht in der vorgeschriebenen gesetzlichen Form erfolgt sind, grundsätzlich nichtig sind!

6. Stellen Sie dar, in welchem Zusammenhang die elektronische Form verwendet wird!

1.4 Anfechtbare und nichtige Rechtsgeschäfte unterscheiden

1.4.1 Anfechtbare Rechtsgeschäfte

Fortsetzung der Lernsituationen 1–3

Lernsituation 4:

Um weiteren Unstimmigkeiten mit seinen Nachbarn aus dem Weg zu gehen und den Verkauf des Rollers zügig abzuwickeln, entschließt sich Michel dazu, dem Wunsch von Konstantins Vater Folge zu leisten. Über das Internet sucht er sich eine Vertragsvorlage für einen Kaufvertrag des Rollers, speichert diese PDF-Datei auf seinem Laptop und füllt den Vertrag zügig aus.

Anschließend druckt er den Vertrag aus, unterschreibt ihn an der für den Verkäufer vorgesehenen Stelle und übergibt den Vertrag seinen Nachbarn. Diese lesen den Vertrag genauestens durch und unterzeichnen ihn.

Daraufhin fragt der Vater von Konstantin, ob sie den Kaufpreis auf Michels Konto überweisen sollen oder ob er das Geld bar haben möchte. Michel entscheidet sich für eine Überweisung des Kaufpreises auf sein Girokonto, da er den geplanten Autokauf ebenfalls über dieses Konto abwickeln möchte.

Zwei Tage später stellt Michel entsetzt fest, dass auf seinem Konto lediglich ein Betrag in Höhe von 77,50 EUR eingegangen ist. Zunächst glaubt er an einen Buchungsfehler seiner Bank und nimmt telefonisch Kontakt mit seinem Bankberater auf. Dieser rät ihm, sich mit dem Auftraggeber der Überweisung in Verbindung zu setzen.

Unmittelbar im Anschluss an das Telefonat sucht Michel seinen Nachbarn auf, der ihm lächelnd die Türe öffnet. Nachdem Michel ihm das Problem dargelegt hat, behauptet der Vater von Konstantin, dass er alles vertragsgemäß abgewickelt hat. Dazu legt er Michel das Original des Kaufvertrags vor, in dem ein Kaufpreis von 77,50 EUR eingetragen ist. Als Michel den Vertrag sieht, ist er geschockt: Beim eiligen Ausfüllen des Kaufvertrages hat er beim Kaufpreis eine Null zu wenig eingetippt und den ausgedruckten Vertrag auch nicht mehr auf mögliche Fehler hin durchgelesen. Erst jetzt wird ihm klar, warum Konstantins Vater nur 77,50 EUR auf sein Girokonto überwiesen hat.

Kompetenzorientierte Arbeitsaufträge:

1. Erläutern Sie den Begriff Anfechtung und die Folgen einer rechtswirksamen Anfechtung!
2. Stellen Sie in einer Übersicht dar, aus welchen Gründen man Rechtsgeschäfte anfechten kann. Bilden Sie zu jedem Grund auch ein entsprechendes Beispiel an!
3. Prüfen Sie, ob Michel sich mit den gezahlten 77,50 EUR als Kaufpreis abfinden muss oder ob er eine Möglichkeit hat, diesen fehlerhaften Vertrag für ungültig zu erklären!

- Die **Anfechtung** ist eine Willenserklärung, die darauf abzielt, ein Rechtsgeschäft rückwirkend für ungültig zu erklären. § 142 BGB
- **Anfechtbare Rechtsgeschäfte** sind bis zu der erklärten Anfechtung **voll rechtswirksam** (gültig). Nach einer **rechtswirksamen** Anfechtung wird das Rechtsgeschäft jedoch **von Anfang an nichtig (ungültig)**.

Anfechtbar sind Rechtsgeschäfte,

- die durch **Irrtum in der Erklärungshandlung** oder **falsche Übermittlung** zustande gekommen sind. §§ 119, 120 BGB

Beispiele:

- Ein Klempner will die Reparatur einer Dachrinne für 840,00 EUR anbieten, schreibt in seinem Angebot jedoch nur 740,00 EUR.
- Ein Vertreter der Geschäftsleitung eines Restaurants übermittelt ein Angebot falsch. Statt des richtigen Angebotspreises von 500,00 EUR für ein Buffet, enthält die E-Mail nur einen Preis von 50,00 EUR, weil sich der Mitarbeiter vertippt hat.

- die durch **arglistige Täuschung** zustande gekommen sind.

Sie liegt vor beim **Vorspiegeln falscher** oder bei der **Unterdrückung wahrer Tatsachen.**

Beispiel:

Ein Parkettleger verkauft an einen Bauherren „Eiche Parkett gebürstet" 2. Wahl als 1. Wahl.

§ 123 BGB

- die durch **widerrechtliche Drohung** zustande gekommen sind

Dem Betroffenen wird, falls er sich weigert, ein „Übel" (z.B. eine Körperverletzung) angedroht. Die Drohung muss **widerrechtlich** sein und der Drohende muss sich außerdem bewusst sein, dass seine Drohung den **Willensentschluss des Bedrohten herbeiführt oder mitbestimmt** hat.

Beispiele:

- Ein Räuber droht Ihnen: „Geld her oder Ihnen passiert etwas!"
- Ein Gläubiger droht: „Bezahlung der Schulden oder das Leben!" oder „Wenn Sie nicht zahlen, erzähle ich Ihrer Frau, dass ich Sie am letzten Sonntag mit Ihrer Sekretärin gesehen habe."

Nicht anfechtbar sind Rechtsgeschäfte, deren geplante Folgen nicht eintreten **(Motivirrtum).**

Beispiel:

Karl kauft seiner Freundin Karin als Geschenk einen Ring. Gefällt Karin der Ring nicht, kann Karl den Kaufvertrag nicht rechtswirksam anfechten!

1.4.2 Nichtige Rechtsgeschäfte

Fortsetzung der Lernsituationen 1–4

Lernsituation 5:

Nachdem Michel den Nachbarn das Geld erstattet und daraufhin den Roller zurückerhalten hat, fährt er zu seinem Freund Paul, um ihm von dem Missgeschick zu berichten. Wegen all der Vorkommnisse um den Verkauf des Rollers ist Michel ziemlich frustriert und lässt seinem Ärger freien Lauf.

Als er sich all seinen Frust von der Seele geredet hat, sagt er mit einem leichten Lächeln auf den Lippen: *„Der Erstbeste, der mir einen Euro für den Roller auf den Tisch legt, kann das Ding haben. Ich bin es dermaßen leid, mich mit dem Verkauf weiter zu beschäftigen, dass mir die Kohle für das Teil egal ist".*

Daraufhin zückt sein Freund Paul einen Euro, legt ihn auf den Tisch und sagt: *„Abgemacht, damit sind wir beide uns doch einig und im Geschäft. Du kannst den Roller gleich hier lassen und einen schriftlichen Vertrag musst du auch nicht mehr aufsetzen. Somit bist du allen Ärger endgültig los und musst dich um nichts mehr kümmern. Und das Beste: Ich fahre dich sogar noch kostenlos mit dem Roller nach Hause."*

Michel ist über die Aktion von Paul total verdutzt und weiß in seiner Verzweiflung überhaupt nicht, was er darauf antworten soll.

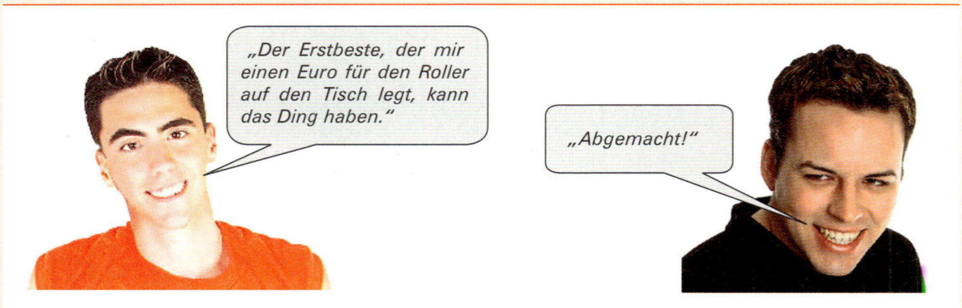

Kompetenzorientierte Arbeitsaufträge:

1. Erläutern Sie, was man unter Nichtigkeit eines Rechtsgeschäfts versteht!
2. Stellen Sie in einer Übersicht dar, aus welchen Gründen Rechtsgeschäfte nichtig sind! Geben Sie zu jedem Grund auch ein entsprechendes Beispiel an!
3. Prüfen Sie, ob Michel sich mit dem Verkauf des Rollers für 1,00 EUR abfinden muss oder ob er eine Möglichkeit hat, diesen Vertrag für ungültig zu erklären!

Rechtsgeschäfte, die nach dem Gesetz **ungültig** sind, gelten als **von Anfang an** nichtig.

Die folgenden **Mängel** führen dazu, dass Rechtsgeschäfte von Anfang an nichtig sind:

	Arten der Mängel	Beispiele
§ 105 BGB	**Mangel in der Geschäftsfähigkeit**	■ Rechtsgeschäfte von Geschäftsunfähigen. ■ Rechtsgeschäfte beschränkt Geschäftsfähiger, sofern die Zustimmung vom gesetzlichen Vertreter verweigert wird. ■ Rechtsgeschäfte, die im Zustand der Bewusstlosigkeit oder vorübergehender Störung der Geistestätigkeit abgeschlossen werden. (Beispiel: Ein Betrunkener verkauft sein Auto.)
§§ 117, 118 BGB	**Mangel im rechtsgeschäftlichen Willen (Scheingeschäfte/ Scherzgeschäfte)**	■ Zum Schein abgegebene Willenserklärungen, die ein anderes Rechtsgeschäft verdecken sollen. (Beispiel: Grundstückskaufvertrag über 230 000,00 EUR, wobei mündlich ein Kaufpreis von 280 000,00 EUR vereinbart wird, um Grunderwerbsteuer zu sparen.)[1] ■ Offensichtlich nicht ernst gemeinte Willenserklärungen. (Beispiel: Das Angebot eines Witzbolds, eine Fahrkarte zum Mars für 5 000,00 EUR verkaufen zu wollen.)
§ 134 BGB	**Verstoß gegen ein gesetzliches Verbot**	Rauschgift- und Waffengeschäfte, Verkauf von Alkohol an 14-Jährige.
§ 125 BGB	**Verstoß gegen Formvorschriften**	Ein mündlich abgeschlossener Verbraucherdarlehensvertrag; Kauf eines Grundstücks ohne notarielle Beurkundung.

1 Die Grunderwerbsteuer wird auf den im Notarvertrag angegebenen Kaufpreis berechnet. Ein niedriger Preis mindert also die vom Käufer zu zahlende Grunderwerbsteuer. Das **Scheingeschäft** (Kaufvertrag über 230 000,00 EUR) ist nichtig.

Überblick: Anfechtbarkeit und Nichtigkeit

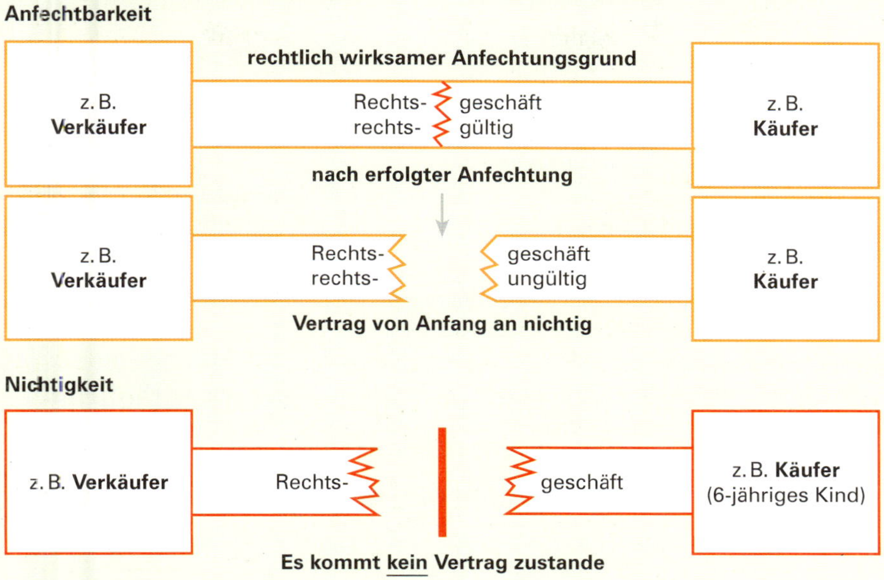

Kompetenztraining

17 1. Erklären Sie, worin sich Nichtigkeit und Anfechtbarkeit von Rechtsgeschäften, insbesondere hinsichtlich der Rechtsfolgen unterscheiden!

2. Im Vertragsrecht unterscheidet man zwischen Nichtigkeit und Anfechtbarkeit.

   Aufgaben:

   Notieren Sie, in welchen Fällen Nichtigkeit vorliegt!

   2.1 Verstoß gegen eine gesetzliche Formvorschrift,
   2.2 Verkauf von selbst angebautem Cannabis,
   2.3 Irrtum in der Erklärungshandlung,
   2.4 arglistige Täuschung,
   2.5 widerrechtliche Drohung.

3. Notieren Sie, in welchem der folgenden Fälle der Kaufvertrag zwischen einem Kunden und seinem Händler angefochten werden kann!

   3.1 Der Händler der Ware kann den Kunden nur verspätet beliefern.
   3.2 Der Händler erhöht die Preise gegenüber dem Kunden.
   3.3 Der Händler stellt fest, dass der Preis im Angebot anstatt mit 510,00 EUR mit 150,00 EUR angegeben wurde.
   3.4 Der Händler erfährt, dass der Kunde angeblich Zahlungsschwierigkeiten hat.
   3.5 Der Kaufvertrag wurde nur mündlich abgeschlossen.

4. Geben Sie für die folgenden Rechtsgeschäfte an, ob sie voll gültig, nichtig, anfechtbar oder schwebend unwirksam sind! Begründen Sie jeweils Ihre Lösung!
    4.1 In einem Angebot werden die Ziffern vertauscht, sodass der Stückpreis mit 58,00 EUR statt mit 85,00 EUR angegeben wird.
    4.2 Die 16-jährige Schülerin Rebecca bestellt eine Zeitschrift im Abonnement. Monatlich sind 18,50 EUR zu zahlen.
    4.3 Ein Handwerker kauft auf Anraten eines gut informierten Freunds Aktien, bei denen Kurserhöhungen mit Sicherheit zu erwarten seien. Schon am nächsten Tag fällt der Kurs dieser Aktien beträchtlich.
    4.4 Der 17-jährige Lehmann ist vor einem Jahr mit Zustimmung seiner Eltern ein Arbeitsverhältnis eingegangen. Jetzt kündigt er schriftlich seinem Arbeitgeber, ohne seine Eltern gefragt zu haben.
    4.5 Der Mannheimer Baugesellschaft mbH ist bei der Addition der Angebotssumme ein Fehler unterlaufen und deshalb beträgt der Angebotspreis nicht 20 Mio. EUR, sondern nur 18,2 Mio. EUR!

2 Abschluss eines Kaufvertrags aufzeigen, weitere alltägliche Rechtsgeschäfte analysieren, das Vorliegen von Kaufvertragsstörungen prüfen und die regelmäßige Verjährung darstellen

Lernsituation 6:

Ted Schreiber ist Kunstschmied und stellt Tische, Bänke, Brunnen und Feuerschalen aus Eisen her. Karin Dreher wünscht sich schon lange eine Feuerschale für ihren Garten. Sie

sucht sich bei Ted Schreiber eine schön gestaltete Feuerschale aus, kann sich jedoch nicht entscheiden, sie sofort zu kaufen. Sie möchte sich den Kauf noch überlegen und am nächsten Tag wiederkommen. Der vereinbarte Kaufpreis beträgt 150,00 EUR.

Am Nachmittag desselben Tages verkauft Ted Schreiber diese Feuerschale an Sven Selbherr, der ein paar Tage Urlaub in der Stadt verbringt. Sven Selbherr bittet den Kunstschmied, die Feuerschale noch zwei Tage bis zu seiner Abreise aufzubewahren. Der Kaufpreis beträgt 180,00 EUR.

Am nächsten Tag kommt Karin Dreher in die Kunstschmiedewerkstatt und möchte die Feuerschale jetzt kaufen. Sie besteht auf Erfüllung, weil, so behauptet sie, nur sie Rechte aus dem abgeschlossenen Kaufvertrag habe.

Kompetenzorientierte Arbeitsaufträge:

1. Prüfen Sie, zwischen welchen Parteien ein Kaufvertrag zustande gekommen ist!
2. Erklären Sie die Form des Kaufvertrags!
3. Begründen Sie, ob Ted Schreiber die Feuerschale an Karin Dreher liefern muss!
4. Stellen Sie dar, ab wann der Käufer Eigentümer des Kaufgegenstandes ist!

2.1 Einen Kaufvertrag abschließen und weitere alltägliche Rechtsgeschäfte analysieren

2.1.1 Einen Kaufvertrag abschließen

Das Kaufvertragsrecht unterscheidet grundsätzlich

- in **allgemeines Kaufvertragsrecht** (beide Vertragsparteien sind Unternehmen) und
- in den **Verbrauchsgüterkauf** (Unternehmer ist Verkäufer, Verbraucher ist Käufer).

Der Grundgedanke des Gesetzgebers für diese Aufspaltung des Kaufvertragsrechts war, den Verbraucher dadurch zu schützen, dass **einige gesetzliche Regelungen** des allgemeinen Kaufrechts **zugunsten des Verbrauchers abgemildert** worden sind. §§ 474–479 BGB

2.1.1.1 Begriffe Kaufvertrag und Verbrauchsgüterkauf

(1) Begriff Kaufvertrag

Der **Kaufvertrag** kommt durch zwei übereinstimmende Willenserklärungen, den Antrag und dessen Annahme, zwischen Käufer und Verkäufer zustande.

(2) Begriff Verbrauchsgüterkauf

Der Verbrauchsgüterkauf ist durch **vier Merkmale** definiert:

- Es muss ein **Kaufvertrag** vorliegen.
- Der **Verbraucher** muss der **Käufer** sein.
- Der **Unternehmer** muss der **Verkäufer** sein.
- Der **Kaufgegenstand** muss eine **bewegliche Sache** sein.

§ 474 I BGB Ein **Verbrauchsgüterkauf** liegt vor, wenn ein **Verbraucher** von einem **Unternehmer** eine **bewegliche Sache** kauft.

Ein Verbrauchsgüterkauf liegt auch vor, wenn **neben dem Verkauf** einer beweglichen Sache noch eine **Dienstleistung** durch den Unternehmer erbracht wird (z. B. die verkaufte Sache wird montiert, installiert oder angepasst).

2.1.1.2 Abschluss eines Verbrauchsgüterkaufs

(1) Möglichkeiten des Kaufvertragsabschlusses

- Der Verkäufer (Unternehmer) unterbreitet ein Angebot, der Käufer (Verbraucher) bestellt rechtzeitig und ohne Änderung. Ändert der Käufer diesen Antrag, so erlischt das Angebot. Die Änderung stellt einen **neuen** Antrag des Käufers an den Verkäufer dar.

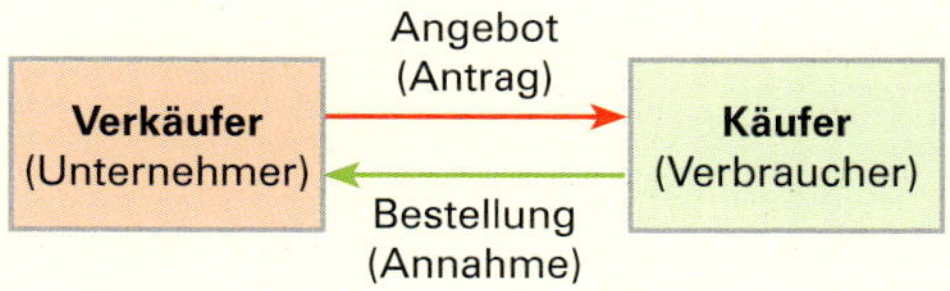

- Der Käufer (Verbraucher) bestellt ohne ein vorhergehendes Angebot. Der Verbrauchsgüterkaufvertrag entsteht, wenn der Verkäufer (Unternehmer) die Bestellung rechtzeitig und unverändert annimmt.

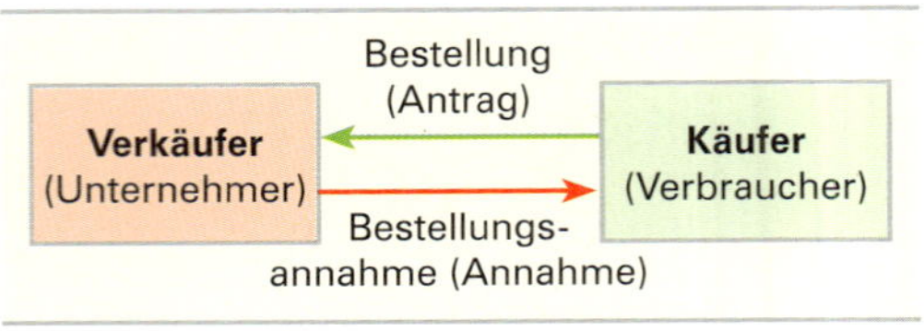

(2) Bindung an den Antrag

Gibt ein Unternehmer einen **Antrag ohne Einschränkung** ab, so ist er an diesen **Antrag gebunden.** § 147 BGB

- Unter **Anwesenden** (auch telefonisch) muss der Antrag sofort, d.h. solange das Gespräch dauert, angenommen werden.
- Unter **Abwesenden** besteht die Bindungsfrist für den Verkäufer solange, wie er unter regelmäßigen Umständen mit dem Eingang der Bestellung rechnen kann (z.B. ein Antrag per E-Mail erfordert eine Annahme auf gleichem Weg).[1]

Der Verkäufer kann die Bindung an den Antrag durch sogenannte **Freiklauseln** ausdrücklich ganz ausschließen oder einschränken.

Beispiele:

- *„Das vorliegende Angebot ist unverbindlich."*
- *„Zwischenverkauf vorbehalten."*

2.1.1.3 Rechte und Pflichten der Vertragspartner

Mit dem Abschluss des Kaufvertrags übernehmen Käufer und Verkäufer Rechte und Pflichten, die sie zu erfüllen haben. Der Abschluss des Kaufvertrags ist daher ein **Verpflichtungsgeschäft,** dem ein **Erfüllungsgeschäft** folgen muss.

§ 433 BGB

Verpflichtungsgeschäft: Übernahme von Rechten und Pflichten

Pflichten des Verkäufers (Rechte des Käufers)	Kaufvertrag	Pflichten des Käufers (Rechte des Verkäufers)
- Die bestellte Sache muss mängelfrei und fristgemäß übergeben werden. - Das Eigentum an der Kaufsache muss auf den Käufer übertragen werden.	⟷	- Die bestellte Sache muss abgenommen werden. - Die ordnungsgemäß gelieferte Sache muss vereinbarungsgemäß bezahlt werden.

⇩

§ 362 I BGB

Erfüllungsgeschäft: Erfüllung der eingegangenen Verpflichtungen

Das Verpflichtungsgeschäft erlischt, wenn die geschuldeten Leistungen nach den Vereinbarungen des Kaufvertrags gegenüber dem Gläubiger erfüllt sind.

Dies ist der Fall, wenn die mängelfreie und fristgemäße Übergabe und Übereignung der Sache durch den Verkäufer sowie die Abnahme der Sache und die Kaufpreiszahlung durch den Käufer vereinbarungsgemäß erfolgt ist.

1 Die Annahmefrist setzt sich zusammen aus der Zeit für die **Übermittlung** des Antrags, einer angemessenen **Überlegungs-** und **Bearbeitungszeit** beim Empfänger und der Zeit für die **Übermittlung der Antwort** an den Anbieter.

2.1.2 Weitere alltägliche Rechtsgeschäfte analysieren

Werkvertrag	Abschluss zwischen **Unternehmer** und **Besteller**. Der Unternehmer verpflichtet sich zur **Herstellung** des versprochenen (vereinbarten) **Werks** und der Besteller zur Entrichtung der vereinbarten Vergütung. Der Unternehmer schuldet den **versprochenen Erfolg**, nicht die Arbeitsleistung an sich. **Beispiel:** Errichten von Gebäuden. – Erstellen von Gutachten. – Reparatur von Autos. – Bau eines Möbelstücks.	§§ 631 ff. BGB
Mietvertrag	Abschluss zwischen **Mieter** und **Vermieter**. Der Vermieter verpflichtet sich, dem Mieter gegen **Entgelt** (Mietzins) die vermietete bewegliche und unbewegliche Sache während der Mietzeit zum **Gebrauch** zu überlassen. **Beispiel:** Vermietung eines Pkw. – Vermietung eines Einfamilienhauses.	§§ 535 ff. BGB
Pachtvertrag	Abschluss zwischen **Pächter** und **Verpächter**. Der Verpächter verpflichtet sich, dem Pächter den **Gebrauch** des verpachteten Gegenstands und den **Genuss der Früchte** (den Ertrag) während der Pachtzeit zu gewähren. Der Pächter ist verpflichtet, dem Verpächter den vereinbarten **Pachtzins** zu zahlen. **Beispiel:** Verpachtung eines landwirtschaftlich genutzten Ackers. – Verpachtung eines Ladengeschäfts. – Verpachtung der Nutzungsrechte aus einem Patent.	§§ 581 ff. BGB
Leihvertrag	Abschluss zwischen **Verleiher** und **Entleiher**. Der Verleiher verpflichtet sich, dem Entleiher den Gebrauch der Sache **unentgeltlich** zu gestatten. Der Entleiher ist verpflichtet, die geliehene Sache nach Ablauf der bestimmten Zeit zurückzugeben. **Beispiel:** Die Schülerin Emma Sander leiht ihrer Freundin ein Buch.	§§ 598 ff. BGB
Reisevertrag	Vertragsparteien sind der **Reiseveranstalter** und der **Reisende**. Der Reiseveranstalter ist verpflichtet, dem Reisenden eine **Gesamtheit von Reiseleistungen** (Reise) zu erbringen. Der Reisende ist verpflichtet, dem Reiseveranstalter den vereinbarten Reisepreis zu zahlen.	§§ 651 a ff. BGB
Schenkungsvertrag	Eine Schenkung ist ein einseitig verpflichtender Vertrag, der auf eine unentgeltliche Zuwendung gerichtet ist.	

Überblick: Verträge

Verträge

Zustandekommen durch zwei übereinstimmende Willenserklärungen:
1. Antrag ⟷ 2. Annahme

- **Werkvertrag**
- **Mietvertrag**
- **Pachtvertrag**
- **Leihvertrag**
- **Reisevertrag**
- **Schenkungsvertrag**

Kaufvertrag

Verpflichtungsgeschäft

Verkäufer und Käufer übernehmen Pflichten

Pflichten des Verkäufers
(Rechte des Käufers)
- mängelfreie Lieferung
- Eigentum an den Käufer übertragen

Pflichten des Käufers
(Rechte des Verkäufers)
- Abnahme der Lieferung
- Zahlung des Kaufpreises

Erfüllungsgeschäft

Käufer und Verkäufer erfüllen die eingegangenen Verpflichtungen

Werden die eingegangenen Verpflichtungen nicht vertragsgemäß erfüllt, kommt es zu **Leistungsstörungen.**

Kompetenztraining

18

1. 1.1 Bilden Sie ein Beispiel für einen Verbrauchsgüterkaufvertrag!

   1.2 Erklären Sie, warum der Gesetzgeber für den Verbrauchsgüterkaufvertrag gegenüber dem Kaufvertragsrecht Sonderregelungen getroffen hat!

2. Beschreiben Sie, unter welchen Bedingungen ein Verbrauchsgüterkaufvertrag bereits mit der Bestellung zustande kommt!

3. Erläutern Sie, unter welchen Bedingungen ein Verbrauchsgüterkaufvertrag erst mit der Bestellungsannahme zustande kommt!

4. Franz Baier bestellt aufgrund eines freibleibenden (unverbindlichen) Angebots Eichendielen beim Sägewerk Wattenbach GmbH.

   Aufgaben:

   4.1 Erläutern Sie, wie der Verbrauchsgüterkaufvertrag zustande kommt!

   4.2 Erklären Sie den Unterschied zwischen Verpflichtungsgeschäft und Erfüllungsgeschäft!

   4.3 Nennen Sie die Pflichten, die Franz Baier aus diesem Verbrauchsgüterkaufvertrag hat!

   4.4 Nennen Sie die Pflichten, die die Wattenbach GmbH aus diesem Verbrauchsgüterkauf hat!

5. Begründen Sie, warum es aus dem Verbrauchsgüterkauf zwei Gläubiger und zwei Schuldner gibt!

19 Begründen Sie, welche Verträge zwischen den Vertragspartnern abgeschlossen werden!

1. Ihr Vater holt die zum Geburtstag eingeladene Oma mit dem Auto ab. Unterwegs „baut" Ihr Vater einen Unfall, weshalb das Auto zur Reparatur in die Werkstatt abgeschleppt wird. Ihr Vater erteilt dem Inhaber, Herrn Müller, gleich den Reparaturauftrag, die entstandene „Blechbeule" auszubessern. Herr Müller nimmt den Auftrag an.

2. Auf Vorschlag Ihres Bruders Karl holt sich Ihr Vater für einen Tag bei einem Autoverleiher einen Pkw. Bei Rückgabe des Wagens zahlt Ihr Vater 110,00 EUR.

3. Von Ihrer Oma erhalten Sie zum Geburtstag einen Ring geschenkt.

4. Um bei der Geburtstagsfeier tüchtig tanzen zu können, stellt Ihnen Ihr Freund Franz seine Stereoanlage zur Verfügung.

5. Mit dem von den Eltern und Großeltern erhaltenen Geburtstagsgeld kaufen Sie sich am nächsten Tag zwei CDs.

6. Mit dem restlichen Geld „buchen" Sie beim „Reiseunternehmen Sonnenschein GmbH" einen Kurztripp nach Italien.

7. Von Ihrem Urlaub zurückgekommen, macht Ihnen Herr Vogel, Geschäftsinhaber einer Autowerkstatt, einen Antrag, in seinem Unternehmen als Kfz-Mechatroniker zu arbeiten. Erfreut über die Ihnen angebotene gute Bezahlung sagen sie sofort zu.

2.2 Vorliegen von Kaufvertragsstörungen prüfen

2.2.1 Leistungsstörungen

Nicht alle Kaufverträge werden den getroffenen Vereinbarungen entsprechend erfüllt. Es kommt zu **Leistungsstörungen.**

Zu einer **Leistungsstörung** kommt es, wenn der Schuldner die geschuldete Leistung nicht, nicht rechtzeitig oder nicht in der geschuldeten Weise erbringt.

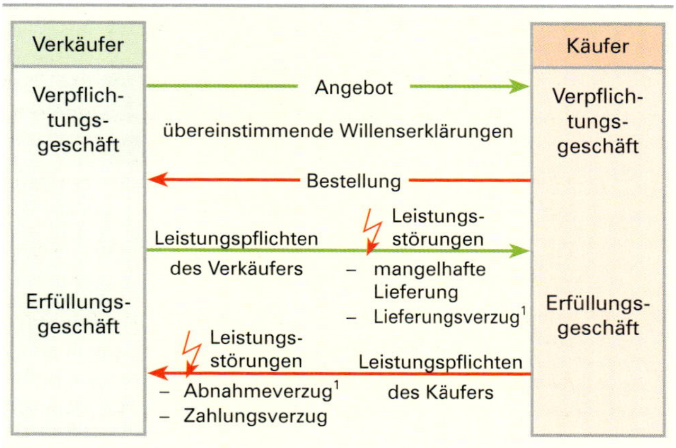

1 Der **Abnahmeverzug** und der **Lieferungsverzug** werden im Folgenden aufgrund des Bildungsplans nicht behandelt.

2.2.2 Mangelhafte Lieferung (Schlechtleistung)

Lernsituation 7:

Ben, Auszubildender zum Industriemechaniker bei der Karlsruher Maschinenbau AG, hat sich am frühen Montagmorgen auf den Weg zu einem Elektrogroßmarkt gemacht. Er hatte sich dort zu Beginn seines zweiwöchigen Urlaubs am späten Samstagnachmittag von seiner letzten Ausbildungsvergütung eine neue **Spielekonsole** gekauft.

Als er diese am Samstagabend ausgepackt hatte, musste er feststellen, dass der Konsole nur ein statt der gemäß Verpackung angekündigten zwei Controller beigefügt war. Als er dann die Spielekonsole an seinen Fernseher angeschlossen hatte, reagierte der vorhandene Controller aufgrund eines defekten Akkus nicht auf seine manuellen Befehle. Der Ärger darüber hat ihm das ganze Wochenende verdorben.

Als er am Servicepoint des Elektrogroßmarktes ankommt, hat sich dort bereits eine längere Warteschlange gebildet. Ben stellt sich genervt am Ende der Schlange an und kommt relativ schnell mit dem vor ihm wartenden Jonas ins Gespräch.

Nachdem Ben ihm sein Leid über die mangelhafte Konsole geklagt hat, berichtet **Jonas** ihm, dass auch er ziemlich verärgert sei. Er hatte sich für seinen Fernseher und die Spielekonsole ein sehr teures **TV-Lowboard** mit Rollen zum Zusammenbauen gekauft. Das Lowboard würde ihm vom Design her ausgesprochen gefallen und wird auch nur von diesem Elektrogroßmarkt angeboten. Für den Aufbau habe er zunächst das Lowboard ausgepackt und den Inhalt auf Vollständigkeit überprüft. Da alle in der Aufbauanleitung aufgeführten Teile vorhanden waren, habe er mit dem Aufbau begonnen und sich dabei strikt an die beiliegende Montageanleitung gehalten. Nach erfolgreichem Beginn sei er allerdings an einen Punkt gelangt, wo er seinen Vater zu Rate ziehen musste. Gemeinsam hätten sie die Anweisungen der Anleitung genauestens befolgt. Diese sei jedoch, wie sich im Nachhinein gezeigt hätte, falsch gewesen, sodass der Aufbau nicht gelang. Als Ergebnis seien nunmehr in der Glasfront deutlich sichtbare Montageschrammen zu sehen. Dies wolle er so nicht akzeptieren und das Lowboard deshalb zurückgeben. Er zweifelt aber daran, ob der Elektrofachmarkt diese Einschätzung teilt, denn schließlich wären ja alle Teile in ordnungsgemäßem Zustand in der Verpackung vorhanden gewesen.

Jonas Mutter, die das Gespräch der beiden aufmerksam verfolgt hat, schaltet sich kurz ein. Auch sie sei total enttäuscht und verärgert über ihren Kauf. Sie habe Jonas beim Kauf des Lowboards begleitet und sich am selben Tag einen **Lockenstab** gekauft, der speziell im Markt mit einem TV-Clip beworben wurde. Doch statt der in der Werbung versprochenen Lockenpracht, die garantiert zwei Tage halten solle, wären bei ihr nur leichte Wellen im Haar erkennbar gewesen, die zudem nach weniger als zwei Stunden ganz verschwunden seien.

Kaum ist das Gespräch mit Jonas und dessen Mutter beendet, tippt Ben jemand auf die Schulter. Als er sich umdreht, steht hinter ihm **Lea**, eine ehemalige Klassenkameradin vom Gymnasium, die derzeit eine Ausbildung zur Goldschmiedin absolviert. Nach einem kurzen Austausch über die Berufsausbildung berichtet Lea, dass sie ihrem Freund letzte Woche zum Geburtstag ein neues **Autoradio** in dem Elektromarkt gekauft hat. Doch entgegen ihrer Einschätzung zeigte sich ihr Freund nach dem Auspacken ziemlich enttäuscht, da ihm die rote Hintergrundbeleuchtung dieses Modells überhaupt nicht gefällt. Nunmehr wolle sie das Radio an den Elektrogroßmarkt zurückgeben. Sie geht davon aus, dass dies problemlos möglich sei, schließlich ist das Gerät noch originalverpackt. Im Übrigen habe sich ihr Freund bereits ein anderes Modell im Internet bestellt. Ben sieht die Angelegenheit jedoch kritischer als Lea. Er ist sich nicht sicher, ob es sich bei der Reklamation des Autoradios tatsächlich um einen Mangel handelt, den der Elektromarkt so ohne Weiteres akzeptiert.

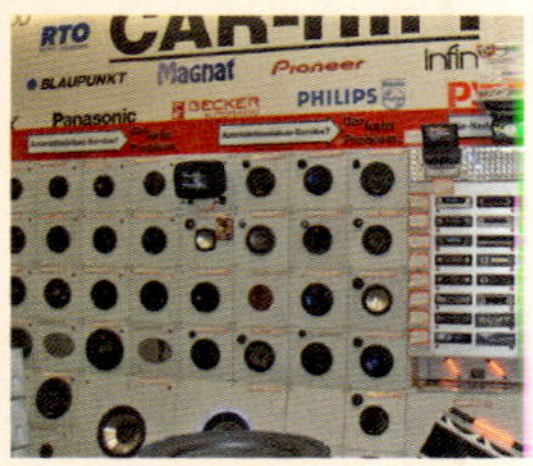

Kompetenzorientierte Arbeitsaufträge:

1. Erläutern Sie kurz, was man unter mangelhafter Lieferung versteht!
2. Stellen Sie die Mängelarten mit jeweils einem selbst gewählten Beispiel in Tabellenform dar!
3. Bei der mangelhaften Lieferung stehen dem Käufer unterschiedliche Rechte zu. Erstellen Sie eine Übersicht zu diesen Rechten!
4. Erfassen Sie in einer Tabelle die in der Lernsituation aufgeführten Problemfälle und prüfen Sie jeweils, ob es sich dabei um mangelhafte Lieferungen handelt. Ordnen Sie, wenn möglich, den einzelnen Fällen konkrete Mangelarten zu!
5. Entscheiden Sie, welche Rechte die einzelnen Personen wahrscheinlich geltend machen werden!

2.2.2.1 Begriff mangelhafte Lieferung und die Arten von Mängeln

(1) Begriff mangelhafte Lieferung

Eine **mangelhafte Lieferung** liegt vor, wenn der Verkäufer dem Käufer die im Kaufvertrag vereinbarte Lieferung mit **Mängeln** behaftet übergibt und übereignet.

(2) Arten von Mängeln

Sachmängel

§ 434 BGB

Mängel	Beispiele
Falschlieferung bzw. Minderlieferung	Anstelle der bestellten 100 Silberlöffel werden 100 Silbermesser geliefert (Falschlieferung). – Statt 20 Stück eines bestimmten Posters werden nur 15 Stück geliefert (Minderlieferung).
Mangel in der Beschaffenheit (Qualitätsmangel)	■ Der Regenmantel ist wasserdurchlässig. ■ Die Milch ist sauer, obwohl das Mindesthaltbarkeitsdatum noch nicht überschritten ist. ■ Der neue Wasserhahn tropft.
Falsche Werbeversprechen	Die tatsächliche Akkulaufzeit des Smartphones ist geringer als in der Werbung versprochen.
Mangel durch fehlerhafte Montage- oder Betriebsanleitung	Ein Versandhaus händigt zusammen mit der Lieferung eines Lagerregals eine fehlerhafte Montageanleitung aus. Dadurch konnte das Lagerregal nicht richtig aufgebaut werden.

Rechtsmängel

Ein Rechtsmangel liegt vor, wenn ein Dritter in Bezug auf die Sache Rechte gegen den Käufer geltend machen kann.

Beispiel:

Raubkopie eines Films; Verkauf eines gestohlenen Autos.

§ 435 BGB

8 Speth u.a. - ISBN 978-3-8120-0691-0

2.2.2.2 Rechte des Käufers (Gewährleistungsrechte)

(1) Rechte ohne Fristsetzung

Nacherfüllung

§ 439 BGB Ohne Fristsetzung kann der Käufer auf **Nacherfüllung** bestehen. Dabei kann der **Käufer** nach **seiner Wahl**

- die **Beseitigung des Mangels** oder
- die **Lieferung einer mangelfreien Sache (Ersatzlieferung)**

verlangen. Er hat hierfür dem Verkäufer eine **angemessene**[1] **Zeit** einzuräumen. Die Kosten der Nacherfüllung hat der Verkäufer zu tragen. Der **Verkäufer** kann allerdings die Leistung **verweigern,** wenn die vom Käufer gewählte Art der Nacherfüllung für ihn nur mit **unverhältnismäßigen Kosten** verbunden ist.

Beispiel:

Einfache Quarzuhren lassen sich häufig nur mit unverhältnismäßigem Aufwand reparieren, soweit dies nicht ohnehin technisch ausgeschlossen ist. Entscheidet sich der Käufer dafür, die Beseitigung des Mangels zu verlangen, kann der Verkäufer dies ablehnen und stattdessen eine andere mangelfreie Uhr liefern.

Eine Nacherfüllung gilt als fehlgeschlagen, wenn der **zweite Nachbesserungsversuch erfolglos** war.

Schadensersatz neben der Leistung

§ 280 BGB Neben dem Recht auf Nacherfüllung hat der Käufer **zusätzlich** noch einen **Anspruch auf Schadensersatz neben der Leistung.**

Voraussetzungen:

- Pflichtverletzung
- Verschulden des Verkäufers

Beispiel:

Familie Sauber kauft sich eine neue Waschmaschine. Wie der Verkäufer bei Übergabe nicht bemerkt, ist der mitgelieferte Ablaufschlauch defekt. Beim ersten Waschgang tritt Wasser aus, sodass es beim Holzboden zu einem Wasserschaden kommt. Familie Sauber kann Ersatz des Schadens verlangen.

(2) Rechte nach Ablauf einer angemessenen Frist zur Mangelbeseitigung (erfolglose Nacherfüllung)[2]

Rücktritt vom Kaufvertrag

Durch den **Rücktritt vom Vertrag** wird der **Kaufvertrag rückgängig gemacht.** Bereits gelieferte Ware ist zurückzuschicken, ein bereits gezahlter Kaufpreis ist zu erstatten.

1 **Angemessen** besagt, dass die Frist so lange sein muss, dass der Schuldner die Leistung tatsächlich noch erbringen kann. Allerdings muss sie dem Schuldner nicht ermöglichen, mit der Leistungserbringung erst zu beginnen. Der Schuldner soll nur die Gelegenheit bekommen, die bereits in Angriff genommene Leistung zu beenden.

2 Der **Schadensersatz statt der Leistung** wird **nicht dargestellt,** da er beim Verbrauchsgüterkauf kaum vorkommt.

Beim Rücktritt muss der Käufer die erhaltene **Leistung zurückgeben** und den **Nutzen** aus der Leistung **ersetzen.**

Beispiel:

Ein Käufer, der einen mangelhaften Pkw erhalten und genutzt hat, muss zum einen den Pkw zurückgeben und zum anderen sich vom Verkäufer ein Nutzungsentgelt anrechnen lassen.

Der Rücktritt des Käufers ist **ausgeschlossen,** wenn der **Mangel unerheblich** ist.

Beispiel:

Befindet sich an einem neuen Pkw ein kleiner Kratzer unter der Motorhaube, ist kein Rücktritt möglich, weil die Schlechtleistung unerheblich ist.

Trotz seines Rücktritts kann der Käufer **Ersatz der Aufwendungen** verlangen, die er im Vertrauen auf den Erhalt der Leistungen gemacht hat. § 284 BGB

Beispiel:

Hans Mutler hat ein spezielles Gartenhaus bestellt und die entsprechenden Strom-, Wasser- und Bauarbeiten im Voraus ausgeführt. Das Gartenhaus kann aus technischen Gründen nicht geliefert werden. Hans Mutler kann in diesem Fall alle seine entstandenen Kosten vom Verkäufer zurückverlangen.

Minderung

§ 441 BGB
- **Minderung** bedeutet, dass der ursprüngliche Kaufpreis um die Wertminderung, die der Mangel verursacht hat, gekürzt wird.
- Der Kaufvertrag **bleibt bestehen.**

Minderung wird in der Regel verlangt, wenn die Ware nur kleinere Mängel aufweist, sodass der Käufer die Ware weiterverwenden (z. B. verarbeiten oder weiterveräußern) kann.

Das Recht auf Minderung gilt auch für **unerhebliche Mängel.**

Beispiel:

Eine Musikanlage, die von Hans Wetzel für 300,00 EUR gekauft wurde, leistet nicht wie vertraglich vorgesehen 500 Watt, sondern nur 400 Watt. Da es nicht innerhalb einer gesetzten Frist zur Nacherfüllung durch den Lieferer kommt, verlangt Hans Wetzel Minderung. Eine Musikanlage mit einer Leistung von 400 Watt könnte er für 200,00 EUR erwerben. Hans Wetzel steht ein Minderungsanspruch in Höhe von 100,00 EUR zu.

Sonderregelungen zu den Gewährleistungsrechten beim Verbrauchsgüterkauf

Gefahrübergang

§ 475 I BGB Beim Verbrauchsgüterkauf tritt der Gefahrübergang erst ein, wenn der **Verbraucher** die **Kaufsache erhalten** hat. Bis zur Übergabe der Ware an den Verbraucher trägt der Verkäufer das Risiko. Nach der Übergabe der Ware trägt der Verbraucher das Risiko einer Verschlechterung bzw. des Verlusts der Ware.

Beschaffenheitsvereinbarung

Eine Vereinbarung „gekauft wie gesehen" ist **unzulässig.**

Beweislastumkehr

§ 476 BGB Beim Auftreten eines Sachmangels in den ersten sechs Monaten nach Gefahrübergang wird zugunsten des Verbrauchers gesetzlich vermutet, dass der Mangel bereits beim Gefahrübergang der Kaufsache vorhanden war.

Beispiel:

Bei einem im Juli erworbenen Dachfenster tritt im Oktober bei Regen Wasser ein. Es zeigt sich, dass sich Dichtungen im Rahmen großflächig ablösen. Hier spricht die Vermutung für eine von Anfang an fehlerhafte Qualität der Dichtungen bzw. ihrer Verklebung.

Bestreitet der Unternehmer, dass der Mangel bereits beim Gefahrübergang bestand, dann muss er dies dem Verbraucher beweisen. Die Beweislastumkehr kann durch Allgemeine Geschäftsbedingungen[1] nicht ausgeschlossen werden.

Ausschluss der Gewährleistungsrechte

§ 475 BGB Ein Ausschluss der Gewährleistungsrechte (z. B. über die Allgemeinen Geschäftsbedingungen) ist **rechtswirksam nicht möglich.**

Überblick: Mangelhafte Lieferung

Lieferung ist mit Mängeln behaftet

- Falsch-, Minderlieferung
- Qualitätsmangel
- Falsches Werbeversprechen
- Fehlerhafte Montageanleitung

Rechte des Käufers

Rechte ohne Fristsetzung

- Nacherfüllung
  - Mängelbeseitigung oder
  - Ersatzlieferung
- Schadensersatz neben der Leistung

Rechte nach Ablauf einer angemessenen Frist zur Mängelbeseitigung oder Ersatzlieferung

- Rücktritt vom Kaufvertrag
- Minderung
- Ersatz vergeblicher Aufwendungen

1 **Allgemeine Geschäftsbedingungen [AGB]** sind vorformulierte Vertragsbedingungen, die eine Vertragspartei (z. B. der Einzelhändler) der anderen Vertragspartei (z. B. dem Kunden) bei Abschluss eines Vertrags stellt. (Siehe S. 135 ff.)

Kompetenztraining

20 1. Nennen Sie die Mangelart, die in den folgenden Fällen vorliegt!

1.1 Bei der Warenkontrolle wurde festgestellt, dass anstatt T-Shirts aus Baumwolle solche aus Seide geliefert wurden.

1.2 Anstatt 10 iPads wurden nur 8 geliefert.

1.3 Bei der Montage von Regalen durch das Möbelhaus wurden die Regalflächen deutlich zerkratzt.

1.4 Die eingekauften Jeans wurden vom Hersteller als farbecht beworben. Beim ersten Waschen der Jeans werden Verfärbungen festgestellt.

2. Begründen Sie, warum der Käufer bei mangelhafter Lieferung nicht gleich vom Kaufvertrag zurücktreten oder Minderung des Kaufpreises verlangen kann, sondern stattdessen zunächst Nacherfüllung verlangen muss!

3. Beschreiben Sie, unter welchen wirtschaftlichen Voraussetzungen Sie Ersatzlieferung, Mängelbeseitigung verlangen oder vom Kaufvertrag zurücktreten würden!

4. Das Autohaus Peter Falke e.K. verkauft an den Privatmann Norbert Speidel einen fünf Jahre alten Kleinwagen. Zwei Wochen nach dem Kauf tritt erheblicher Ölverlust an der Servolenkung auf. Herr Speidel möchte die Reparaturkosten vom Autohaus ersetzt haben. Das Autohaus lehnt die Kostenübernahme mit der Begründung ab, der Ölverlust sei erst nach Abschluss des Kaufvertrags aufgetreten.

Aufgabe:

Wer hat die Beweislast für den aufgetretenen Mangel zu tragen? Begründen Sie Ihre Meinung mithilfe des Gesetzestextes!

5. Franz Kühnle hat am 8. April 20.. im Baumarkt Baumat KG einen neuen Rasenmäher gekauft. Am 22. Mai 20.. brach beim Rasenmähen der Gashebel ab. Nun verlangt er von der Baumat KG einen neuen Rasenmäher.

Aufgaben:

5.1 Erklären Sie, warum der Rasenmäher wegen des Abbrechens des Gashebels einen Sachmangel hat!

5.2 Wie kann und darf die Baumat KG auf die Forderung von Franz Kühnle nach einem neuen Rasenmäher reagieren? Begründen Sie Ihre Antwort!

5.3 Angenommen, die Baumat KG lehnt alle Gewährleistungsrechte von Franz Kühnle ab. Sie verweist auf ihre allgemeinen Geschäftsbedingungen, in der sich folgende Klausel befindet:

> „Unsere Produkte unterliegen einer strengen Qualitätskontrolle. Rechte wegen Mängeln an unseren Produkten können nur gegenüber den Herstellern geltend gemacht werden."

Erläutern Sie, ob die Baumat KG einen Anspruch von Franz Kühnle auf Nachlieferung und/oder Schadensersatz ablehnen darf! Lesen Sie hierzu § 309, Nr. 8b) aa BGB.

6. Am 21. April 20.. kauft sich der Auszubildende Jürgen Witt von seinem ersten selbst verdienten Geld bei der Möbel Kaiser OHG einen neuen Schreibtisch. Am 23. April 20.. wird der Schreibtisch ausgeliefert. Am Abend, als Jürgen von der Arbeit nach Hause kommt, stellt er verärgert fest, dass die Schreibtischplatte Kratzer aufweist und an einer Seite Leimdurchschläge vorhanden sind.

Aufgabe:

Erklären Sie, welche Rechte Jürgen gegen die Möbel Kaiser OHG geltend machen kann!

2.2.3 Zahlungsverzug (Nicht-Rechtzeitig-Zahlung)

Lernsituation 8:

Die 18-jährige Maja absolviert seit mehr als einem Monat eine Ausbildung zur Floristin. Für diese Ausbildung ist sie aus ihrer ländlichen Heimat im Schwarzwald nach Freiburg in ihre erste eigene Wohnung gezogen.

Damit sie sich in ihrem neuen Umfeld wohlfühlt, legt sie großen Wert auf eine hochwertige und moderne Ausstattung ihrer kleinen Mietwohnung. Zu diesem Zweck hat sie in den letzten Wochen mehrere Möbelhäuser in Freiburg aufgesucht, um sich nach einem für sie perfekten Sofa umzusehen. Schließlich wurde sie fündig und hat sich, trotz des hohen Kaufpreises von 1 785,00 EUR, für ein hochwertiges Echtleder-Sitzmöbel eines namhaften Herstellers entschieden. Vereinbart wurde eine Lieferung auf Rechnung, wobei Maja aushandeln konnte, dass für die Auslieferung keine zusätzlichen Kosten anfallen.

Vier Wochen nach der Bestellung wird das Sofa am 14. November 20.. ordnungsgemäß ausgeliefert und die Rechnung übergeben.

Designmöbel Wonnemann GmbH

Designmöbel Wonnemann GmbH · Schwarzwaldstr. 4 · 79098 Freiburg

Maja Gschwindner
Saulgauer Allee 15
79098 Freiburg

Bei Rückfragen bitte stets angeben:

Rechnungsnummer:	6559/16
Rechnungsdatum:	14.11.20..
Bestellnummer:	9287
Bestelldatum:	14.10.20..
Lieferscheinnummer:	2559/16
Telefon:	0761 47110

Rechnung

Wir berechnen für unsere Lieferung vom 14.11.20..

Artikel-Nr.	Menge	Bezeichnung	Einzelpreis EUR	Gesamtpreis EUR
17-04	1	Lounge Design „New York" Nappaleder, Farbe: Wüstensand	1 500,00	1 500,00
		+ 19 % USt		285,00
		Rechnungsbetrag		1 785,00

Zahlungsbedingungen: Der Rechnungsbetrag ist innerhalb von 10 Tagen ab Rechnungsdatum fällig.

Designmöbel Wonnemann GmbH
Schwarzwaldstr. 4, 79098 Freiburg
Registergericht Freiburg im Breisgau HRB 1502
USt-ID Nr. DE 79 653 658
Geschäftsführer: Heiner Wonnemann

Bankverbindungen:
Deutsche Bank Freiburg im Breisgau
IBAN: DE18680700300000123568, BIC: DEUTDE6FXXX
Sparkasse Freiburg – Nördlicher Breisgau
IBAN: DE18680501010002564789, BIC: FRSPDE66XXX

Die Finanzierung des Rechnungsbetrags hat Maja wie folgt geregelt: Von den Eltern erhält sie einen Zuschuss von 1500,00 EUR. Den Restbetrag will sie von ihrer Ausbildungsvergütung für den Monat Dezember bestreiten. Denn ihr Chef hatte bereits angekündigt, dass sie mit dieser Zahlung ein Weihnachtsentgelt in Höhe von 350,00 EUR zusätzlich erhält.

Nach Gutschrift der Ausbildungsvergütung inklusive Weihnachtsgeld überweist Maja am 19. Dezember 20.. den offenen Rechnungsbetrag an die Designmöbel Wonnemann GmbH. Am 22. Dezember 20.. kommt Maja gut gelaunt von der Arbeit in ihre Wohnung und freut sich schon auf einen entspannten Fernsehabend auf ihrem neuen Sofa. Vor Betreten der Wohnung leert sie noch schnell ihren Briefkasten und wundert sich über ein Schreiben von der Designmöbel Wonnemann GmbH.

Sofort öffnet sie den Brief und traut ihren Augen kaum. Die Designmöbel Wonnemann GmbH verlangt von ihr die Zahlung von 7,50 EUR. Bei diesem Betrag soll es sich gemäß dem Schreiben um Verzugszinsen handeln, die durch die verspätete Zahlung angefallen sind.

Völlig empört greift sie zum Smartphone und ruft ihre beste Freundin Charlotte an. Nach kurzer Schilderung des aus ihrer Sicht unverschämten Vorgangs führt Maja an, dass sie sich zwar mit der Zahlung etwas Zeit gelassen habe, aber deshalb von dem Möbelhaus keine Mahnung erhalten hätte. Allein schon deshalb sei die Rechnung eine absolute Unverschämtheit und für sie nicht akzeptabel.

Nachdem Charlotte sich die Sichtweise von Maja aufmerksam angehört hat, schlägt sie vor, dass Maja sich doch die Rechnung in Bezug auf die Zahlung noch einmal genau ansehen solle.

Kompetenzorientierte Arbeitsaufträge:

1. Erläutern Sie, was man unter Zahlungsverzug versteht!
2. Der Eintritt des Zahlungsverzugs ist auch davon abhängig, ob der Zahlungszeitpunkt nach dem Kalender genau bestimmt (oder berechenbar) ist oder nicht. Unterscheiden Sie diese beiden Fälle und geben Sie jeweils zwei konkrete Beispiele an!
3. Bei Vorliegen von Zahlungsverzug stehen dem Gläubiger unterschiedliche Rechte zu. Erstellen Sie eine Übersicht zu diesen Rechten!
4. Prüfen Sie, ob im oben angeführten Fall die Voraussetzungen für einen Zahlungsverzug vorliegen!
5. Begründen Sie, ob die Designmöbel Wonnemann GmbH zu Recht Verzugszinsen fordern darf!

2.2.3.1 Begriff Zahlungsverzug und Eintritt des Zahlungsverzugs

(1) Begriff Zahlungsverzug

Ein Schuldner gerät mit seiner geschuldeten Zahlung **in Verzug,** wenn er **trotz Mahnung** (sofern sie erforderlich ist) **nicht oder nicht rechtzeitig zahlt.**

(2) Eintritt des Zahlungsverzugs

§ 286 BGB

- **Zahlungszeitpunkt nach dem Kalender genau bestimmt oder berechenbar**

Ist der **Zahlungszeitpunkt** nach dem Kalender **genau bestimmt** oder lässt sich der Zahlungszeitpunkt **kalendermäßig genau berechnen,** so tritt der Zahlungsverzug **unmittelbar nach Überschreiten** des Zahlungstermins ein.

Ein **Zahlungstermin** ist nur dann **genau bestimmt,** wenn er **vertraglich vereinbart** ist.

Beispiele:

- Im Vertrag wird ein **kalendermäßig genau bestimmter Zahlungszeitpunkt** vereinbart:

  „Der Kaufpreis ist bis zum 15. Januar auf das vom Verkäufer genannte Konto zu überweisen." Der Käufer kommt mit Ablauf des 15. Januars in Verzug.

- Im Vertrag wird ein **kalendermäßig genau berechenbarer Zahlungszeitpunkt** vereinbart:

  *„Der Kaufpreis ist innerhalb von 10 Kalendertagen nach Rechnungs**datum** zu leisten."* Ist die Rechnung auf den 17. Juni datiert, ist der Käufer mit Ablauf des 27. Juni in Zahlungsverzug.

Zahlungszeitpunkt nicht genau bestimmt und nicht berechenbar

Ist der Zahlungszeitpunkt weder genau bestimmt noch kalendermäßig berechenbar, dann kommt der Käufer (Verbraucher) in Zahlungsverzug, wenn er auf eine vom Verkäufer **nach der Fälligkeit erfolgte Mahnung** nicht zahlt.

Beispiele:

- *„zahlbar 14 Tage nach Rechnungs**erhalt**"*
- *„zahlbar sofort"*
- *„zahlbar ab 20. April 20.."*

Beispiel:

Heinz Strom erhält am 2. August 20.. von der Tele GmbH eine Rechnung über die Lieferung eines Fernsehers. Erhält Heinz Strom am 17. August eine Mahnung der Tele GmbH wegen Nichtzahlung, dann ist er ab dem 17. August in Zahlungsverzug.

2.2.3.2 Rechte des Verkäufers

(1) Rechte ohne Nachfristsetzung

Auf Zahlung bestehen

Der Verkäufer besteht auf dem vereinbarten Kaufpreis. Zahlt der Käufer nach dem Zahlungstermin, stellt der Verkäufer keine weiteren Ansprüche.

Schadensersatz wegen Verzögerung der Zahlung

Der Verkäufer ist berechtigt, vom Käufer einen angemessenen Ersatz **aller** durch den
§ 249 I BGB
Zahlungsverzug bedingten Verzugsschäden zu verlangen. Der Verkäufer ist so zu stellen, wie er vermögensmäßig stehen würde, wenn der Käufer rechtzeitig gezahlt hätte.

Beispiele für Verzugsschäden:

- Gesetzliche Verzugszinsen beim Verbrauchsgüterkauf 5 % über dem Basiszinssatz.[1]
- Kosten der Inkassobüros,[2] Anwalts- und Gerichtskosten, Verwaltungskosten.

1 Der **Basiszinssatz** wird von der Europäischen Zentralbank bestimmt. Beispiel: Basiszinssatz 0,5 %, Verzugszinssatz 5,5 %.

2 **Inkasso:** Einzug von Geldforderungen.

(2) Rechte nach erfolgloser angemessener Fristsetzung zur Zahlung

Rechte des Gläubigers	Erläuterungen	Beispiele	
Rücktritt vom Verbrauchsgüterkaufvertrag	Der Verkäufer ist berechtigt, vom Verbrauchsgüterkaufvertrag zurückzutreten. Trotz des Rücktritts ist der Verkäufer berechtigt, zusätzlich noch Schadensersatz zu verlangen.	Ein Käufer zahlt nicht. Der Verkäufer tritt vom Verbrauchsgüterkaufvertrag zurück, wenn er diesem Käufer Waren geliefert hat, die er anderweitig zu einem höheren Preis verkaufen kann. Der Käufer wird jedoch z. B. mit Rücknahmekosten (z. B. Frachtkosten) und Verzugszinsen belastet.	**§§ 323, 325 BGB**
Schadensersatz statt der Leistung	Lehnt der Verkäufer die verspätete Zahlung ab und besteht auf Ersatz des entstandenen Schadens, so kann er nach Ablauf einer erfolglosen angemessenen Fristsetzung Schadensersatz statt der Leistung verlangen.	Ein Käufer zahlt nicht. Der Verkäufer nimmt die Ware zurück und verkauft sie anderweitig, jedoch zu einem niedrigeren Preis. Den Preisunterschied, die Rücknahmekosten und gegebenenfalls weitere entstandene Verzugskosten (z. B. Verzugszinsen) hat der Käufer zu tragen.	**§ 281 BGB**

Überblick: Zahlungsverzug

Gläubiger hat den Zahlungsbetrag nicht oder noch nicht rechtzeitig erhalten

↓

Eintritt des Zahlungsverzugs

Wenn ...

- Zahlungszeitpunkt **genau bestimmt**
- Zahlungszeitpunkt **nach dem Kalender berechenbar**
- Zahlungszeitpunkt **weder genau bestimmt noch** nach dem Kalender **berechenbar**

Dann ...

- Zahlungsverzug tritt ein mit Ablauf des bestimmten oder des berechenbaren Kalendertages
- Durch Nichtzahlung nach einer erfolgten Mahnung

↓

Rechte des Verkäufers (Gläubigers)

Rechte ohne Fristsetzung

- Bestehen auf Zahlung
- Schadensersatz wegen Verzögerung der Zahlung

Nach erfolgloser angemessener Fristsetzung zur Zahlung

- Rücktritt vom Kaufvertrag und/oder
- Anspruch auf Schadensersatz statt der Leistung

Kompetenztraining

21

1. Nennen Sie die Voraussetzungen für den Eintritt des Zahlungsverzugs!
2. Formulieren Sie Beispiele, die für den Eintritt des Zahlungsverzugs eine Mahnung erforderlich machen!
3. Erläutern Sie, unter welchen Bedingungen eine Mahnung entbehrlich ist!
4. Notieren Sie für die folgenden Fälle, wann das Entgelt von einem Verbraucher spätestens zu zahlen ist, wenn Zahlungsverzug vermieden werden soll!

Nr.	Vereinbarte Zahlungsbedingung
4.1	Zahlbar innerhalb von 10 Tagen ab Rechnungsdatum unter Abzug von 3% Skonto.[1] Ziel 30 Tage ab Rechnungsdatum.
4.2	Ziel 20 Tage ab Rechnungsdatum
4.3	Sofort
4.4	Keine Zahlungsbedingungen vereinbart
4.5	Zahlbar ab 20. April 20..
4.6	Zahlbar im Mai April 20..

5. Klären Sie die folgenden Rechtsfälle:

   Christian Feuchtbeiner erhält am 2. Juni 20.. von der Baufix KG eine Rechnung über 1420,00 EUR zuzüglich 19% USt. Als Zahlungsbedingung wurden vereinbart: Zahlung innerhalb von 10 Tagen ab Rechnungsdatum mit 2% Skonto oder 30 Tage netto Kasse. Rechnungsdatum ist der 1. Juni 20..

   Aufgaben:

   Begründen Sie, ob Christian Feuchtbeiner in Zahlungsverzug ist, wenn er

   5.1 den Rechnungsbetrag abzüglich 2% Skonto am 12. Juni 20.. überweist,

   5.2 den Rechnungsbetrag ohne Skonto am 15. Juli 20.. bezahlt hat!

6. Karl Schneider kauft sich einen Pkw vom Autohaus Gruber OHG. Er leistet eine Anzahlung, der Rest von 25000,00 EUR ist fällig und bereits angemahnt zum 10. November. Der Restbetrag trifft beim Autohaus jedoch erst am 10. Januar ein. Das Autohaus hat in der Zwischenzeit bei seiner Bank einen Kredit zu 9% Zins in Anspruch genommen.

   Aufgabe:

   Begründen Sie, ob das Autohaus die Erstattung der Zinsen verlangen kann!

7. Das Hotel Goldener Adler schickt am 20. Mai 20.. eine Rechnung über 3800,00 EUR zuzüglich 19% USt an Familie Welter wegen Durchführung einer Familienfeier. Rechnungsdatum ist der 22. Mai 20.. Als Zahlungsbedingung wurde vereinbart: *„Zahlung sofort ohne Abzug."*

   Aufgaben:

   7.1 Erläutern Sie, ob sich Familie Welter in Zahlungsverzug befindet, wenn beim Hotel am 10. Juni noch keine Zahlung eingegangen ist!

   7.2 Familie Welter erhält am 12. Juni eine Mahnung. Der Goldene Adler weist darauf hin, dass die Rechnung bis zum 20. Juni gezahlt sein muss. Begründen Sie, zu welchem Zeitpunkt Familie Welter in Verzug ist!

1 Unter **Skonto** (Mehrzahl: Skonti) versteht man einen Preisnachlass, der dafür gewährt wird, dass ein Schuldner frühzeitig zahlt.

2.3 Regelmäßige Verjährung darstellen

Fortsetzung der Lernsituation 8

Lernsituation 9:

Nachdem sich Maja auf den Rat von Charlotte hin die Rechnung noch einmal genauer angesehen hat, ist sie sich darüber im Klaren, dass sie die geforderten 7,50 EUR zeitnah an die Designmöbel Wonnemann GmbH überweisen sollte. Um sich bei Charlotte für den Hinweis zu bedanken, greift sie zum Smartphone. Sie schildert ihrer Freundin kurz den neuen Erkenntnisstand und teilt mit, dass ihr Ärger schon so gut wie verflogen sei.

Daraufhin erzählt ihr Charlotte, dass auch sie heute ziemlich unangenehme Post erhalten habe. Sie hätte sich Anfang letzten Jahres im Internet ein reduziertes Oberteil bestellt, dass ihr aber nach dem Auspacken nicht sonderlich gefallen habe. Das Kleidungsstück hätte sie anschließend im Kleiderschrank verstaut und sei deshalb ebenso in Vergessenheit geraten wie die Rechnung. Und nunmehr erhalte sie nach fast zwei Jahren erneut eine Rechnung in Höhe von 29,90 EUR. Natürlich habe sie das Kleidungsstück seinerzeit gekauft, doch sie kann nicht so recht daran glauben, dass man nach so langer Zeit noch den Kaufpreis verlangen könne. Nach ihrer Ansicht müsste das doch längst verjährt sein.

Kompetenzorientierte Arbeitsaufträge:

1. Erläutern Sie, was man unter Verjährung versteht und welche Folgen die Verjährung mit sich bringt!
2. Nennen Sie die Verjährungsfrist für Ansprüche aus Verbrauchsgüterkaufverträgen!
3. Prüfen Sie, ob der Rechnungsbetrag im vorliegenden Fall verjährt ist oder ob Charlotte den Betrag noch zahlen muss!
4. Angenommen, Charlotte hätte das Oberteil damals nach Erhalt gleich bezahlt, aber jetzt nach ca. 18 Monaten erstmals anprobiert. Dabei stellt sie fest, dass der Reißverschluss defekt ist.

   Prüfen Sie, ob dieser Sachmangel verjährt ist!

2.3.1 Begriff Verjährung

- Unter **Verjährung** versteht man den **Ablauf der Frist,** innerhalb der ein **Anspruch erfolgreich gerichtlich geltend gemacht werden kann.**
- Ein **Anspruch** ist das Recht, von einem anderen ein **Tun** oder ein **Unterlassen** zu verlangen.

Die Verjährung bedeutet nicht, dass der Anspruch nach vollendeter Verjährung erloschen ist. Dem Schuldner wird nach Ablauf der Verjährungsfrist gesetzlich lediglich das Recht eingeräumt, sich nach seinem freien Ermessen auf die vollendete Verjährung zu berufen **§ 214 BGB** und die Leistung zu verweigern. Er hat das Recht zur **„Einrede der Verjährung"**.[1] Erfüllt ein Schuldner also einen bereits verjährten Anspruch, kann er die Leistung nicht mehr erfolgreich zurückfordern.

Beispiel:

In Unkenntnis der bereits eingetretenen Verjährung des Zahlungsanspruchs seines Verkäufers zahlt der Käufer den Kaufpreis. Der Käufer kann die Zahlung nicht nach den Grundsätzen der ungerechtfertigten Bereicherung vom Verkäufer zurückfordern.

Zweck der **Verjährung** ist vor allem die **Rechts- und Beweissicherheit** des **Rechtsverkehrs** zu erhöhen.

2.3.2 Verjährungsfristen

Für die Verjährung gilt grundsätzlich die Regelfrist von 3 Jahren. Daneben gibt es noch eine Reihe von Sonderregelungen.

§ 195 BGB — § 199 BGB — § 438 I, Nr. 3 BGB

Art der Verjährung	Verjährungsfrist	Geltungsbereich	Fristbeginn
Regelmäßige	3 Jahre	▪ wiederkehrende Leistungen (Miete, Pacht, Zinsen) ▪ Rechtsgeschäfte zwischen Kaufleuten bzw. Privatleuten ▪ Forderungen aufgrund arglistig verschwiegener Mängel ▪ …	mit Schluss des Jahres, in dem der Anspruch entstanden ist
Besondere	2 Jahre	Sachmängelhaftung aus Kauf- und Werkverträgen	Ablieferung der Kaufsache bzw. Abnahme des Werkes

Überblick: Verjährung

Verjährung

Nach Ablauf der Verjährungsfrist kann ein Anspruch gerichtlich nicht mehr erfolgreich geltend gemacht werden.

Verjährungsfristen

- regelmäßige Verjährung: 3 Jahre
- Sachmängelhaftung: 2 Jahre

1 Der Richter muss die Verjährung von Amts wegen nicht berücksichtigen.

Kompetenztraining

22

1. Begründen Sie die Notwendigkeit (den Zweck) der Verjährung!
2. Erläutern Sie, warum die regelmäßige Verjährungsfrist erst mit Ablauf des Jahres, in dem eine Forderung fällig wurde, beginnt!
3. Die Biehler Baustoffhandel KG in Nagold lieferte Fred Manger eine Bohrmaschine mit Rechnung vom 20. April 17, Rechnungsbetrag 123,00 EUR.

   Aufgabe:

   Nennen Sie das Verjährungsdatum!
4. Franz Fritzmaier schuldet der Schlosserei Karl Klein einen Rechnungsbetrag über 1465,20 EUR. Rechnungsdatum ist der 4. April 20.. Die Rechnung ist Franz Fritzmaier am 6. April 20.. zugegangen.

   Aufgabe:

   Notieren Sie, von welchem Tag an sich Fritzmaier im Zahlungsverzug befindet, wenn die Vertragsparteien ein Zahlungsziel von 30 Tagen nach Rechnungsstellung vereinbart haben!
5. Recherchieren Sie die Dauer der Verjährungsfrist bei einem Verbrauchsgüterkauf von gebrauchten Sachen!

3 Möglichkeiten der Verbraucherberatung darstellen, das Fernabsatzrecht anwenden und die Bedeutung von Allgemeinen Geschäftsbedingungen anhand der gesetzlichen Regelungen erläutern

Lernsituation 10:

Die Auszubildenden Lotta, Moritz und Emma stehen gemeinsam auf dem Pausenhof der Berufsschule. Nachdem Lotta und Moritz ausführlich ihre Aktivitäten vom Wochenende geschildert haben, fällt ihnen auf, dass Emma heute ziemlich still wirkt. Schließlich fragt Lotta nach, was Emma so bedrückt.

Nach einigem Zögern schildert Emma, dass sie seit vielen Monaten eine sehr teure Lederjacke eines namhaften Markenherstellers im Internet im Blick hatte. Die ganze Zeit über hatte sie den Kaufpreis von ihrer Ausbildungsvergütung mühsam zusammengespart. Dann schließlich habe sie die Jacke letzte Woche bei dem Onlinehändler bestellt und das Paket pünktlich am Samstag erhalten.

Die Ernüchterung folgte aber unmittelbar nach dem Auspacken. Sie habe die Jacke sofort anprobiert, aber weder die Farbe noch der Schnitt würden ihr auch nur annähernd gefallen. Und nun sei sie um 500,00 EUR ärmer und um eine Jacke, die wahrscheinlich im Kleiderschrank ungetragen hängen bleibt, reicher. Na ja, das Schlimme sei nicht die Enttäuschung über die Jacke, sondern einfach darüber, dass so viel Geld futsch ist. Aber da sei sie ja letzten Endes selbst schuld, man sollte halt Kleidung nicht online bestellen, sondern im Laden kaufen. Da könne man die Sachen vor dem Kauf zumindest anprobieren und sich solche Enttäuschungen und somit eine Menge Geld sparen.

Nach den Ausführungen zu dem Grund ihrer gedrückten Stimmung äußert sich Moritz: *„Aber Emma, was redest du denn da? Das ist doch überhaupt kein Grund, Trübsal zu blasen.*

Du kannst doch die Jacke problemlos zurückgeben und bekommst dann auch dein Geld wieder."

Emma schaut Moritz vollkommen verärgert an und erwidert, dass er nicht so einen Unsinn erzählen soll. Schließlich hätte eine gute Freundin von ihr erst kürzlich in einem Laden eine Hose gekauft, ohne sie vorher anzuprobieren. Als sie dann zu Hause feststellte, dass die Hose ihre Figur eher unvorteilhaft betont, hätte sie vergebens in dem Laden versucht, von der Verkäuferin das Geld zurückzubekommen. Wie sollte sie selbst dann bitte schön ihr Geld wiederbekommen.

Moritz schüttelt den Kopf und antwortet: *„Mensch Emma, das mit deiner Freundin ist doch ein ganz anderer Fall. Bei deiner Lederjacke handelt es sich um einen sogenannten Fernabsatzvertrag und da gilt was vollkommen anderes. Um dich da genauer zu informieren, solltest du mal einen Termin mit der Verbraucherberatung unserer Stadt vereinbaren. Die können dir ganz bestimmt weiterhelfen."*

Emma schaut Moritz verdutzt an und erwidert: „Keine Ahnung, was du da meinst. Ich *verstehe hier nur Bahnhof."*

Kompetenzorientierte Arbeitsaufträge:

1. Erklären Sie, welches Ziel die Verbraucherberatung verfolgt! Gehen Sie dabei auch auf mögliche Themen dieser Beratung ein!
2. Erläutern Sie, was man unter einem Fernabsatzvertrag versteht!
3. Beschreiben Sie unter Berücksichtigung der folgenden Merkmale die Besonderheiten der Vertragsart „Fernabsatzvertrag":
   - Informationspflichten
   - Widerrufsrecht (inklusive drei Beispiele für Ausnahmen vom Widerrufsrecht)
   - Rückabwicklung nach Widerruf
   - Hin- und Rücksendekosten
4. Skizzieren Sie kurz die Vorgehensweise für Emma, um ihr Geld zurückzuerhalten!

3.1 Möglichkeiten der Verbraucherberatung darstellen

3.1.1 Verbraucherschutzorganisationen

3.1.1.1 Begriff Verbraucherschutz

Unter **Verbraucherschutz** versteht man die Gesamtheit aller Maßnahmen zum Schutz des Endverbrauchers vor einer Gefährdung seiner Sicherheit und Gesundheit sowie vor Täuschung und Benachteiligung durch die Anbieter (Verkäufer) von Waren und Dienstleistungen.

In einer sozialen Marktwirtschaft ist Verbraucherschutz deswegen erforderlich, weil

- Märkte u. a. nur dann funktionsfähig sind, wenn ein Mindestmaß an **Markttransparenz**[1] vorliegt (marktwirtschaftlicher Gesichtspunkt) und
- die Verbraucher gegenüber den Unternehmen naturgemäß in einer **schwächeren** Marktposition sind, sodass ihre Stellung gestärkt werden muss (sozialer Gesichtspunkt).

3.1.1.2 Private Verbraucherschutzorganisationen

Hierzu rechnen insbesondere die **Verbraucherzentralen.** Sie sind unabhängige, überwiegend öffentlich finanzierte, gemeinnützige Organisationen. Die Verbraucherzentralen beraten unter anderem in folgenden Bereichen:[2]

- Sie beraten rund um den **privaten Haushalt** – beispielsweise zu Kauf- und Dienstleistungsverträgen, falschen Versprechen aus Gewinnspielen, zur Berechtigung von Telekommunikations- und Energieabrechnungen, zu Versicherungen, zur richtigen Altersvorsorge und Krankenversicherung.
- Sie **informieren** Medien und Öffentlichkeit über **wichtige Verbraucherthemen.**

- Sie **verfolgen Rechtsverstöße** (etwa durch irreführende Werbung oder unzulässige Vertragsklauseln) durch **Abmahnungen und Klagen.** Die Verbraucherzentralen sind als einzige Organisationen in Deutschland **zur außergerichtlichen Rechtsberatung befugt.** Das heißt, sie dürfen im Rahmen ihres Aufgabengebietes neben Rechtsanwälten alle Bürgerinnen und Bürger außergerichtlich beraten und vertreten.

  Außerdem haben Verbraucherzentralen die sogenannte **Verbandsklagebefugnis.** Das heißt, sie dürfen Verstöße gegen die Allgemeinen Geschäftsbedingungen [AGB] und gegen das Gesetz gegen den unlauteren Wettbewerb [UWG] abmahnen. Sie können dagegen gerichtlich vorgehen.
- Sie führen verbraucherrelevante **Aktionen, Projekte** und **Ausstellungen** durch.
- Sie arbeiten mit **Schulen** und **Einrichtungen der Jugend- und Erwachsenenbildung** zusammen.

1 **Transparenz:** Durchsichtigkeit.

2 https://www.bundesregierung.de/Content/DE/StatistischeSeiten/Breg/...

Verbraucherzentralen gibt es in jedem Bundesland – mit insgesamt fast 200 Beratungsstellen. Neben den 16 Verbraucherzentralen in den Ländern sind noch 35 weitere verbraucherpolitisch orientierte Verbände als Mitglieder in der Dachorganisation **Verbraucherzentrale Bundesverband e. V. (vzbv)** zusammengeschlossen (www.vzbv.de).

Neben den Verbraucherzentralen gibt es noch eine Vielzahl weiterer privater Verbraucherschutzorganisationen, die sich teilweise auf spezielle Fachbereiche spezialisiert haben. Hierzu zählen z. B. der **Deutsche Mieterbund** (er berät und vertritt Mieter bei Rechtsfragen), der **Bund der Steuerzahler** (er kämpft gegen Verschwendung von Steuergeldern und für die Rechte der Steuerzahler), der **Deutsche Konsumentenbund** (Aufklärung und Beratung von Verbraucherinteressen), **Foodwatch** (Beratung auf dem Gebiet der Lebensmittelproduktion, des Handels mit und des Absatzes von Lebensmitteln).

3.1.2 Publikationen

Eine wichtige Informationsquelle für den Verbraucher sind die vergleichenden **Warentests durch Testinstitute.** Ziel dieser Tests ist es, dem Verbraucher Erkenntnisse zu vermitteln, die er für die Beurteilung von Qualität, Gebrauchseigenschaft und Preiswürdigkeit bestimmter Güter benötigt.

Eine besondere Bedeutung unter den Testinstituten kommt der **„Stiftung Warentest“** zu. Sie wurde 1964 von der Bundesregierung als privatrechtliche Stiftung gegründet und hat die Aufgabe, die Öffentlichkeit über objektiv feststellbare Merkmale des Nutz- und Gebrauchswerts von Waren und Dienstleistungen zu unterrichten. Die Testergebnisse werden in der Monatszeitschrift „test“, in test-Jahrbüchern, im test-Kompass und im Internet (www.test.de) veröffentlicht.

Quelle: www.test.de [12.09.2016]

Neben der Stiftung Warentest gibt es Ratgeber von anderen Verbraucherverbänden, z. B. Deutscher Mieterbund (www.mieterbund.de/shop/broschueren.html), Bund der Steuerzahler (www.steuerzahler.de/Broschueren/1590b602/), Foodwatch (www.foodwatch.org./de/presse/downloads/).

Verbraucherinformationen, aktuelle Urteile zum Kaufrecht, Mieterschutz, Produktsicherheit, Anleitungen zu verbraucherbewusstem Verhalten findet der Verbraucher in fast jeder **Tageszeitung** oder **Fachzeitschrift** sowie in **Hörfunk-** und **Fernsehsendungen.**

3.2 Fernabsatzrecht anwenden

3.2.1 Fernabsatzverträge

(1) Begriff Fernabsatzverträge

Fernabsatzverträge sind Verträge über die **Lieferung von Waren** oder über die **Erbringung von Dienstleistungen,** die zwischen einem **Unternehmer** und einem **Verbraucher** unter **ausschließlicher Verwendung von Fernkommunikationsmitteln** im Rahmen eines für den Fernabsatz organisierten **Vertriebs- oder Dienstleistungssystems** abgeschlossen werden.

§ 312 c BGB

Fernkommunikationsmittel sind z. B. Briefe, Kataloge, Telefonanrufe, Telefaxe, Internet-Homepages und E-Mails.[1] Der Fernabsatzvertrag knüpft allein an die **Art und Weise seines Abschlusses** und nicht an einem bestimmten Vertragsinhalt an. Damit gelten die Vorschriften des BGB zu Fernabsatzverträgen für althergebrachte Absatzwege wie den Katalogverkauf ebenso wie für das Telefonshopping und den Vertrieb über das Internet (E-Commerce).

Entscheidend für das Vorliegen eines Fernabsatzvertrages ist das Wort **„ausschließlich"**.

Beachte:

Die Vorschriften zu Fernabsatzverträgen gelten nicht, wenn der Vertragsabschluss nicht im Rahmen eines speziell für den Fernabsatz organisierten Vertriebs- oder Dienstleistungssystems erfolgt. Wird also nur **ausnahmsweise** eine Bestellung per Telefon angenommen und dann per Postversand abgewickelt, dann liegt **kein Fernabsatzvertrag** vor.

Ob ein Fernabsatzvertrag vorliegt, hängt somit von den **Bedingungen des einzelnen Falls** ab.

1 Bestimmte Verträge dürfen nicht in der Form eines Fernabsatzvertrages abgeschlossen werden (z. B. Fernunterricht, Veräußerung von Grundstücken, Verträge über Versicherungen und deren Vermittlung sowie Verträge über die Lieferung von Lebensmitteln, Getränken und sonstigen Haushaltsgegenständen des täglichen Bedarfs.

9 Speth u.a. - ISBN 978-3-8120-0691-0

(2) Internetauktionen

Internetauktionen fallen in der Regel unter die Gesetzgebung des Fernabsatzrechts. Das **Angebot in einer Onlineauktion** ist die rechtsverbindliche **erste Willenserklärung (der Antrag),** die **Abgabe des höchsten Kaufgebots** innerhalb des Auktionszeitraums die rechtsverbindliche **zweite Willenserklärung (Annahme).**

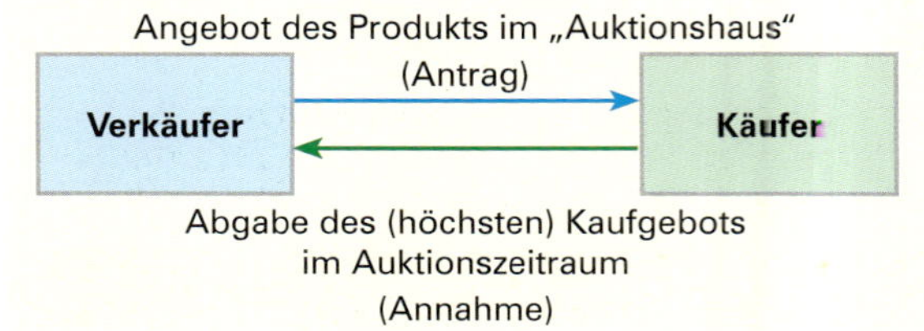

Da auf Online-Auktionsplattformen (z. B. eBay) im Prinzip jeder seine Waren anbieten kann, ist jeweils die Frage zu klären, ob der Verkäufer Unternehmer oder Verbraucher ist. Hier gilt: Wer **planmäßig** und **regelmäßig** Waren bei Auktionsplattformen anbietet, gilt als **Unternehmer.** Dies gilt auch dann, wenn der Verkäufer seine Waren nebenberuflich im Internet anbietet (sogenannte Powerseller). Ist der Verkäufer bei Internetauktionen Unternehmer und der Käufer Verbraucher, so liegt ein Verbrauchsgüterkauf vor.

Beispiel:

Eine Goldschmiedin, die in ihrer Freizeit Gegenstände, Tiere und Modeschmuck aus Draht herstellt und diese planmäßig und regelmäßig im Internet zum Kauf anbietet, gilt bei Onlineauktionen als Unternehmerin.

(3) Informationspflichten

Setzt ein Unternehmen Fernkommunikationsmittel zur Anbahnung oder zum Abschluss von Fernabsatzverträgen ein, dann muss es den Verbraucher rechtzeitig vor Abschluss **eines Fernabsatzvertrags** klar und verständlich aufklären über:

- die **Einzelheiten des Vertrags,** z. B. über die Anschrift des Unternehmens, wesentliche Merkmale der Ware oder Dienstleistung, den Gesamtpreis der Ware oder Dienstleistung einschließlich Liefer- und Versandkosten, Zahlungbedingungen, das Bestehen eines Widerrufsrechts,
- den **geschäftlichen Zweck des Vertrags.**

(4) Widerrufsrecht

§ 312g BGB Dem Verbraucher steht ein **14-tägiges Widerrufsrecht** zu. Die Widerrufsfrist beginnt mit dem **Erhalt der Ware.** Den Widerruf muss der Verbraucher gegenüber dem Unternehmer **ausdrücklich erklären.** Aus Gründen der Beweissicherheit sollte grundsätzlich per E-Mail, Fax oder auf dem Postweg und nicht am Telefon widerrufen werden. In der Praxis genügt es für einen wirksamen Widerruf, der Rücksendung ein Widerrufsschreiben oder -formular beizulegen.

(5) Rückabwicklung nach Widerruf

§ 357 BGB Bei Widerruf muss der Kaufvertrag binnen **14 Tagen rückabgewickelt** werden.

Das bedeutet, dass der **Käufer** die Ware **innerhalb von 14 Tagen zurücksenden** und der **Unternehmer** den **Kaufpreis in der gleichen Zeit zurückerstatten** muss. Allerdings darf der Händler die Rückerstattung des Kaufpreises solange **verweigern,** bis er die **Ware zurückerhalten** hat oder der Verbraucher **nachweist,** dass er die **Ware abgesandt** hat.

(6) Hin- und Rücksendekosten

Bis zur Höhe einer günstigen **Standardsendung** muss der **Unternehmer** dem Verbraucher die **Hinsendungskosten** bei einem Widerruf **erstatten.** § 357 II, VI BGB

Für die **Rücksendung** trägt **grundsätzlich der Verbraucher die Kosten,** vorausgesetzt, der Unternehmer hat ihn hierüber vorab **unterrichtet.** Für den Unternehmer besteht auch die Möglichkeit, die Kosten der Rücksendung freiwillig zu übernehmen.

Beachte:

- Kein **Widerrufsrecht** besteht bei bestimmten Fernabsatzverträgen, z. B. bei schnell verderblichen Waren, Sonderanfertigungen, Audio-/Videoaufzeichnungen und Software (sofern die gelieferten Datenträger vom Verbraucher entsiegelt wurden), Lieferung von Zeitungen, Zeitschriften und Illustrierten. § 312 g II BGB
- Von den **verbraucherschützenden Rechtsvorschriften** zu den Fernabsatzverträgen darf grundsätzlich **nicht zum Nachteil des Verbrauchers** oder Kunden abgewichen werden.

Beispiel einer Widerrufsbelehrung bei Fernabsatzverträgen:

Widerrufsrecht[1]

Sie haben das Recht, binnen vierzehn Tagen ohne Angabe von Gründen diesen Vertrag zu widerrufen. Die Widerrufsfrist beträgt vierzehn Tage ab dem Tag, an dem Sie oder ein von Ihnen benannter Dritter die Waren in Besitz genommen haben bzw. hat.

Um Ihr Widerrufsrecht auszuüben, müssen Sie uns (Mustermann GmbH, Musterstraße 1, 12345 Musterstadt, Tel.: 0123 12345; Fax: 0123 12345, E-Mail-Adresse: max@mustermann.de) mittels einer eindeutigen Erklärung (z. B. Brief, Telefax oder E-Mail) über Ihren Entschluss informieren, diesen Vertrag zu widerrufen. Nutzen Sie unser Muster-Widerrufsformular auf www.mustermannsshop.de, so werden wir Ihnen unverzüglich per E-Mail eine Bestätigung über den Eingang Ihres Widerrufs übermitteln.

Zur Wahrung der Widerrufsfrist reicht es aus, dass Sie die Mitteilung über die Ausübung des Widerrufsrechts vor Ablauf der Widerrufsfrist absenden.

Folgen des Widerrufs

Wenn Sie diesen Vertrag widerrufen, haben wir Ihnen alle Zahlungen, die wir von Ihnen erhalten haben, einschließlich der Lieferkosten der Standardlieferung, spätestens binnen vierzehn Tagen ab dem Tag zurückzuzahlen, an dem die Mitteilung über Ihren Widerruf dieses Vertrags bei uns eingegangen ist. Für diese Rückzahlung verwenden wir dasselbe Zahlungsmittel, das Sie eingesetzt haben, es sei denn, mit Ihnen wurde ausdrücklich etwas anderes vereinbart. In keinem Fall werden Ihnen wegen dieser Rückzahlung Entgelte berechnet.

Wir können die Rückzahlung verweigern, bis wir die Waren wieder zurückerhalten haben oder bis Sie den Nachweis erbracht haben, dass Sie die Waren zurückgesandt haben. Sie müssen die Waren unverzüglich und in jedem Fall spätestens binnen vierzehn Tagen ab dem Tag, an dem Sie uns über den Widerruf dieses Vertrags unterrichten, an uns zurücksenden oder übergeben. Die Frist ist gewahrt, wenn Sie die Waren vor Ablauf der Frist von vierzehn Tagen absenden.

Sie tragen die unmittelbaren Kosten der Rücksendung der Waren.

Für einen etwaigen Wertverlust der Waren müssen Sie nur aufkommen, wenn dieser Wertverlust auf einen zur Prüfung der Beschaffenheit, Eigenschaften und Funktionsweise der Waren nicht notwendigen Umgang zurückzuführen ist.

1 Vgl. www.haendlerbund.de; 17.09.2016.

3.2.2 Außerhalb von Geschäftsräumen geschlossene Verträge [AGV]

Außerhalb von Geschäftsräumen geschlossene Verträge sind Verträge,

- die an einem Ort geschlossen werden, der **kein Geschäftsraum des Unternehmens** ist.[1]
- die auf einer **Verkaufs- oder Werbefahrt** geschlossen werden, die der Unternehmer (mit-)organisiert hat.
- § 312b BGB — die zwar in den Räumen des Unternehmers geschlossen werden, jedoch zuvor **außerhalb** zwischen Unternehmer und Verbraucher **besprochen werden.**

Geschäfte bis 40,00 EUR, bei denen die **Leistung sofort erbracht** und **bezahlt** wird, fallen nicht unter den Begriff AGV.

Beachte:

Die Regelungen zum Widerruf und der Rückabwicklung von Verträgen sind gleichlautend für AGV und Fernabsatzverträge.

Quelle: http://www.bmjv.de/DE/Verbraucherportal/KonsumImAlltag/Widerrufsrecht/Widerrufsrecht_node.html [12.09.2016]

1 Mit diesem Begriff ist der bisherige Begriff des „Haustürgeschäfts“ zwar entfallen, umfasst aber diese Haustürsituationen.

Überblick: Verbraucherberatung und Fernabsatz

Verbraucherschutzorganisationen

Verbraucherberatung

- Kreditrecht, Schuldner- und Insolvenzverfahren
- Banken und Geldanlage
- Versicherungen
- Patientenrechte und Gesundheitsdienstleistungen
- Reiserecht
- Baufinanzierung
- Energie
- Ernährung
- Haushalt, Freizeit, Telekommunikation

Verbraucherschutz

- Verfolgen von Rechtsverstößen durch Abmahnungen und Klagen
- Verbandsklage gegen die Verletzung von Rechten der Allgemeinheit

Fernabsatzverträge

Verträge über die Lieferung von Waren und Erbringung von Dienstleistungen unter ausschließlicher Verwendung von Fernkommunikationsmitteln

↓

Briefe, Kataloge, Telefonanrufe, Telefaxe, E-Mails, Internet-Homepages

Informationspflicht des Unternehmers → Rücknahme der Ware

Widerrufsrecht des Verbrauchers → Rücksendung der Ware

Rückabwicklung des Kaufvertrags: Ware ← / → Erstattung des Kaufpreises

Kompetenztraining

23 1. Prüfen Sie, in welchen Fällen die Vorschriften des BGB über Fernabsatzverträge Anwendung finden:

1.1 Unternehmen kaufen Waren von anderen Unternehmen im Internet.

1.2 Ein Verbraucher schließt im Internet mit einer Versicherungsgesellschaft einen Kfz-Versicherungsvertrag für seinen neuen Pkw ab.

1.3 Klara Müller ruft bei ihrem Bäcker an und bestellt zur Lieferung frei Haus täglich 10 Brötchen. Da Frau Müller in der Nachbarschaft wohnt, ist der Bäcker ausnahmsweise dazu bereit.

1.4 Sie bestellen telefonisch bei einem Pizza-Service drei Pizzen zur Lieferung frei Haus.

1.5 Sie bestellen durch Fax beim Versandhaus Schön GmbH einen Bademantel nach den Katalogbedingungen.

1.6 Sie bestellen im Anschluss an eine Fernsehwerbung das dort angebotene Fahrrad durch Anruf bei der in der Sendung angegebenen Rufnummer.

2. Sie haben am 15. März d. J. bei der Internetfirma Computer-Versand GmbH nach deren Katalog ein Notebook zum Preis von 418,00 EUR bestellt. Die Lieferung erfolgt nach vier Werktagen. Nachdem Sie das Notebook am Empfangstag gestartet haben, um dessen Qualität zu prüfen, entschließen Sie sich, dieses unter Berufung auf das BGB wieder zurückzugeben. Am nächsten Tag senden Sie das Notebook per Post an den Versender zurück.

   Nach einer Woche erhalten Sie von der Computer-Versand GmbH einen Brief mit der Aufforderung, den Kaufpreis von 418,00 EUR und die bisher entstandenen Versandkosten in Höhe von 14,00 EUR innerhalb von 7 Tagen zu überweisen, da Ihre Rücksendung der Ware nicht berechtigt gewesen sei.

   Aufgaben:

   2.1 Prüfen Sie, ob Sie das Notebook abnehmen und die entstandenen Kosten zahlen müssen!

   2.2 Begründen Sie, ob sich die rechtliche Situation ändert, wenn Sie anstelle des Notebooks ein versiegeltes Softwareprogramm bei der Computer-Versand GmbH bestellt, getestet und zurückgegeben hätten!

3. Fritz Häring arbeitet hauptberuflich als Werkzeugmacher. In seiner Freizeit stellt er Mausefallen und Marderfallen her und bietet diese regelmäßig und ausschließlich auf einer Internetplattform an. Da die Schließautomatik nicht in jedem Fall einwandfrei funktioniert, steht in den Lieferbedingungen der Satz: „Die Lieferung erfolgt unter Ausschluss jeglicher Haftung."

   Aufgaben:

   3.1 Nehmen Sie Stellung zu dieser Lieferbedingung!

   3.2 Begründen Sie, ob sich die rechtliche Situation ändert, wenn Fritz Häring seine Mause- und Marderfallen nur gelegentlich und in großen Zeitabständen auf einer Internetplattform anbietet!

4. Die Rentnerin Klara Gut ließ sich an der Haustür von einem Zeitschriftenwerber dazu überreden, ein Jahresabonnement für die Zeitschrift „Die gute Hausfrau" zu unterschreiben.

   Schon am nächsten Tag kommen Klara Gut Bedenken. Erstens braucht Sie diese Zeitschrift gar nicht und zweitens ist ihr Haushaltsgeld ohnedies durch die kürzlich gestiegenen Gas-, Wasser-, Strom- und Heizungskosten knapp.

   Aufgabe:

   Prüfen Sie, ob Klara Gut noch aus dem Vertrag „herauskommt" oder ob der Satz „Vertrag ist Vertrag" gilt!

5. Oma O hat sich auf einer Kaffeefahrt von V eine Heizdecke „andrehen" lassen. Schon nach wenigen Tagen merkt sie, dass es sich um einen völligen Fehlkauf gehandelt hat und wirft die Decke weg. Als sie ihrem Enkel J, davon erzählt, weist dieser Oma O auf ihr Widerrufsrecht hin. Dabei stellen beide fest, dass V Oma O über ihr Widerrufsrecht nicht belehrt hatte. Oma O erklärt darauf umgehend den Widerruf und verlangt den Kaufpreis von 100,00 EUR zurück. V hält den Widerruf für unwirksam. Jedenfalls könnte Oma O den Kaufpreis nicht zurückverlangen, da er von ihr 100,00 EUR für die weggeworfene Decke (Wert: 50,00 EUR) verlangen könnte.

   Aufgabe:

   Stellen Sie die Rechtslage dar!

3.3 Bedeutung von Allgemeinen Geschäftsbedingungen anhand der gesetzlichen Regelungen erläutern

Fortsetzung der Lernsituation 10

Lernsituation 11:

Zwei Wochen nach dem Gespräch zwischen Moritz, Emma und Lotta treffen sich die drei Berufsschüler wieder auf dem Schulweg. Moritz fragt Emma, ob sie denn mittlerweile von ihrem Widerrufsrecht Gebrauch gemacht und den Kaufpreis für die Lederjacke zurückerhalten habe.

Emma wirkt ziemlich sauer und schildert Moritz, dass sie alles genauso gemacht habe, wie er ihr damals geraten habe. Am Wochenende habe sie dann jedoch ein Schreiben von dem **Onlinehändler** erhalten, der den **Widerruf** unter Hinweis auf seine Allgemeinen Geschäftsbedingungen ablehnte. Daraufhin habe sie sich in dem Mailverkehr mit dem Unternehmen diese Geschäftsbedingungen nochmals genauer angesehen und festgestellt, dass dort tatsächlich eine Klausel auftaucht, in der ausdrücklich vermerkt ist, dass der Käufer mit der Zahlung des Kaufpreises ausdrücklich auf sein gesetzliches Widerrufsrecht verzichtet.

Bevor Moritz darauf antworten kann, platzt **Lotta** dazwischen: *„Ich kann diesen Unsinn mit den Allgemeinen Geschäftsbedingungen nicht mehr hören. Vor vier Monaten habe ich mir in einem ortsansässigen Elektromarkt ein neues* ***Smartphone*** *und dazu passend ein mobiles Ladegerät bestellt, da beides nicht vorrätig war. Nach einer Woche haben die mich dann angerufen, dass die beiden Artikel eingetroffen sind. Also habe ich mich gleich auf den Weg gemacht, um die Sachen abzuholen. Als ich dann zur Kasse ging, musste ich* ***25,00 EUR mehr*** *für das Smartphone zahlen. Auf meine Nachfrage wurde mir von der Kassiererin mitgeteilt, dass dieses Modell in der Zwischenzeit teurer geworden ist und ich gemäß den Allgemeinen Geschäftsbedingungen eine solche Preiserhöhung zu zahlen hätte.*

Am Wochenende habe ich dann zum ersten Mal das ***mobile Ladegerät*** *ausprobiert und stellte fest, dass es nicht funktioniert. Also bin ich Samstag sofort zum Elektromarkt gefahren, um das Gerät umzutauschen. Das wurde jedoch abgelehnt, denn gemäß den Allgemeinen Geschäftsbedingungen sei der Umtausch eines defekten Geräts angeblich nur innerhalb von vier Wochen nach dem Kaufdatum möglich. Leider wäre diese Frist in meinem Fall seit zwei Wochen abgelaufen. Also, erzählt mir bloß nichts mehr über dieses Kleingedruckte. Und ändern lässt es sich dann auch nicht mehr. Oder doch?"*

Moritz schüttelt den Kopf und sagt: *„Ich glaube, hier läuft so Einiges schief bei euch. Denn wer sich so wie ihr nicht richtig auskennt oder informiert, dem kann man wohl fast alles unterjubeln."*

Kompetenzorientierte Arbeitsaufträge:

1. Erläutern Sie, was man unter Allgemeinen Geschäftsbedingungen versteht!
2. Stellen Sie dar, unter welchen Voraussetzungen Allgemeine Geschäftsbedingungen Vertragsbestandteil werden!
3. Erklären Sie, was man unter der Generalklausel versteht!
4. Beurteilen Sie die in der vorangestellten Situation aufgeführten Fälle auf der Basis der gesetzlichen Vorschriften bezüglich der AGBs!

3.3.1 Zielsetzungen, Begriff und Gültigkeit der allgemeinen Geschäftsbedingungen

(1) Zielsetzungen

Die Unternehmen sind bestrebt, durch **verbindliche allgemeine Geschäftsbedingungen** für sie günstigere vertragliche Vereinbarungen zu erzielen. Außerdem werden allgemeine Geschäftsbedingungen formuliert, um nicht immer wieder in jedem neuen Vertrag dieselben Dinge neu regeln zu müssen (z. B. Festlegung des Leistungsortes, der Zahlungsbedingungen).

(2) Begriff „Allgemeine Geschäftsbedingungen"

Allgemeine **G**eschäfts**b**edingungen **(AGB)** sind alle für eine Vielzahl von Verträgen **vorformulierte Vertragsbedingungen,** die **eine** Vertragspartei (z. B. der Verkäufer) der anderen Vertragspartei bei Abschluss eines Vertrags stellt. § 305 I BGB

(3) Gültigkeit der allgemeinen Geschäftsbedingungen

§ 305 II BGB Allgemeine Geschäftsbedingungen werden nur dann Vertragsbestandteil, wenn der Unternehmer beim Vertragsabschluss den Verbraucher **ausdrücklich** auf sie hinweist und der Verbraucher in zumutbarer Weise vom Inhalt der AGB Kenntnis nehmen kann und mit deren Geltung **einverstanden** ist.

3.3.2 Vorschriften zum Verbraucherschutz

Um einen Missbrauch durch allgemeine Geschäftsbedingungen zu verhindern und Verbraucher vor Benachteiligungen zu schützen, hat der Gesetzgeber Gesetzesvorschriften erlassen, die die allgemeinen Geschäftsbedingungen inhaltlich auf ihre Rechtsgültigkeit hin überprüfen. In einer **Generalklausel** schreibt das BGB vor, dass Bestimmungen **(Klauseln)** von allgemeinen Geschäftsbedingungen dann unwirksam sind, wenn sie dem Vertragspartner **unangemessen benachteiligen.** (§ 307 BGB)

Beispiele für verbotene Klauseln sind:

	Klausel	Erläuterungen	Beispiele
§ 305 c BGB	**Überraschungsklauseln**	Klauseln, mit denen der Käufer nicht zu rechnen braucht, sind unwirksam.	Bei einer Autowaschanlage wird die Haftung für Sachschäden auch bei leichter Fahrlässigkeit ausgeschlossen.
§ 438 I, Nr. 3 BGB	**Verkürzung gesetzlicher Fristen zur Sachmängelhaftung**	Die Verkürzung gesetzlicher Fristen zur Sachmängelhaftung beim Verbrauchsgüterkauf sind unwirksam.[1]	Die AGB eines Elektrogeschäftes legen fest, dass der Kunde im Fall einer zu Recht bestehenden Beanstandung lediglich innerhalb 3 Monaten ein Recht auf Beseitigung des Mangels hat.

1 Die Gewährleistungsrechte verjähren beim Verbrauchsgüterkauf innerhalb von zwei Jahren nach Übergabe der Kaufsache. Eine Verkürzung der Verjährungsfrist ist nicht zulässig.

Klausel	Erläuterungen	Beispiele	
Pauschalierung von Schadensersatzansprüchen	Das Festlegen einer Mindestsumme für jeden Schadensfall ist stets unwirksam, wenn dem anderen Vertragsteil z.B. nicht ausdrücklich der Nachweis gestattet wird, dass ein Schaden oder eine Wertminderung gar nicht oder nur in wesentlich niedrigerer Höhe eingetreten ist.	In den AGB einer Autovermietung steht: Bei jedem Unfall, bei dem ein Schaden an dem gemieteten Pkw entsteht, wird, ohne dass der Vermieter einen Nachweis zu führen hat, ein Mindestentgelt von 750,00 EUR fällig.	§ 309, Nr. 5 BGB
Kurzfristige Preiserhöhungen	Räumen die allgemeinen Geschäftsbedingungen die Möglichkeit ein, dass bei einer Warenlieferung innerhalb von 4 Monaten nach Abschluss des Kaufvertrags eine kurzfristige Preiserhöhung erlaubt ist, so ist diese für Verbraucher unwirksam.	In einem am 2. März abgeschlossenen Kaufvertrag über die Lieferung eines Pkw ist als Liefertermin der 15. Mai festgelegt. Eine in der Zwischenzeit eingetretene Preiserhöhung ist für den Käufer ohne Bedeutung.	§ 309, Nr. 1 BGB
Leistungsverweigerungsrecht	Ein Gewährleistungsausschluss bei neu hergestellten Waren und eine Einschränkung des Leistungsverweigerungsrechts sind unwirksam.	■ Die AGB eines Elektrofachgeschäfts legen fest, dass der Kunde im Fall einer zu Recht bestehenden Beanstandung lediglich ein Recht auf Beseitigung des Mangels haben soll. ■ Die AGB eines Baumarkts enthalten folgende Klausel: „Bei Ratenkäufen entbindet auch eine berechtigte Reklamation den Käufer nicht von seiner Verpflichtung zur pünktlichen Ratenzahlung.“	§ 309, Nr. 2, Nr. 8 BGB

Überblick: Allgemeine Geschäftsbedingungen

Allgemeine Geschäftsbedingungen

Sind vorformulierte Vertragsbedingungen, die der Verkäufer dem Käufer bei Abschluss eines Vertrags stellt.

Ziele

- Günstigere Vertragsvereinbarungen erzielen.
- Geschäftsbedingungen müssen nicht bei jedem Vertrag neu formuliert werden.

Gültigkeit

- Auf den Inhalt der AGB muss der Käufer ausdrücklich hingewiesen werden.
- Der Käufer muss zustimmen.

Verbote

- Bestimmungen der AGB sind immer dann unwirksam, wenn sie den Käufer unangemessen benachteiligen (Generalklausel).

Kompetenztraining

24

1. Erläutern Sie, welchen Zweck die Vorschriften des BGB zur Gestaltung rechtsgeschäftlicher Schuldverhältnisse durch allgemeine Geschäftsbedingungen [§§ 305–310 BGB] verfolgen!

2. Prüfen Sie, ob folgende Klauseln in allgemeinen Geschäftsbedingungen gegenüber Nichtkaufleuten rechtswirksam sind: Lesen Sie hierzu §§ 305 c, 308, 309, 438 BGB!

   2.1 Im Mietvertrag steht: „Die Zimmertemperatur muss im Winter nur 18 Grad betragen."

   2.2 „Die Gewährleistungszeit für neu hergestellte Sachen beträgt 6 Monate."

   2.3 „Wir sind jederzeit berechtigt, vom Kaufvertrag zurückzutreten."

   2.4 „Kleinere fabrikationstechnisch bedingte Farbabweichungen müssen wir uns vorbehalten."

   2.5 „Verlangt ein Käufer aufgrund berechtigter Reklamation Nacherfüllung, müssen wir eine Nutzungsgebühr in Höhe von 50 % des Barverkaufspreises verlangen."

   2.6 „Reparaturleistungen werden nur gegen Vorauskasse erbracht."

   2.7 „Die gelieferte Ware bleibt bis zur vollständigen Bezahlung des Kaufpreises Eigentum des Verkäufers."

   2.8 „Das Kopierpapier für das gelieferte Kopiergerät ist im ersten Jahr beim Lieferer zu kaufen."

   2.9 „Der Preis richtet sich nicht nach dem Bestell-, sondern nach dem Lieferdatum und zwar auch dann, wenn die Lieferung innerhalb von 4 Monaten erfolgt."

3. Nennen Sie die Voraussetzungen, unter welchen die AGB Vertragsbestandteil werden!

4. Notieren Sie, welchen Vorteil die Formulierung von allgemeinen Geschäftsbedingungen hat!

   4.1 Die AGB beschleunigen den Abschluss eines Vertrages.

   4.2 Die AGB führen dazu, dass der Käufer bessere Bedingungen erhält.

   4.3 Die AGB erleichtern Vertragsabschlüsse, weil sie die Grundlage für viele Verträge bilden.

   4.4 Die AGB erschweren häufig einen Vertragsabschluss.

   4.5 Die AGB werden vom Gesetzgeber festgelegt.

5. Ein Autohaus verweist den Käufer eines Neuwagens bei einem Motordefekt an den Autohersteller.

   Aufgabe:

   Beurteilen Sie diese AGB-Klausel rechtlich!

4 Konditionen von Girokonten vergleichen, Formen des Zahlungsverkehrs unterscheiden und unterschiedliche Anlageformen vergleichen

Lernsituation 12:

Der 18-jährige Linus beginnt in einigen Tagen seine Ausbildung zum Elektroniker bei der Häberle Gebäudetechnik GmbH in Konstanz. Die Personalabteilung des Ausbildungsbetriebes hat ihn vor einigen Tagen um Mitteilung gebeten, auf welches Girokonto die Ausbildungsvergütung überwiesen werden soll. Vor diesem Hintergrund hat Linus einen Termin mit der Jugendgiroberatung bei der Volksbank Konstanz vereinbart.

Nach einem kurzen einleitenden Gespräch fragt ihn die Beraterin nach seinen bisherigen Zahlungsgewohnheiten und welche Zahlungen Linus künftig monatlich abwickelt. Linus führt aus, dass er bisher bei seinen Eltern gewohnt hat und diese weitestgehend für ihn alles bezahlt haben. Ansonsten hätte er die Geschäfte des täglichen Lebens bisher mit Bargeld beglichen.

Dies alles werde sich aber in Zukunft ändern. So hat Linus zur Vermeidung der langen Anfahrt zum Ausbildungsbetrieb ab kommenden Monat eine Einzimmerwohnung in Konstanz angemietet. Hierfür muss er nicht nur 380,00 EUR Miete monatlich zahlen, auch der örtliche Stromversorger verlangt einen monatlichen Abschlag in Höhe von 40,00 EUR.

Außerdem habe er einen Handyvertrag über 19,90 EUR monatlich, für den er ab nächsten Monat selbst aufkommen muss. Da er den Tarif aber häufiger wechseln würde, könnten sich diese Zahlungen immer wieder mal kurzfristig ändern.

Um noch mehr über die Zahlungsgewohnheiten zu erfahren, fragt ihn die Beraterin nach weiteren Zahlungsverpflichtungen bzw. Hobbys. Linus erläutert der Beraterin, dass er neben den aufgeführten Zahlungen keine weiteren festen Verpflichtungen habe. Seine Kleidung kauft er entweder in ortsansässigen Läden oder im Internet gegen Rechnung. Bezüglich der Hobbys weist Linus darauf hin, dass er begeisterter Snowboardfahrer ist und neben einem längeren Urlaub auch gerne einige Wochenenden auf den Skipisten unterwegs ist. Dabei verbringt er diese Zeit zumeist nicht in Deutschland, sondern eher in Österreich, der Schweiz oder gar in Frankreich.

Nachdem die Beraterin aufmerksam zugehört und sich einige Notizen zu den Ausführungen von Linus gemacht hat, fragt sie ihn nach seinen bisherigen Konten und seinen Erfahrungen mit Bankdienstleistungen. Linus denkt kurz nach und verweist darauf, dass er bisher lediglich über ein Sparkonto verfügt und darüber hinaus keinerlei Einblick oder Erfahrungen mit Bankgeschäften hat.

Die Beraterin hat sich nunmehr einen Überblick über die Erfahrungen von Linus mit Bankgeschäften und dessen Zahlungsgewohnheiten verschafft. Sie schlägt ihm die Eröffnung eines Girokontos mit Onlinebanking, die Beantragung einer Girocard sowie einer Kreditkarte vor. Weiterhin möchte sie ihm die SEPA-Überweisung, den SEPA-Dauerauftrag und das SEPA-Lastschriftverfahren näherbringen. Zu guter Letzt führt sie an, dass sie mit ihm noch über Fondssparen sprechen möchte, um sicherzustellen, dass er da kein Geld verschenkt. Schließlich fragt die Beraterin nach, ob das so für ihn in Ordnung sei.

Linus sieht die Beraterin mit großen Augen an und nickt nur verständnislos mit dem Kopf.

Kompetenzorientierte Arbeitsaufträge:

1. Erläutern Sie die Notwendigkeit eines Girokontos aus der Sicht von Linus!
2. Recherchieren Sie im Internet, welche Konditionen (Gebühren) für Girokonten von Auszubildenden in ihrer Umgebung gelten!
3. Erläutern Sie die folgenden gängigen Formen des Zahlungsverkehrs und führen Sie jeweils ein Beispiel an!

   - Barzahlung
   - Überweisung
   - Girocard-Zahlung
   - Kreditkartenzahlung

4. Arbeiten Sie die im Text genannten Zahlungsverpflichtungen von Linus heraus und treffen Sie für jede dieser Verpflichtungen eine begründete Entscheidung für die geeignete Zahlungsform! Stellen Sie Ihr Ergebnis in einer tabellarischen Übersicht dar!
5. Die Beraterin sprach davon, dass Linus in Bezug auf Fondssparen möglicherweise Geld verschenkt. Recherchieren Sie, inwiefern Ihr Ausbildungsbetrieb und der Staat das Fondssparen fördern!

4.1 Konditionen von Girokonten vergleichen

4.1.1 Begriff Girokonto

Voraussetzung für die Teilnahme am bargeldlosen Zahlungsverkehr ist die Eröffnung eines Kontos bei einer Bank. Hauptaufgabe dieser Konten – man nennt sie **Girokonten** – ist es, Geldzahlungen abzuwickeln.

Den Geld-und Kreditbetrag, der sich auf dem Konto befindet, bezeichnet man als **Buchgeld (Giralgeld).** Es entsteht durch Bareinzahlung der Kunden auf Girokonten, durch Zahlungseingänge und durch Kreditgewährung der Kreditinstitute. Vernichtet wird es durch Barabhebung, durch Zahlungsausgänge und Kredittilgung durch die Bankkunden.

Auf dem **Girokonto** der Banken werden die Forderungen und Verbindlichkeiten der Banken gegenüber dem Kunden einander gegenübergestellt.

- **Forderungen der Bank** (Schulden des Kunden) werden im **Soll,**
- **Verbindlichkeiten der Bank** (Guthaben des Kunden) werden im **Haben** gebucht.[1]

Der Kontoinhaber kann über die auf dem Girokonto gebuchten Gelder bzw. über einen eingeräumten Kredit täglich und uneingeschränkt verfügen.

Soll — Aufbau des Girokontos — Haben

Soll	Haben
Forderungen der Bank (Verbindlichkeiten des Kontoinhabers)	Verbindlichkeiten der Bank (Guthaben des Kontoinhabers)

Mit der Eröffnung eines Kontos wird ein **Kontovertrag** abgeschlossen, der die rechtlichen Pflichten und Ansprüche (Rechte) für die Bank und ihre Kunden regelt.

1 Auf dem Kontoauszug weist die Bank statt des Begriffs „Soll" häufig nur ein Minuszeichen und statt des Begriffs „Haben" ein Pluszeichen aus.

4.1.2 Kriterien zum Leistungsvergleich zwischen den Banken

Bevor sich der Antragsteller zur Eröffnung eines Kontos entscheidet, gilt es, einen Leistungsvergleich zwischen den infrage kommenden Banken vorzunehmen. Hierzu sollten insbesondere folgende Kriterien herangezogen werden:

- **Wie hoch sind die anfallenden Kosten?**
  Die Höhe der anfallenden Entgelte für Bankleistungen unterscheiden sich bei den einzelnen Banken teilweise sehr stark, sodass es sich sehr wohl lohnen kann, vor der Eröffnung eines Kontos einen Kostenvergleich anzustellen.
- **Welchen Kreditspielraum gewährt die Bank dem Inhaber eines Girokontos?**
  Die Höhe des Kreditspielraums muss in jedem Einzelfall mit der Bank vereinbart werden. Bei Gehaltskonten gewähren die Banken in der Regel einen Kreditspielraum in Höhe von 2 bis 3 Monatsgehältern, ohne dass Kreditsicherheiten gestellt werden müssen.
- **Welchen Service bietet die Bank?**

  Beispiele:

  Werden alle modernen Zahlungssysteme angeboten (z.B. Onlinebanking, Zahlungen mit der Girocard, Geldautomaten, Kontoauszugsdrucker, Kreditkartenzahlung)? Stehen kompetente Kundenberater zur Verfügung (z.B. für Wertpapiergeschäfte, Vermögensanlage, Immobilien, Versicherungen, Bausparkasse)? Wird eine Kreditfinanzierung aus einer Hand angeboten?

- **Wie dicht ist das Filialnetz am Ort, in der Region und überregional?**

4.2 Formen des Zahlungsverkehrs unterscheiden

4.2.1 Barzahlung

Bei der **Barzahlung** erfolgen die Zahlungen durch Hingabe und Annahme von **Banknoten** und **Münzen.**

Banknoten	Das alleinige Recht zur Ausgabe von Banknoten besitzt die Europäische Zentralbank in Frankfurt **(Notenprivileg).** Die Banknoten sind die gesetzlichen Zahlungsmittel der Bundesrepublik Deutschland. Für sie besteht Annahmezwang, d.h., ein Gläubiger muss sie grundsätzlich in unbegrenzter Höhe entgegennehmen.
Münzen	Die in der Bundesrepublik Deutschland umlaufenden Euro-Münzen sind durchweg **Scheidemünzen,** weil ihr Materialwert niedriger als ihr Nennwert ist. Eurocent-Münzen müssen bis zu fünfzig Münzen im Gesamtbetrag von höchstens 100,00 EUR in Zahlung genommen werden.

Wichtige Beweismittel für den Kunden, dass er die gekaufte Ware im Ladengeschäft bar bezahlt hat, sind die **Quittung** und der **Kassenbon.**

Beispiel: Quittung

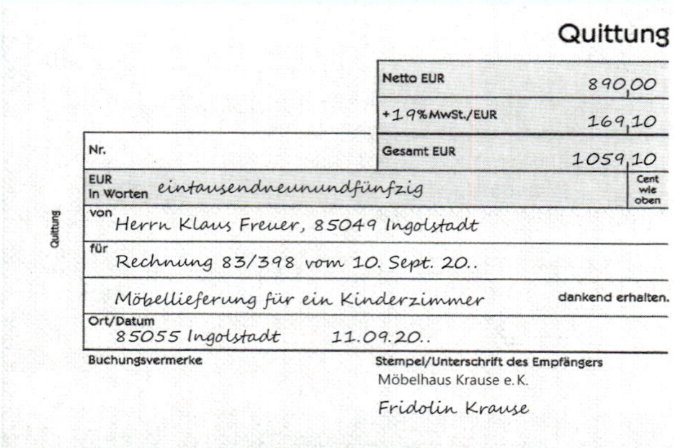

Quittung

Netto EUR 890,00
+19 % MwSt./EUR 169,10
Nr. | Gesamt EUR 1059,10
EUR in Worten eintausendneunundfünfzig | Cent wie oben
von Herrn Klaus Freuer, 85049 Ingolstadt
für Rechnung 83/398 vom 10. Sept. 20..
Möbellieferung für ein Kinderzimmer — dankend erhalten.
Ort/Datum 85055 Ingolstadt 11.09.20..
Buchungsvermerke | Stempel/Unterschrift des Empfängers
Möbelhaus Krause e. K.
Fridolin Krause

Beispiel: Kassenbon

****
QUITTUNG
****
SKY-Markt 757
Prima Tiefpreise
Gelb spart Geld
... schon ueber 1000 Artikel
zum Discountpreis!
Steuernummer 19 292 000 83
EUR
DORATI FLUTES KAESE 0,99 E
WOLF GOLDFI.SESAM 0,89 E
OBST-GEMUESE 0,99 E
Summe 2,87
Gesamt 2,87
Euro 20 20,00
Rueckgeld 17,13
Gekaufte Artikel: 3
MwSt-SatzBetrag ---- MwSt EUR
E 7% 2,68 0,19
88239 Wangen
Karl-Hirnbein-Str. 1
Tel.: 07522/20922
Vielen Dank fuer Ihren Einkauf!
MK:0757 KS:4 KA:COIV TA:44891
18:58 16/04/20..

4.2.2 SEPA-Zahlungen

(1) SEPA-Überweisungen

Bei einer **Überweisung** wird ein Geldbetrag vom Girokonto des Zahlers auf ein Konto (z. B. Girokonto, Sparkonto) des Zahlungsempfängers umgebucht.

SEPA-Überweisungen[1] können im Inland und in 32 Nationen des einheitlichen Euro-Zahlungsverkehrsraums, kurz SEPA[2], durchgeführt werden.

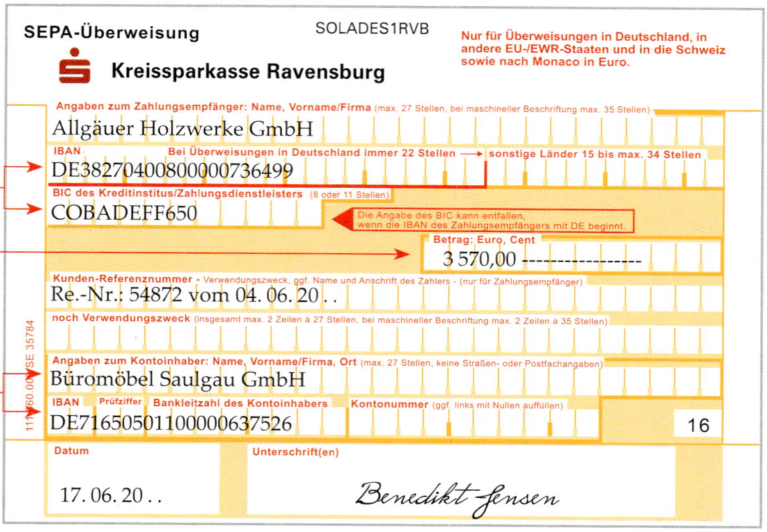

SEPA-Überweisung SOLADES1RVB
Kreissparkasse Ravensburg
Nur für Überweisungen in Deutschland, in andere EU-/EWR-Staaten und in die Schweiz sowie nach Monaco in Euro.
Angaben zum Zahlungsempfänger: Name, Vorname/Firma (max. 27 Stellen, bei maschineller Beschriftung max. 35 Stellen)
Allgäuer Holzwerke GmbH
① IBAN — Bei Überweisungen in Deutschland immer 22 Stellen → sonstige Länder 15 bis max. 34 Stellen
DE38270400800000736499
BIC des Kreditinstituts/Zahlungsdienstleisters (8 oder 11 Stellen)
COBADEFF650
Die Angabe des BIC kann entfallen, wenn die IBAN des Zahlungsempfängers mit DE beginnt.
② Betrag: Euro, Cent
3 570,00
Kunden-Referenznummer - Verwendungszweck, ggf. Name und Anschrift des Zahlers - (nur für Zahlungsempfänger)
Re.-Nr.: 54872 vom 04. 06. 20. .
noch Verwendungszweck (insgesamt max. 2 Zeilen à 27 Stellen, bei maschineller Beschriftung max. 2 Zeilen à 35 Stellen)
③ Angaben zum Kontoinhaber: Name, Vorname/Firma, Ort (max. 27 Stellen, keine Straßen- oder Postfachangaben)
Büromöbel Saulgau GmbH
IBAN | Prüfziffer | Bankleitzahl des Kontoinhabers | Kontonummer (ggf. links mit Nullen auffüllen)
DE71650501100000637526 16
Datum 17. 06. 20. . | Unterschrift(en) Benedikt Jensen
111 760.00 SE 35784

Erläuterungen zum Überweisungsbeleg:

① Zur eindeutigen Identifikation des Zahlungsempfängers muss bei der SEPA-Überweisung die IBAN und außerhalb des SEPA-Raums der BIC angegeben werden. IBAN/BIC sind Leitwegkriterien.

② Die SEPA-Überweisung kann nur für Euro-Zahlungen genutzt werden.

③ Angaben zum Kontoinhaber und dessen IBAN.

1 Für Zahlungen in anderen europäischen Währungen (z. B. Britische Pfund oder dänische Kronen) müssen besondere Formulare (z. B. Auslandsüberweisungen) verwendet werden. Außerdem gelten andere Abwicklungskonditionen (z. B. Entgelte, Ausführungsfristen).

2 **SEPA**: Single Euro Payments Area.

(2) SEPA-Dauerauftrag

Der SEPA-Dauerauftrag ist ein Sonderfall der SEPA-Überweisung. Hier erteilt

- der **Zahlungspflichtige seiner Bank** einen
- **einmaligen Auftrag,**
- **bis auf Widerruf**
- **von seinem Konto**
- **einen feststehenden Betrag**
- **zu bestimmten Terminen** (z. B. jeweils zum 1. eines Monats)
- auf das angegebene **Konto des Zahlungsempfängers**

zu überweisen.

Beispiel:

Die Zimmerei Wölfe & Sohn, Riedstr. 15, 78467 Konstanz, lässt die Miete für ihre Werkstatt jeweils zum 5. eines Monats vom Geschäftskonto abbuchen und auf das Konto des Vermieters überweisen.

(3) SEPA-Lastschriftverfahren

Der **Zahlungspflichtige** (z. B. Käufer) erteilt mit einem **Lastschriftmandat** dem Zahlungsempfänger (z. B. Verkäufer) die Ermächtigung, den vereinbarten **Betrag am Fälligkeitstag** von **seinem Konto** einzuziehen.

Das Lastschriftverfahren ist geeignet, wenn Beträge abgebucht werden sollen, die im Zeitablauf in **wechselnder Höhe** und/oder zu **unregelmäßigen Zeitpunkten** anfallen.

Beispiele:

Stromrechnung, Handyvertrag, Telefonrechnung, Versicherungsbeiträge

Der Zahlungspflichtige hat einen **Erstattungsanspruch** innerhalb von **8 Wochen** nach der Belastung. Innerhalb dieser Zeit kann er ohne Angabe von Gründen das Geld auf sein Konto zurückbuchen lassen.

4.2.3 Zahlungen mit der Girocard

4.2.3.1 Begriff Girocard und Girocard-Zahlung

(1) Begriff Girocard

Girocards werden von Banken ausgegeben. Sie sind mit einer Geheimzahl **(Personal Identification Number: PIN)** ausgestattet. Jeder Karte ist ein **Girokonto zugeordnet,** das bei einer Zahlung sofort belastet wird.

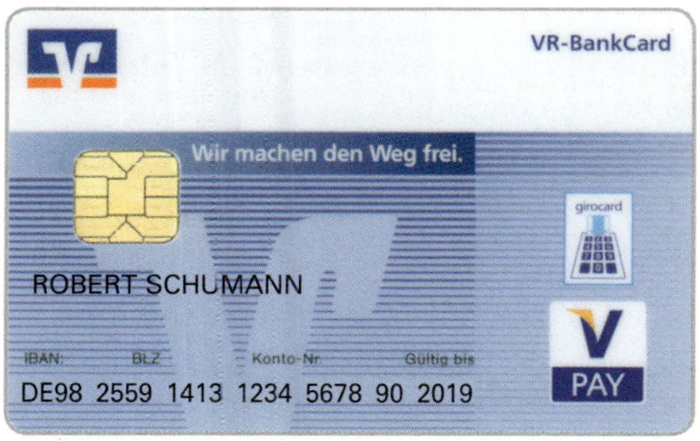

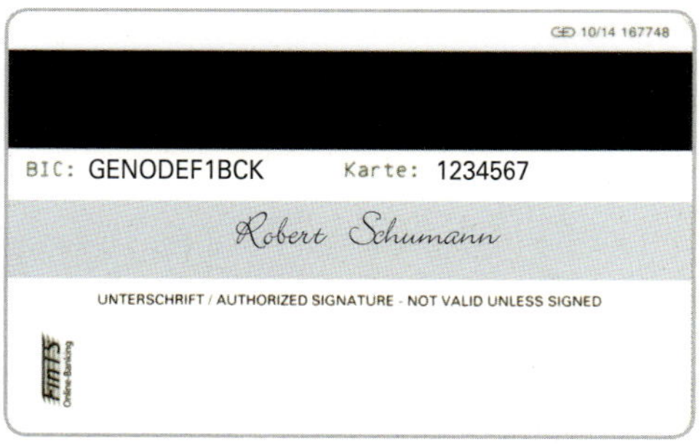

(2) Girocard-Zahlung

Girocard-Zahlung ist eine bargeld- und beleglose Zahlungsart, bei der die Zahlung an einer automatisierten Ladenkasse unter Verwendung einer Girocard direkt am Verkaufsort **(Point of Sale: POS)**[1] vorgenommen wird.

Die elektronischen Zahlungen mithilfe der maschinell lesbaren Karten sind möglich, weil die Einzelhandelsgeschäfte, Kaufhäuser und Tankstellen in Verbindung mit den Banken elektronische Kassen (Girocard-Terminals) eingerichtet haben. Werden die Karten bei der Zahlung vertragsgemäß verwendet, garantieren die Banken die Einlösung der Kartenzahlung.

4.2.3.2 Electronic Cash

(1) Girocard-Zahlung online

Ist die Kaufsumme vom Verkäufer in die Kasse eingegeben und vom Kunden kontrolliert, gibt der Kunde seine Girocard und die Geheimnummer (PIN) in einen Kartenleser ein, der mit dem Rechenzentrum des betreffenden Netzbetreibers verbunden ist. Das Rechenzentrum überprüft bei der Bank, die die Karte ausgestellt hat, in Sekundenschnelle die Geheimnummer, die Echtheit der Karte, eine mögliche Sperre sowie das Guthaben bzw. das Kreditlimit **(Autorisierungsprüfung).**[2] Wird die Zahlung genehmigt (autorisiert), erhält der Kunde den quittierten Kassenbeleg ausgehändigt. Die Summe wird zunächst im Kassenterminal gespeichert und in der Regel täglich an die Bank weitergeleitet.

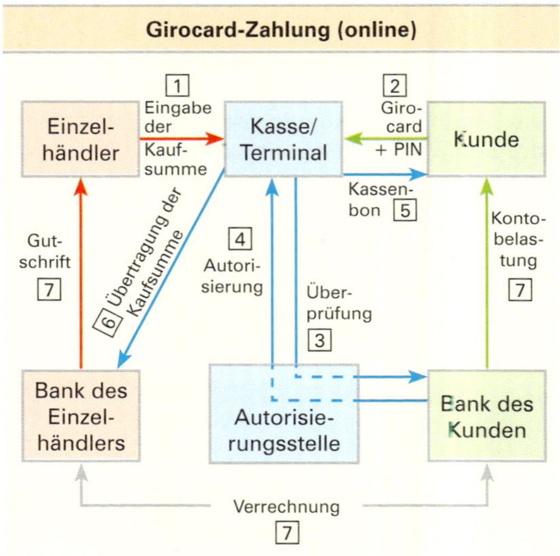

Der Verkäufer erhält automatisch von seiner Bank die Gutschrift (abzüglich Gebühren). Dem Käufer wird der Rechnungsbetrag auf dem Konto belastet.

1 **Point of Sale (POS)**: „Punkt des Verkaufs"; Verkaufsort.

2 **Autorisieren**: ermächtigen.

(2) Kontaktlose Zahlung mit der Girocard

Mit der Funktion girogo können Kleinbeträge bis 20,00 EUR kontaktlos beglichen werden. Die Bankkarte muss nur an das Bezahlterminal gehalten werden. Das herkömmliche Stecken der Karte entfällt.

(3) Internationale Zahlung mit der Girocard

Symbole wie **V-PAY** und **MAESTRO** zeigen an, dass mit der entsprechenden Girocard europa- bzw. weltweit bezahlt werden kann. Gleiches gilt für die Möglichkeit, das internationale Geldautomatennetz zu nutzen.

Karten mit dem **EUFISERV**-Logo funktionieren auch im europäischen Ausland an zahlreichen Händlerkassen und Geldautomaten unter Eingabe der PIN.

4.2.3.3 Elektronisches Lastschriftverfahren (ELV)

Beim elektronischen Lastschriftverfahren (ELV) wird die PAN (**Primary Account Number,** vergleichbar der IBAN) vom Terminal aus der Girocard gelesen. Es wird ein Lastschriftbeleg erstellt. Durch seine Unterschrift erteilt der Kunde dem Händler eine einmalige Einzugsermächtigung. Der Händler zieht die Lastschrift über seine Hausbank vom Konto des Kunden ein.

4.2.3.4 Nutzung der Girocard als Geldkarte

Der Karteninhaber lädt den in der Girocard integrierten Chip an einem Geldautomaten oder einem speziellen Ladeterminal in der Bank bis zu einem Betrag von 200,00 EUR zulasten seines Kontos auf. Die Eingabe seiner PIN ist hierbei erforderlich. Damit verfügt der Kunde über eine „elektronische Geldbörse".

Beim Händler erfolgt die Legitimation allein über den Besitz der Karte. Zur Bezahlung sind weder PIN noch Unterschrift erforderlich. Der Rechnungsbetrag wird nicht dem Konto belastet, sondern vom Chip abgebucht.

Bei Kassenabschluss werden die gespeicherten Umsätze online an die Hausbank übertragen. Diese veranlasst, dass das Karten ausgebende Institut an den Händler zahlt (Einzug per Lastschrift). Die Zahlung ist für den Händler garantiert.

Geht die Geldkarte verloren oder wird sie gestohlen, kann der Finder oder Dieb über das gespeicherte Guthaben verfügen, da keinerlei Legitimationsprüfung durch PIN-Eingabe oder Unterschrift durchgeführt wird. Auch eine Sperrung der Karte schützt das Geldkarten-Guthaben nicht, da diese Funktion der Girocard nicht gesperrt werden kann. Insofern wird ein Karteninhaber so gestellt, als hätte er Bargeld verloren bzw. es wäre ihm gestohlen worden.

10 Speth u.a. - ISBN 978-3-8120-0691-0

4.2.4 Kreditkarte

Die Kreditkarte ist ein Ausweis, der dem Verkäufer den Zahlungseingang garantiert.

Legt der Inhaber die Kreditkarte vor, erhält er Waren oder Dienstleistungen, ohne dass sein Konto sofort belastet wird. Am Terminal wird die entsprechende PAN (Primary Account Number, wiederum vergleichbar mit der IBAN) ausgelesen und ein Kassenbeleg erstellt. Die Abrechnung auf dem Girokonto des Käufers erfolgt nachträglich, in der Regel einmal monatlich.

Wird eine Karte gestohlen, haftet der Karteninhaber bis zur Sperrung bis maximal 50,00 EUR. Danach ist er von der Haftung befreit.

4.2.5 Onlinebanking

Beim Onlinebanking erhält der Kunde Zugang zum Rechner der Bank über deren Internetseite. Damit kann eine Vielzahl von Bankgeschäften frei von den Öffnungszeiten der Bank oder Sparkasse vom Wohnsitz des Kunden aus erledigt werden, z. B.

- Überweisungsaufträge erteilen,
- Überblick über die Kontostände gewinnen,
- künftige Zahlungsverpflichtungen im Auge haben (Daueraufträge, Terminüberweisungen),
- Wertpapierkäufe und -verkäufe durchführen,
- Handy aufladen,
- Daueraufträge erteilen, ändern oder widerrufen.

Um Zugang zum Bankrechner zu erhalten, benötigt der Kunde – nachdem er die Internetseite der Bank aufgerufen hat – seine Kontonummer und seine persönliche Identifikationsnummer (PIN). Will er eine Aktion durchführen, die Auswirkungen auf seinen Kontostand hat, muss er diese Aktion autorisieren. Dies geschieht durch die **Eingabe einer TAN** (**T**ransaktions**n**ummer). Ein kleines Gerät, der TAN-Generator, liest eine verschlüsselte Information vom Bildschirm, verlangt vom Benutzer die Bestätigung der Kontonummer des Empfängers und des Betrages und erzeugt dann die einzugebende, aktuelle TAN für diesen einen Auftrag. Sie ist gewissermaßen die „elektronische Unterschrift" des Kontoinhabers.

4.2.6 Bevorzugte Zahlungsformen beim E-Commerce[1]

Zahlungsformen	Erläuterungen
Vorauskasse	Nach Eingang des Überweisungsbetrags versendet der Anbieter die vom Kunden im Internet oder per E-Mail bestellte Ware bzw. erbringt die Dienstleistung.

1 **E-Commerce** (electronic commerce, engl.): elektronischer Handel.

Zahlungsformen	Erläuterungen
Kauf auf Rechnung	Beim Kauf auf Rechnung ist der Rechnungsbetrag erst **nach** Erhalt der Ware vom Käufer zu begleichen (z. B. durch eine Überweisung).
Nachnahme	Die vom Anbieter als Nachnahmesendung z. B. mit der Post versandte Ware wird erst dann ausgehändigt, wenn die Barzahlung an die Zustellkraft erfolgt ist. 
Lastschrift	Hier übermittelt der Kunde bei seiner Bestellung dem Anbieter elektronisch eine einmalige Ermächtigung zum Einzug des Kaufpreises.
Kauf mit Kreditkarte	Hier gibt der Zahler dem Anbieter seinen Namen, seine Kreditkartennummer und das Verfalldatum der Kreditkarte an. Die Unterschrift des Zahlers ist nicht erforderlich. Für den Käufer besteht das Risiko, dass der Anbieter z. B. unberechtigte Zahlungen veranlasst. Außerdem können Kreditkartendaten von „Hackern" ausgespäht (entziffert) und anschließend missbräuchlich verwendet werden. Der Nutzer kann bereits im Vorfeld sein Risiko verringern, indem er z. B. nur **SSL** (**S**ecure **S**ocket **L**ayer)-verschlüsselte Verbindungen wählt. Sie sind daran zu erkennen, dass die Internetadresse mit **https**:// beginnt (statt mit **http**://) und am angezeigten Schloss-Symbol. SSL **verschlüsselt die Kreditkartendaten** bei dem Transport durch das Internet und stellt einen sicheren Übertragungsweg zwischen Zahlungspflichtigem (Sender) und Zahlungsempfänger dar. Das SSL-Verfahren wird heute von den meisten Onlineshops angeboten.
Giropay	Die Kunden, die bei einem Unternehmen kaufen, das dem Internetbezahlsystem „Giropay" angeschlossen ist, werden nach dem Kaufabschluss mit einem Klick auf die **Online-Banking-Seite ihrer Hausbank** geleitet. Dort steht eine ausgefüllte Überweisung zur Genehmigung (Autorisierung) durch eine Transaktionsnummer (TAN) bereit. Der Kunde erhält die Bestätigung, dass die Überweisung vorgenommen wurde und das Unternehmen erhält elektronisch eine Zahlungsgarantie. Das Internet-Bezahlsystem „Giropay" wird von den Sparkassen, Volks- und Raiffeisenbanken sowie der Postbank angeboten.
PayPal	Bei PayPal-Zahlungen überweist der Käufer von seinem Bankkonto den entsprechenden Betrag auf das PayPal-Konto. Nach Eingang des Betrags auf dem PayPal-Konto wird dieses sofort automatisch dem PayPal-Konto des Verkäufers gutgeschrieben.
Karten mit Geldkartenfunktion	Für die Zahlung von Kleinstbeträgen (Micropayments) sind Karten mit einer Geldkartenfunktion (z. B. Bankkarten und andere **SmartCards**, die mit einem Geldbetrag aufgeladen werden können) besonders geeignet.

Überblick: Wichtige Formen des Zahlungsverkehrs

	Electronic Cash Onlineverfahren	Elektronisches Lastschriftverfahren (ELV)	Geldkarte	V-Pay und Maestro	Kreditkarte
Kartensysteme	Girocard	Girocard	Girocard	In Girocard integriert	Kreditkarte
Akzeptanzzeichen	girocard		GeldKarte	V PAY, Maestro	EUROCARD MasterCard, VISA
Kurzbeschreibung	Elektronisches Zahlungssystem für inländische Debitkarten	Verfahren zwischen Händlern und Netzbetreibern	Bezahlfunktion für Kleinzahlungen über Chip – integriert in der Debitkarte (Girocard)	Elektronisches Zahlungssystem für Debitkarten im Ausland	Ausweis für ein elektronisches Bezahlsystem im In- und Ausland
Legitimation	Persönliche Geheimzahl	Unterschrift	Keine	Persönliche Geheimzahl	Unterschrift, ggf. persönliche Geheimzahl
Sperrabfrage	Ja	Nein	Nein	Ja	Je nach Bedarf
Autorisierung	Ja	Nein	Im Chip	Ja	Je nach Bedarf
Ablauf	Zahlung wird mit Kontostand verglichen und freigegeben	Kunde unterschreibt einmalige Einzugsermächtigung für Lastschrift	Rechnungsbetrag wird vom Guthaben der „elektronischen Geldbörse" abgebucht	Zahlung wird mit Kontostand verglichen und freigegeben	Zahlung wird über die Kreditkartenbank des Händlers und über das Karten ausgebende Kreditinstitut abgewickelt
Sicherheit für Händler	Zahlung garantiert bis max. 2000,00 EUR/Tag	Nein, daher hohes Risiko	Zahlung garantiert bis max. Chip-Guthaben bzw. 200,00 EUR	Zahlung garantiert bis max. 2000,00 EUR/Tag	Zahlung garantiert
Kosten	0,3 % vom Umsatz, mind. 0,08 EUR	Nur geringe Verbindungskosten + übliche Bankgebühren für Lastschrifteinzug	0,3 % vom Umsatz, mind. 0,01 EUR	ca. 1 % vom Umsatz	Werden mit Kreditkartenbank des Händlers ausgehandelt, z. B. abhängig vom Jahresumsatz

Kompetenztraining

25

1. Erläutern Sie, welche Rolle dem Girokonto beim bargeldlosen Zahlungsverkehr zukommt!
2. Unterscheiden Sie den SEPA-Dauerauftrag vom SEPA-Lastschriftverfahren und bilden Sie zu jeder Zahlungsart drei Beispiele!
3. Nennen Sie den gemeinsamen Vorteil, den die Zahlungen mit SEPA-Dauerauftrag und SEPA-Lastschriftverfahren für den Zahlenden haben!

4. Begründen Sie, ob sich ein Girokonto auch für einen Schüler, der nicht viel Geld zur Verfügung hat, lohnt!

5. Sabine hat verschiedene Zahlungen zu leisten. Sie ist Mitglied in einem Musikverein und muss monatlich 20,00 EUR überweisen. Außerdem bezieht sie unregelmäßig CDs von einem Versandhaus und erhält stets Mahnungen, da sie die pünktliche Überweisung vergisst.

   Aufgabe:

   Unterbreiten Sie Vorschläge, auf welche Weise diese Zahlungen vorgenommen werden könnten und erläutern Sie Ihre Vorschläge!

6. Suchen Sie im Internet ein Blanko-Überweisungsformular (vgl. nebenstehende Abbildung) und füllen Sie es nach folgenden Angaben aus:

   Die Sport-Burr KG, Ulm, überweist für ein Kopiergerät 4669,00 EUR von ihrem Girokonto bei der Sparkasse Ulm mit der IBAN DE66 6305 0000 0002 0235 59 an das Handelsunternehmen Stefan Osann e.Kfm., Ulm, auf dessen Konto bei der Volksbank Ulm-Biberach mit der IBAN DE64 6309 0100 0002 6432 60. Vermerk: Rechnung vom 16. Mai d.J.

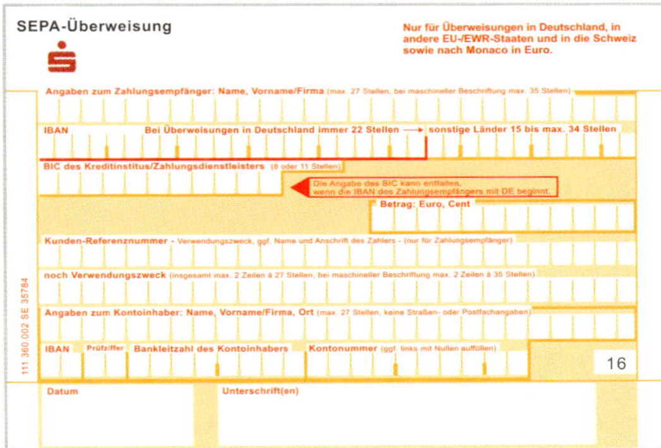
SEPA-Überweisung

Nur für Überweisungen in Deutschland, in andere EU-/EWR-Staaten und in die Schweiz sowie nach Monaco in Euro.

Angaben zum Zahlungsempfänger: Name, Vorname/Firma (max. 27 Stellen, bei maschineller Beschriftung max. 35 Stellen)

IBAN — Bei Überweisungen in Deutschland immer 22 Stellen → sonstige Länder 15 bis max. 34 Stellen

BIC des Kreditinstituts/Zahlungsdienstleisters (8 oder 11 Stellen)

Die Angabe des BIC kann entfallen, wenn die IBAN des Zahlungsempfängers mit DE beginnt.

Betrag: Euro, Cent

Kunden-Referenznummer - Verwendungszweck, ggf. Name und Anschrift des Zahlers - (nur für Zahlungsempfänger)

noch Verwendungszweck (insgesamt max. 2 Zeilen à 27 Stellen, bei maschineller Beschriftung max. 2 Zeilen à 35 Stellen)

Angaben zum Kontoinhaber: Name, Vorname/Firma, Ort (max. 27 Stellen, keine Straßen- oder Postfachangaben)

IBAN — Prüfziffer — Bankleitzahl des Kontoinhabers — Kontonummer (ggf. links mit Nullen auffüllen)

16

Datum — Unterschrift(en)

111 360 002 SE 35784

26

1. Nennen und erläutern Sie die Zahlungsmöglichkeiten, die mit der Girocard verbunden sind!

2. In einem Onlineshop wird die Bezahlung per Giropay angeboten. Beschreiben Sie den Ablauf des Verfahrens!

3. Notieren Sie die Vorteile, die die Abwicklung der Bankgeschäfte durch Onlinebanking bietet!

4. 4.1 Beschreiben Sie, welchem Zweck die Kreditkarte dient!

   4.2 Stellen Sie dar, wie der Kreditkarteninhaber beispielsweise seine Hotelrechnung bezahlt!

5. Sarah Bach macht die Buchhaltung für die Spenglerei Dachmann. Sarah Bach überlegt sich, wie sich die nachfolgenden monatlichen Zahlungen rationeller und einfacher durchführen lassen:

   5.1 Mitarbeitergehälter,

   5.2 Rechnung der Tankstelle,

   5.3 Pacht für die angemieteten Parkplätze,

   5.4 Pauschale für den Sicherheitsdienst.

   Aufgabe:

   Erläutern Sie, welche Zahlungsweisen sich für die jeweiligen Fälle anbieten!

6. Erklären Sie die Unterrichtungs- und Anzeigepflichten des Karteninhabers (Kontoinhabers) beim Verlust oder bei einer missbräuchlichen Verfügung mit seiner Girocard!

Kompetenztraining

27

1. 1.1 Grenzen Sie die Begriffe Liquidität, Rentabilität und Sicherheit gegeneinander ab!

   1.2 Erklären Sie, welche Zusammenhänge mit der folgenden Abbildung dargestellt werden sollen!

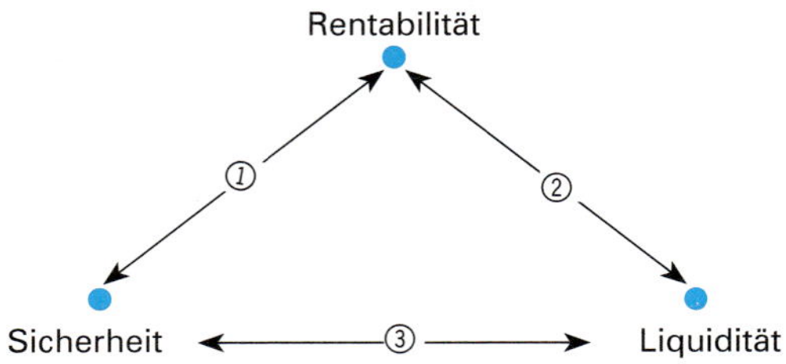

Die Pfeile bedeuten mögliche **Zielkonflikte.**

2. Erklären Sie jeweils anhand eines Beispiels einer Geldanlage einen möglichen Zielkonflikt zwischen

   2.1 der Sicherheit und Rentabilität sowie

   2.2 der Rentabilität und Liquidität!

3. 3.1 Erläutern Sie, warum manche Bankkunden einen Teil der Geldeinlage auf dem Girokonto als Termingeld anlegen!

   3.2 Erklären Sie, was Termingeld (Festgeldeinlage) ist!

   3.3 Erfragen Sie bei einer Bank die derzeit gültigen Zinssätze für Termingelder und berichten Sie darüber in der Klasse!

4. 4.1 Erläutern Sie den Grundgedanken des Fondssparens!

   4.2 Vergleichen Sie die Geldanlage Aktienfonds und Festgeld im Hinblick auf Liquidität, Rentabilität und Sicherheit! Halten Sie Ihr Ergebnis in einer Übersicht fest!

5 Voraussetzungen für Verbraucherdarlehen hinsichtlich Kreditwürdigkeit, Form, Inhalt und Sicherheiten herausarbeiten, die Gefahr der eigenen Überschuldung beurteilen und Perspektiven bei akuter Schuldensituation enwickeln

Lernsituation 13:

Die 19-jährige Jennifer absolviert zurzeit eine Ausbildung zur Drogistin in einem Unternehmen in Mannheim. Da sie in unterschiedlichen Filialen ihres Ausbildungsbetriebes zum Einsatz kommt und die Nutzung des öffentlichen Personennahverkehrs sich als sehr zeitaufwendig erweist, möchte sie sich einen eigenen Pkw anschaffen. Bei einem örtlichen Autohändler hat sie einen geeigneten Kleinwagen gefunden, der ihr zu einem Neupreis von 9500,00 EUR angeboten wird.

Da sie aber nicht über ausreichend Ersparnisse verfügt und noch einen Geldbetrag von 5000,00 EUR benötigt, hat sie einen Termin mit ihrem Berater der örtlichen Sparkasse vereinbart. Nachdem sie dem Berater ihr Anliegen geschildert und dieser sich bereits vorab einen Überblick über ihre Einnahmen- und Ausgabensituation verschafft hat, signalisiert er grundsätzlich die Bereitschaft, den gewünschten Geldbetrag in Form eines Verbraucherdarlehens zur Verfügung zu stellen.

Neben einigen vertraglichen Details müsse aber auch noch die Frage der Kreditsicherung angesprochen werden. In diesem Zusammenhang spricht der Berater unter anderem eine mögliche Bürgschaft, eine Lohnabtretung oder eine Sicherungsübereignung des neuen Pkws an. Um hier weiter in Details einzusteigen, fragt er Jennifer, inwiefern sie in diesem Bereich über entsprechende Vorkenntnisse verfügt.

Jennifer meint, dass sie sich zwar ungefähr vorstellen könne, wie eine Kreditrückzahlung funktioniert, gesteht aber ein, dass sie weder beim Begriff Verbraucherdarlehen noch bei dessen möglicher Absicherung auf Vorkenntnisse zurückgreifen kann.

Kompetenzorientierte Arbeitsaufträge:

1. Erläutern Sie, was man unter einem Verbraucherdarlehen versteht!
2. Beschreiben Sie wichtige Aspekte über Form und Inhalt eines Verbraucherdarlehensvertrages!
3. Erklären Sie die Notwendigkeit, Sicherheiten für das Verbraucherdarlehen bereitzustellen!
4. Erläutern Sie in Grundzügen die Bürgschaft, die Lohnabtretung und Sicherungsübereignung!
5. Begründen Sie jeweils, ob sich die Bürgschaft, die Lohnabtretung oder die Sicherungsübereignung im vorliegenden Fall anbieten. Treffen Sie abschließend eine Entscheidung zur Besicherung von Jennifers Kredit!

5.1 Voraussetzungen für Verbraucherdarlehen hinsichtlich Kreditwürdigkeit, Form, Inhalt und Sicherheiten herausarbeiten

5.1.1 Prüfung der Kreditwürdigkeit

(1) Grundlegendes

Kredit ist die zeitweilige **Überlassung von Geld** (oder Gütern) im Vertrauen darauf, dass der Kreditnehmer die **vereinbarten Zinsen** zahlt und den Kredit (z. B. das überlassene Geldkapital) **fristgerecht** zurückzahlt.

Ehe ein Kreditvertrag abgeschlossen werden kann, muss sicher sein, dass der Kreditnehmer zur Rückzahlung des Kreditbetrags zuzüglich der Kosten wirtschaftlich in der Lage sein wird. Der Kreditgeber wird also zunächst die Kreditvoraussetzungen prüfen und hierzu die **Kreditwürdigkeit** überprüfen.

(2) Prüfung der Kreditwürdigkeit

Die Kreditwürdigkeitsprüfung umfasst zwei Bereiche: Prüfung der **persönlichen** Kreditwürdigkeit und Prüfung der **wirtschaftlichen** Kreditwürdigkeit.

Prüfung der persönlichen Kreditwürdigkeit	Prüfung und Beurteilung vor allem der **persönlichen Zuverlässigkeit, Ehrlichkeit** sowie der menschlichen und beruflichen **Erfahrungen, Kenntnisse, Fähigkeiten** sowie **Leistungsfähigkeit** und **-willigkeit** des Kreditnehmers. **Informationsunterlagen** sind z. B. die persönlichen Daten des Kreditnehmers, bankinterne Auskünfte (z. B. über Kontoführung); externe Informationen (z. B. von anderen Banken, Auskunfteien oder der Schufa).[1]
Prüfung der wirtschaftlichen Kreditwürdigkeit	■ Gegenwärtiges **Einkommen** und erwartete (zukünftige) **Einkommensentwicklung.** **Informationsgrundlagen:** Lohn- und Gehaltsabrechnungen; sonstige Einkünfte; evtl. Lohn- und Gehaltspfändungen; Informationen über die (voraussichtliche) Sicherheit des Arbeitsplatzes und zukünftige berufliche Aufstiegsmöglichkeiten. ■ Gegenwärtige und erwartete **Vermögensverhältnisse** und **Schuldverhältnisse.** **Informationsgrundlagen:** Vermögensnachweise über vorhandene Grundstücke, Gebäude, Lebensversicherungen, Bankguthaben; Grundbuchauszüge; Schuldennachweis; Unterhaltsverpflichtungen; Auskünfte über bisherige Vollstreckungsmaßnahmen.

1 **Schufa**: Schutzgemeinschaft für allgemeine Kreditsicherung, der die Banken als Mitglieder angehören. Diese Gemeinschaftseinrichtung dient vor allem der vorbeugenden Bonitätsprüfung (Risikovorbeugung) und Kontrolle der vertragsgemäßen Kreditabwicklung. Durch Auskünfte bei der Schufa können die Banken z. B. erfahren, dass mögliche Kreditnehmer bereits zahlungsunfähig waren oder sind, wodurch Kredite mit aktuellen hohen Ausfallrisiken vermieden werden können.

5.1.2 Begriff, Form und Inhalt eines Verbraucherdarlehens

(1) Begriff und Form des Verbraucherdarlehens

- **Verbraucherdarlehen** sind Kredite, die in einer Summe bereitgestellt und dem Finanzbedarf entsprechend ausbezahlt werden, und dann entweder am Fälligkeitstag in einer Summe oder während einer vorbestimmten Laufzeit in Raten getilgt werden müssen. § 491 BGB
- Dem Verbraucherdarlehen liegt ein **Darlehensvertrag** zugrunde. Der **Darlehensvertrag** kommt dadurch zustande, dass der **Darlehensantrag** des **Darlehensnehmers** (Verbraucher) und die **Darlehenszusage** des **Darlehensgebers** (Unternehmen, Bank) inhaltlich **übereinstimmen** und die Darlehenszusage dem Darlehensnehmer rechtzeitig zugegangen ist.

Der Verbraucherdarlehensvertrag bedarf der **Schriftform** und der **Unterschriften der Vertragsparteien.**

(2) Inhalt des Verbraucherdarlehens

Die Inhalte des Verbraucherdarlehens sind gesetzlich vorgeschrieben. Wichtige Inhalte sind z. B. §§ 492 BGB 247 EGBGB

- Nettodarlehensbetrag
- Sollzinssatz
- effektiver Jahreszinssatz
- Verzugszinssatz
- Vertragslaufzeit
- Betrag und Fälligkeit der einzelnen Teilzahlungen
- ...

(3) Widerrufsrecht

Dem Darlehensnehmer ist ein Widerrufsrecht mit einer Frist von **zwei Wochen** einzuräumen. Die Widerrufsfrist beginnt mit Vertragsabschluss und Aushändigung des Vertrags. §§ 495, 355 BGB

(4) Kostenermäßigung bei vorzeitiger Rückzahlung

Bei vorzeitiger Rückzahlung hat der Verbraucher Anspruch auf eine Kostenermäßigung. § 501 BGB

5.1.3 Effektivverzinsung

Den im Kreditvertrag genannten Zinssatz bezeichnet man als **Nominalzinssatz** (nominell: dem Namen nach). Der dem Kreditnehmer tatsächlich (effektiv) berechnete Zinssatz heißt **Effektivzinssatz.** Durch die Pflicht zum Ausweis des effektiven Jahreszinses soll dem Kreditnehmer der Vergleich verschiedener Kreditangebote erleichtert werden.

Beispiel:

Franziska Schneider kauft bei der Möbel Kungel KG eine Einbauküche zum Gesamtpreis von 15 000,00 EUR. Für die Finanzierung stellt die Kungel KG ein Verbraucherdarlehen über 10 000,00 EUR zur Verfügung. Das Darlehen soll nach 5 Jahren getilgt werden. Der Zinssatz beträgt 4 %. Außerdem wird eine Restschuldversicherung vereinbart, die jährlich 40,00 EUR kostet.

Aufgabe:

Berechnen Sie den effektiven Jahreszinssatz!

Lösung:

Die gesamten Kreditkosten betragen in 5 Jahren:

200,00 EUR Restschuldversicherung + 2000,00 EUR Zinsen (4 % aus 10000,00 EUR für 5 Jahre) = 2200,00 EUR

10000,00 EUR kosten in 5 Jahren	2200,00 EUR
100,00 EUR kosten in 1 Jahr	x EUR

$$x = \frac{2200 \cdot 100}{10000 \cdot 5} = 4{,}40 \text{ EUR}/100{,}00 \text{ EUR} = 4{,}4\,\% \textbf{ effektiver Jahreszinssatz}$$

$$\textbf{Effektiver Jahreszinssatz} = \frac{\text{Gesamte Kreditkosten} \cdot 100}{\text{Auszahlungsbetrag} \cdot \text{Laufzeit}}$$

5.1.4 Sicherheiten

5.1.4.1 Bürgschaft

(1) Begriff Bürgschaft

§§ 765 ff. BGB

Durch den **Bürgschaftsvertrag** zwischen dem Bürgen und dem Gläubiger übernimmt der Bürge die Verpflichtung, für die Erfüllung der Schuld aufzukommen, wenn der Schuldner nicht leisten kann.

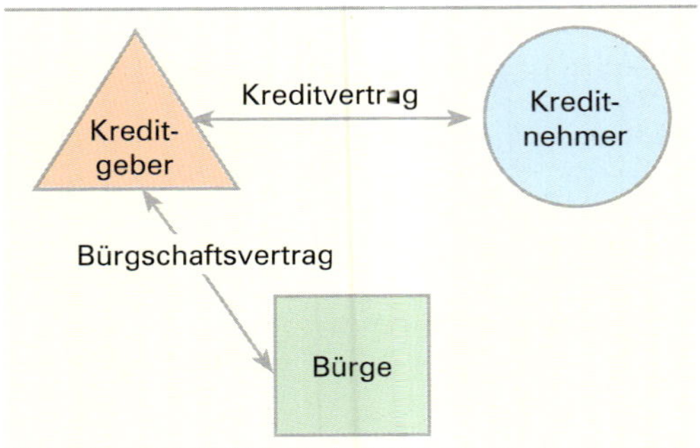

Der Bürgschaftsvertrag unter **Nichtkaufleuten** ist **schriftlich** abzuschließen.

(2) Arten der Bürgschaft

- **Ausfallbürgschaft**

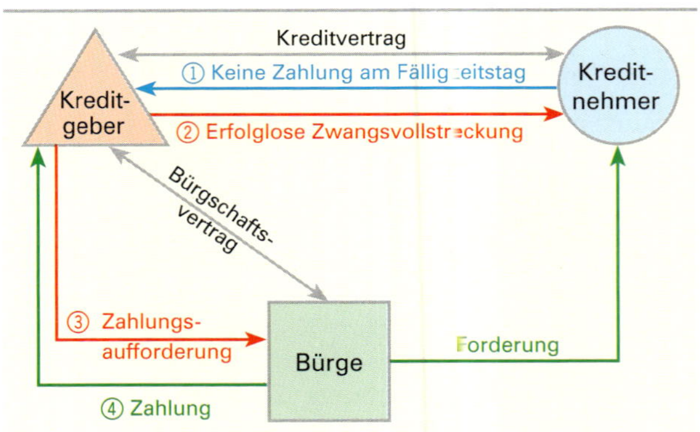

Der Bürge haftet erst **nach** dem Hauptschuldner und nur unter der Voraussetzung, dass die Zwangsvollstreckung[1] in dessen Vermögen fruchtlos war. Es besteht für den Bürgen das Recht der **Einrede der Vorausklage**, d.h., er kann vom Kreditgeber verlangen, dass erst die Zwangsvollstreckung gegen den Kreditnehmer betrieben wird, bevor er selbst in Anspruch genommen wird. Hat der Bürge gezahlt, geht die Forderung des Kreditgebers gegen den Kreditnehmer auf den Bürgen über.

1 Eine **Zwangsvollstreckung** ist ein Verfahren, mit dem Ansprüche des Gläubigers durch staatlichen Zwang (z. B. Pfändung) durchgesetzt werden.

Selbstschuldnerische Bürgschaft

Bei der selbstschuldnerischen Bürgschaft haftet der Bürge genauso **wie der Hauptschuldner selbst.** Dem Gläubiger steht somit das Recht zu, die Leistung (z. B. Zahlung) unmittelbar vom Bürgen ohne **vorherige Klage** gegen den Hauptschuldner zu verlangen. Der Bürge haftet so, als ob er selbst Schuldner wäre. Banken verlangen grundsätzlich eine selbstschuldnerische Bürgschaft.

5.1.4.2 Sicherungsübereignung

Bei der Sicherungsübereignung erhält der Kreditgeber zwar eine **dingliche Sicherheit**[1] für seine Forderung, die **übereignete Sache** bleibt jedoch im unmittelbaren **Besitz des Schuldners.** Deswegen wird mit dem Sicherungsübereignungsvertrag zugleich noch ein **Miet-, Pacht- oder Leihvertrag** abgeschlossen.

Beispiel:

Bernhard Siegel kauft einen neuen Pkw im Wert von 50 000,00 EUR. Da er selbst den Betrag nicht vollständig finanzieren kann, bittet er seine Bank um einen Kredit in Höhe von 20 000,00 EUR. Als Sicherheit bietet Bernhard Siegel der Bank die Sicherungsübereignung seines Fahrzeugs an. Eine Pfandübergabe kommt nicht infrage, da er das Fahrzeug dringend benötigt.

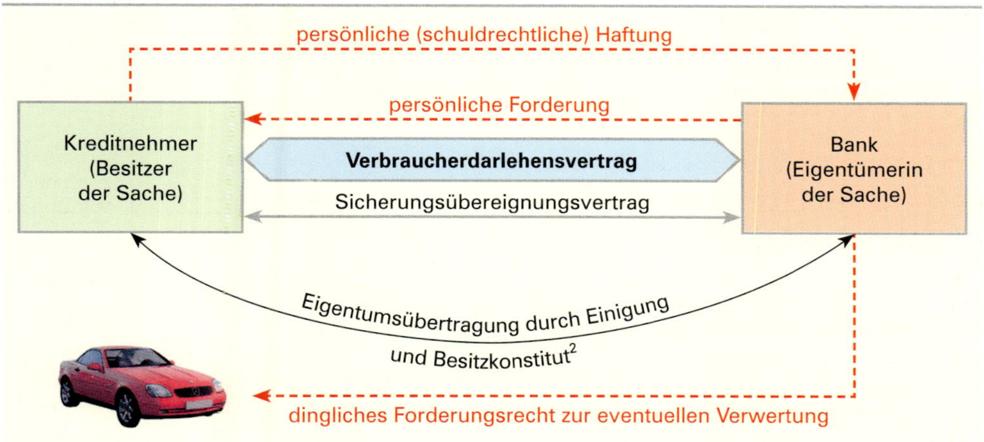

1 Als Sicherheit dient eine Sache („ein Ding").

2 Konstitut: festgesetzter Vertrag, d. h. es wird festgelegt, der Kreditgeber wird Eigentümer und **mittelbarer** Besitzer. Der Kreditnehmer bleibt **unmittelbarer** Besitzer der Sache.

Bei der **Sicherungsübereignung** wird das **Eigentum** an einer beweglichen Sache (z. B. einen Pkw) vom **Kreditnehmer** auf den Kreditgeber übertragen. Der Kreditnehmer bleibt **Besitzer,** sodass er weiterhin die übereignete Sache nutzen kann.

Das **Eigentumsrecht des Kreditgebers** ist nur **bedingt gegeben,** d. h., es wird erst wirksam, wenn der Kreditnehmer seinen Verpflichtungen **nicht** nachkommt. Dann nämlich („unter dieser Bedingung") kann der Kreditgeber erst die Herausgabe der sicherungsübereigneten Sache verlangen. Bei Rückzahlung des Kredits geht das Eigentum ohne besondere Vereinbarung wieder auf den Kreditnehmer über.

5.1.4.3 Lohnabtretung

(1) Begriff Lohnabtretung

- Eine **Lohnabtretung** liegt vor, wenn der Lohnempfänger **freiwillig** einen Teil seines Arbeitseinkommens an den Kreditgeber für den Fall abtritt, dass er später seinen Zahlungsverpflichtungen aus dem Kreditvertrag nicht nachkommen kann. § 398 BGB
- Voraussetzung für die Gültigkeit der Abtretung ist eine **schriftliche Vereinbarung** zwischen dem Arbeitnehmer und dem Kreditgeber

Kann der Kreditnehmer seinen Zahlungsverpflichtungen nicht nachkommen, so genügt die Vorlage der Lohnabtretung beim Arbeitgeber zur Zahlung des vereinbarten Abtretungsbetrags. Die Lohnabtretung ist eines der wichtigsten Kreditsicherungsinstrumente bei Konsumentenkrediten.

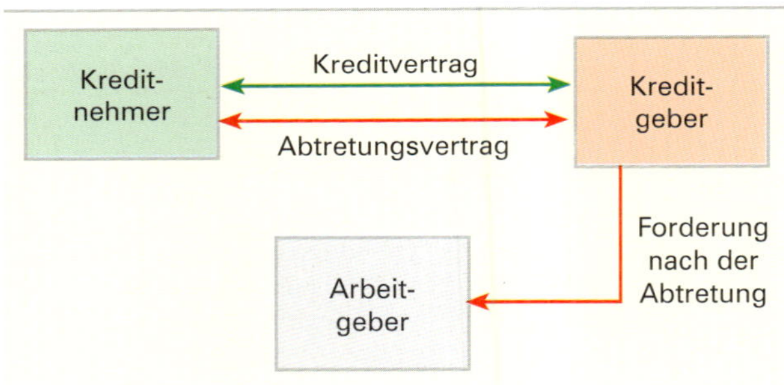

(2) Abwicklung der Lohnabtretung

Die Lohnabtretung unterliegt **keinen besonderen formellen Anforderungen.** Daher enthalten die meisten Darlehensverträge bereits eine Klausel, durch die sich der Darlehensnehmer bei der Unterzeichnung des Vertrags mit der Abtretung seiner Arbeitsentgeltansprüche einverstanden erklärt. Allerdings ist die Lohnabtretung nur bis zur **Höhe des unpfändbaren Arbeitseinkommens erlaubt.**

Da die Lohnabtretung für den Arbeitgeber einen Mehraufwand bedeutet, nehmen viele Arbeitgeber in ihre Arbeitsverträge die Klausel auf, dass die Abtretung von Arbeitsentgeltansprüchen der **vorherigen Zustimmung des Arbeitgebers** bedarf.

Überblick: Verbraucherdarlehensvertrag

Verbraucherdarlehensvertrag

Zwei übereinstimmende Willenserklärungen zwischen einem Unternehmer als Darlehensgeber und einem Verbraucher als Darlehensnehmer

Gesetzliche Vorschriften zum Schutz des Verbrauchers

- Verbraucherdarlehensvertrag bedarf der **Schriftform.**
- **Mindestinhalte** des Verbraucherdarlehensvertrags sind **gesetzlich vorgeschrieben.**
- Einräumung eines **Widerspruchsrechts** für den Darlehensnehmer.
- **Kostenermäßigung** bei **vorzeitiger Rückzahlung.**

Kreditsicherheiten

- Bürgschaft
- Sicherungsübereignung
- Lohnabtretung

Kompetenztraining

28 1. 1.1 Man sagt, die Kredite, die ohne Sicherheit gewährt werden, seien die sichersten Kredite. Beurteilen Sie diese Aussage!

1.2 Erläutern Sie, was man unter der Prüfung der wirtschaftlichen Kreditwürdigkeit versteht!

2. 2.1 Nennen Sie vier Inhalte eines Verbraucherdarlehens!

2.2 Unterscheiden Sie zwischen Nominalzinssatz und effektivem Jahreszinssatz!

2.3 Erklären Sie die Bedeutung des Widerspruchsrechts beim Verbraucherdarlehen für den Kreditnehmer!

2.4 Interpretieren Sie den folgenden Preisaushang in einer Bank!

Kredit (mit festem Zinssatz)	Laufzeiten 12 bis 36 Monate	Laufzeiten 37 bis 47 Monate	Laufzeiten 48 bis 72 Monate
Zinssatz (für Inanspruchnahme)	9,75 % pro Jahr	10 % pro Jahr	10,30 % pro Jahr

3. Franz Höfler, Stuttgart, beantragt bei seiner Bank ein Verbraucherdarlehen in Höhe von 50 000,00 EUR zur Finanzierung eines neuen Wohnmobils. Die Bank fordert brauchbare Sicherheiten.

Aufgaben:

3.1 Überprüfen Sie die Risiken, die für die Bank bei dem Wohnmobil als Kreditsicherheit bestehen!

3.2 Begründen Sie, welche andere Sicherungsart für den Kredit geeignet ist! Erläutern Sie diese Kreditsicherheit!

3.3 Stellen Sie dar, wer Eigentümer und wer Besitzer des Wohnmobils ist, wenn sich Franz Höfler für die Sicherungsübereignung entscheidet!

11 Speth u.a. - ISBN 978-3-8120-0691-0

4. Lothar Brecht und sein Freund Frieder Groß, Inhaber einer Konditorei, sitzen beim Stammtisch. Lothar Brecht braucht für einen Möbelkauf einen Kredit, muss aber einen Bürgen beibringen. Er fragt deshalb Frieder Groß, der sofort zustimmt.

Aufgaben:

4.1 Prüfen Sie, ob der Bürgschaftsvertrag geschlossen ist! Wenn nein, geben Sie den Grund an!

4.2 Das Möbelhaus ist auch mit einer Lohnabtretung als Sicherheit einverstanden. Nennen Sie die Voraussetzungen, die notwendig sind, dass die Lohnabtretung rechtsgültig ist!

5.2 Gefahr der eigenen Überschuldung beurteilen und Perspektiven[1] bei akuter Schuldensituation entwickeln

Lernsituation 14:

Lesen Sie zunächst den folgenden Text:

Der Schulden-Fall

Er trug Zeitungen aus, saß an der Supermarktkasse und fuhr Pizza aus. Und doch reichte das Geld nicht. Heute ist Maximilian hoch verschuldet – und weiß nicht, warum.

Maximilian* lacht. Er redet schnell, von Geld, von Motorrollern und davon, dass er gar nicht weiß, wie alles kam. Und dann lacht er wieder. Maximilian hat 9 000 Euro Schulden – mindestens, denn so genau weiß er das nicht.

Viel Geld hatten Maximilian und seine Mutter nie. Der Vater verließ die Familie vor Maximilians Geburt. Für Taschengeld reichte es trotzdem, auch weil die Mutter immer arbeitete, als Kellnerin, dann als Bürokraft über eine Zeitarbeitsfirma. Dann kam die Kündigung. Und dann Hartz IV. Für Maximilians Taschengeld reichte es nicht mehr – also suchte sich der damals 14-Jährige einen Job. „Angefangen habe ich mit Zeitungsaustragen", sagt er. Seitdem hat Maximilian nebenbei immer gearbeitet: Mit 14 als Zeitungsausträger, mit 17 an der Supermarktkasse, mit 18 als Pizzafahrer. „Insgesamt waren es bestimmt mehr als zehn verschiedene Jobs", sagt er. Mit dem besten Kumpel kauft er ferngesteuerte Autos. Maximilian zahlte selbst, der Freund bekam es von den Eltern. Dann wollten die beiden Freunde Skateboarder werden. Maximilian ging arbeiten, sein Freund zu den Eltern.

Eigentlich hat der 22-jährige Hannoveraner immer gearbeitet, hat immer gewusst, wo das Geld herkommt. Doch dann gab es diesen Moment, als er Geld abheben wollte, obwohl das Konto leer war. Es funktionierte, weil die Bank ihm erlaubte, das Konto zu überziehen. „Da hab' ich mich gefeiert", erinnert sich Maximilian. „Und ich fand das lustig". Als Maximilian den Überziehungskredit das erste Mal ausreizte, störte ihn das nicht. Er ging einfach zur Bank und bekam eine Aufstockung. Und dann noch eine. Als Maximilian [...] jedoch seinen Job als Kellner in einem Café verlor, wurde es schwierig, die Schulden überhaupt kurzfristig auszugleichen. Ernste Sorgen machte er sich aber nicht: „Ich war überzeugt, dass ich da schon wieder rauskomme."

Wie Maximilian geht es immer mehr jungen Menschen. [...] Woran liegt nun diese Zunahme? „Junge Menschen mit unbeständigen 400-Euro-Jobs sollten keine Dispokredite[2]

1 **Perspektive:** Aussicht für die Zukunft.

2 Der **Dispostionskredit** (kurz „Dispo") ermöglicht es, in einem begrenzten Rahmen auch dann Geld vom Konto abzuheben, wenn es kein Guthaben mehr aufweist. Der Überziehungsbetrag wird im Regelfall hoch verzinst.

bekommen", sagt Kathrin Franke, Sozialpädagogin von der Caritas Jugendsozialarbeit in Hannover. Mit der neu gewonnen Freiheit durch den „Dispo" könnten vor allem junge Menschen aus einkommensschwachen Familien nur selten umgehen. [...]

Der 22-Jährige trifft sich regelmäßig mit der Pädagogin. [...] Bei ersten Gesprächen erstellten sie gemeinsam einen Haushaltsplan. „Zunächst müssen sich die Finanzen stabilisieren" sagt Franke. Maximilian muss sich dabei an die Ausgabengrenzen halten. Selbstständig sollen die Schuldner werden, sagt Franke: „Maximilian kann seine Probleme alleine lösen, aber das muss er lernen. Ist die Lage etwas stabiler, können Verhandlungen mit Gläubigern beginnen. „Wir versuchen, Vergleiche zu erreichen, bei denen die Gläubiger auf einen Teil der Schulden verzichten", sagt Franke. [...]

„Die Jugendlichen wollen an der Gesellschaft teilhaben", sagt Franke. Komsum kostet. Und in einer Gesellschaft, die immer mehr ausgrenzt, kann Konsum Teilhabe sein. Ich habe, also bin ich. Statt ihre Situation einzusehen und anzufangen, die Schulden zu bezahlen, geben sie ihr Geld lieber für Handy, Internet oder mit Freunden in der Stadt aus. Tatsächlich hat sich die Art der Verschuldung nach Angaben von Creditreform besonders unter Jugendlichen gewandelt. Waren früher vor allem Krankheit und Arbeitslosigkeit Schuldenfallen, seien es heute Handy-, Auto- und Internetverträge. Wer an jeder Ecke die Möglichkeit einer Null-Prozent-Finanzierung bekommt, sehe Schulden nicht mehr als Makel an. [...]

THERESA KRUSE UND ANSGAR NEHLS/ZiSH

* Name von der Redaktion geändert.

Quelle: ZiSH – die junge Redaktion, in der Hannoverschen Allgemeinen Zeitung vom 27.03.2012, S. 23.

Kompetenzorientierte Arbeitsaufträge:

1. Nennen Sie die Ursachen dafür, dass es zu einer Überschuldung Maximilians gekommen ist!
2. Erläutern Sie, auf welchem Wege Maximilian aus der Schuldenfalle herauskommen soll!
3. Erläutern Sie die Bedeutung eines Haushaltsplans als ein Mittel zur Vermeidung von privater Überschuldung!
4. Nehmen Sie begründet zu der Aussage Stellung, dass die Verschuldung Jugendlicher immer häufiger aus dem Wunsch heraus entsteht, am Konsum teilhaben zu wollen!
5. **Arbeitsvorschlag mit regionalem Bezug:**

   Eine kleine Gruppe aus der Klasse sollte in Form eines Referates die wichtigsten Informationen über die Schuldensituation privater Haushalte in ihrer Region und die Möglichkeiten der Schuldnerberatung vorbereiten! Im Zentrum der Präsentation sollte neben den üblichen Daten (Anzahl der überschuldeten Haushalte, der Beratungsvorgänge, der Privatinsolvenzen) vor allem stehen, inwiefern es bei der Verschuldungssituation privater Haushalte in ihrer Region Besonderheiten gibt. Hilfreich für die Vorbereitung sind Unterlagen und Informationen all der Institutionen (öffentliche, kirchliche oder karitative Einrichtungen), die den überschuldeten Haushalten helfend zur Seite stehen.

5.2.1 Gründe für die Verschuldung

Die Kreditfinanzierung des Konsums ist in Deutschland so kräftig gestiegen, dass viele Familien den laufenden Zahlungsverpflichtungen nicht mehr nachkommen können.

Konsumentenkredite sind in aller Regel leicht zu bekommen. Neben den Banken vergeben vor allem Einrichtungs- und Versandhäuser großzügig Verbraucherdarlehen. Viele Verbraucher verlieren dabei die Übersicht über ihre finanziellen Möglichkeiten.

Kommt zu einem falschen Konsumverhalten noch Arbeitslosigkeit, Krankheit oder eine Ehescheidung dazu, wird der Schuldenberg schnell zu groß.

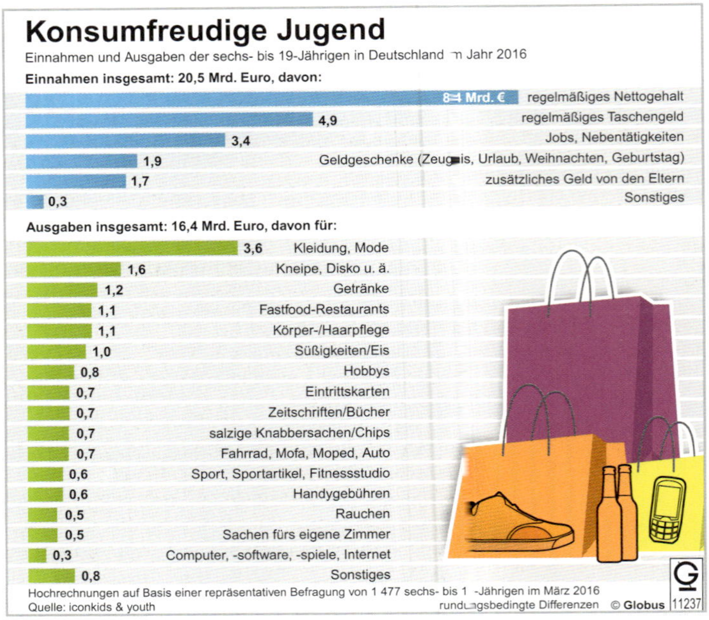

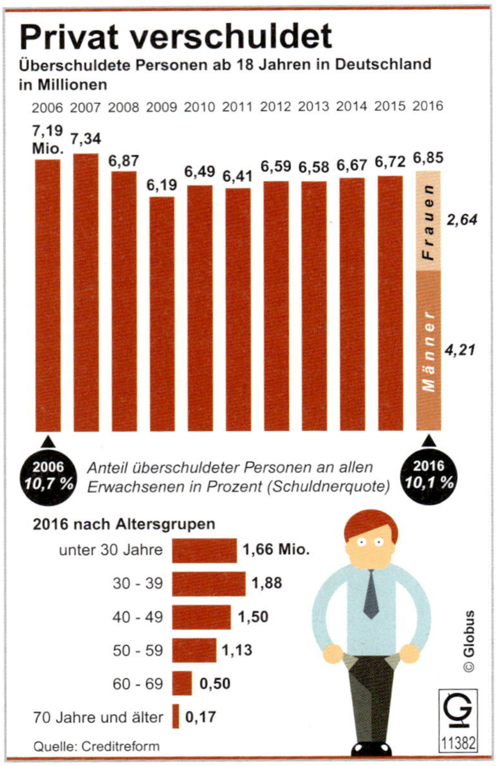

Eine **Überschuldung** liegt vor, wenn das Vermögen des Schuldners kleiner ist als die bestehenden Schulden.

Aus Angst und Scham wissen sich viele Konsumenten nicht anders zu helfen als weitere Kredite aufzunehmen. Da man Schulden aber nicht mit Schulden bezahlen kann, geraten sie immer mehr in einen Teufelskreis hinein, aus dem sie selbst nicht mehr herauskommen können.

5.2.2 Perspektiven bei akuter Schuldensituation

5.2.2.1 Schuldnerberatung

Vorgehensweise	Erläuterungen
Annahme von Hilfe ↓	Drückt der Schuldenberg einen Konsumenten bereits, so ist es wichtig, dass er sich nicht von den Schulden in die Enge treiben lässt, sondern Hilfe bei einem professionellen Berater sucht – je früher, desto besser. Viele gemeinnützige Organisationen (z. B. DRK, Caritas) bieten Schuldnerberatungsdienste an. Nach dem Sozialgesetzbuch XII hat jede Privatperson einen Rechtsanspruch auf Schuldnerberatung. Die Schuldnerberatung befasst sich zunächst mit den Ursachen für die Schulden und entwickelt anschließend Vorschläge zur Bewältigung des Schuldenstandes.
Situationsanalyse ↓	Zuerst erfolgt eine Analyse der Situation und der Ursachen für die Schulden. Grundlage sind dabei die Erstellung einer vollständigen **Schuldenliste** sowie die lückenlose Zusammenstellung aller laufenden **Einnahmen** (z. B. Lohneinkommen, Arbeitslosengeld, Kindergeld, Verdienste aus Nebentätigkeiten) und **Ausgaben** (z. B. Miete, Stromkosten, Versicherungen, Kreditraten).
Hilfsangebot	Die Schuldnerberater können in vielfältiger Weise bei der Bewältigung der privaten Krisensituation helfen: ■ Aufarbeitung der persönlichen und beruflichen Gründe für die Überschuldung, ■ Erstellung eines Haushaltsplans, der Einsparmöglichkeiten zur Verringerung von Ausgaben aufzeigt, ■ Überprüfung, ob alle möglichen gesetzlichen Sozialleistungen (z. B. Wohngeld) und Verdienstmöglichkeiten ausgeschöpft werden, ■ Unterstützung bei Verhandlungen mit den Gläubigern, um Schuldenstundungen[1] zu erreichen, ■ Beratung im Zusammenhang mit Mahnbescheid, Vollstreckung und Pfändung, und, sofern nicht zu vermeiden, ■ Begleitung während des Verbraucherinsolvenzverfahrens.

5.2.2.2 Haushaltsplan

(1) Begriff Haushaltsplan

Der Bedarf eines Haushalts ergibt sich aus den Bedürfnissen (Wünschen) der Haushaltsmitglieder. Sollen die Bedürfnisse der einzelnen Haushaltsmitglieder optimal befriedigt werden, müssen sie nach ihrer **Dringlichkeit** geordnet werden. Erst dann können die zur Verfügung stehenden (Geld-)Mittel so verteilt werden, dass der von Haushaltsmitgliedern angestrebte Lebensstandard im Rahmen dieser Mittel erreicht wird.

1 Schuldenstundungen bedeuten eine Verlängerung der Zahlungsfrist.

Die einfachste Form, die zur Verfügung stehenden Mittel mit den Bedürfnissen der Haushaltsmitglieder in Einklang zu bringen, ist die **Gegenüberstellung** der in einem bestimmten Zeitraum (z. B. einem Monat) zu erwartenden **Einnahmen** mit den zu erwartenden **Ausgaben** im Rahmen eines Haushaltsplans.

Ein **Haushaltsplan** ist die geordnete Zusammenstellung der voraussichtlichen Haushaltsaufwendungen unter Berücksichtigung des voraussichtlichen Haushaltseinkommens für einen bestimmten Zeitraum.

(2) Aufbau des Haushaltsplans

Der Aufbau des Haushaltsplans richtet sich an den jeweiligen Gegebenheiten der einzelnen Haushalte aus. Allerdings ist es sinnvoll, die festen Zahlungen für einen bestimmten Zeitraum zusammenzufassen, um den Betrag ermitteln zu können, der für den Planungszeitraum noch zur freien Verfügung steht. Die Einnahmen und Ausgaben je Zeitabschnitt (z. B. je Monat) können in verschiedene Gruppen eingeteilt werden, wie das Beispiel auf S. 167 zeigt.

(3) Planungszeitraum

Der Planungszeitraum ist je nach Anlass unterschiedlich lang.

Planungszeitraum	Beispiel
Für ein Jahr, nach Monaten unterteilt	Für die gewöhnlich anfallenden Einnahmen und Ausgaben des Haushalts.
kurzfristig	Weihnachten, Urlaub, Ölrechnung, Heizung.
langfristig	Erwerb eines teuren Gutes, Berufsausbildung der Kinder.

(4) Vorteile

Die Aufstellung eines Haushaltsplans bietet folgende Vorteile:

- Ausgaben und Einnahmen des Haushalts können aufeinander abgestimmt werden.
- Die verfügbaren Finanzmittel können besser an die Bedürfnisse der einzelnen Haushaltsmitglieder angepasst werden.
- Außerordentliche Ausgaben oder anstehende Investitionen im Haushalt können leichter vorausgeplant werden, sodass Zahlungsengpässe vermieden werden können.
- Es wird eine Entscheidungshilfe für den zukünftigen Finanzmitteleinsatz geschaffen, was besonders bei knappen finanziellen Mitteln von Bedeutung ist.

Beispiel für den Aufbau eines Haushaltsplans

Einnahmenübersicht	**Jan.**	**Febr.**	**März**	**...**
I. Einnahmen aus nichtselbstständiger Arbeit (Lohn oder Gehalt) Auszahlungsbetrag **II. Einnahmen aus Vermögen** **1. Aus Geldvermögen:** Zinsen, Dividenden, ... **2. Aus Sachvermögen:** Miete, Pacht, ... **III. Einnahmen aus Vermögensauflösungen und Krediten** Abhebungen von Sparguthaben, Auszahlungen von Versicherungen, Verkauf von Wertpapieren, Verkauf eines Grundstücks, ... **IV. Sonstige Einnahmen** Wohngeld, Renten, Ausbildungsförderung, Kindergeld, Arbeitslosengeld, Erbschaft, ...				
Ausgabenübersicht	**Jan.**	**Febr.**	**März**	**...**
I. Fixe Ausgaben[1] – Wohnungsausgaben (Miete, Nebenkosten: z. B. Heizung, Strom, Gas, Wasser) – Zeitung, Zeitschriften, Rundfunk- und Fernsehentgelte – Telefon – Transport und Verkehr (Auto, Garage, öffentliche Verkehrsmittel) – Versicherungen, Abgaben, Zins- und Tilgungsraten – Beiträge (z. B. Verein, Partei, Gewerkschaft) – Taschengeld – Vermögensbildung usw. **II. Sonstige (variable) Ausgaben**[2] – Ernährung (Nahrungs- und Genussmittel, Getränke) – Putz- und Waschmittel – Bekleidung (Neuanschaffung, Reinigung, Instandhaltung) – Gesundheits- und Körperpflege – Hausrat, Einrichtungsgegenstände – Unterhaltung, Bildung, Freizeitgestaltung, Hobby – Geschenke – Ausbildung, Weiterbildung usw.				
Einnahmen – Ausgaben				
+/– Ersparnisse/Schulden				

1 **Fixe Ausgaben** sind Zahlungen, die sich von Zeitabschnitt (z. B. Monat, Vierteljahr) zu Zeitabschnitt nicht oder nur unwesentlich verändern.

2 **Variable Ausgaben** sind Ausgaben, die sich in der Höhe verändern. Sie hängen i. d. R. von der Höhe des Einkommens ab: Je höher (niedriger) das Einkommen, desto höher (niedriger) sind die variablen Ausgaben.

5.2.2.3 Verbraucherinsolvenz

(1) Insolvenzverfahren

- Das **Insolvenzverfahren** dient dazu, bei Zahlungsunfähigkeit eines Schuldners das pfändungsfähige Vermögen zu verwerten und den Erlös gleichmäßig an die Gläubiger zu verteilen.
- Nach Abschluss des Verfahrens wird dem **redlichen Schuldner** die Möglichkeit gegeben, sich von den restlichen Verbindlichkeiten zu befreien.

Das Verbraucherinsolvenzverfahren gilt für alle **natürliche** Personen. Ziel des Verbraucherinsolvenzverfahrens ist, Privatpersonen die Aussicht zu eröffnen, ihre Schulden abzutragen.

(2) Ablauf des Verbraucherinsolvenzverfahrens

Stufe I: Versuch einer außergerichtlichen Einigung (Schuldenbereinigungsverfahren)

Der Schuldner muss versuchen, sich außergerichtlich mit seinen Gläubigern auf der Grundlage eines **Schuldenbereinigungsplans** zu einigen. Das Aufstellen eines Schuldenbereinigungsplans bedeutet, dass der Schuldner den Gläubigern seine Einkommens- und Vermögensverhältnisse darlegen und einen konkreten Zahlungs- und Tilgungsplan unterbreiten muss. Dieser Versuch kann mithilfe einer hierzu geeigneten Person oder Stelle unternommen werden. Geeignete Stellen sind z. B. Rechtsanwälte, Steuerberater oder von Gemeinden, Wohlfahrtsverbänden und Kirchen eingerichtete Schuldnerberatungsstellen.

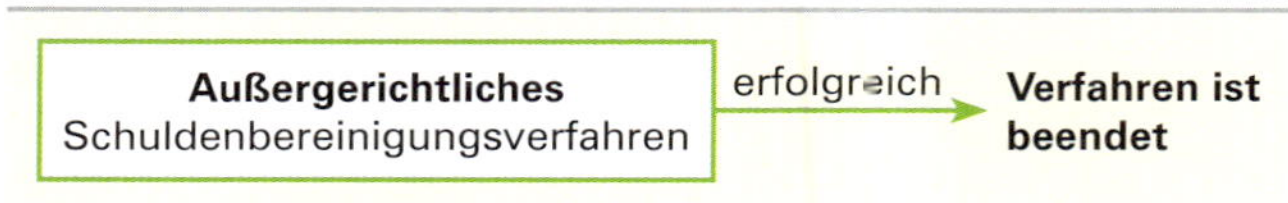

Kommt eine außergerichtliche Schuldenregulierung nicht zustande, kann der Schuldner das **gerichtliche Verbraucherinsolvenzverfahren** beantragen.

Stufe II: Gerichtliches Verbraucherinsolvenzverfahren

1. Abschnitt: Erneuter Versuch einer gütlichen Einigung

Im ersten Abschnitt des gerichtlichen Verfahrens versucht das Gericht noch einmal, eine gütliche Einigung zwischen dem Schuldner und seinen Gläubigern herbeizuführen. Das Gericht stellt den beteiligten Gläubigern die Unterlagen zu und fordert sie zur Stellungnahme innerhalb eines Monats auf.

Stimmen die Gläubiger dem Schuldenbereinigungsplan zu oder wird die Zustimmung durch das Insolvenzgericht ersetzt, wird das Verfahren beendet.

Lehnen die Gläubiger den Schuldenbereinigungsplan ab, kommt es zum eigentlichen Verbraucherinsolvenzverfahren mit Verwertung der pfändbaren Gegenstände.

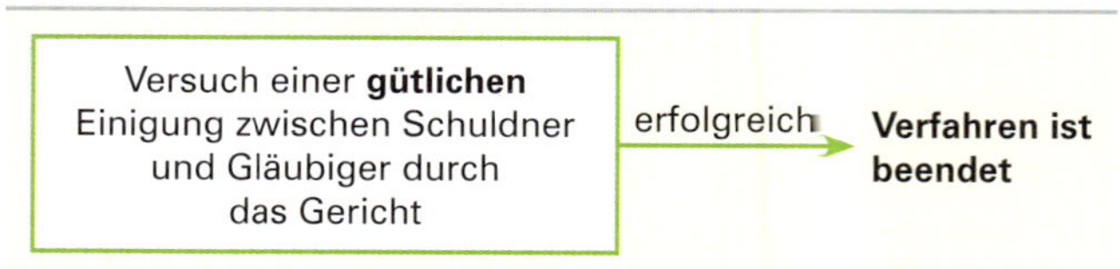

2. Abschnitt: Verwertung der pfändbaren Gegenstände und Verteilung des Erlöses

Das Insolvenzgericht bestimmt einen Treuhänder, der zur Verwertung der pfändbaren Gegenstände und zur Verteilung des erzielten Erlöses an die Gläubiger berechtigt ist. Danach stellt der Treuhänder die Höhe der Restverbindlichkeiten gegenüber den Insolvenzgläubigern fest.

3. Abschnitt: Restschuldbefreiung

Voraussetzungen der Restschuldbefreiung

- Der Schuldner muss einen Antrag auf Restschuldbefreiung beim Insolvenzgericht stellen.
- Der Schuldner muss erklären, dass er seine pfändbaren Forderungen auf Bezüge aus einem Dienstverhältnis oder an deren Stelle tretende laufende Bezüge für die Zeit von sechs Jahren nach der Aufhebung des Insolvenzverfahrens an einen vom Gericht bestimmten Treuhänder abtritt. Die Sechsjahresfrist wird als Wohlverhaltensperiode bezeichnet. Sie beginnt bereits mit der Verfahrenseröffnung.

Pflichten des Schuldners während der Wohlverhaltensperiode

- Der Schuldner muss eine **angemessene Erwerbstätigkeit** ausüben,
- ererbtes Vermögen **zur Hälfte** des Werts an den Treuhänder herausgeben,
- jeden Wechsel des Wohnsitzes oder der Beschäftigungsstelle **unverzüglich** dem Insolvenzgericht und dem Treuhänder anzeigen und
- Zahlungen zur Befriedigung der Insolvenzgläubiger nur an den **Treuhänder** leisten.

Entscheidung über die Restschuldbefreiung

Nach Ablauf der sechsjährigen Wohlverhaltensperiode[1] erlässt das zuständige Amtsgericht die bisherigen Schulden, falls der Schuldner sich redlich verhalten hat.

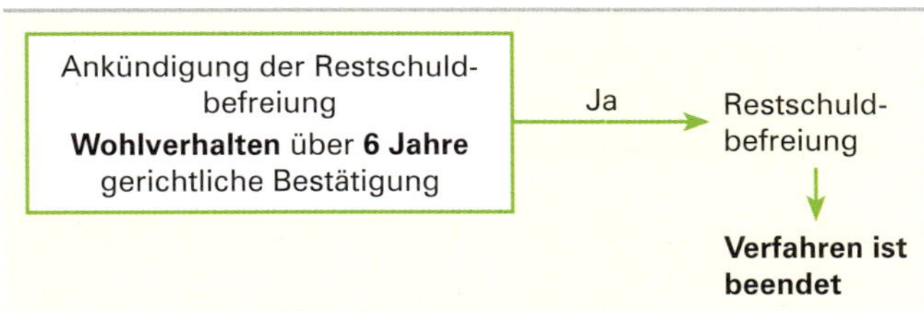

Kommt der Schuldner seinen Pflichten nicht nach, **versagt** das **Gericht** die **Restschuldbefreiung**.

1 Diese Frist kann verkürzt werden, z. B. auf 3 Jahre, wenn es dem Schuldner gelingt, mindestens 35 % der von den Gläubigern angemeldeten Schulden sowie die gesamten Verfahrenskosten zu begleichen.
Die Frist kann auf fünf Jahre verkürzt werden, wenn der Verbraucher den Insolvenzverwalter und die Gerichtskosten in diesem Zeitraum bezahlen kann.

Überblick: Überschuldung und Lösungsmöglichkeiten

Überschuldung

liegt vor, wenn das Vermögen des Schuldners kleiner ist als die bestehenden Schulden

↓

Lösungsmöglichkeiten

Schuldnerberatung

Annahme von Hilfe
↓
Situationsanalyse
↓
Hilfsangebot

Haushaltsplan

	Einnahmen
–	Ausgaben
	Summe
+/–	Ersparnisse/Schulden

Verbraucherinsolvenzverfahren

Stufe I:

Außergerichtliches Schuldenbereinigungsverfahren → erfolgreich → Verfahren ist beendet

↓ nicht erfolgreich

Stufe II:

Verfahren über den **gerichtlichen** Schuldenbereinigungsplan

1. Abschnitt: Versuch einer gütlichen Einigung zwischen Schuldner und Gläubiger durch das Gericht → erfolgreich → Verfahren ist beendet

↓ nicht erfolgreich

2. Abschnitt: Vereinfachtes Verbraucherinsolvenzverfahren
Verwertung der pfändbaren Gegenstände
Verteilen des Erlöses an die Gläubiger
Feststellung der Restverbindlichkeiten

↓

3. Abschnitt: Ankündigung der Restschuldbefreiung
Wohlverhalten über 6 Jahre
gerichtliche Bestätigung
→ Ja → Restschuldbefreiung ↓ Verfahren ist beendet

↓ Nein

Keine Restschuldbefreiung

Kompetenztraining

29

1. Beschreiben Sie, wann bei einem privaten Haushalt eine Überschuldung vorliegt!

2. Nennen Sie Maßnahmen, die private Haushalte ergreifen können, um eine Entschuldung zu erreichen!

3. Beschreiben Sie mögliche Folgen, die bei einer Überschuldung innerhalb der Familie auftreten können!

4. Familie Rosner, ein Ehepaar mit zwei Kindern im Alter von 2 und $3^1/_2$ Jahren, plant den Kauf eines gebrauchten Pkw. Herr Rosner, 29 Jahre alt, hat nach 4-monatiger Arbeitslosigkeit eine neue Stelle in einem ca. 40 km entfernt gelegenen Ort angenommen, den er mit öffentlichen Verkehrsmitteln nur schwer erreichen kann. Frau Rosner ist nicht berufstätig.

   Aufgaben:

   4.1 Berechnen Sie aufgrund der nachfolgenden Angaben die monatliche Belastung, die Familie Rosner einkalkulieren muss, wenn sie das Auto kauft!

   - Kaufpreis des Pkw 8958,00 EUR
   - Der Wagen soll 4 Jahre gefahren und dann mit 40 % des Kaufpreises verkauft werden.
   - Der durch den Wiederverkaufspreis des Altfahrzeugs nicht gedeckte Anteil des Nachfolgefahrzeugs soll durch eine monatlich Rücklage angespart werden. Zinsen bleiben unberücksichtigt.
   - Die Preissteigerungsrate wird mit 3 % pro Jahr angenommen.
   - Kfz-Steuer: pro Jahr 121,44 EUR
   - Haftpflichtversicherung: pro Jahr 350,00 EUR
   - Vollkaskoversicherung: pro Jahr 307,00 EUR
   - Rechtsschutzversicherung: pro Jahr 40,00 EUR
   - Werkstattkosten: pro Monat 44,00 EUR
   - Benzinkosten: 6,5 Liter Dieselkraftstoff je 100 km, 1 Liter zu 1,12 EUR; angenommene Fahrleistung pro Jahr 20000 km.

   4.2 Familie Rosner entwirft folgende Einnahmen- und Ausgabenvorausplanung (Angaben für einen Monat):

   - Nettoeinkommen von Herrn Rosner 1382,65 EUR
   - Kindergeld 368,00 EUR
   - Fixe Ausgaben 636,00 EUR
   - Sonstige (variable) Ausgaben 579,00 EUR

   Die Kosten für das Fahrzeug sind noch nicht berücksichtigt.

   4.2.1 Nennen Sie die Bezeichnung für diese Form der Haushaltsbuchführung!

   4.2.2 Erläutern Sie, welche Bedeutung die Ausgabenstruktur für Kaufentscheidungen hat!

   4.2.3 Beurteilen Sie, ob der Autokauf finanziell verkraftet werden kann!

5. Erläutern Sie die Begriffe

   5.1 Insolvenzverfahren,

   5.2 Schuldenbereinigungsverfahren,

   5.3 Restschuldbefreiung!

Kompetenzbereich III: Wirtschaftliches Handeln in der sozialen Marktwirtschaft beurteilen

1 Preisbildung in Abhängigkeit von der Marktform darstellen

Lernsituation 1:

Der 18-jährige Schüler Max Schlaumeier verdient sich gerne ein wenig Geld zusätzlich. Da Max schon recht früh in seinem Leben für sich erkannt hat, dass er gerne „sein eigenes Ding macht", kam für ihn kein normaler Job infrage, sodass er sich vor drei Monaten selbstständig machte. Zu diesem Zweck hat er gemeinsam mit seinem Vater den Kleinwohnwagen des Großvaters zu einem schönen „Marktstand" umgebaut und mit tollen Graffitis versehen. Mit dem mobilen Verkaufsstand fährt er dann zu verschiedenen Festen in der näheren Umgebung seines Wohnortes, um frisch zubereitete Crêpes zu verkaufen.

Zurzeit überlegt Max, ob er seinen Crêpestand für das eintägige Stadtfest seines Wohnortes am Sonntag anmelden soll, an dem vielfältige Marktstände die Einkaufspassage bereichern und zudem alle örtlichen Geschäfte geöffnet haben. Nach Auskunft der Organisatoren dieses Festes müsste er für den Stand eine Tagesgebühr von 150,00 EUR entrichten. Max verkauft die Crêpes zurzeit mit drei verschiedenen Belägen. Nach seiner Berechnung betragen die Kosten pro Crêpe inklusive Crêpetüte und Serviette unabhängig vom Belag ca. 1,00 EUR. Den Verkaufspreis hat Max seit Beginn seiner Geschäftstätigkeit auf 2,50 EUR festgelegt.

Kompetenzorientierte Arbeitsaufträge:

1. Angenommen, Sie wollen bei herrlichem Sonnenschein dieses Stadtfest besuchen. Bestimmen Sie, welche Faktoren konkret Ihr Einkaufsverhalten an den einzelnen Ständen bzw. in den Geschäften beeinflussen!
2. Erläutern Sie beispielhaft, wie sich Preisänderungen auf Ihr Nachfrageverhalten auswirken!
3. Angenommen, Crêpes zählen zu Ihren absoluten Lieblingsspeisen. Kurz bevor Sie den Marktstand von Max erreichen, sehen Sie, wie er den Preis pro Crêpe um 1,00 EUR erhöht. Welche Auswirkung hat diese Preiserhöhung auf Ihre Kaufentscheidung, wenn es keinen anderen Crepêstand gibt und Sie über ausreichend Taschengeld verfügen? Wie würde Ihre Entscheidung ausfallen, wenn Crêpes nicht Ihre einzige Lieblingsspeise wäre?
4. Erläutern Sie, wie Sie sich verhalten würden, wenn es weitere Crêpestände auf dem Markt geben würde und Sie unbedingt Crêpes essen möchten!
5. Diskutieren Sie, welche Auswirkungen es auf die Preisgestaltung von Max hat, ob es Konkurrenzanbieter gibt oder nicht!
6. Angenommen, Max hätte mit einem Verkaufspreis von 2,00 EUR kalkuliert. Nunmehr stellt er aber fest, dass die beiden anderen Crêpesanbieter 2,50 EUR pro Crêpe nehmen. Erläutern Sie kurz, welche Auswirkungen sich für Max ergeben, wenn er sich den anderen Anbietern anpassen möchte!
7. Aus den Erfahrungen der Vergangenheit heraus ist Ihnen bei Crêpes ein Preis von 4,00 EUR in Erinnerung. Erläutern Sie, was konkret die in Aufgabe 6 formulierte preisliche Ausgangssituation für Sie bedeutet!!

1.1 Markt als Ort des Zusammentreffens von Angebot und Nachfrage kennzeichnen

1.1.1 Begriff Markt

Wirtschaftlich betrachtet ist der **Markt** der Ort, an dem Angebot und Nachfrage aufeinandertreffen.

Der Markt hat die Aufgabe, über die **Preisbildung** einen Ausgleich zwischen den angebotenen und den nachgefragten Waren zu schaffen. Bestimmt wird der Preis durch den **Wettbewerb der Anbieter** und dem **Verhalten der Nachfrager.**

Der **Preis** ist der in Geld ausgedrückte **Tauschwert** einer Ware.

Anbieter versuchen auf dem Markt ihre Güter abzusetzen. Dabei streben sie nach Gewinnmaximierung.

MARKT

Nachfrager versuchen auf dem Markt ihre Nachfragepläne zu verwirklichen. Sie streben nach Nutzenmaximierung.

1.1.2 Marktarten

(1) Gliederung des Marktes nach der Art der Marktpreisbildung

Vollkommene Märkte[1]	Unvollkommene Märkte
Märkte, auf denen es nur einen **einheitlichen Preis** für ein **bestimmtes Gut** geben kann.	Märkte, auf denen es **unterschiedliche Preise** für ein **bestimmtes Gut** gibt.

1 Vgl. hierzu S. 178f.

(2) Gliederung des Marktes nach der Anzahl der Anbieter und Nachfrager

Polypol[1]

- **Unzählige Anbieter und Nachfrager** treten auf dem Markt auf. Das einzelne Unternehmen hat nur einen geringen Anteil am Gesamtangebot. Der einzelne Nachfrager hat nur einen geringen Anteil an der Gesamtnachfrage.
- Aufgrund des geringen Anteils am Markt kann **kein Anbieter direkt Einfluss auf den Marktpreis** nehmen. Auch der Nachfrager vermag den Marktpreis nicht zu beeinflussen.
- Der Nachfrager hat die Möglichkeit, Anbieter auszuwählen, die das **billigere Gut** anbieten.
- Das Polypol sorgt für einen **intensiven Wettbewerb,** ohne dass einzelne Unternehmen eine besondere Marktmacht besitzen.
- Grundsätzlich setzt das Polypol einen **vollkommenen Markt** voraus.

Beispiele:

Arbeitsmarkt, Wohnungsmarkt, Markt für Gebrauchtwagen.

Angebotsoligopol[2]

- **Wenigen Anbietern** steht eine **Vielzahl von Nachfragern** gegenüber. Einzelne Unternehmen haben einen hohen Marktanteil.
- In einem Angebotsoligopol lassen sich in der Realität (Wirklichkeit) **zwei** verschiedene **Verhaltensweisen** der Anbieter beobachten:

1. Möglichkeit: „Preiskampf"	2. Möglichkeit: „Schlafmützenwettbewerb"
Senkt ein Anbieter die **Preise,** so kann er damit rechnen, dass er neue Kunden dazugewinnt und sein **Absatz steigt.** Um dies zu verhindern, müssen die übrigen Anbieter ebenfalls die Preise senken. Es kommt zu einem **Preiskampf** zwischen den wenigen Anbietern, wobei die **Nachfrager** von den sinkenden Preisen am Markt **profitieren** (z. B. Lebensmitteldiscounter).	Statt sich in einem Preiskampf gegenseitig die Kunden streitig zu machen, belassen die Anbieter die Preise auf einem bestimmten Niveau. Da **Preisabsprachen gesetzlich verboten** sind, lässt sich beobachten, dass nach der Preiserhöhung eines Anbieters **(„Preisführer"),** die übrigen Anbieter in kurzen Zeitabständen nachziehen (z. B. Mineralölanbieter). Die Folge ist, dass es zu **steigenden** Preisen kommt.

Beispiele:

Strom-, Mobilfunk-, Computer-, Flugzeugindustrie, Pay-TV-Anbieter.

Angebotsmonopol[3]

- Einem **einzigen Anbieter** steht eine **Vielzahl von Nachfragern** gegenüber. Angebotsmonopole entstehen, wenn nur ein Unternehmen ein bestimmtes Produkt herstellt.
- Der Anbieter kann **Preise und Mengen** bestimmen. Allerdings muss er darauf achten, dass er die Preise nicht zu hoch ansetzt, sonst geht die Kaufbereitschaft der Nachfrager zurück und er kann weniger verkaufen.

Beispiele:

Bestimmte Teile der Rüstungsindustrie, Pharmakonzern in Bezug auf ein durch Patent geschütztes Medikament, Trinkwasserversorgung.

---

1 Die Vorsilbe **poly** ... bedeutet „viel", z. B. in „Polygamie" die Vielehe.

2 Die Vorsilbe **olig** ... bedeutet „wenig", z. B. in „Oligarchie" die Herrschaft weniger.

3 Die Vorsilbe **mono** ... bedeutet „ein", z. B. in „Monotonie" die Eintönigkeit.

1.2 Grafisch Gesamtangebot, Gesamtnachfrage und den Gleichgewichtspreis bei einem vollkommenen Polypol ermitteln

1.2.1 Gesamtangebot

(1) Begriff Angebot und das Gesetz des Angebots

Angebote sind die auf dem Markt erscheinenden Verkaufswünsche.

Zwischen Preis und Angebotsmenge bestehen in der Regel folgende Beziehungen **(„Gesetz des Angebots")**:

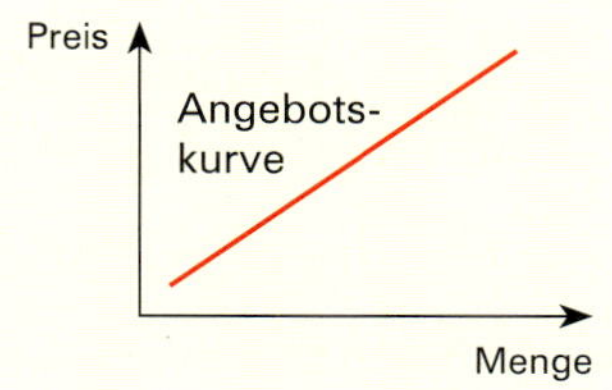

Mit steigenden Absatzpreisen werden die Anbieter versuchen, ihr Angebot mengenmäßig auszuweiten, weil sie sich zusätzliche Gewinne versprechen. Bei sinkenden Preisen werden sie ihr Angebot verringern oder (längerfristig) ganz aus dem Markt nehmen, weil die Gewinne sinken oder Verluste entstehen.

Daraus folgt: Die Anbieter sind bemüht, die Preise für ihre Ware möglichst hoch zu halten.

- Mit **steigendem Preis** eines Gutes **steigt** das Angebot für dieses Gut.
- Mit **sinkendem Preis** eines Gutes **sinkt** das Angebot für dieses Gut.

(2) Angebotsverschiebungen

Das Marktangebot für ein Gut verschiebt sich im Laufe der Zeit aus den verschiedensten Gründen. Nimmt z. B. die Zahl der Anbieter zu, nimmt auch das Angebot zu. Nimmt die Zahl der Anbieter ab, nimmt auch das Angebot ab, es sei denn, die Kapazitäten der Anbieter verändern sich.

Beispiel:

Das Angebot an Smartphones nimmt aufgrund einer steigenden Anbieterzahl zu.

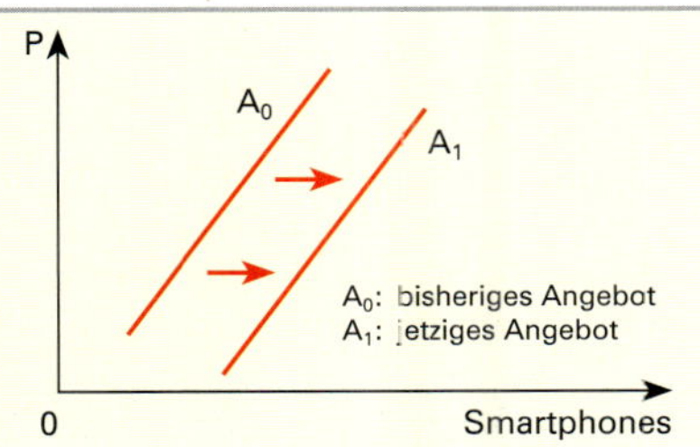

Beispiel:

Das Angebot für Thunfisch nimmt aufgrund der Überfischung der Meere ab.

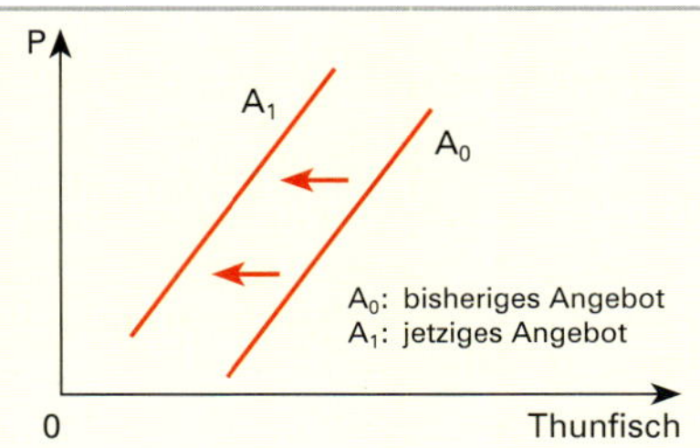

Angebotsverschiebungen treten z. B. ein, wenn

- die Anzahl der Anbieter steigt oder fällt,
- die Zukunftserwartungen der Anbieter positiv oder negativ sind,
- die Technologie sich grundlegend ändert.

- **Zunehmendes Angebot** bedeutet, dass bei gegebenen Preisen mehr angeboten wird: Die Angebotskurve verschiebt sich nach **„rechts"**.
- **Abnehmendes Angebot** bedeutet, dass bei gegebenen Preisen weniger angeboten wird: Die Angebotskurve verschiebt sich nach **„links"**.

1.2.2 Gesamtnachfrage

(1) Begriff Nachfrage und das Gesetz der Nachfrage

Nachfrage ist der auf dem Markt erscheinende Bedarf.[1]

Zwischen Preis und Nachfragemenge bestehen in der Regel folgende Beziehungen (**„Gesetz der Nachfrage"**):

- Mit **steigendem Preis** eines Gutes **sinkt** die Nachfrage nach diesem Gut.
- Mit **sinkendem Preis** eines Gutes **steigt** die Nachfrage nach diesem Gut.

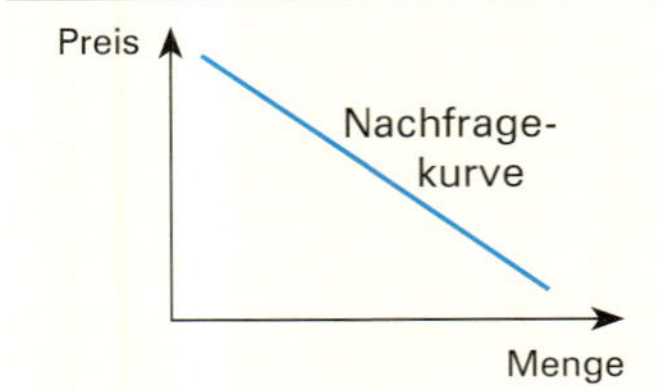

(2) Nachfrageverschiebungen

Eine Nachfragekurve gilt nur für einen bestimmten Zeitpunkt, denn in der Wirtschaft verändern sich die Nachfrageverhältnisse laufend, d. h., die Nachfragekurven **verschieben** sich.

Beispiel: Zunehmende Nachfrage nach Joggingschuhen

Durch neue Studien wird belegt, dass regelmäßiges Joggen schon bei zwei Stunden pro Woche die durchschnittliche Lebenserwartung um mehrere Jahre ansteigen lässt. Diese Erkenntnis wird über einen längeren Zeitraum in verschiedenen Medien sehr umfangreich thematisiert. Daraufhin nimmt die Nachfrage nach Joggingschuhen stark zu. Die Nachfragekurve verschiebt sich nach **„rechts"**.

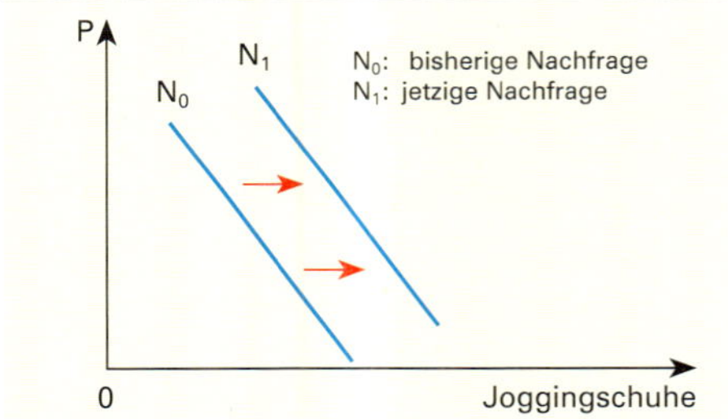

Beispiel: Abnehmende Nachfrage nach Zigaretten

Aufgrund der Antiraucherkampagne mag es sein, dass einige Haushalte das Rauchen ganz aufgeben bzw. einige Haushalte den Konsum senken. Die Nachfrage nach Zigaretten wird also bei gleichen Preisen und gleichbleibenden Einkommen insgesamt zurückgehen. Die Nachfragekurve verschiebt sich nach **„links"**.

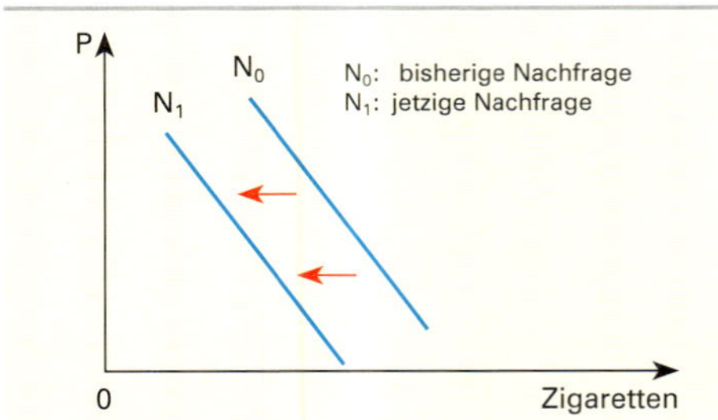

1 Die mit Kaufkraft versehenen Bedürfnisse bezeichnet man als **Bedarf**.
Unter **Bedürfnisse** versteht man ein **Mangelempfinden** der Menschen, das diese beheben möchten.

Nachfrageverschiebungen treten z. B. ein, wenn

- sich die Bedürfnisse ändern,
- die Preise anderer Güter steigen oder fallen,
- die Zahl der Nachfrager wächst oder schrumpft,
- die Einkommen steigen oder fallen.

- **Zunehmende Nachfrage** bedeutet, dass bei gegebenen Preisen mehr nachgefragt wird: Die Nachfragekurve verschiebt sich nach **„rechts"**.
- **Abnehmende Nachfrage** bedeutet, dass bei gegebenen Preisen weniger nachgefragt wird: Die Nachfragekurve verschiebt sich nach **„links"**.

1.2.3 Ermittlung des Gleichgewichtspreises bei einem vollkommenen Polypol

Treffen Angebot und Nachfrage auf einen Markt, auf dem es eine Vielzahl von Anbietern und Nachfragern gibt, so werden die Waren zu dem Preis gehandelt, bei dem die **meisten Waren** gekauft bzw. verkauft werden können. Diesen Preis bezeichnet man als **Gleichgewichtspreis.**

Beispiel:

Auf der Warenbörse[1] Hamburg wird die Getreidesorte „Weizen B-230" gehandelt.

Aufgabe:

Ermitteln Sie grafisch den Gleichgewichtspreis bei der nachfolgenden Nachfrage- und Angebotssituation!

Preis je Tonne (t) in EUR	Nachfrage in t	Angebot in t	umsetzbare Menge in t
210	25	5	5
211	20	10	10
212	15	15	15
213	10	20	10
214	5	25	5

Lösung:

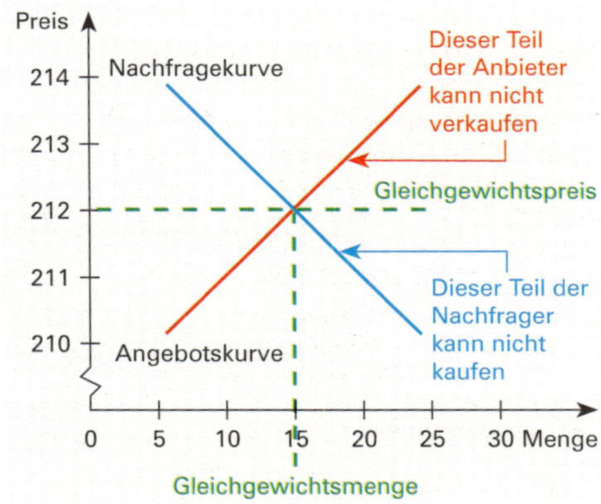

Erkenntnis:

- Alle **Nachfrager,** die nur einen **geringeren** Preis als den Gleichgewichtspreis zu zahlen bereit waren, können **nicht kaufen** und gehen leer aus (Nachfragekurve rechts unterhalb des Gleichgewichtspreises).
- Alle **Anbieter,** die einen **höheren** Preis als den Gleichgewichtspreis fordern (Angebotskurve rechts oberhalb des Gleichgewichtspreises), können **nicht verkaufen** und bleiben auf ihrem Angebot sitzen.

Der **Gleichgewichtspreis** bringt Angebot und Nachfrage zum Ausgleich, er „räumt den Markt"!

1 **Warenbörse** ist der Markt, auf dem vertretbare Waren nach Standardtypen (z. B. Markenbutter, Emmentaler 45 %, Brotroggen) gehandelt werden.

12 Speth u.a. - ISBN 978-3-8120-0691-0

1.2.4 Auswirkungen des Gleichgewichtspreises für Anbieter und Nachfrager und die Voraussetzungen für das Entstehen des Gleichgewichtspreises

(1) Auswirkungen des Gleichgewichtspreises für Anbieter und Nachfrager

Anbieter, die einen **höheren Preis** als den Gleichgewichtspreis (Marktpreis) erzielen wollen, und **Nachfrager,** die nur einen **niedrigeren Preis** als den Gleichgewichtspreis bezahlen wollen, **gehen leer aus.**

Beispiel:

Im Beispiel auf S. 177 geht der Nachfrager, der nur 211,00 EUR zu zahlen bereit ist, leer aus. Gleiches gilt für den Anbieter, der nur zum Preis von 213,00 EUR verkaufen möchte.

Anbieter, die auch zu einem **niedrigeren Preis** als zu dem Gleichgewichtspreis verkaufen würden, erzielen einen zusätzlichen Gewinn, den man als **Anbieterrente** bezeichnet (Fläche **oberhalb** der **Angebotskurve** und **unterhalb** des **Gleichgewichtspreises**).

Beispiel:

Im vorgegebenen Fall erzielen die Anbieter, die auch zu 210,00 EUR oder zu 211,00 EUR verkaufen würden, eine Anbieterrente. Sie erhalten am Markt einen um 2,00 EUR bzw. 1,00 EUR höheren Preis.

Käufer, die auch einen **höheren Preis** als den Gleichgewichtspreis zu zahlen gewillt wären, erzielen eine **Nachfragerrente.** Sie stellt für die Nachfrager einen **Nutzengewinn** dar (Fläche **unterhalb** der **Nachfragekurve** und **oberhalb** des **Gleichgewichtspreises**).

Beispiel:

Im vorgegebenen Fall erzielen die Nachfrager, die auch zu 214,00 EUR oder zu 213,00 EUR kaufen würden, eine Nachfragerrente. Sie zahlen 2,00 EUR bzw. 1,00 EUR weniger, als sie zu zahlen bereit waren.

(2) Voraussetzungen für das Entstehen eines Gleichgewichtspreises

Damit es auf einem Markt, auf dem sich unzählige Anbieter und Nachfrager gegenüberstehen, einen Gleichgewichtspreis für ein bestimmtes Gut geben kann, sind die Voraussetzungen für einen **vollkommenen Markt** erforderlich:[1]

Voraussetzungen	Beispiele
Die auf dem Markt gehandelten **Güter** müssen **vollkommen gleichartig** (homogen) sein.	Banknoten, Aktien einer bestimmten Aktiengesellschaft, Edelmetalle mit einem bestimmten Feingehalt, Baumwolle eines bestimmten Standards.
Angebot und Nachfrage müssen gleichzeitig an einem bestimmten Ort aufeinandertreffen **(Punktmarkt).**	Nur die an einem bestimmten Tag bei einem Börsenmakler zusammenlaufenden Kauf- und Verkaufsaufträge bestimmen den Kurs (den Preis) des Tages.
Anbieter und Nachfrager müssen eine **vollständige Marktübersicht** (Markttransparenz) besitzen.	Eine Hausfrau hat dann eine vollständige Marktübersicht, wenn sie die Preise und Qualitäten aller angebotenen Waren kennt.
Anbieter und Nachfrager müssen **sofort** auf Änderungen der Marktsituation **reagieren können.**	Der Käufer einer Aktie hat jederzeit die Möglichkeit, sich über das Internet an der Börse über den Stand der Nachfrage, des Angebots und der Kurse zu informieren (Markttransparenz).

1 In der Volkswirtschaftslehre spricht man von einem **vollkommenen polypolistischen Markt.**

Voraussetzungen	Beispiele
Käufer und Verkäufer dürfen sich nicht gegenseitig bevorzugen (**Abwesenheit von Präferenzen:** Bevorzugungen).	Bevorzugungen liegen etwa vor, wenn ein Käufer den Lieferer A bevorzugt, weil dieser schnell liefern kann (zeitliche Präferenz), in unmittelbarer Nähe zum Käufer liegt (räumliche Präferenz) oder wenn ein Kunde ein Geschäft aufgrund besonders kulanter und freundlicher Bedienung bevorzugt (persönliche Präferenz).

Ist eine Voraussetzung nicht erfüllt, handelt es sich um einen **unvollkommenen Markt.**

1.3 Auswirkungen von Angebots- und Nachfrageänderungen auf den Gleichgewichtspreis und die Gleichgewichtsmenge darstellen

Die Verschiebung der Angebots- und/oder der Nachfragekurven (siehe S. 175ff.) kann dazu führen, dass sich der bisherige Gleichgewichtszustand verändert.

(1) Nachfrage nimmt bei gleicher Angebotsmenge zu

Nimmt die Nachfrage bei gleicher Angebotsmenge zu, so wollen mehr Nachfrager das Gut erwerben. Die Folge ist, dass der **Preis steigt.**

Beispiel:

Steigt die **Nachfrage** beim bisherigen Gleichgewichtspreis von 212,00 EUR (siehe S. 177) und einer Gleichgewichtsmenge von 15 t, verschiebt sich die Nachfragekurve nach **rechts.** Der **Preis erhöht** sich auf den neuen Gleichgewichtspreis und die **Gleichgewichtsmenge nimmt** ebenfalls **zu.**

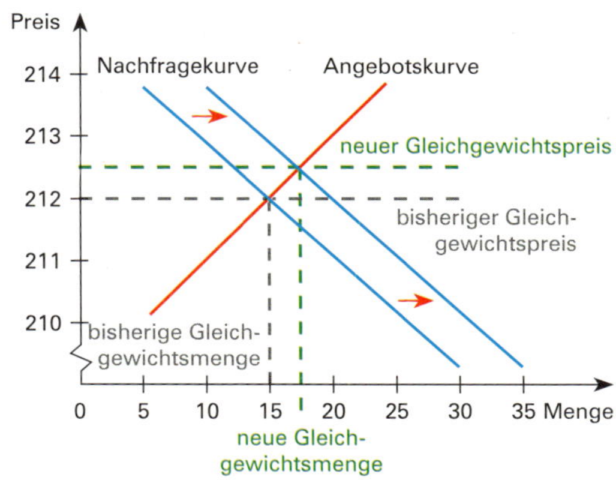

Wenn bei **gleicher Nachfrage** das **Angebot abnimmt** (Angebotskurve verschiebt sich nach links), **steigt** der **Preis** ebenfalls, die **Gleichgewichtsmenge** hingegen **nimmt ab.**

- Märkte, auf denen die Nachfragemenge (vorübergehend) größer ist als die Angebotsmenge (**Nachfrageüberschuss** bzw. **Angebotslücke**), werden als **Verkäufermärkte** bezeichnet.
- Die Anbieter (Verkäufer) haben eine **starke Stellung,** weil im Verhältnis zur Nachfrage zu wenig Güter angeboten werden.

(2) Angebot nimmt bei gleicher Nachfragemenge zu

Nimmt das Angebot bei gleicher Nachfragemenge zu, wollen mehr Anbieter das Gut verkaufen. Die Folge ist, dass der **Preis sinkt.**

Beispiel:

Steigt das **Angebot** beim bisherigen Gleichgewichtspreis von 212,00 EUR (siehe S. 177) und einer Gleichgewichtsmenge von 15 t, verschiebt sich die Angebotskurve nach **rechts.** Der **Preis sinkt** auf den neuen Gleichgewichtspreis und die **Gleichgewichtsmenge nimmt zu.**

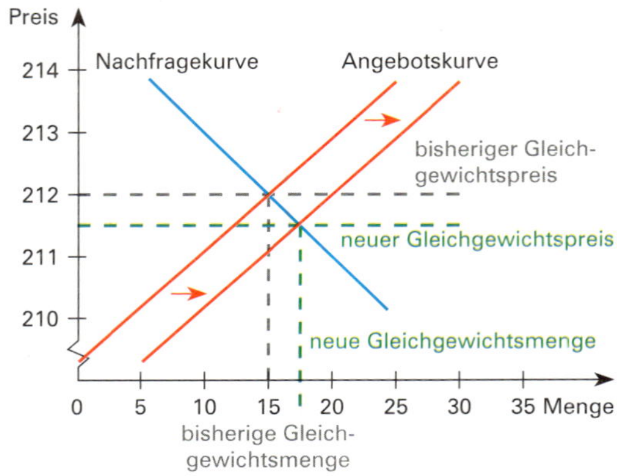

Wenn bei **gleichem Angebot** die **Nachfrage abnimmt** (Nachfragekurve verschiebt sich nach links), **sinkt** der **Preis** ebenfalls, die **Gleichgewichtsmenge nimmt** jedoch **ab.**

- Märkte, auf denen die Angebotsmenge (vorübergehend) größer ist als die Nachfragemenge (**Angebotsüberschuss** bzw. **Nachfragelücke**), heißen **Käufermärkte.**
- Die Nachfrager (Käufer) haben eine **starke Marktstellung,** weil im Verhältnis zur Nachfrage zu viel Güter angeboten werden.

Überblick: Markt und Preisbildung

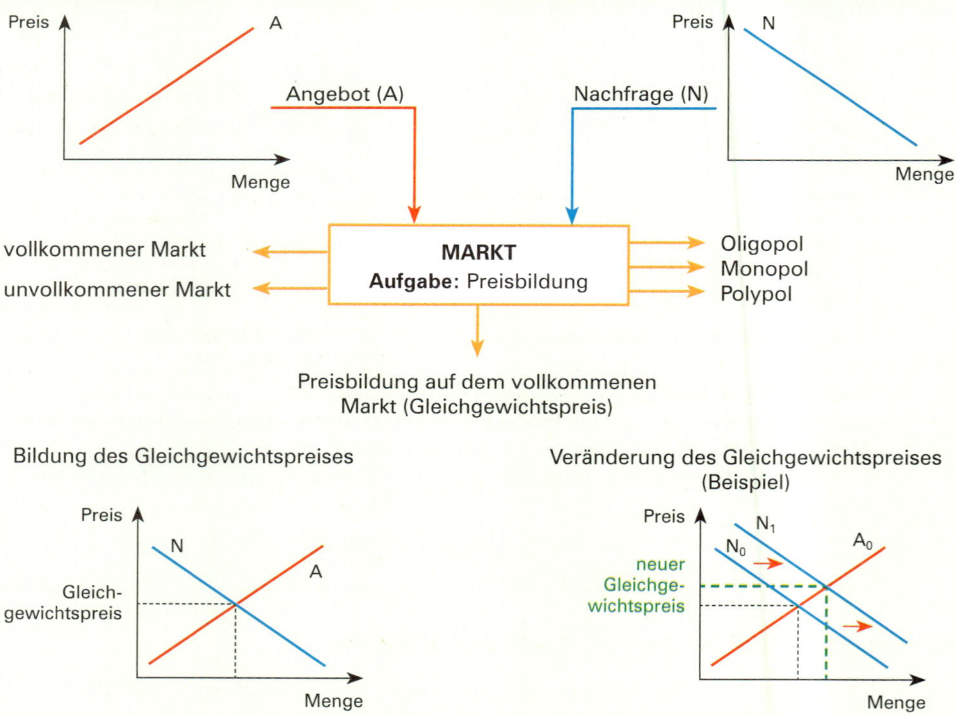

Kompetenztraining

30 1. Unterscheiden Sie die Begriffe vollkommener Markt und unvollkommener Markt!

2. Unterscheiden Sie das Angebotsoligopol vom Angebotsmonopol!

3. Auf einem Markt für Vitamine herrscht bezüglich einer bestimmten Vitaminart folgende Nachfrage- und Angebotssituation:

Preis der Vitaminart in EUR:	30,00	25,00	20,00	15,00	10,00	5,00
Nachgefragte Stücke in 100:	0	1	3	5	7	9
Angebotene Stücke in 100:	6,5	5,5	4,5	3,5	2,5	1,5

Lösungshinweis: Zeichnen Sie die Angebots- und Nachfragekurve je 5,00 EUR bzw. je 100 Stück ≙ 1 cm und bestimmen Sie den Gleichgewichtspreis und die zu diesem Preis umsetzbaren Stückzahlen!

Aufgaben:

3.1 Ermitteln Sie grafisch den Gleichgewichtspreis!

3.2 Begründen Sie das Zustandekommen des Gleichgewichtspreises!

4. Angenommen, auf einem Wochenmarkt treten folgende Anbieter frischer und absolut gleichwertiger Pfifferlinge auf, wobei jeder Anbieter 10 kg auf den Markt bringt. Die Mindestpreisvorstellungen der Anbieter sind:

Anbieter:	A	B	C	D	E	F
Preis je kg in EUR:	10,00	11,00	12,00	13,00	14,00	15,00

Als Nachfrager treten 50 Wochenmarktbesucher auf, die höchstens Folgendes ausgeben und je 1 kg kaufen wollen:

Nachfrager:	1–10	11–20	21–30	31–40	41–50
Preisvorstellung je kg in EUR:	13,00	12,50	12,00	11,50	11,00

Aufgaben:

4.1 Zeichnen Sie die Angebots- und Nachfragekurve! Stellen Sie den Gleichgewichtspreis fest!

4.2 In diesem Beispiel haben wir zwar so getan, als ob es sich um einen vollkommenen polypolistischen Markt handle. In Wirklichkeit ist dies jedoch nicht der Fall. Nennen Sie dafür Gründe!

5. Ordnen Sie den nachfolgenden Begriffen die im Schaubild aufgeführten Ziffern zu!

a) Preis	
b) Menge	
c) Nachfragekurve	
d) Angebotskurve	
e) Angebotslücke	
f) Nachfragelücke	
g) Gleichgewichtspreis	
h) Gleichgewichtsmenge	
i) Nachfragerrente	

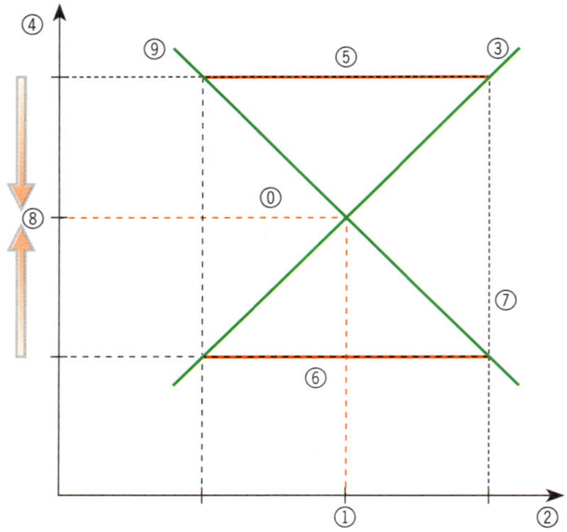

6. Die nachfolgende Tabelle zeigt die Veränderung von Angebot und Nachfrage bei einem vollkommenen Polypol.

Änderungen	Veränderung der Gleichgewichtsmenge	Veränderung des Gleichgewichtspreises
Zunahme der Nachfrage bei gleicher Angebotsmenge		
Abnahme der Nachfrage bei gleicher Angebotsmenge		
Zunahme des Angebots bei gleicher Nachfragemenge		
Abnahme des Angebots bei gleicher Nachfragemenge		

Aufgabe:

Übertragen Sie die Tabelle in Ihr Heft! Tragen Sie die jeweilige Veränderung der Gleichgewichtsmenge sowie die damit jeweils verbundene Veränderung des Gleichgewichtspreises in die Tabelle ein!

2 Einflussmöglichkeiten des Staates auf die Marktpreisbildung beschreiben, das Wesen der sozialen Marktwirtschaft erklären und die Wirkung der Instrumente der sozialen Marktwirtschaft aufzeigen

Lernsituation 2:

Melissa ist im Anschluss an ihre Ausbildung zur Köchin von Stuttgart nach Titisee-Neustadt gezogen. Dort arbeitet sie seit nunmehr drei Monaten in einem kleinen Ausflugslokal. Da sie an Wochenenden zumeist arbeiten muss, freut sie sich umso mehr, dass sie nun endlich einmal ein freies Wochenende hat und ihre alte Schulfreundin Jule aus Stuttgart zu Besuch kommt.

Nachdem es sich die beiden Freundinnen in einem schönen Biergarten gemütlich gemacht haben, erzählt Jule ausgiebig von ihrem anstrengenden Studium in Stuttgart. Dabei klagt sie über die vielen Vorlesungen und das äußerst anstrengende Lernen. Zudem seien die Hörsäle viel zu voll, die Uni – vor allem die Bibliothek – viel zu schlecht ausgestattet. Hier müsse der Staat viel mehr machen. Vor allem beschwert sie sich aber darüber, wie schwierig es ist, mit ca. 700,00 EUR BAföG[1] und eigener Wohnung in Stuttgart bei wahrscheinlich künftig stark steigenden Mieten finanziell klarzukommen. Schließlich meint Jule, dass es Melissa da ja wohl viel besser getroffen habe. Einerseits wohne sie nicht in einer teuren Großstadt und gleichzeitig würde sie ja bestimmt Einiges mehr verdienen als sie.

Melissa, die bisher geduldig zugehört hat, schüttelt energisch den Kopf und antwortet: *„Da hast du aber vollkommen falsche Vorstellungen. Hier in Titisee-Neustadt ist die Miete ziemlich hoch und wegen der vielen Touristen ist auch alles ziemlich teuer. Tja, und was mein Chef mir so zahlt, davon kann ich auch nicht reich werden. Ich arbeite jede Woche mindestens 40 Stunden und bekomme dafür 1 200,00 EUR brutto im Monat. Zieht man die Sozialversicherung ab, habe ich netto nicht sehr viel mehr als du."*

Jule sieht Melissa verständnislos an und behauptet: *„Das kann ja wohl überhaupt nicht sein. Dann bekommst du ja weniger als 8,00 EUR brutto die Stunde, und das ist doch mittlerweile in Deutschland gesetzlich verboten. Ich denke, dass dein Chef dich da gehörig über den Tisch zieht! Du solltest gleich am Montag mal eine kräftige Gehaltserhöhung und eine Nachzahlung einfordern. Hast Du das denn wirklich nicht gewusst?"*

Melissa entgegnet: *„Du hast gut reden. Du weißt ja gar nicht, wie froh ich damals war, überhaupt einen Job zu bekommen. Und als mein Chef mir beim Vorstellungsgespräch die Lohnhöhe nannte, fügte er gleich hinzu: ‚Wenn Sie den Job nicht machen wollen, nehme ich halt jemand anderen. Es stehen genug Jobsuchende Schlange!'"*

Nachdem Jule kurz nachgedacht hat, antwortet sie: *„Das kann der doch nicht machen, das ist doch total ungerecht!"*

Daraufhin platzt Melissa der Kragen und sie entgegnet: *„Du redest von ungerecht? Meine Schwester bekommt im Gegensatz zu dir kein BAföG für ihr Studium. Dann jammerst du darüber, dass der Staat mehr Geld für die Unis ausgeben soll und zu guter Letzt beklagst du dich vollkommen zu Unrecht über künftig stark steigende Mieten in Stuttgart. Dabei hat mir mein Papa erst kürzlich erzählt, dass er für die vermietete Wohnung in seinem Haus in Stuttgart die Miete nicht wie geplant um 20 % erhöhen durfte, weil der Staat das verbietet. Tja und deshalb kann er jetzt nur meine Schwester im Studium und nicht noch mich finanziell unterstützen."*

1 BAföG ist die Abkürzung für „Bundesausbildungsförderungsgesetz". Mit dem BAföG stellt der Staat Mittel für eine Ausbildung zur Verfügung, soweit weder die Eltern/Ehepartner/Partner noch die/der Studierende selbst für den Lebensunterhalt und die Ausbildungskosten aufkommen können. BAföG-Zahlungen werden grundsätzlich zu 50 Prozent als Zuschuss und zu 50 Prozent als unverzinsliches Darlehen gewährt.

Kompetenzorientierte Arbeitsaufträge:

1. Recherchieren Sie, seit wann es in der Bundesrepublik Deutschland einen gesetzlichen Mindestlohn gibt und wie hoch dieser aktuell ist!
2. Begründen Sie, ob es sich bei der staatlichen Festsetzung des Mindestlohns um einen marktkonformen oder um einen marktkonträren Staatseingriff handelt!
3. Beurteilen Sie die Situation von Melissa bezüglich ihres Arbeitsverhältnisses unter marktwirtschaftlichen und rechtlichen Gesichtspunkten!
4. Nennen Sie jeweils drei Argumente pro und contra Mindestlohn!
5. Recherchieren Sie, ob in Deutschland – so wie von Melissa behauptet – nicht jeder Student BAföG erhält!

   Beurteilen Sie anschließend diesen Eingriff des Staates in die Förderung von Ausbildung!
6. Jule fordert eine bessere Ausstattung der Universität. Beurteilen Sie, um welche Form des Markteingriffes es sich bei dieser Forderung handelt!
7. Erläutern Sie, warum Melissas Vater die Miete nicht beliebig erhöhen darf und beurteilen Sie diese Form des Markteingriffs!

2.1 Begriff freie Marktwirtschaft und die Nachteile der Marktpreisbildung beschreiben

2.1.1 Begriff freie Marktwirtschaft

Wesentliches Merkmal der freien Marktwirtschaft ist die **Freiheit des Einzelnen** (**Individualismus**[1]). Der **Einzelne** ist für sich selbst verantwortlich und strebt wirtschaftlich eine **Nutzenmaximierung** an. Gleiches gilt für die **Unternehmen,** die das Ziel der **Gewinnmaximierung** anstreben. Die Theorie der Marktwirtschaft besagt: Wenn jeder seinen eigenen Vorteil sucht,

- wird der Unternehmer die vom Verbraucher gewünschten Waren herstellen und versuchen, dabei einen möglichst hohen Gewinn zu erzielen.
- wird der Verbraucher die Waren dort kaufen, wo sie ihm am billigsten angeboten werden.

Die **Abstimmung der Pläne** von Unternehmen und Verbraucher erfolgt über den **Markt.** Der freie, d. h. nicht vom Staat beeinflusste Wettbewerb ist nach der Theorie imstande, die vielen Einzelinteressen der Marktteilnehmer zum Ausgleich zu bringen.

1 **Individualismus:** Sichtweise, die dem Einzelnen und seinen Bedürfnissen den Vorrang vor der Gemeinschaft einräumt.

Beispiel:

An einem Samstagmorgen geht die 17-jährige Lena einkaufen. Zunächst besorgt sie für die Familie beim Bäcker einige Brötchen und Croissants. Danach kauft sie beim Metzger etwas Wurstaufschnitt sowie für die am Abend geplante Grillparty verschiedenartiges Grillgut. Auf dem Nachhauseweg beschafft sie noch bei einem örtlichen Fachhändler verschiedene Getränke.

Nach dem Frühstück fährt Lena in die Stadt. Hier kauft sie dann neben einem dringend benötigten Paar Joggingschuhe noch einige T-Shirts sowie zwei Hosen und eine Smartphone-Hülle. Am Ende der Shoppingtour gönnt sie sich schließlich noch einen Besuch beim Friseur sowie einen Erdbeershake in einer Eisdiele.

Wie dieses Beispiel zeigt, kann Lena sämtliche Pläne verwirklichen, ohne dass sie im Vorfeld den Unternehmen ihre Einkaufswünsche verraten hat. Wie kommt es aber, dass all diese Waren zur gewünschten Zeit am gewünschten Ort zur Verfügung stehen und das in aller Regel für viele Millionen Kunden täglich?

In der freien Marktwirtschaft haben sich die Unternehmen auf die **Wünsche ihrer Kunden** eingestellt und produzieren entsprechende Güter in den voraussichtlich nachgefragten Mengen. Dies tun sie nicht, weil sie als Wohltäter jeden Einzelnen versorgen möchten. Vielmehr handeln sie aus rein egoistischen Motiven. Denn sie möchten über den Verkauf ihrer Waren und Dienstleistungen Gewinne erzielen. Somit dient der **Eigennutz** der Unternehmen automatisch dem **Gesamtwohl.** In der Theorie spricht man in diesem Zusammenhang davon, dass die freie Marktwirtschaft[1] wie eine **„unsichtbare Hand"** den Markt und somit auch die Einzel- und Gesamtinteressen zum Ausgleich bringt.

Unsichtbare Hand

„Nicht von dem Wohlwollen des Fleischers, Brauers oder Bäckers erwarten wir unsere Mahlzeit, sondern von ihrer Bedachtnahme auf ihr eigenes Interesse. [. . .]

Jeder Einzelne bemüht sich darum, sein Kapital so einzusetzen, dass es den größten Ertrag bringt. Im Allgemeinen wird er wenig bestrebt sein, das öffentliche Wohl zu fördern, noch wird er wissen, inwieweit er es fördert. Er interessiert sich nur für seine eigene Sicherheit und seinen eigenen Gewinn. Und gerade dabei wird er, wie von unsichtbarer Hand geleitet, ein Ziel fördern, das er von sich aus gar nicht anstrebt; indem er seine eigenen Interessen verfolgt, fördert er das Wohl der Gesellschaft häufig wirksamer, als wenn er es direkt beabsichtigt hätte."

Quelle: Adam Smith, Untersuchung über Wesen und Ursachen des Reichtums der Völker, hg. v. Erich W. Streissler, übers. v. Monika Streissler, Tübingen 2005, S. 98.

Wichtige Ordnungsmerkmale der freien Marktwirtschaft sind:

- Konsumfreiheit,
- Produktionsfreiheit,
- Freihandel sowie
- Vertragsfreiheit.

1 Die freie Marktwirtschaft ist ein Modell. Es handelt sich um eine Idee, die in reiner Form nie existiert hat.

wichtige Ordnungsmerkmale der freien Marktwirtschaft

Konsumfreiheit

Die Entscheidung darüber, was und wie viel gekauft wird, liegt ausschließlich bei den Konsumenten.

Produktionsfreiheit

Die Entscheidung darüber, was und wie viel produziert wird, liegt ausschließlich bei den Unternehmen.

Freihandel

Es bleibt den Unternehmen und Haushalten überlassen, ob und wie viel sie aus dem Ausland kaufen (importieren) bzw. an das Ausland verkaufen (exportieren) wollen.

Vertragsfreiheit

Die Ausgestaltung der Verträge (z. B. Kaufverträge) und die Frage, mit welchen Partnern überhaupt Verträge abgeschlossen werden, ist ausschließlich den Vertragsparteien überlassen.

Auch die **freie Berufswahl bzw. Arbeitsplatzwahl** muss garantiert sein. Dies schließt die Freiheit ein, sich gewerblich zu betätigen **(Gewerbefreiheit).** Der **Staat** greift dabei überhaupt nicht in das Wirtschaftsgeschehen ein. Er hat lediglich die **Aufgabe,** Schutz, Sicherheit und Eigentum der Bürger zu gewährleisten, ein Zahlungsmittel bereitzustellen sowie das Rechtssystem zu erhalten **(„Nachtwächterstaat").** Der Staat enthält sich ansonsten der wirtschaftlichen Einflussnahme und überlässt die Steuerung der Wirtschaft allein dem Markt, d. h. dem Gesetz von Angebot und Nachfrage.

2.1.2 Nachteile der freien Marktwirtschaft

(1) Soziale Probleme durch Versagen des Arbeitsmarktes

In der freien Marktwirtschaft werden die Arbeitnehmer nach Leistung entlohnt. Die Lohnhöhe richtet sich nach Angebot und Nachfrage, was zu sozialen Missständen führen kann.

Beispiel:

In der freien Marktwirtschaft ist der Arbeitsmarkt sich selbst überlassen. Der Lohn als Preis für Arbeit schwankt je nach Arbeitsangebot und Arbeitsnachfrage. Besteht ein Überangebot von Arbeitskräften (besteht also Arbeitslosigkeit), sinken die Löhne. Hunger und Krankheit sorgen für eine Dezimierung (Verminderung) der besitzlosen Arbeitnehmer (Proletarier). Der Lohn wird erst wieder steigen, wenn die Arbeitskräfte im Verhältnis zur Arbeitsnachfrage wieder knapp geworden sind.

Das System der freien Marktwirtschaft führt somit zu einer **starken Abhängigkeit der Arbeitnehmer.**

(2) Einkommens- und Vermögensverteilung ist ungerecht

Leistungs- und Durchsetzungsvermögen, ererbtes Vermögen, Eigentum an einem Unternehmen u. Ä., die Voraussetzungen zur Einkommens- und Vermögenserzielung sind, sind in Wirklichkeit ungleich verteilt. Daraus folgt, dass in der freien Marktwirtschaft eine ungleiche Einkommens- und Vermögensverteilung herrscht. Sie führt dazu, dass Arme immer ärmer und Reiche immer reicher werden.

(3) Einschränkung des Wettbewerbs zwischen den Anbietern

Auf einem freien Markt bildet sich in kurzer Zeit das Bestreben heraus, den freien Wettbewerb einzuschränken oder auszuschalten. Unternehmenszusammenschlüsse heben die freie Bildung des Preises weitgehend auf. Die Preise werden nicht mehr vom Markt, sondern von Unternehmen mit einem hohen Marktanteil bestimmt.

(4) Vermögenskonzentration[1] bei wenigen Personen

Marktstarke Unternehmen (z. B. Monopole, Oligopole) sind in der Lage, ihre Absatzpreise höher als die anzusetzen, die sich bei freier Konkurrenz ergeben würden. Dies führt zu überhöhten Gewinnen der Unternehmen, was wiederum im Laufe der Zeit eine Vermögenskonzentration bei den wenigen Unternehmern auf Kosten der abhängigen und vermögenslosen Arbeitnehmer mit sich bringt.

(5) Unterversorgung mit öffentlichen Gütern und hohe Umweltbelastungen

Öffentliche (staatliche) Güter wie Gesundheits- und Bildungswesen sowie die gesamte Infrastruktur[2] werden ohne Einflussnahme des Staates vernachlässigt, da solche Güter von privaten Anbietern über den Markt nicht bereitgestellt werden. Ohne Schutz des Staates kommt es zudem zu einer Ausbeutung von Umweltgütern.

2.2 Einflussmöglichkeiten des Staates auf die Marktpreisbildung

2.2.1 Marktkonforme Staatseingriffe

Staatseingriffe, die den **Preismechanismus nicht außer Kraft** setzen, bezeichnet man als **marktkonform.**[3]

1 **Konzentration**: Zusammenballung.

2 **Infrastruktur** sind die Einrichtungen eines Landes, die für den Ablauf von wirtschaftlichen Tätigkeiten erforderlich sind und der volkswirtschaftlichen Entwicklung dienen. Hierzu zählen Schulen, Krankenhäuser, Sport- und Freizeitanlagen, Energie- und Wasserversorgung, Einrichtungen der Verkehrs- und Nachrichtenübermittlung.

3 **Konform** sein: In Einklang stehen mit etwas; marktkonforme Maßnahmen sind also solche, die mit der Idee der Marktwirtschaft in Einklang stehen.

Staatseingriffe	Auswirkungen auf die Wirtschaft	Beispiele
Erhöhung der Nachfrage 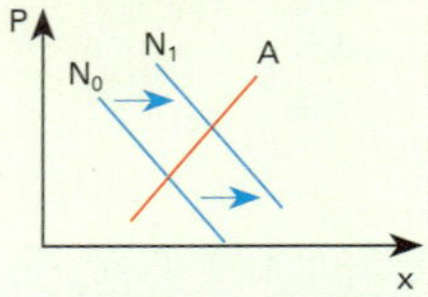	■ Erhöhte Staatsnachfrage kann eine unterbeschäftigte Wirtschaft beleben. ■ Beschäftigung nimmt zu. ■ Gefahr von Preissteigerungen.	■ Erteilung von Aufträgen an Forschung, Bauwirtschaft ... ■ Erhöhung von Transferzahlungen[1] an Verbraucher (Wohngeld, Kindergeld). ■ Steuersenkungen (Konsumenten können mehr Geld ausgeben).
Verringerung der Nachfrage 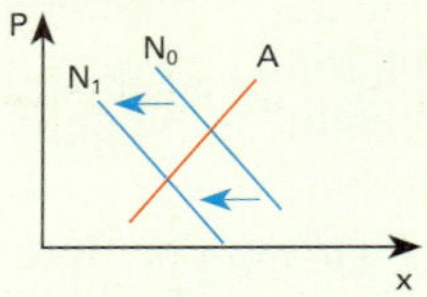	■ Geringere Staatsnachfrage kann eine überbeschäftigte Wirtschaft dämpfen. ■ Es kommt zu Preissenkungen. ■ Gefahr der Unterbeschäftigung.	■ Zurücknahme von Staatsaufträgen. ■ Steuererhöhungen (Konsumenten können weniger Geld ausgeben). ■ Streichung/Kürzung von Transferzahlungen an Verbraucher.
Erhöhung des Angebots 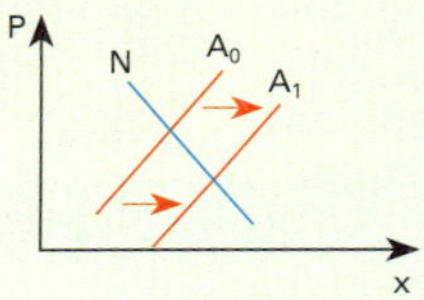	■ Staatsbetriebe erhöhen ihr Angebot. ■ Dämpft die Preissteigerungen. ■ Gefahr der Überproduktion, wenn Preissenkungen ausbleiben und die Konsumenten nicht mehr kaufen können.	■ Erhöhte Leistungen z. B. von Forschungsanstalten, Wohnbaugesellschaften. ■ Zollsenkungen, um das Angebot an Waren im Inlandsmarkt zu erhöhen. ■ Erhöhung der Subventionen[2] an Produktionsbetriebe.
Verringerung des Angebots 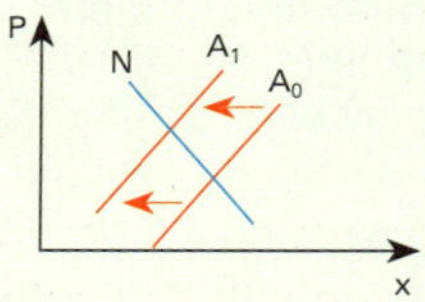	■ Geringeres Staatsangebot kann eine überbeschäftigte Wirtschaft dämpfen. ■ Es kommt zu Preissteigerungen. ■ Verhinderung einer Überproduktion. ■ Gefahr der Unterbeschäftigung (Arbeitslosigkeit).	■ Verringerung des staatlichen Angebots an Sachgütern und Dienstleistungen. ■ Zollerhöhungen, um das Güterangebot im Inland zu verringern. ■ Erhöhung von Steuern, die die Unternehmen zahlen müssen (z. B. Gewerbe-, Umsatzsteuer). ■ Streichung von Subventionen an Unternehmen.

Gemeinsam ist bei allen marktkonformen Maßnahmen, dass sie lediglich **Anreize geben,** aber **nicht** zu einem **bestimmten Verhalten zwingen.**

2.2.2 Marktkonträre Staatseingriffe

Staatseingriffe, die den **Preismechanismus außer Kraft** setzen, bezeichnet man als **marktkonträr.**[3]

1 **Transferzahlungen** sind Geldleistungen öffentlicher Haushalte **an private Haushalte** ohne Gegenleistung.

2 **Subventionen** sind Geldleistungen öffentlicher Haushalte **an Unternehmen** ohne Gegenleistung.

3 **Konträr:** entgegengesetzt.

Wichtige **Instrumente für marktkonträre Maßnahmen** sind:

- **Höchstpreise,** die nicht überschritten werden dürfen.
- **Mindestpreise,** die nicht unterschritten werden dürfen.
- **Festpreise,** die weder unter- noch überschritten werden dürfen.

(1) Höchstpreise

Höchstpreise liegen in der Regel **unter** dem Preis, der sich bei freier Preisentwicklung ergeben würde. Sie dienen dem **Schutz der Verbraucher.** Ist der Höchstpreis so niedrig, dass ein Teil der Unternehmen nicht mehr kostendeckend produzieren kann, ist die **Wirtschaft unterversorgt.** Ein **Teil der Nachfrage** kann **nicht befriedigt** werden.

Beispiel:

Höchstmieten im sozialen Wohnungsbau.

Dies zwingt den Staat zu einer Reihe weiterer Maßnahmen zur Beeinflussung der Güterverteilung, wie beispielsweise die Einführung eines **Zuteilungssystems** (z. B. durch Bezugsscheine, Wartelisten). Des Weiteren muss der Staat versuchen, die aus der Unterversorgung der Nachfrager typischerweise resultierende Gefahr des **Schwarzmarkthandels** einzudämmen.

(2) Mindestpreise

Mindestpreise liegen **über** dem Preis, der sich bei freier Preisentwicklung ergeben würde. Sie dienen dem **Schutz des Produzenten.** Durch den Mindestpreis werden die Produzenten zur Mehrproduktion angeregt. Dies führt regelmäßig zu einem **Angebotsüberschuss.**

Beispiel:

Zum Schutz der Landwirtschaft werden in der Europäischen Union (EU) für Getreide Mindestpreise festgelegt. Liegt der Mindestpreis über dem Marktpreis, muss die EU die Überproduktion aufkaufen, um die Preise zu stützen.

Auch bei den Mindestpreisen ist der Staat zu einer Reihe weiterer Maßnahmen zur Verringerung der überschüssigen Güterproduktion gezwungen. So kann er beispielsweise bei lagerfähigen Gütern den **Angebotsüberschuss aufkaufen und einlagern.** Hierdurch entstehen allerdings **Güterberge** (z. B. Milchberg, Butterberg, Kohleberg), die zudem wegen der Lagerung weitere Kosten verursachen. Des Weiteren könnte der Staat aufgekaufte **Angebotsüberschüsse** – insbesondere von verderblicher Ware – **vernichten** oder die **Überproduktion durch Prämien** (z. B. Stilllegungs- oder Abschlachtprämien) **drosseln.**

(3) Festpreise

Festpreise können **über** oder **unter** dem Preis liegen, der sich bei freier Preisentwicklung ergeben würde. Liegt der Festpreis über dem Gleichgewichtspreis, wirkt er wie ein **Mindestpreis;** liegt er darunter, wirkt er wie ein **Höchstpreis.**

Überblick: Freie Marktwirtschaft – Nachteile = Einflussmöglichkeiten des Staates

freie Marktwirtschaft
(freie Preisbildung am Markt)

- Konsumfreiheit
- Produktionsfreiheit
- Freihandel
- Vertragsfreiheit

Staat hat nur Überwachungsfunktion (Nachtwächterstaat)

Nachteile

- Soziale Probleme durch Versagen des Arbeitsmarktes
- Ungerechte Einkommens- und Vermögensverteilung
- Einschränkung des Wettbewerbs durch Anbieter
- Vermögenskonzentration bei wenigen Personen
- Unterversorgung mit öffentlichen Gütern
- Mangelhafter Umweltschutz

Einflussmöglichkeiten des Staates

Marktkonforme Staatseingriffe
- Erhöhung oder Verringerung der Nachfrage
- Erhöhung oder Verringerung des Angebots

Marktkonträre Staatseingriffe
- Höchstpreise
- Mindestpreise
- Festpreise

Kompetenztraining

31

1. Beschreiben Sie den Begriff marktkonformer Staatseingriffe auf einem Gütermarkt!

2. Nennen Sie mindestens drei Möglichkeiten, wie der Staat auf einem Gütermarkt systemkonform eingreifen kann! Beschreiben Sie die Wirkungsrichtung dieser Eingriffe!

3. Der Staat hat die Subventionen an die Landwirtschaft erhöht bzw. verringert.

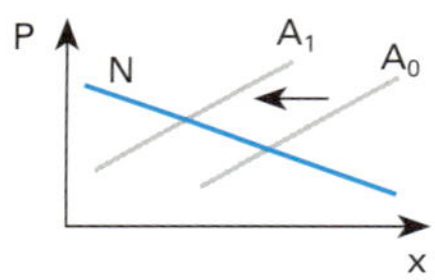

Abb. 1

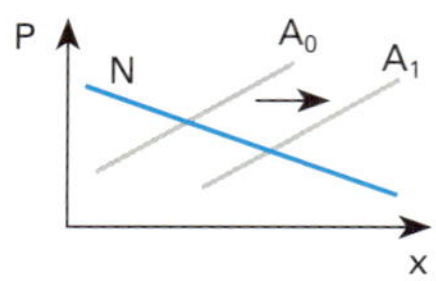

Abb. 2

Aufgaben:

3.1 Begründen Sie, welche Abbildung die Erhöhung bzw. Verringerung der Subventionszahlung darstellt!

3.2 Erläutern Sie, welches Ziel der Staat mit der Erhöhung bzw. Verringerung der Subventionszahlung verfolgt!

4. 4.1 Begründen Sie, ob es sich um eine marktkonforme oder marktkonträre Maßnahme des Staates handelt!

4.2 Begründen Sie, welcher Art der Preis P_0 ist!

4.3 Erläutern Sie, welche Marktsituation vorliegt und welche Konsequenzen sich langfristig daraus ergeben!

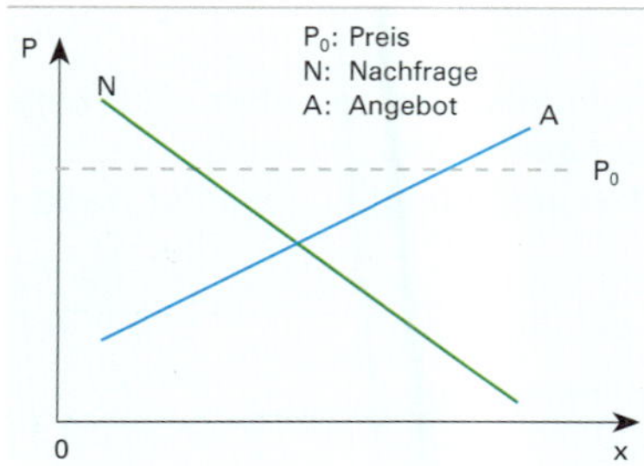

5. 5.1 Begründen Sie, ob es sich um eine marktkonforme oder marktkonträre Maßnahme des Staates handelt!

   5.2 Begründen Sie, welcher Art der Preis P_0 ist!

   5.3 Erläutern Sie, welche Marktsituation vorliegt und welche Konsequenzen sich langfristig ergeben!

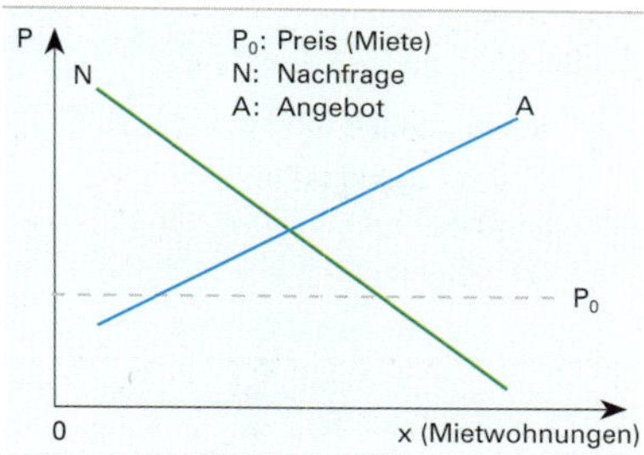

6. Die Eingriffe des Staates sollen „marktkonform" erfolgen. Entscheiden Sie bei nachfolgenden Maßnahmen, inwieweit diese Forderung erfüllt wird!

   Notieren Sie als Lösung eine

   (1), wenn die Maßnahme marktkonform wirkt,

   (2), wenn die Maßnahme marktkonträr wirkt,

   (9), wenn eine genaue Zuordnung nicht möglich ist!

   6.1 Der Staat fördert den Bau von privaten Eigenheimen durch die Zahlung einer zeitlich begrenzten Bauzulage.

   6.2 Staatliche Betriebe werden privatisiert.

   6.3 Das Privateigentum an Maschinen und Produktionsanlagen wird abgeschafft.

   6.4 Bei der Zahlung von Arbeitslosengeld II werden die familiären Unterstützungsmöglichkeiten mit berücksichtigt.

   6.5 Das Niveau des Arbeitslosengeldes II wird erhöht und übersteigt in starkem Maße die tariflichen Mindestlöhne.

   6.6 Zur Unterstützung landwirtschaftlicher Betriebe werden staatliche Mindestpreise garantiert.

   6.7 Zum Aufbau einer privaten Altersvorsorge werden bestimmte Vermögensanlagen staatlich gefördert.

7. Erläutern Sie die nachfolgende Grafik[1], der das Modell zur Bildung des Gleichgewichtspreises zugrunde liegt!

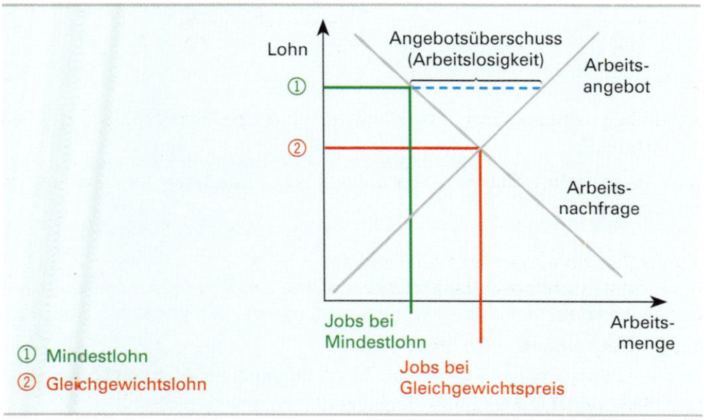

1 Quelle: F.A.Z.-Grafik Piron, http://www.faz.net/aktuell/wirtschaft/wirtschaftspolitik/die-wichtig...

2.3 Wesen der sozialen Marktwirtschaft erklären und die Wirkung der Instrumente der sozialen Marktwirtschaft aufzeigen

Lernsituation 3:

Lesen Sie zunächst den nachfolgenden Artikel!

Soziale Marktwirtschaft

Die deutsche Wirtschaftspolitik orientiert sich seit Mitte des 20. Jahrhunderts am Konzept der Sozialen Marktwirtschaft. Es geht zurück auf Ludwig Erhard, der von 1949 bis 1963 der erste Bundeswirtschaftsminister der Bundesrepublik Deutschland war. Die zentrale Idee besteht darin, die Freiheit aller, die als Anbieter oder Nachfrager am Markt teilnehmen, zu schützen und gleichzeitig für sozialen Ausgleich zu sorgen.

Der erste Grundsatz in der Sozialen Marktwirtschaft ist, dass die Märkte über den Preismechanismus für den Ausgleich von Angebot und Nachfrage sorgen: Sind besonders begehrte Güter knapp, steigt deren Preis. Das drängt Nachfrage zurück und bietet zugleich Gewinnmöglichkeiten für zusätzliche Anbieter. Anbieter werden versuchen, die Produktion so kostengünstig wie möglich zu gestalten.

Es ist eine wichtige Aufgabe des Staates, den Rahmen für einen funktionierenden Wettbewerb zu schaffen und zu erhalten. Gleichzeitig muss er die Bereitschaft und die Fähigkeit der Menschen zu eigenverantwortlichem Handeln und mehr Selbstständigkeit fördern.

Der zweite Grundsatz der Sozialen Marktwirtschaft neben dem freien Markt ist der soziale Ausgleich. Dieser soll eine soziale Absicherung für diejenigen bereitstellen, die aufgrund von Alter, Krankheit oder Arbeitslosigkeit keine Markteinkommen erzielen können. Zu einer Sozialen Marktwirtschaft gehören zudem nicht nur gute Wettbewerbsbedingungen und ein gutes Investitionsklima, sondern auch soziale Teilhabe sowie Chancengerechtigkeit.

Rechtliche Grundlage

Die Soziale Marktwirtschaft wurde nie namentlich als Wirtschaftssystem Deutschlands im Grundgesetz verankert, weil das Grundgesetz keinen eigenen Abschnitt zur Wirtschaft enthält. Allerdings legen zentrale Elemente unserer Rechtsordnung, wie u. a. die Grundrechte, die Vertrags- und Koalitionsfreiheit oder das Recht auf eine freie Berufs- und Arbeitsplatzwahl die Grundlage für die Soziale Marktwirtschaft und schließen die Extreme einer reinen Zentralverwaltungswirtschaft oder einer schrankenlosen Marktwirtschaft aus.

Textquelle: www.bmwi.de. (Auszug).

Kompetenzorientierte Arbeitsaufträge:

1. Nennen Sie die zentrale Idee der sozialen Marktwirtschaft und legen Sie kurz dar, wo die soziale Marktwirtschaft in der Bundesrepublik Deutschland verankert ist!
2. Erläutern Sie in wenigen Worten die aus dieser Idee (vgl. Aufgabe 1) resultierende Zielsetzung der sozialen Marktwirtschaft!
3. Ein Grundsatz der sozialen Marktwirtschaft betont den sogenannten „sozialen Ausgleich". Erläutern Sie kurz, was man hierunter versteht und führen Sie konkrete Beispiele an, wie dieser Grundsatz im Alltag anzutreffen ist!
4. Nicht wenige Kritiker führen immer wieder an, dass der „soziale Ausgleich" ein wesentlicher Grund für die zunehmende Belastung der öffentlichen Haushalte darstellt.

   Recherchieren Sie im Internet, wie hoch die Sozialausgaben aktuell die öffentlichen Haushalte belasten und diskutieren Sie über Möglichkeiten, diese Ausgaben künftig einzudämmen!

2.3.1 Wesen der sozialen Marktwirtschaft kennzeichnen

2.3.1.1 Begriff soziale Marktwirtschaft

Wird in der öffentlichen Diskussion von „sozialer Marktwirtschaft" gesprochen, ist immer die in der Wirklichkeit (Realität) der Bundesrepublik Deutschland bestehende Wirtschaftsordnung gemeint. „Vater" der sozialen Marktwirtschaft ist Ludwig Erhard.[1]

Grundziel der sozialen Marktwirtschaft ist: „So viel **Freiheit wie möglich,** so viel **staatlichen Zwang wie nötig",** wobei man sich freilich immer darüber streiten kann, was möglich bzw. was nötig ist.

Die **soziale Marktwirtschaft** ist eine **Wirtschaftsordnung,** die grundsätzlich den freien Markt bejaht, ohne die Nachteile der freien Marktwirtschaft in Kauf nehmen zu wollen.

2.3.1.2 Ordnungsmerkmale der sozialen Marktwirtschaft

Die soziale Marktwirtschaft ist insbesondere gekennzeichnet durch:

(1) Freiheit der Märkte und deren Begrenzung durch sozialen Ausgleich

- Bei der sozialen Marktwirtschaft sind **Freiheit und Verantwortung** miteinander gekoppelt. Die Verantwortung umfasst die Verantwortung des **Einzelnen** für sich **selbst** und auch für **andere.**
- Das Konzept der sozialen Marktwirtschaft ist **nicht** auf einen **Versorgungsstaat** ausgelegt, der den Einzelnen **zeitlich unbegrenzt** und **ohne jegliche Eigenverantwortung** unterstützt.
- Der Staat **sichert** jedoch dem Einzelnen seinen Lebensunterhalt in schwierigen Lebenssituationen. Staatliche Hilfe wird allerdings nur dann **unterstützend (subsidiär)** oder **ersatzweise** gewährt, wenn die Kräfte des Einzelnen oder dessen privaten Umfeldes nicht ausreichen, seine Notlage selbst zu lösen. Vorrang hat immer die **Hilfe zur Selbsthilfe (Subsidiaritätsprinzip).**
- Der **Antrieb** zur **Selbstverantwortung** und **-versorgung** des Einzelnen soll **nicht zerstört** werden.

Beispiel: Arbeitslosengeld II[2]

Die Zahlungen werden gekürzt bzw. eingestellt, wenn der Antragsteller über eigenes, bestimmte Freibeträge übersteigendes Vermögen verfügt. Des Weiteren werden bei der Berechnung der vom Staat zu zahlenden Leistungen auch Einkommen von Personen berücksichtigt, die mit dem Antragsteller in einer Bedarfsgemeinschaft leben.

Außerdem werden die Leistungen gekürzt, wenn der Leistungsempfänger zumutbare Arbeit ablehnt bzw. an ihm angebotenen Qualifizierungsmaßnahmen für den Arbeitsmarkt nicht teilnimmt.

1 Ludwig Erhard, der erste Wirtschaftsminister der Bundesrepublik Deutschland, verwendete den Begriff der „sozialen Marktwirtschaft", als er nach 1948 die Marktwirtschaft in der Bundesrepublik einführte und damit die Zwangswirtschaft der ersten Nachkriegsjahre ablöste. Der Begriff „soziale Marktwirtschaft" selbst stammt von seinem Mitarbeiter, dem Staatssekretär Alfred Müller-Armack.

2 Vgl. S. 66.

13 Speth u.a. - ISBN 978-3-8120-0691-0

(2) Grundsatz Gewerbe-, Vertrags- und Konsumfreiheit [Art. 2 GG] und deren Begrenzung

- Zum Schutze des Verbrauchers, der Nachbarschaft und der Allgemeinheit ist die **Gewerbefreiheit eingeschränkt.** So ist u.a. für erlaubnispflichtige Gewerbe eine behördliche Zulassung erforderlich. Beispiele: Handel mit frei verkäuflichen Arzneimitteln, Handel mit Waffen und Munition, Automatenaufstellung, Betrieb von Schank- und Speisewirtschaften.
- **Gefährliche Anlagen** und **bestimmte Gewerbezweige** werden staatlich überwacht. Hierzu zählen z.B. Braunkohlekraftwerke, Gasturbinenanlagen, Windkraftanlagen, Anlagen zur Herstellung von Arzneimitteln, Pflanzenschutzmittel, Mineralölraffinerien.
- Zum Schutz der Umwelt wird die Gewerbefreiheit durch **Umweltgesetze** eingeschränkt.

Beispiele für umweltschutzrechtliche Vorschriften:

Schutzbereich	Umweltschutzgesetze	Sanktionen[1]
Luftreinhaltung Lärmbekämpfung	Gesetz zum Schutz vor schädlichen Umwelteinwirkungen durch Luftverunreinigungen, Geräusche, Erschütterungen und ähnliche Vorgänge [Bundes-Immissionsschutzgesetz – BImSchG][2]	▪ Betriebsverbot ▪ Freiheits- oder Geldstrafen
Schutz vor gefährlichen Stoffen	Gesetz zum Schutz vor gefährlichen Stoffen [Chemikaliengesetz – ChemG]	▪ Verbot der Inverkehrbringung ▪ Freiheits- oder Geldstrafen

- Die **Vertragsfreiheit** wird dort **begrenzt,** wo die Rechte anderer verletzt werden.
  - Wucherische und sittenwidrige Rechtsgeschäfte (z.B. überhöhte Zinsforderungen, Kauf von Rauschgift und Drogen) sind verboten.
  - Umfangreiche Arbeitsschutzrechte schützen den einzelnen Arbeitnehmer (z.B. Kündigungsschutzgesetz, Jugendarbeitsschutzgesetz, Arbeitsschutzgesetze).[3]
- Die **Konsumfreiheit** ist in manchen Branchen **eingeengt.** So dürfen bestimmte Arzneimittel von den Apotheken nur gegen ärztliches Rezept abgegeben werden.

(3) Berufsfreiheit [Art. 12 GG] und deren Begrenzung

- In der sozialen Marktwirtschaft besteht das Recht auf **freie Wahl des Berufs,** des Arbeitsplatzes und der Ausbildungsstätte.[4]
- Das Recht auf freie Berufs-, Arbeitsplatz- und Ausbildungsstättenwahl ist dort begrenzt, wo es an Arbeits- und Ausbildungsplätzen fehlt. Ein **gerichtlich durchsetzbares „Recht auf Arbeit"** gibt es nach dem Grundgesetz **nicht.**
- Die Aussage des Art. 12 GG stellt eine Aufforderung an den Staat dar, dafür Sorge zu tragen, dass **genügend Arbeits- und Ausbildungsplätze** zur Verfügung stehen.

---

1 **Sanktionen** (lat.): wörtl. Vergeltung, mit positiven oder negativen Folgen antworten.

2 **Immission** (lat.): Einleitung von Schadstoffen; das Einwirken von Luftverunreinigungen, Schadstoffen, Lärm, Strahlen u.Ä. auf Menschen, Tiere und Pflanzen.

3 Vgl. S. 24ff.

4 Die Berufsausbildung ist im Regelfall durch Gesetz geregelt.
Beispiele: Ärzte und Apotheker benötigen die Approbation (vom Staat verliehenes Recht zur Berufsausübung). Bei Handwerkern ist (noch) in vielen Fällen die Meisterprüfung (der „große Befähigungsnachweis") erforderlich, wenn sie z.B. Auszubildende beschäftigen, Lehrer müssen staatliche Prüfungen bestehen .

(4) Eigentum, Erbrecht [Art. 14 GG] und deren Begrenzung

- Das Eigentumsrecht umfasst das **Privateigentum** an **Konsumgütern** (z. B. Kleidung, Privatauto, Eigenheim, Eigentumswohnung), **Produktionsmitteln** (z. B. Arbeitsmittel wie Maschinen) sowie **Grund und Boden.**
- Das Grundgesetz gewährt dem Gesetzgeber jedoch weitgehende Eingriffsrechte in das Privateigentum. Einmal soll das Eigentum dem Wohle der Allgemeinheit dienen **(„soziale Bindung des Eigentums"),** zum anderen ist eine **Enteignung ausdrücklich erlaubt.** Produktionsmittel, Grund und Boden und Naturschätze können verstaatlicht werden [Art. 15 GG].

(5) Gleichheit vor dem Gesetz [Art. 3 GG]

Verlangt wird eine **Gleichbehandlung** in **vergleichbaren Fällen.** Beispiele hierfür sind:

- **Gleicher Lohn** für **gleiche Arbeit,** d. h. also auch zwischen Mann und Frau oder zwischen In- und Ausländern.
- Gleiche Bildungs- und Berufschancen für alle **(„Chancengleichheit").**
  Maßnahmen zur Verwirklichung des Ziels der Chancengleichheit sind z. B. Bereitstellung von Mitteln zum Ausbau von Schulen, betrieblichen Ausbildungsstätten und Hochschulen; Maßnahmen zur Umschulung und Weiterbildung Erwachsener; Ausbildungsförderung für Schüler und Studenten nach dem Bundesausbildungsförderungsgesetz [BAföG].

2.3.2 Instrumente der sozialen Marktwirtschaft

2.3.2.1 Sozialpolitik

Sozialpolitik umfasst alle Maßnahmen, die darauf abzielen, die **Chancengleichheit** zwischen den verschiedenen sozialen Gruppen anzugleichen sowie die **Absicherung der Lebensbedingungen** der Bevölkerung zu verbessern.

Im Wesentlichen verfolgt die Sozialpolitik zwei Ziele:

- **soziale Gerechtigkeit** und
- **soziale Sicherheit.**

(1) Soziale Gerechtigkeit

Ziele der Forderung nach sozialer Gerechtigkeit sind

- für alle sozialen Gruppen, die gleichen Chancen zu schaffen, damit sie ihre **Leistungsfähigkeit** entwickeln und Leistungen hervorbringen können (z. B. durch Fördermaßnahmen zur Berufsausbildung).

Quelle: iw-dienst Nr. 39, 26.09.2013.

- **menschenunwürdige** und **gesundheitsschädigende** Arbeitsbedingungen zu **verhindern** (z. B. durch Arbeitsschutzbestimmungen wie Arbeitszeit- und Mutterschutzgesetz, Schwerbehindertenrecht, Kündigungsschutz).
- allen gesellschaftlichen Gruppen die Möglichkeiten verschaffen, an allen wichtigen Gesellschaftsbereichen **aktiv** teilzunehmen (z. B. durch barrierefreie Verkehrsmittel und öffentliche Gebäude für Behinderte).
- Hilfen für **sozial Schwache** anzubieten (z. B. durch Bau sozialer Wohnungen, Wohngeld).

(2) Soziale Sicherheit

Ziel der sozialen Sicherheit ist, den Einzelnen in Notlagen, die er aus eigener Kraft nicht bewältigen kann, zu unterstützen (z. B. bei Krankheit, Unfall, Pflegebedürftigkeit, Arbeitslosigkeit). Darüber hinaus wird angestrebt, dem Eintreten von Notlagen möglichst vorzubeugen.

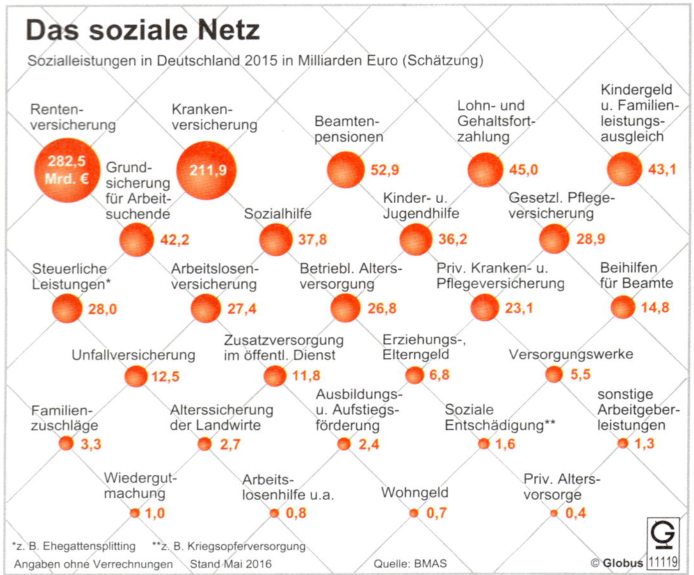

2.3.2.2 Einkommenspolitik

> Die **Einkommenspolitik** ist darauf gerichtet, starke Einkommens- und Vermögensunterschiede auszugleichen.

Eine gerechtere Einkommens- und Vermögensverteilung wird vor allem erreicht durch:

- **Einkommensteuer.** Die Steuertarife steigen nach einem unversteuerten Grundfreibetrag, bei zunehmender Einkommenshöhe progressiv an.[1]
- **Sozialversicherungsbeiträge.** Die Beiträge zur Sozialversicherung sind (bis zur jeweiligen Beitragsbemessungsgrenze) einkommensabhängig. Wer mehr Einkommen bezieht, zahlt einen höheren Sozialversicherungsbeitrag.
- **Transferzahlungen.** Dies sind Zuwendungen (Geldzahlungen oder Güterleistungen), die der Staat an private Haushalte leistet. Hierzu zählen z. B. Kinder-, Eltern-, Wohngeld, Förderung der Vermögensbildung, Erwerbsminderungsrente usw. Transferleistungen werden aus Steuern, Sozialversicherungsbeiträgen oder staatlicher Kreditaufnahme bezahlt. Transferzahlungen sind eine staatliche Einkommens- und Vermögensverteilung.

1 Vgl. Kompetenzbereich I, Kapitel 7.2.3, S. 83 f. **Progressiv**: fortschreitend, sich allmählich steigernd.

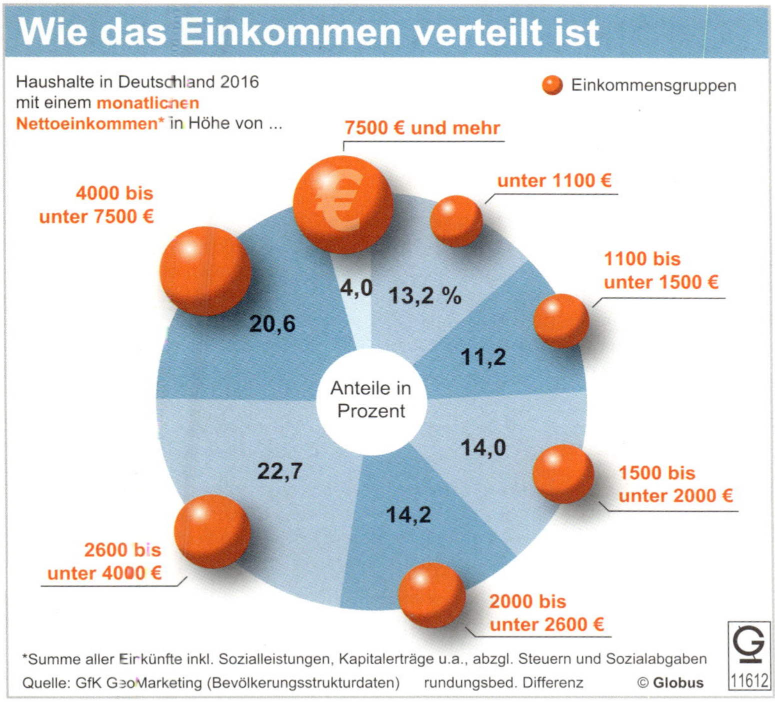

2.3.2.3 Wettbewerbspolitik

Wettbewerb ist die Grundlage der sozialen Marktwirtschaft. Ohne Wettbewerb kann der Preis seine für die Steuerung des Wirtschaftsprozesses unerlässlichen Funktionen nicht erfüllen.

Da die Unternehmen, vor allem bei wirtschaftlichen Schwierigkeiten, bestrebt sind, den freien Wettbewerb auszuschalten, indem sie

- wettbewerbsbeschränkende Vereinbarungen **(Kartelle)** treffen,
- **Unternehmenszusammenschlüsse (Fusionen)** bilden und
- ihre **marktbeherrschende Stellung missbräuchlich ausnutzen,** um Konkurrenten aus dem Markt zu drängen (z. B. durch Liefer- und Bezugssperren),

muss der Staat den Wettbewerb durch eine **aktive Wettbewerbspolitik** sichern.

Das **zentrale Ziel** der Wettbewerbspolitik ist, ein **wettbewerbliches Verhalten** der Anbieter auf den Märkten **sicherzustellen.**

Rechtliche Grundlage der Wirtschaftspolitik in der Bundesrepublik Deutschland ist das **„Gesetz gegen Wettbewerbsbeschränkungen“** [GWB]. Durch dieses Gesetz überwacht bzw. verbietet der Staat Unternehmenszusammenschlüsse. Zudem kontrolliert er die Preisgestaltung marktbeherrschender Unternehmen.

2.3.2.4 Umweltpolitik

Umweltpolitik umfasst alle Maßnahmen zur **Erhaltung** und **Verbesserung** der **natürlichen Lebenswelt** der Menschen.

Der Umweltpolitik liegen im Wesentlichen vier Prinzipien zugrunde:

Verursacherprinzip	Dem Verursacherprinzip folgend müssen die Kosten für die Vermeidung oder Beseitigung der Umweltbelastung demjenigen zugerechnet werden, der für die Entstehung dieser Belastung verantwortlich ist. Durch diese Zurechnung der Kosten werden umweltbelastende Güter nicht mehr mit zu niedrigen Preisen kalkuliert und angeboten. Steigt also deren Preis, kommen weniger von diesen Gütern in den Verkehr.
Gemeinlasten-prinzip	Kann der Verursacher der Umweltbelastung nicht ausgemacht werden oder ist schnelles Handeln erforderlich, da Gefahren für Leib und Leben bestehen, so ist staatliches Handeln notwendig, d. h., die Gemeinschaft muss für die Beseitigung der Umweltschäden aufkommen.
Vorsorgeprinzip	Der Kern dieses Prinzips besteht darin, dass es im Rahmen der Umweltpolitik nicht nur um die Beseitigung von Umweltschäden gehen darf, sondern dass vielmehr Umweltbelastungen im Vorfeld zu vermeiden sind (z. B. Verbot von bestimmten Pflanzenschutzmitteln).
Kooperations-prinzip	Der Umweltschutz ist eine gemeinsame Aufgabe von Bürgern und Staat. Dies erfordert, dass die Bürger, z. B. über Verbände, bei der Formulierung und Durchsetzung umweltpolitischer Ziele beteiligt werden.

Überblick: Soziale Marktwirtschaft – Ordnungsmerkmale – Regulierungsinstrumente

So viel Freiheit wie möglich (Wahrung der Einzelinteressen) → **soziale Marktwirtschaft** (Wirtschaftsordnung der Bundesrepublik Deutschland) ← So viel staatlicher Zwang wie nötig (Wahrung der Interessen der Gemeinschaft)

Grundsatz: Gleichheit vor dem Gesetz

Ordnungsmerkmale

- Freiheit der Märkte
- Gewerbe-, Vertrags- und Konsumfreiheit
- Berufsfreiheit
- Eigentum, Erbrecht

Einschränkungen durch Gemeinschaftsinteressen

Instrumente zur Regulierung

- Sozialpolitik
- Einkommenspolitik
- Wettbewerbspolitik
- Umweltpolitik

Kompetenztraining

32

1. Nennen Sie fünf wesentliche Ordnungsmerkmale der sozialen Marktwirtschaft!
2. 2.1 Erklären Sie anhand von Beispielen, wie in der sozialen Marktwirtschaft
   2.1.1 die Vertragsfreiheit und
   2.1.2 die Gewerbefreiheit
   eingeschränkt werden!

2.2 Erklären Sie, warum die Tarifautonomie ein wesentlicher Bestandteil der sozialen Marktwirtschaft ist!

3. Zeigen Sie auf, wie unser Staat versucht, Auswüchse in der Wirtschaft zu vermeiden und seiner sozialen Verpflichtung gerecht zu werden! (4 Beispiele!)

4. Entscheiden Sie, ob die folgenden Regelungen des Staates mit den Prinzipien der sozialen Marktwirtschaft vereinbar sind!

   4.1 Das Steuersystem wird so geordnet, dass jeder Steuerpflichtige über das gleiche Nettoeinkommen verfügen kann.

   4.2 Jeder Einwohner erhält das Recht, in Notfällen seinen Anspruch auf Unterstützung durch den Staat gerichtlich einklagen zu können.

   4.3 Der Staat erhält das Recht, zum Wohle der Allgemeinheit Enteignungen gegen Entschädigung vornehmen zu dürfen.

   4.4 Zur Erhaltung von 40 000 Arbeitsplätzen räumt der Staat dem Unternehmen X auf Dauer eine Ermäßigung der Umsatz- und Gewerbesteuer ein.

   4.5 Zur Ankurbelung der Konjunktur gewährt der Staat Subventionen, die innerhalb eines bestimmten Zeitraums durchgeführt werden.

   4.6 Der Staat verbietet durch Gesetz den Zusammenschluss von Unternehmen, wenn diese dadurch eine Marktbeherrschung erreichen wollen.

   4.7 Der Staat zahlt Unternehmen einer Branche Zinszuschüsse für Anpassungsinvestitionen, die durch den technischen Fortschritt notwendig wurden, obwohl die Unternehmensleitungen diese Anpassungen in der Vergangenheit fahrlässig unterlassen haben.

   4.8 Der Staat gewährt nach sozialen Gesichtspunkten gestaffelte Prämien für Arbeitnehmer, die einen Teil ihres Einkommens vermögenswirksam anlegen.

   4.9 Der Staat schreibt Preise für Grundnahrungsmittel und Mietwohnungen vor.

   4.10 Der Staat zahlt Umschulungsbeihilfen für Arbeitnehmer, die ihre Arbeitsplätze infolge technologischer Entwicklungen verloren haben.

33

1. 1.1 Grenzen Sie die soziale Marktwirtschaft von der freien Marktwirtschaft ab, indem Sie zwei wesentliche Grundprinzipien der sozialen Marktwirtschaft beschreiben!

   1.2 Stellen Sie mögliche Zielkonflikte in der sozialen Marktwirtschaft dar! Leiten Sie diese aus dem Spannungsverhältnis zwischen dem Ziel der größtmöglichen Freiheit einerseits und dem Ziel des sozialen Ausgleichs andererseits ab!

2. Erklären Sie, welche Zielsetzung das Gesetz gegen Wettbewerbsbeschränkungen (GWB) hat! Recherchieren Sie einige Gründe, warum das GWB Unternehmenszusammenschlüsse nicht aufhalten konnte!

3. Erläutern Sie, warum der Staat in der sozialen Marktwirtschaft dazu aufgerufen ist, Wettbewerbspolitik zu betreiben und nennen Sie die Ziele, die der Staat mit seiner Wettbewerbspolitik verfolgt!

4. Erläutern Sie an zwei selbst gewählten Beispielen, warum die Messung von Umweltschäden schwierig ist!

5. Recherchieren Sie den Zusammenhang zwischen Luft-, Wasser- und Bodenverunreinigung an einem Beispiel!

6. Recherchieren Sie, warum in der sozialen Marktwirtschaft eine Einkommensumverteilung für nötig gehalten wird!

7. Nennen Sie drei Maßnahmen im Rahmen der Einkommensumverteilung!

8. Erläutern Sie, warum der Einkommensteuertarif eine Umverteilungswirkung hat!

3 Preisindex für die Lebenshaltung ermitteln, den Zusammenhang zwischen Inflationsrate, Kaufkraft und Reallohn beschreiben sowie nicht-monetäre Ursachen und die Folgen von Inflation und Deflation erklären

Lernsituation 4:

Lisa, Auszubildende als Konditorin, und ihre Freundin Jacqueline, die eine Ausbildung zur Friseurin absolviert, treffen sich zu einer Tasse Macchiato. Jacqueline erzählt: Seit sie vor einem Jahr die Ausbildung zur Friseurin begonnen hat, ist sie zu Hause ausgezogen und wohnt nun in einer Ein-Zimmer-Wohnung zur Miete. Mit der Ausbildungsvergütung, dem Trinkgeld der Kunden sowie dem Kindergeld, das ihre Eltern ihr auszahlen, war der Schritt in die „eigenen vier Wände" damals möglich, was Jacqueline seit dieser Zeit auch sehr genießt.

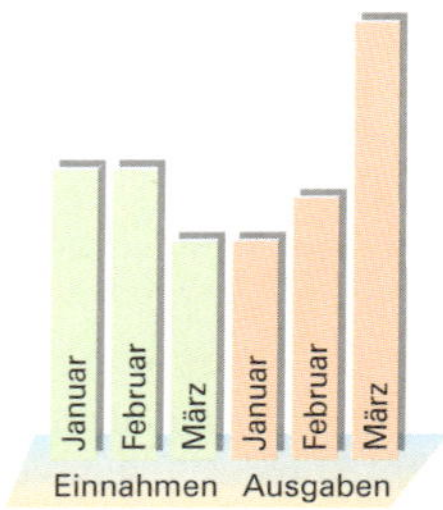

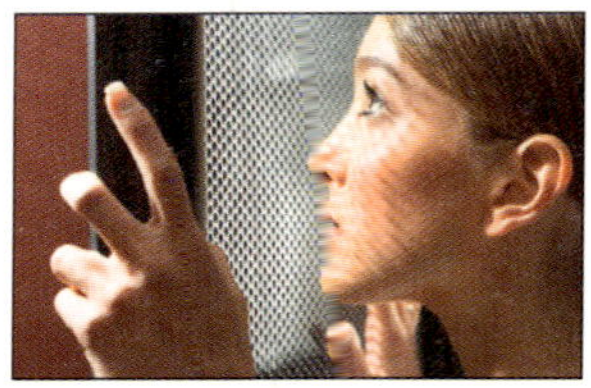

Doch in den letzten Monaten wächst ihr die finanzielle Belastung mehr und mehr über den Kopf. Jacqueline führt dies vor allem auf die enormen Preissteigerungen bei Strom, Gas, Sprit für ihren Roller und bei den sonstigen Nebenkosten des Lebensunterhalts zurück. Nunmehr habe auch noch ihr Vermieter angekündigt, dass er die Kaltmiete ab nächsten Monat um 20,00 EUR anheben wird. Durch Shoppen und Ausgehen ist zudem ihr Girokonto mehr und mehr ins Soll geraten. Jacqueline macht sich Sorgen, wie sie ihre Schulden zurückzahlen kann.

Lisa versteht die Probleme ihrer Freundin nur allzu gut und erzählt, dass ihre Eltern auch seit einiger Zeit heftig über das Thema Geld diskutieren. Das Ganze habe nunmehr dazu geführt, dass ihre Eltern sich entschlossen haben, die Stadtwohnung zu kündigen und gemeinsam mit ihr aufs Land zu ziehen, wo man ein Einfamilienhaus kaufen möchte. Der wesentliche Grund hierfür sei – soweit sie es verstanden habe – die Angst davor, dass die Ersparnisse eines Tages nichts mehr wert seien.

Mit Blick auf die ganze öffentliche Diskussion zur Eurokrise und die in den Euroländern ansteigenden Staatsschulden wollen Lisas Eltern nun das über Jahre angesparte Geld gegen ein bebautes Grundstück eintauschen. Da der Kaufpreis und die anstehende Renovierung der Immobilie die Ersparnisse jedoch übersteigen, wollen Lisas Eltern noch einen entsprechenden Kredit zur Finanzierung des Einfamilienhauses aufnehmen. Ihr Vater würde an der Stelle immer wieder betonen, dass die Verschuldung wegen einer Immobilie für ihn kein allzu großes Problem darstelle, zumal sich der deutsche Staat ja auch seit vielen Jahrzehnten mehr und mehr verschulde.

Kompetenzorientierte Arbeitsaufträge:

1. Bestimmen Sie die in der Lernsituation genannten Akteure und Betroffenen der Verschuldung!
2. Erläutern Sie mögliche Gründe für die zunehmende Verschuldung von Jacqueline!
3. Recherchieren Sie, was man unter der „Geldillusion" versteht!
4. Beschreiben Sie kurz das Verfahren, wie man die Veränderungen des Preisniveaus hierzulande misst! Beurteilen Sie abschließend, inwiefern diese Inflationsrate Ihre persönliche Teuerungsrate widerspiegelt!

3.1 Preisindex für die Lebenshaltung ermitteln

(1) Begriff Verbraucherpreisindex[1]

Der **Verbraucherpreisindex** misst die **durchschnittliche Preisentwicklung** aller Waren und Dienstleistungen, die **private Haushalte** für **Konsumzwecke** kaufen.

Bei der Berechnung des Verbraucherpreisindexes geht man von einem **Warenkorb** aus, der sämtliche von privaten Haushalten gekaufte Waren und Dienstleistungen widerspiegelt. Derzeit umfasst der Warenkorb ca. 600 Sachgüter und Dienstleistungen. Der Warenkorb wird laufend aktualisiert, damit immer diejenigen Güter in die Preisbeobachtung eingehen, welche von den privaten Haushalten aktuell gekauft werden. Der Verbraucherpreisindex wird vom **Statistischen Bundesamt** in Wiesbaden erstellt.

Beispiele für den Warenkorb:

Nahrungsmittel, Bekleidung, Kraftfahrzeuge, Mieten, Reinigungsdienstleistungen, Reparaturen, Getränke, Strom, Gas, Wasser , Möbel, Haushaltsgeräte, Medikamente.

Der **Verbraucherpreisindex** ist der **wichtigste Maßstab zur Beurteilung der Geldwertentwicklung** in Deutschland.

(2) Ermittlung des Verbraucherpreisindexes

Ausgangspunkt für die Ermittlung des Verbraucherpreisindexes ist der Warenkorb. Da nicht alle Güter das gleiche Gewicht im Warenkorb besitzen, erstellt das Statistische Bundesamt ein **„Wägungsschema"**.

Das Wägungsschema bestimmt die prozentualen Anteile der Güter und Dienstleistungen aus dem Warenkorb an den Ausgaben aller privaten Haushalte.

Für die einzelnen Güter des Wägungsschemas werden in Deutschland monatlich über 300 000 Einzelpreise von Preiserhebern erfasst. Die ermittelten Preise umfassen den Anschaffungspreis einschließlich Umsatzsteuer und Verbrauchsteuern.

Beispiel:

Werden die Nahrungsmittel mit 41 % im Wägungsschema gewichtet, so besagt dies, dass von den Gesamtausgaben der privaten Haushalte 41 % auf den Kauf von Nahrungsmitteln entfallen.

---

1 **Indizes:** Mz. von Index; ein Index ist wörtlich ein „Anzeiger". Der Preisindex zeigt also Preisveränderungen an. Wichtige Preisindizes sind z. B.: Index der Einkaufspreise landwirtschaftlicher Betriebsmittel, Index der Grundstoffpreise, Index der Großhandelsverkaufspreise und der Index der Einzelhandelspreise.

Quelle: https://www.destatis.de/DE/ZahlenFakten/GesamtwirtschaftUmwe...

Beispiel:

Um den Vorgang der Preisindexermittlung deutlich zu machen, wird ein sehr vereinfachtes Wägungsschema zugrunde gelegt (5 statt 600 Positionen):

Warenkorb	Wägungsschema Jahr 00		Preise			
			01		02	
1. Nahrungsmittel	615,00 GE	41 %	615,00 GE		615,00 GE	
2. Kleidung	600,00 GE	40 %	600,00 GE		660,00 GE	
3. Wohnung	150,00 GE	10 %	200,00 GE		200,00 GE	
4. Brennstoffe	60,00 GE	4 %	60,00 GE		60,00 GE	
5. Dienstleistungen	75,00 GE	5 %	75,00 GE		75,00 GE	
Gesamtausgaben	1 500,00 GE	100 %	1 550,00 GE	103,3 %	1 610,00 GE	107,3 %

Erläuterungen: Berechnung des Verbraucherpreisindexes im Jahr 01 und 02

Das Basisjahr 00 wird mit 100 Punkten angesetzt. Die angenommene Verteuerung der Wohnungsausgaben um 50,00 GE im Jahr 01 (= $33\,^1/_3$ %) bewirkt bei Konstanz aller anderen Preise eine Erhöhung der Lebenshaltungskosten um 3,3 auf 103,3 Punkte.

1 500,00 GE (00) ≙ 100 Punkte
1 550,00 GE (01) ≙ x Punkte

$$x = \frac{100 \cdot 1550}{1500} = 103{,}3 \text{ Punkte}$$

Steigen im Jahr 02 z. B. die Preise für Kleidung um 10 %, erhöhen sich die Lebenshaltungskosten bezogen auf das Jahr 00 um 4 auf 107,3 Punkte.

1 500,00 GE (00) ≙ 100 Punkte
1 610,00 GE (02) ≙ x Punkte

$$x = \frac{100 \cdot 1610}{1500} = 107{,}3 \text{ Punkte}$$

Insgesamt gilt, dass Preissteigerungen bei bestimmten Waren und Dienstleistungen sich auf den Verbraucherpreisindex umso stärker auswirken, je größer ihr prozentualer Anteil (ihr „Gewicht") an den Gesamtausgaben eines durchschnittlichen Haushalts ist.

Das Wägungsschema für den Verbraucherpreisindex wird nur **alle fünf Jahre aktualisiert.**[1] Der Grund ist, dass man innerhalb des Fünfjahreszeitraums die reine Preisentwicklung, unbeeinflusst von Änderungen der Ausgabengewichte, darstellen möchte.

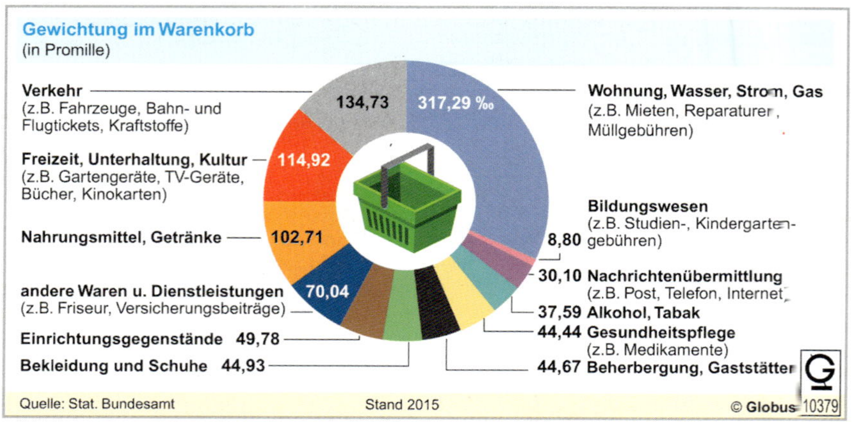

1 Die letzte Umstellung des Wägungsschemas auf neuere Verbrauchsverhältnisse erfolgte 2013.

3.2 Zusammenhang zwischen Inflationsrate, Kaufkraft und Reallohn beschreiben

(1) Beziehungen zwischen Änderung des Preisniveaus und der Kaufkraft des Geldes

Die Preise einzelner Güter ändern sich ständig und damit auch die Kaufkraft des Geldes.

Die **Kaufkraft des Geldes** ist die Gütermenge, die mit einer Geldeinheit erworben werden kann.

Zur Messung der Kaufkraft wird der Verbraucherpreisindex herangezogen, der die Preisentwicklung der typischen Güter der Lebenshaltung, d. h. des Warenkorbs, widerspiegelt.

- **Sinkt der Verbraucherpreisindex,** hat sich die **Kaufkraft des Geldes erhöht.** Für **eine Geldeinheit** können **mehr Güter** als zu einem früheren Zeitpunkt gekauft werden.
- **Steigt der Verbraucherpreisindex,** hat sich die **Kaufkraft des Geldes verringert**. Für **eine Geldeinheit** können **weniger Güter** als zu einem früheren Zeitpunkt gekauft werden.

- **Geldwert und Preisniveau** (ausgedrückt durch den Verbraucherpreisindex) verhalten sich **umgekehrt.**
- **Steigt das Preisniveau** (der Verbraucherpreisindex), **sinkt die Kaufkraft des Geldes** und umgekehrt.

(2) Begriffe Inflation und Inflationsrate

Wenn die Kaufkraft bei gleich hohem Einkommen sinkt, wird von Geldentwertung (Inflation)[1] gesprochen.

- **Inflation** ist ein ständiger allgemeiner **Anstieg der Preise,** der zu einer **Minderung der Kaufkraft des Geldes** führt.
- Maßstab zur **Messung der Inflationsrate** ist der **Verbraucherpreisindex.**

Ist der Wertverlust zu groß, nimmt das Vertrauen in die entsprechende Währung ab und ihr Wert sinkt weiter. Die Folge ist die „Flucht“ in

- **Sachwerte** (z. B. Häuser, Wohnungen, Aktien),
- eine **Ersatzwährung** (z. B. Gold),
- den **Tauschhandel.**

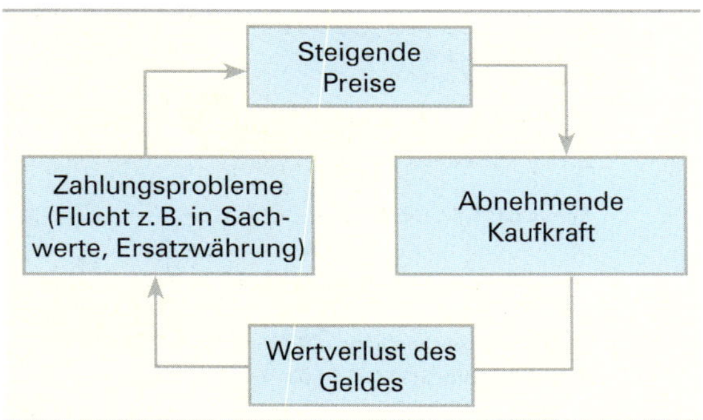

1 **Inflation:** wörtlich „das Sichaufblähen“; Geldentwertung durch Erhöhung des Preisniveaus.

(3) Nominallohn, Reallohn und Geldillusion

Was der Arbeitnehmer am Monatsende **ausbezahlt erhält (Nettolohn),** nennt man **Nominallohn.**[1] Setzt man den Nominallohn ins Verhältnis zum Preisniveau, erhält man den **Reallohn.**[2] Er gibt die Gütermenge an, die mit dem betreffendem Nominallohn gekauft werden kann.

> Der **Reallohn** berücksichtigt die **Kaufkraft des Einkommens.**

Im Allgemeinen neigt man dazu, den Wert des Geldes nominal zu bewerten. Dies ist besonders verheerend in Zeiten hoher Inflation, wo der nominale Wert des Geldes immer schneller abweicht von dem realen Wert.

> Unter **Geldillusion** versteht man die **Unfähigkeit** des Einzelnen, zwischen dem **nominalen** und dem **realen** Wert des Geldes zu unterscheiden.

Dies führt dazu, dass man beispielsweise heutige Rentenansprüche oder Geldvermögen für die Zukunft in seiner Vorstellung viel zu hoch bewertet.

Beispiele:

- Bei einer Inflation von 2 % jährlich über einen Zeitraum von 30 Jahren haben 100,00 EUR von heute dann nur noch einen realen Wert von 55,00 EUR.
- Bei einer Inflation von durchschnittlich 4 % hat ein Geldbetrag von 10 000,00 EUR heute in 20 Jahren nur noch einen realen Wert von 4 500,00 EUR.

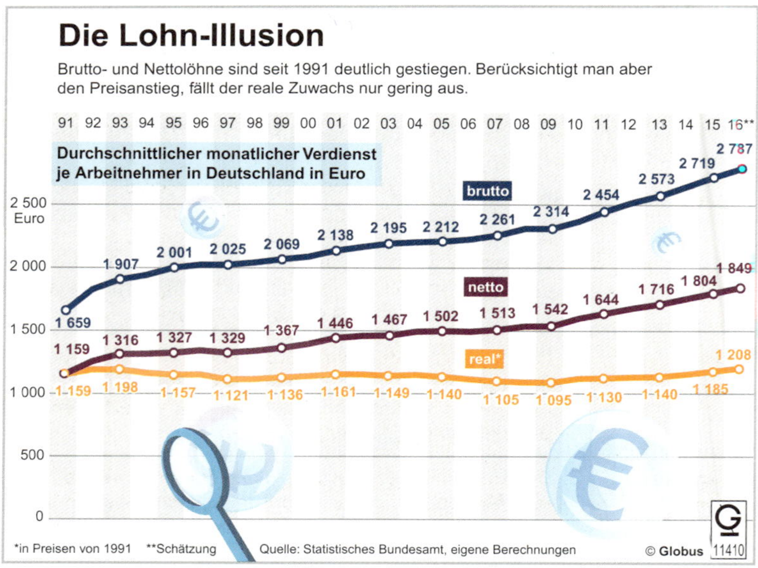

---

1 **„Nominal"** kommt von „nominell", d. h. dem Namen nach, dem Nennwert nach.

2 **Real:** wirklich.

Der **Nominallohn** sagt nichts darüber aus, wie viel sich ein Arbeitnehmer dafür kaufen kann.

- Steigt der Nominallohn schneller als das Preisniveau, nimmt der Lebensstandard zu.

  Der **Reallohn** ist **gestiegen.**

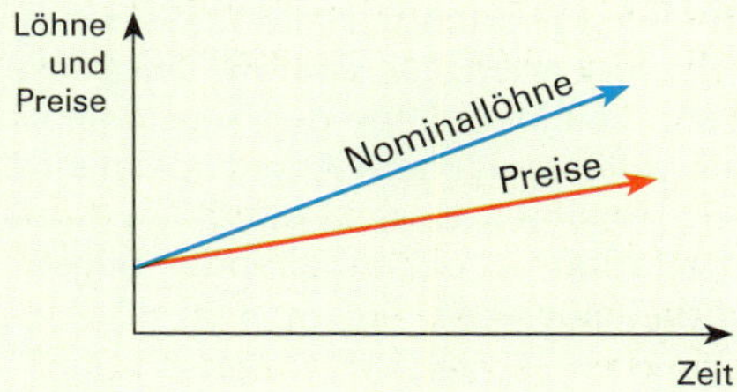

- Steigen die Nominallöhne schwächer als die Preise, nimmt der Lebensstandard ab.

  Der **Reallohn** ist **gesunken.**

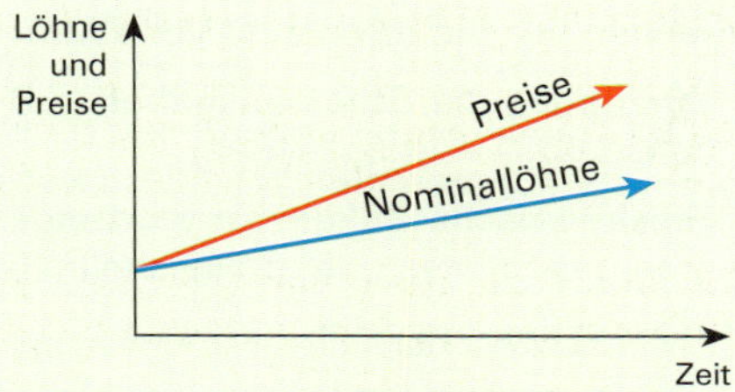

3.3 Nicht-monetäre Ursachen und die Folgen von Inflation und Deflation beschreiben

3.3.1 Nicht-monetäre Ursachen der Inflation

Falls die Notenbank eines Landes der Wirtschaft jede gewünschte Geldmenge zur Verfügung stellt, kann man folgende nicht-monetäre Inflationsursachen[1] nennen:

Überhöhte Nachfrage im Verhältnis zum Güterangebot	Die privaten Haushalte, die Unternehmen und vor allem der Staat sparen zu wenig und/oder nehmen Kredite auf, um ihre Ansprüche zu finanzieren. Die in Umlauf gebrachte **Geldmenge** wird durch die Nachfrage immer **größer,** wohingegen die **Gütermenge** durch die steigenden Abverkäufe immer **kleiner** wird. Es kommt zunehmend zu einem Ungleichgewicht zwischen der Geld- und der Gütermenge. So werden **Güter** im Verhältnis zum Geld **knapp,** sodass als Folge dieser Entwicklung die **Preise** der Güter **steigen.**
Überhöhte Kosten	Die Gewerkschaften setzen überhöhte Lohnforderungen durch, der Staat erhöht die Steuern oder ausländische Rohstofflieferer erhöhen ihre Rohstoffpreise. Die Unternehmen erhöhen die Preise, um die gestiegenen Kosten zu decken.
Überhöhtes Gewinnstreben marktbeherrschender Unternehmen	Die Unternehmen besitzen eine starke Marktstellung (Oligopole und Monopole), sodass sie ihre Absatzpreise auf Kosten der Verbraucher erhöhen können, um ihre Gewinne zu steigern.

1 **Monetär:** das Geld betreffend.
Nicht-monetäre Ursachen der Inflation bedeutet, dass es sich um Ursachen der Inflation handelt, die nicht mit der Geldmenge in Zusammenhang stehen.

3.3.2 Begriff und Ursachen der Deflation

Sinkendes Preisniveau bewirkt, dass Unternehmen und private Haushalte mit ihren Käufen eine abwartende Haltung einnehmen, ganz einfach deshalb, weil sie weiter sinkende Preise erwarten: sie **sparen.** Durch die schlechte Auftragslage gehen Arbeitsplätze verloren, die Einkommen der Haushalte sinken, es kommt zu weiteren Nachfrageeinbrüchen und weiter steigender Arbeitslosigkeit. Diese Abwärtsspirale nimmt immer mehr Fahrt auf.

Deflation[1] ist ein anhaltendes Sinken des Preisniveaus, verbunden mit zunehmender Arbeitslosigkeit.

Ursachen der Deflation sind vor allem:

- **Kürzungen der Staatsausgaben** (z. B. um die in den Vorjahren vorgenommenen Haushaltsdefizite auszugleichen).
- **Pessimistische Zukunftserwartungen** der Bevölkerung, die z. B. durch Sparmaßnahmen des Staates oder politische Instabilität ausgelöst werden können. Die Folgen sind:
  - Kaufzurückhaltung (überhöhtes Sparen),
  - fehlende Investitionsneigung der Unternehmen.

3.3.3 Folgen von Inflation und Deflation

(1) Inflationsauswirkungen

Auswirkungen auf:	Erläuterungen
Arbeitnehmer, Rentner, Bezieher von sozialen Leistungen (z. B. Sozialhilfe, Kindergeld)	Sinkt das Realeinkommen der Arbeitnehmer und werden die Sozialleistungen nicht den Preissteigerungen angepasst, gehört diese Personengruppe zu den **Inflationsverlierern.**
Sparer	Die Kaufkraft der Spareinlagen sinkt durch die Inflation. ■ Ist der **Sparzinssatz höher** als die **Inflationsrate**, gehören die Sparer zu den **Inflationsgewinnern.** ■ Ist der **Sparzinssatz niedriger** als die **Inflationsrate,** gehören die Sparer zu den **Inflationsverlierern.**
Schuldner	Besteht die zu tilgende Schuld in einem festen Geldbetrag und wird die vereinbarte Darlehenssumme nicht der Inflationsrate angepasst, gehören die Schuldner zu den **Inflationsgewinnern.** Der Realwert der Schulden vermindert sich durch die Inflation.
Eigentümer von Sachwerten	Die Eigentümer von Grundstücken, Aktien, Unternehmen können ihr **Vermögen erhalten,** da der Wert der Sachgüter in Höhe der Inflationsrate ansteigt. Geht man davon aus, dass die Arbeitnehmer i. d. R. ihre Ersparnisse auf Sparbüchern anlegen, während die Selbstständigen und die Unternehmen ihr Vermögen in Sachwerten investiert haben, verschiebt sich die Vermögensverteilung zugunsten der Selbstständigen und der Unternehmen. **Soziale Ungleichheit wird durch die Inflation vergrößert.**

1 **Deflation** (lat.): Zusammenziehung.

(2) Deflationsauswirkungen

Auswirkungen auf:	Erläuterungen
Arbeitnehmer, Rentner, Bezieher von sozialen Leistungen (z. B. Sozialhilfe, Kindergeld)	Aufgrund der sinkenden Nachfrage nach Waren und Dienstleistungen drosseln die Unternehmen die Produktion. Es kommt zu Kurzarbeit und Entlassungen. Steuereinnahmen und Sozialbeiträge sinken. Die Personengruppe gehört zu den **Deflationsverlierern.**
Sparer	Durch das Absinken des Preisniveaus steigt die Kaufkraft des Geldes. Das gesparte Geld nimmt mit der Zeit an Wert zu. Sparer sind **Deflationsgewinner.**
Schuldner	Besteht die zu tilgende Schuld in einem festen Geldbetrag, steigt der Realwert der Schulden durch die Deflation. Die **Schuldner** sind **Deflationsverlierer,** die **Gläubiger Deflationsgewinner.**
Eigentümer von Sachwerten	Sachwerte, Aktien, Unternehmen verlieren dramatisch an Wert. Die Eigentümer von Sachwerten sind **Deflationsverlierer.**

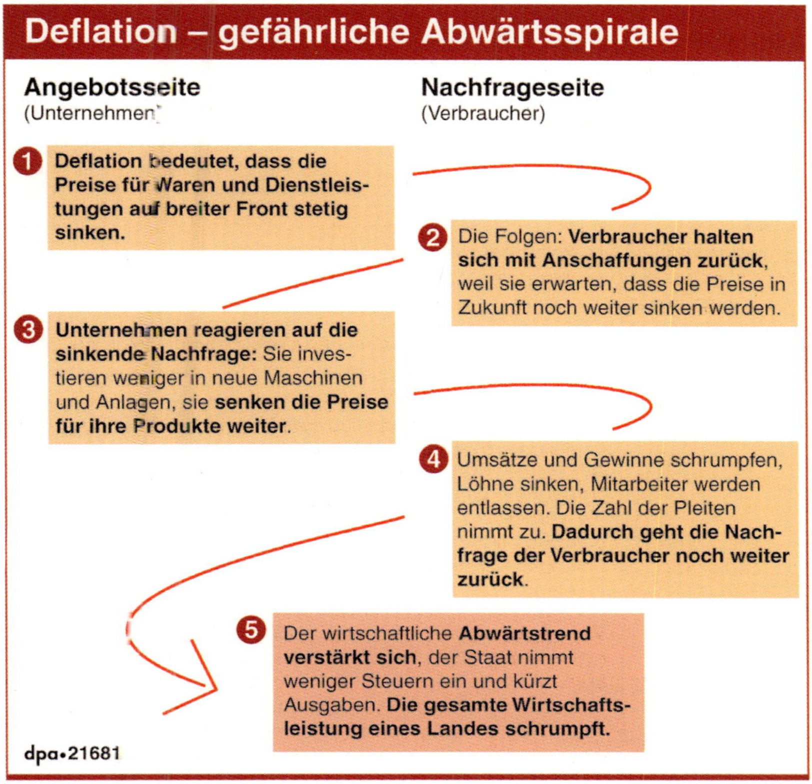

Überblick: Verbraucherpreisindex, Kaufkraft, Inflation, Deflation

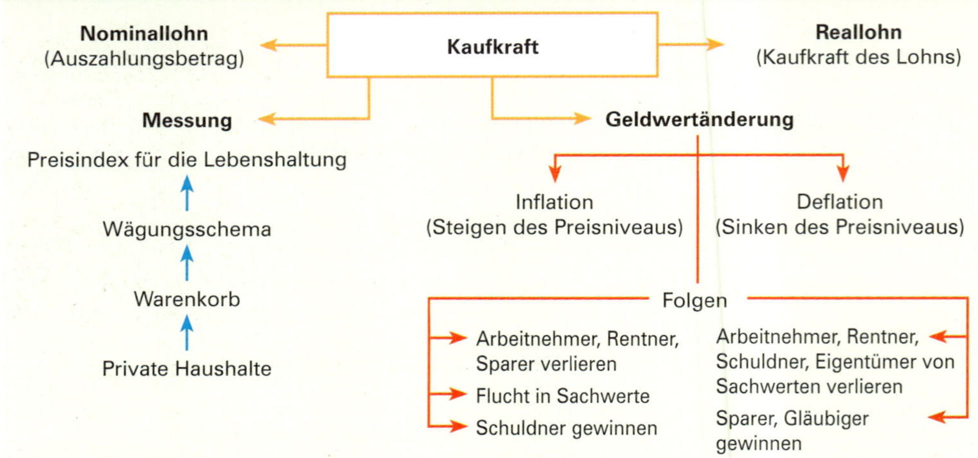

Kompetenztraining

34 1. Der Verbraucherpreisindex eines Landes entwickelte sich wie folgt:

Jahr	00	01	02	03	04
Verbraucherpreisindex	100	105,1	110,8	117,9	125,7

Aufgaben:

1.1 Beschreiben Sie, wie diese Daten gewonnen werden!

1.2 Erläutern Sie, warum man aus dem Verbraucherpreisindex allein keine Aussage über die Entwicklung des Lebensstandards machen kann!

2. Erklären Sie die Begriffe Kaufkraft des Geldes und Preisniveau!

3. Ausgegangen wird von folgendem Warenkorb:

„Warenkorb“	Preis je Einheit im Basisjahr P_0	Menge im Basisjahr Q_0	Wert im Basisjahr $P_0 \cdot Q_0$	Preis je Einheit im Folgejahr 1 P_1	Wert im Folgejahr 1 $P_1 \cdot Q_0$
Zeitschriften	7,50	2		8,00	
Schokolade	1,00	20		1,10	
Handy	1,50	30		1,40	
Kosmetik	1,00	30		1,10	
Kino	6,00	2		6,00	
Wert des „Warenkorbs“					

Verbraucherpreisindex	100	
Preissteigerung	–	

Quelle: In Anlehnung an: Geld & Geldpolitik, Deutsche Bundesbank, Frankfurt am Main 2006.

Aufgaben:

3.1 Übertragen Sie die vorangestellten Tabellen in Ihr Heft und ermitteln Sie den Wert des „Warenkorbs" im Basisjahr!

3.2 Angenommen, die Mengen im „Warenkorb" verändern sich nicht. Ermitteln Sie den Wert des „Warenkorbs" für das Folgejahr 1!

3.3 Ermitteln Sie den Verbraucherpreisindex für das Folgejahr 1!

3.4 Berechnen Sie die Preissteigerung für das Folgejahr 1 gegenüber dem Basisjahr!

4. Stellen Sie dar, in welchem Verhältnis Preisniveau und Kaufkraft zueinander stehen!

5. Unterscheiden Sie die Begriffe Real- und Nominallohn!

6. Nennen Sie die Bedingungen, unter denen die Reallöhne steigen, gleich bleiben oder sinken!

7. Beurteilen Sie, warum es falsch ist, den Bruttolohn zur Berechnung der Reallohnentwicklung heranzuziehen!

8. 8.1 Erklären Sie den Begriff der Inflation!

   8.2 Nennen Sie zwei nicht-monetäre Ursachen der Inflation und bilden Sie hierzu jeweils ein Beispiel!

   8.3 Nennen Sie jeweils einen Inflationsgewinner und einen Inflationsverlierer und begründen Sie Ihre Entscheidung!

   8.4 Stellen Sie dar, wie sich eine Inflation auf die Einkommens- und Vermögensverteilung auswirkt!

9. 9.1 Erklären Sie den Begriff Deflation!

   9.2 Nennen Sie jeweils einen Deflationsgewinner und einen Deflationsverlierer und begründen Sie Ihre Entscheidung!

14 Speth u.a. - ISBN 978-3-8120-0691-0

4 Bruttoinlandsprodukt definieren und zu seiner Funktion als Wohlstandsindikator Stellung nehmen

Lernsituation 5:

Lesen Sie zunächst den folgenden Text:

Carsten Knop: Wachstum in der digitalisierten Welt

Angenommen, man hat dreimal im Jahr Pech im Straßenverkehr. Hier eine Kollision mit einer Straßenlaterne, kleiner Rempler beim Einparken, daheim fahren zwei Kinder mit ihrem Fahrrad ins Auto. Die Werkstatt freut sich: Jedes Mal dürfen teure Lack- und Karosseriearbeiten ausgeführt werden. Die Rechnungen erreichen eine Höhe von mehreren Tausend Euro – und sie steigern das Bruttoinlandsprodukt. Denn darunter versteht man die in Werten ausgedrückte Summe der in einer Volkswirtschaft produzierten Waren und Dienstleistungen von einer Periode zur nächsten. Das Auto sieht am Ende des Jahres zwar genauso aus wie zuvor, „gewachsen" ist die Wirtschaft dennoch.

In der Zeit, in der das Auto in der Werkstatt steht, kann man im Internet viele produktive Dinge erledigen: mit dem Sohn für ein Englischreferat recherchieren, die Steuererklärung über das Internet abgeben, Anfahrtswege für die nächsten Dienstreisen vorbereiten. Dafür muss man kein Geld ausgeben, von den Kosten für den Computer und den reinen Internetzugang einmal abgesehen. Zur Steigerung des Bruttoinlandsprodukts hätten diese Tätigkeiten selbst nichts beigetragen. Früher hingegen wären hierfür im Zweifel Steuerberater, Nachhilfelehrer oder Sekretärinnen bezahlt worden. Tatsächlich lässt sich also argumentieren, dass der technische Fortschritt an dieser Stelle sogar negative Auswirkungen auf das Wachstum hat. Hier passt etwas nicht mehr zusammen. Die Methoden, Wachstum zu messen, die Art und Weise, wie das Bruttoinlandsprodukt (BIP) errechnet wird, bilden das reale Wirtschaftsgeschehen in Zeiten der Digitalisierung nicht mehr korrekt ab. [. . .]

So wie sich die Welt verändert, sollte auch die Art und Weise geändert werden, wie Fortschritt gemessen und bewertet wird. Schon als das Konzept zur Messung des BIP in den späten dreißiger Jahren des vergangenen Jahrhunderts von Simon Kuznets entwickelt worden sei, habe dieser darauf hingewiesen, dass man mit dem ermittelten Wert nicht beurteilen könne, wie gut es den Menschen gehe, sondern nur, wie hoch die Preise der gekauften und verkauften Dinge gewesen seien. [. . .]

Quelle: FAZ, 6. Februar 2016.

Kompetenzorientierte Arbeitsaufträge:

1. Notieren Sie sich zunächst die Begriffe in dem vorangestellten Text, die Ihnen unverständlich erscheinen und recherchieren Sie diese anschließend im Internet!
2. Nennen Sie allgemeine Bestimmungsfaktoren für den Wohlstand eines Landes!
3. Versuchen Sie Ursachen dafür zu finden, warum im Falle von Wirtschaftswachstum in Deutschland nicht alle Einwohner gleichermaßen davon profitieren! Gehen Sie dabei insbesondere auf mögliche Ursachen für diese Ungleichverteilung ein!
4. Erläutern Sie anhand von drei Beispielen, inwiefern Wirtschaftswachstum hierzulande auch negative Auswirkungen für die Bevölkerung haben kann!

4.1 Begriff Bruttoinlandsprodukt

Die wirtschaftliche Leistung einer Volkswirtschaft und deren Veränderung (Wirtschaftswachstum) wird von Statistischen Ämtern gemessen und als **Bruttoinlandsprodukt (BIP)** ausgewiesen.

- Das **Bruttoinlandsprodukt (BIP)** ist der **Wert aller Waren und Dienstleistungen,** die in einem **bestimmten Zeitraum** (meist ein Jahr) im **Inland** produziert werden. Die **Vorleistungen** bleiben dabei **unberücksichtigt.**[1]
- **Vorleistungen** sind Güter, die innerhalb des betreffenden Zeitraums produziert und dann von **anderen Unternehmen verbraucht** werden.

Das **Bruttoinlandsprodukt** (BIP) spiegelt die wirtschaftliche Gesamtleistung eines Landes wider. Die Arbeit des kleinen Handwerksbetriebs ist darin ebenso enthalten wie die Produktion des großen Industrieunternehmens, die Leistungen des Transportgewerbes, der Dienstleistungsbetriebe, des Handels, der Banken, der Versicherungen, der Landwirtschaft, des Staates, der Kirchen, der Gewerkschaften und der privaten Haushalte.

4.2 Entstehung und Verwendung des Bruttoinlandsprodukts

Das Bruttoinlandsprodukt kann Antworten auf folgende drei Fragen geben:

- **Entstehungsrechnung:** **Wo** ist das Bruttoinlandsprodukt **entstanden?**
- **Verwendungsrechnung:** **Wie** wird das Bruttoinlandsprodukt **verwendet?**
- **Verteilungsrechnung:** **Wie** werden die bei der Entstehung des Bruttoinlandsprodukts erzielten Einkommen **verteilt?**

(1) Entstehungsrechnung

Die Entstehungsrechnung gibt darüber Auskunft, in welchem Umfang die einzelnen **Wirtschaftsbereiche** in einer Periode **zum Bruttoinlandsprodukt** beigetragen haben.

Beispiel:

Die wirtschaftliche Leistung des Wirtschaftsbereichs „Handel, Gastgewerbe und Verkehr" betrug im Jahr 2016 507,7 Mrd EUR (16,2 %) bei einem Bruttoinlandsprodukt von 3 133,9 Mrd. EUR.

Entstehung des Bruttoinlandsprodukts in der Bundesrepublik Deutschland 2016 (in Mrd. EUR) (Auszug)	
Land- und Forstwirtschaft, Fischerei	18,8
Produzierendes Gewerbe ohne Baugewerbe	805,4
Baugewerbe	150,4
Handel, Gastgewerbe und Verkehr	507,7
Finanzierung, Vermietung und Unternehmensdienstleister	1 651,6
Das Bruttoinlandsprodukt 2016 beträgt	3 133,9

Quelle: Statistisches Bundesamt (Hrsg.): VGR 2016, Wiesbaden 2017.

1 Die **Vorleistungen** werden nicht berücksichtigt, weil sie in dem Produktionsergebnis des verbrauchenden Unternehmens enthalten sind.

(2) Verwendungsrechnung

Die Verwendungsrechnung gibt darüber Auskunft **wofür die Güter verwendet** wurden. Es wird untersucht, ob die Waren und Dienstleistungen z. B. als Konsumausgaben, als Investitionen in Unternehmen oder im Außenbeitrag (Export – Import) Verwendung gefunden haben.

Beispiel:

Die privaten Konsumausgaben betrugen im Jahr 2016 1677,9 Mrd. EUR (53,5 %) bei einem Bruttoinlandsprodukt von 3133,9 Mrd. EUR.

Verwendung des Bruttoinlandsprodukts in der Bundesrepublik Deutschland 2016 (in Mrd. EUR) (Auszug)

Private Konsumausgaben	1677,9
Konsumausgaben des Staates	617,5
Bruttoinvestitionen	596,6
Außenbeitrag (Exporte minus Importe)	241,9
Das Bruttoinlandsprodukt 2016 beträgt	3133,9

Quelle: Statistisches Bundesamt (Hrsg.): VGR 2016, Wiesbaden 2017.

(3) Verteilungsrechnung

Hier wird für eine Periode Auskunft darüber gegeben, **wie sich die erzielten Einkommen** auf das **Arbeitnehmerentgelt** (Lohn, Gehalt) und das **Unternehmer- und Vermögenseinkommen** (z. B. Zinsen, Gewinne, Dividende, Miet- und Pachterträge) aufteilen. Die Summe aus Arbeitnehmerentgelt und dem Unternehmer- und Vermögenseinkommen bezeichnet man als **Volkseinkommen**.

Verteilung des Volkseinkommens in der Bundesrepublik Deutschland 2016 (in Mrd. EUR) (Auszug)

	Arbeitnehmerentgelt (Inländer)	1594,6
+	Unternehmens- und Vermögenseinkommen	746,1
=	Volkseinkommen	2340,7

Quelle: Statistisches Bundesamt, Bruttoinlandsprodukt 2016 für Deutschland, Begleitmaterial zur Pressekonferenz, Frankfurt a. M. 2017.

Den **prozentualen Anteil** des **Arbeitnehmerentgelts** am **Volkseinkommen** bezeichnet man als **Lohnquote** (2016: 68,1 %). Den prozentualen Anteil des **Unternehmens- und Vermögenseinkommen** am Volkseinkommen bezeichnet man als **Gewinnquote** (31,9 %).

4.3 Reales und nominales Bruttoinlandsprodukt

Ein steigendes Bruttoinlandsprodukt bedeutet noch nicht, dass die Volkswirtschaft tatsächlich im angezeigten Umfang mehr produziert hat. Das Wachstum kann vielmehr ganz oder teilweise auf **gestiegene Preise** zurückzuführen sein. Das zu jeweiligen (im Betrachtungsjahr aktuellen) Preisen bewertete Bruttoinlandsprodukt bezeichnet man als **nominales Bruttoinlandsprodukt.** Zur Ermittlung des nominalen Bruttoinlandsproduktes werden die produzierten Güter und Dienstleistungen eines Jahres mit den tatsächlich gezahlten Preisen multipliziert und die Einzelergebnisse dann addiert.

Beispiel:

In einer Volkswirtschaft werden im Jahr 01 von einem Sportwagenhersteller 20 exklusive Nobel-Karosserien hergestellt und zu einem Preis von 1 Mio. EUR pro Stück verkauft. Im Jahr 02 werden vom gleichen Modell 15 Wagen hergestellt und zu einem Preis von 2 Mio. EUR pro Stück verkauft. Obwohl 5 Autos weniger hergestellt wurden, hat sich das nominelle Bruttoinlandsprodukt – einzig wegen der gestiegenen Preise – um 10 Mio. EUR erhöht.

Will man die **tatsächliche** Mehrleistung einer Volkswirtschaft im Vergleich zum Vorjahr ermitteln, muss man das **reale** (preisbereinigte) **Bruttoinlandsprodukt** berechnen. Dies geschieht im Kern dadurch, dass man aus dem nominalen Bruttoinlandsprodukt die **Preissteigerungen** herausrechnet.

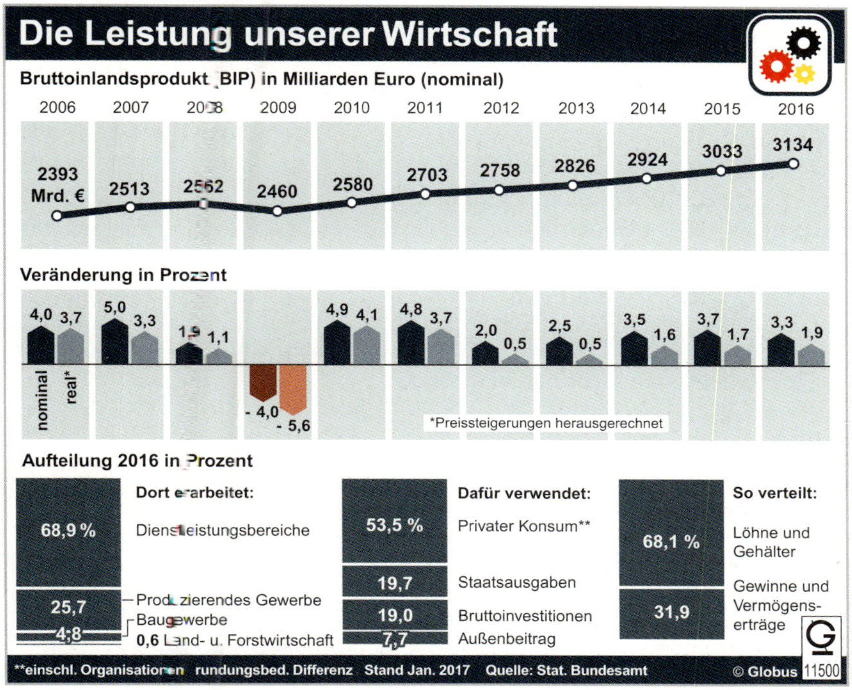

4.4 Kritik am Bruttoinlandsprodukt als Wohlstandsindikator[1]

Kritikpunkte	Erläuterungen und Beispiele
Das Bruttoinlandsprodukt wird **teilweise zu hoch** angesetzt.	Teile der **sozialen Kosten,** die nicht berücksichtigt werden sollten, werden in das Bruttoinlandsprodukt eingerechnet, z. B. Behandlungskosten von Unfallopfern und Berufskrankheiten, Reparaturen an Maschinen, Neuanschaffungen von Maschinen und Fahrzeugen, die aufgrund von Unfällen erforderlich werden.
Das Bruttoinlandsprodukt wird **teilweise zu niedrig** angesetzt.	■ Vorgänge der **Schattenwirtschaft** werden nur als Schätzgröße berücksichtigt, z. B. Schwarzarbeit, Beschäftigung illegaler Einwanderer, Lieferung von Waren und Dienstleistungen ohne Rechnung. ■ **Soziale Leistungen** werden nicht hinzugerechnet, z. B. die Umwelt erhaltende Tätigkeit der Landwirtschaft, die Ausbildungsleistung der Unternehmen, die Nutzung der Infrastruktur.[2] ■ **Eigenleistungen** und **ehrenamtliche Leistungen** werden nicht hinzugerechnet, z. B. selbstgebackene Pizza, selbst renoviertes Zimmer, Jugendtrainer in einer unteren Amateurliga, Einsätze der freiwilligen Feuerwehr.

1 **Indikator**: Merkmal.

2 **Zur Erinnerung**: Unter **Infrastruktur** sind alle der Allgemeinheit dienlichen öffentlichen und privaten Einrichtungen zu verstehen (z. B. private und öffentliche Straßen, Eisenbahnen, Krankenhäuser, Schulen, Kindergärten, Versorgungseinrichtungen).

Kritikpunkte	Erläuterungen und Beispiele
Das Bruttoinlandsprodukt erfasst nur **zahlenmäßig erfassbare (quantitative)** Größen.	Nicht erfasst werden **qualitative** Größen, z. B. Lebensqualität, Qualität der medizinischen Versorgung, Qualität des Arbeitslebens.

- Das **Bruttoinlandsprodukt** ist ein Wohlstandsmaßstab, der nur die **zahlenmäßig erfassbaren Größen** berücksichtigt.
- Wichtige **Größen,** die **die menschliche Entwicklung abbilden,** wie Lebenserwartung, Ausbildungsstand der Bevölkerung (z. B. Einschulungsrate in Grund-, Sekundar- und Hochschulen), Lebensqualität (Gesamtheit aller Lebensumstände in einer Gesellschaft) **werden nicht berücksichtigt.**

Überblick: Bruttoinlandsprodukt, Inhalt, Kritik

Bruttoinlandsprodukt
(Wert aller Waren und Dienstleistungen eines Landes innerhalb eines bestimmten Zeitraums)

Nominales BIP
(zu aktuellen Preisen)

Reales BIP
(preisbereinigt)

Gibt Auskunft über

Entstehung: Wo entstanden?
Verbindung: Wie verwendet?
Verteilung: An wen verteilt?

Kritik

- Teilweise zu hoch oder zu niedrig angesetzt
- Erfasst nur quantitative (zahlenmäßige) Größen
- Erfasst keine qualitativen Größen (z. B. Lebensqualität)

Kompetenztraining

35 1. 1.1 Erklären Sie den Begriff Bruttoinlandsprodukt!

1.2 Beschreiben Sie, worauf das Bruttoinlandsprodukt Antworten gibt!

1.3 Berechnen Sie den Anteil des Wirtschaftsbereichs „Land- und Forstwirtschaft, Fischerei" am Bruttoinlandsprodukt 2016 (siehe S. 211)! Erläutern Sie diese Messzahl!

1.4 Berechnen Sie, welchen Verwendungsanteil die Konsumausgaben des Staates am Bruttoinlandsprodukt 2016 (siehe S. 212) haben! Erläutern Sie diese Messzahl!

2. Erklären Sie den Begriff Volkseinkommen!

3. Erläutern Sie den Begriff Gewinnquote!

4. Beurteilen Sie, ob eine sinkende Lohnquote zwangsläufig zu einer Verschlechterung des Lebensstandards der abhängig Beschäftigten führen muss!

5. Notieren Sie, welche Leistungen **nicht** in die Berechnung des Bruttoinlandsprodukts eingehen!
   5.1 Ein Gartenbaubetrieb schneidet vor einem Altenwohnheim gegen Entgelt den Rasen.
   5.2 Eine Hausfrau backt einen Kuchen.
   5.3 Ein Arzt untersucht bei einem Hausbesuch einen Kranken.
   5.4 Ein Nachbar hilft beim Setzen eines neuen Zaunes.
   5.5 Der städtische Straßendienst reinigt die Bürgersteige.
   5.6 Die Bürger einer Gemeinde reinigen wöchentlich einmal den Bürgersteig selbst.
   5.7 Die Verkehrswacht erteilt kostenlosen Verkehrsunterricht für Schulanfänger.

36

1. Nennen Sie neben dem Bruttoinlandsprodukt zwei nichtökonomische Größen für die Beurteilung des Wohlstandes eines Landes!
2. Formulieren Sie drei Kritikpunkte, die an der herkömmlichen Berechnung der Messzahlen der gesamtwirtschaftlichen Leistung geübt werden!
3. Beschreiben Sie, was die Größe „Bruttoinlandsprodukt" über den Wohlstand der Bevölkerung eines Landes aussagen kann!
4. An der gängigen Berechnung der Messgrößen der gesamtwirtschaftlichen Leistung wird häufig Kritik geübt.

   Aufgaben:
   4.1 Nennen und erläutern Sie drei Kritikpunkte!
   4.2 Recherchieren Sie in diesem Zusammenhang die Begriffe soziale Kosten und soziale Leistungen!
   4.3 Bilden Sie je ein eigenes Beispiel für soziale Kosten und soziale Leistungen!
5. Erläutern Sie kurz, worüber die Entstehungsrechnung und die Verwendungsrechnung des Bruttoinlandsprodukts Auskunft geben!
6. Die Entstehung des Bruttoinlandsprodukts in einer Volkswirtschaft ist für einige Jahre aus der folgenden Tabelle zu entnehmen.

Position	Jahr 1	Jahr 2	Jahr 3	Jahr 4	Jahr 5
Land- und Forstwirtschaft	40,38	42,31	45,46	45,10	46,23
Produzierendes Gewerbe ohne Baugewerbe	826,07	835,52	825,97	853,31	897,76
Baugewerbe	226,52	222,42	213,32	207,66	197,69
Handel, Gastgewerbe und Verkehr	584,21	586,41	582,08	596,62	615,84
Finanzierung, Vermietung und Unternehmensdienstleister	862,54	907,21	954,98	997,30	1 031,77
Öffentliche und private Dienstleister	704,48	720,63	730,13	728,83	732,77
Bruttoinlandsprodukt	3 244,20	3 314,50	3 351,94	3 428,82	3 522,06

   6.1 Ermitteln Sie den Unternehmensbereich, der am meisten, und den Unternehmensbereich, der am wenigsten zum Bruttoinlandsprodukt dieser Volkswirtschaft beiträgt!
   6.2 Bestimmen Sie den Bereich, der seinen relativen Anteil am Inlandsprodukt seit dem Jahr 1 stetig vergrößert hat!

5 Konjunkturverlauf beschreiben und Maßnahmen zur Beeinflussung der Konjunktur darstellen

Lernsituation 6:

Jennifer und Nils besuchen zurzeit die Berufsschule. Vor Unterrichtsbeginn treffen sich beide zufällig in der Cafeteria der Berufsschule. Nach einem kurzen Gespräch kommen sie auf den gestrigen Unterrichtstag zu sprechen. Nils ist immer noch stocksauer auf einen Lehrer, der nach einer Auseinandersetzung mit der Klasse wegen des – aus seiner Sicht mal wieder unerträglichen – Lärmpegels auf die wenig erfreulichen Aussichten der Schüler hingewiesen hat. Konkret führte der Lehrer an, dass mit Blick auf die Konjunkturprognosen die Anzahl der Übernahmen von Auszubildenden zukünftig wohl stark zurückgehen würde. Die meisten hier in der Klasse würden bei den bisher gezeigten Leistungen wohl eher Stammkunden bei der Agentur für Arbeit.

Jennifer versucht Nils zu beruhigen und deutet an, dass der Lehrer halt ziemlich genervt war und dann aus der Emotion heraus so ein Ding losgelassen hätte. Nils aber lässt sich nicht beruhigen. Schließlich habe er gestern Abend noch mit seinen Eltern über den Vorfall gesprochen. Selbst sein Vater, Bankkaufmann von Beruf, hätte angedeutet, dass dieser Lehrer, zumindest was die Konjunkturprognosen betrifft, wohl Recht hätte.

In diesem Moment setzt sich ihr Mitschüler Arne an den Tisch. Er grinst über das ganze Gesicht und deutet an, dass die Äußerungen ihres Lehrers von gestern alles nur hohles Gequatsche seien. Vor allem die Sache mit den besagten Konjunkturprognosen wäre nichts als heiße Luft. Da müsse man nur mal ein wenig im Internet stöbern und schon hätte man in der Beziehung Klarheit. Um seine Äußerung zu untermauern, legt Arne demonstrativ ein Papier mit folgendem Text auf den Tisch:

Das zarte Pflänzchen Konjunktur

Kaum ein Wort beflügelt die Fantasie von Wirtschaftstreibenden und Politikern mehr als **„Konjunktur“.** Gebannt starren sie auf die prognostizierten Vorzeichen des Auf- und Abschwungs der Welle der wirtschaftlichen Entwicklung. Die Stimmung hellt sich auf, wenn es nach oben geht, oder verfinstert sich, wenn die Gegenrichtung eingeschlagen wird. Es ist ein permanentes Auf und Ab der Gefühle, die in der Ökonomie über Investitionen, Stellenabbau oder Aufbruch in neue Märkte entscheiden. […]

Dabei ist die Sache längst nicht so klar, wie es den Anschein hat, nur weil alle Welt davon redet. Unbestritten ist, dass es **Konjunkturzyklen** gibt. Aber wie lange dauern sie? Und wann ist welche Stufe erreicht? […]

Konjunkturforschungsinstitute wurden gegründet, die, staatlich finanziert, den Blick in die Glaskugel der Zukunft der Volkswirtschaften werfen. Dabei bedient man sich aus dem Vergleich von Daten aus der Vergangenheit über die Zinsentwicklung und daraus resultierenden Investitionen bzw. dem Zusammenhang von Steuern und dem privaten Konsum. Daraus werden **Konjunkturindikatoren** abgeleitet. […]

Am Ende steht das erwartete Bruttoinlandsprodukt (BIP). Und das ist meistens falsch, wie einschlägige Untersuchungen über die Treffsicherheit von Konjunkturprognosen feststellen. […]

Quelle: www.wianet.at (Autor: Oliver Pohl), Zugriff vom 16.11.2012 (Auszüge).

Kompetenzorientierte Arbeitsaufträge:

1. Erklären Sie die hervorgehobenen Begriffe!
2. Beschreiben Sie einen idealtypischen Konjunkturzyklus und unterscheiden Sie dabei die Konjunkturphasen!

3. Erläutern Sie kurz mit eigenen Worten, was konkret aus den Konjunkturindikatoren abgeleitet werden kann und welchen Stellenwert sie für Unternehmen wie für die Politik haben!
4. **Projekt mit regionalem Bezug:**

   Durch die örtlichen Handwerkskammern sowie lokalen Verbände werden regionale Konjunkturdaten und Konjunkturerwartungen ermittelt und veröffentlicht. Recherchieren Sie zunächst, welche Institutionen in Ihrer Region derartige Konjunkturdaten erheben und veröffentlichen. Informieren Sie sich anschließend bei diesen Stellen über die aktuellsten Datensätze und stellen Sie diese für eine Präsentation vor Ihrer Klasse zusammen!

5.1 Einen idealtypischen Konjunkturverlauf beschreiben und Konjunkturindikatoren zur Prognose der wirtschaftlichen Entwicklung erläutern

5.1.1 Begriff Konjunktur und der idealtypische Konjunkturverlauf

- Die **Konjunktur** gibt Auskunft über die **wirtschaftliche Lage** eines Landes.
- Die wirtschaftliche Lage eines Landes verläuft in Wellenbewegungen, die als **Konjunkturschwankungen** bezeichnet werden.

Die nachfolgende Grafik stellt einen **idealtypischen**[1] **Konjunkturzyklus**[2] dar:

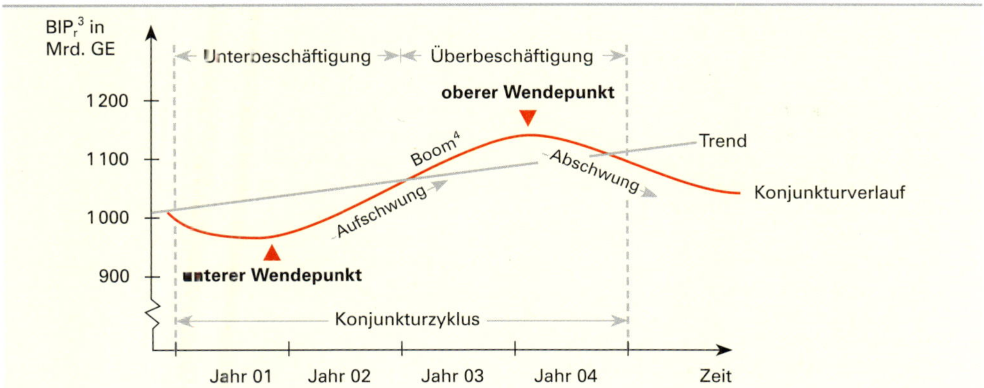

1 **Idealtypisch** (griech.-lat.): ein nur in der Vorstellung vorkommendes Modell bestimmter sich ähnelnder oder sich wiederholender Ereignisse oder Merkmale. So gab es z. B. bei den verschiedenen Konjunkturzyklen der Bundesrepublik Deutschland stets Aufschwünge, Hochkonjunkturen, Abschwünge (Rezessionen) und Tiefpunkte (untere Wendepunkte), die sich jedoch im Hinblick auf ihre Verläufe (Stärke, Dauer) unterschieden.

2 **Zyklus** (lat.): regelmäßig wiederkehrende Erscheinung, regelmäßige Folge. Zyklisch: regelmäßig wiederkehrend.

3 **BIP$_r$**: reales Bruttoinlandsprodukt.

4 **Boom** (engl.): kräftiger Aufschwung.

Erläuterungen:

Überblick über die Konjunkturphasen					
Konjunktur-phasen	**Produktion**	**Arbeits-losigkeit**	**Lohn-entwicklung**	**Zinsen**	**Preis-entwicklung**
unterer Wendepunkt (Talsohle)	auf niedrigem Niveau	hoch	mäßige Lohn-erhöhungen	niedrig	geringere Preis-steigerungsraten
Aufschwung	steigend	noch hoch	mäßige Lohn-erhöhungen	noch niedrig	geringere Preis-steigerungsraten
Boom (Hochkonjunktur, Überkonjunktur, Überbeschäfti-gung)	bei Konsum-gütern noch steigend; bei Investitions-gütern stag-nierend[1] oder sinkend	sinkend	kräftige Lohn-erhöhungen	steigend	hohe Preissteige-rungsraten
oberer Wendepunkt (Konjunkturgipfel)	bei Konsum-gütern stagnierend; bei Investitions-gütern sinkend	gleichbleibend	kräftige Lohnerhö-hungen	hoch	hohe Preissteige-rungsraten
Abschwung (Rezession, Niedergang)[2]	sinkend	steigend	mäßige Lohn-erhöhungen	langsam sinkend	abnehmende Preis-steigerungsraten

Den **tatsächlichen Konjunkturverlauf in Deutschland** zeigt die nachfolgende Grafik:

Wirtschaftswachstum in Deutschland
(Veränderung der preisberechtigten Bruttoinlandsprodukte gegenüber dem Vorjahr in %)

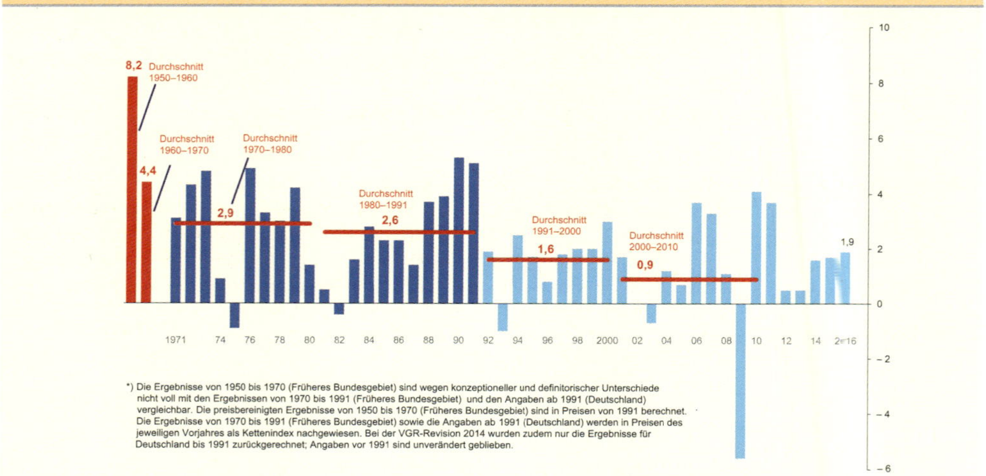

Quelle: Statistisches Bundesamt, Bruttoinlandsprodukt 2016 für Deutschland, Begleitmaterial zur Pressekonferenz, Frankfurt a. M. 2017.

1 **Stagnierend:** stocken, sich stauen; Stagnation: Stillstand.

2 Ein lang anhaltender wirtschaftlicher Tiefstand wird als **Depression** (wörtl. Niedergeschlagenheit, traurige Stimmung) bezeichnet. Die Depression ist keine konjunkturelle Erscheinung, sondern Ausdruck einer tief greifenden strukturellen **Krise**.

Erläuterungen:

- Die Grafik auf S. 218 zeigt, dass die wirtschaftliche Entwicklung in Deutschland durch zyklische Schwankungen gekennzeichnet ist, deren Abfolge und Stärke sich an der von Preiseinflüssen bereinigten Veränderung des Bruttoinlandsprodukts ablesen lässt.
- Langfristig folgte die Wirtschaftsentwicklung in Deutschland einem **aufsteigenden Trend:** Durch alle Zyklen hindurch setzte sich das reale Wachstum der Wirtschaftsleistung fort. Allerdings wurden die Wachstumswellen immer flacher, die wirtschaftliche Dynamik[1] immer schwächer. Auch gab es von Mal zu Mal tiefere Konjunktureinbrüche am Ende eines Zyklus.

5.1.2 Konjunkturindikatoren zur Prognose der wirtschaftlichen Entwicklung

Konjunkturindikatoren[2] sind Daten, die den Konjunkturverlauf messen und/oder Voraussagen (Prognosen)[3] für künftige Entwicklungen zulassen.

Nachfolgend werden wichtige Konjunkturindikatoren genannt und deren Auswirkungen auf die konjunkturellen Phasen beschrieben.

Konjunkturindikatoren (Beispiele)	**Mögliche Auswirkungen auf die Konjunktur**
Entwicklung der Arbeitslosenquote[4] und offenen Stellen	■ Eine **steigende Arbeitslosenquote** und **sinkende offene Stellen** zeigen an, dass die Wirtschaft unterbeschäftigt ist. Die Unternehmen werden sich bei den **Investitionen zurückhalten,** weil sie eine stagnierende oder gar zurückgehende Konsumgüternachfrage erwarten. ■ Die umgekehrte Reaktion tritt ein, wenn die Bundesagentur für Arbeit eine **steigende Zahl offener Stellen** meldet bzw. wenn die **Arbeitslosenquote zurückgeht.**
Auftragseingänge	■ **Steigende Auftragsbestände** kündigen einen **Konjunkturaufschwung** an. Die Auslastung der Kapazität folgt der Entwicklung der Auftragsbestände. ■ **Rückläufige Auftragsbestände** kündigen einen **Konjunkturabschwung** an.
Bruttoinlandsprodukt	■ Das Bruttoinlandsprodukt informiert über die aktuelle Entwicklung der Gesamtleistung einer Volkswirtschaft. Ist das **Bruttoinlandsprodukt** gegenüber der Vorperiode **gestiegen (gefallen),** zeigt dies eine **Konjunkturbelebung** (einen **Konjunkturrückgang**) an. ■ Schwankungen und Trends des Bruttoinlandsprodukts geben gute Hinweise auf den Verlauf der Konjunktur.

1 **Dynamik:** Triebkraft.

2 **Indikator:** Anzeiger.

3 **Prognose:** Voraussage, Vorausschau.

4 Eine einheitliche Berechnungsformel für die **Arbeitslosenquote (ALQ)** gibt es nicht. Die Bundesagentur für Arbeit verwendet in Anlehnung an die Berechnung der EU-Arbeitslosenquote unten stehende Berechnungsmethode.

$$\text{ALQ} = \frac{\text{Arbeitslosenzahl} \cdot 100}{\text{Anzahl der Erwerbspersonen}}$$

Zu den **Erwerbspersonen** zählen in der amtlichen Statistik alle Erwerbstätigen, d. h. alle Arbeitnehmer in einem Arbeitsverhältnis, die Selbstständigen und die Angehörigen der freien Berufe, sowie die Erwerbslosen, d. h. die Arbeitslosen, die einen Arbeitsplatz suchen, unabhängig davon, ob sie bei der Agentur für Arbeit gemeldet sind oder nicht.

Konjunkturindikatoren (Beispiele)	**Mögliche Auswirkungen auf die Konjunktur**
Geschäftsklimaindex[1]	■ Er wird durch die **monatliche Befragung** von Unternehmen nach der **Einschätzung ihrer Geschäftslage** sowie ihren **Erwartungen für die nächsten Monate** ermittelt. Die Ergebnisse der Befragung ermöglichen eine Voraussage über die zu erwartende konjunkturelle Entwicklung in Deutschland. ■ Ein **steigender Geschäftsklimaindex** lässt eine **Wirtschaftsbelebung**, ein **fallender Geschäftsklimaindex** eine **rückläufige Entwicklung** erwarten.

5.2 Maßnahmen zur Beeinflussung der Konjunktur darstellen

5.2.1 Begriff Konjunkturpolitik

Die Konjunkturschwankungen erklären sich dadurch, dass die gesamtwirtschaftliche Nachfrage im Vergleich zum gesamtwirtschaftlichen Angebot mal zu gering (Talsohle) und mal zu hoch (Boom) ist. Die konjunkturpolitischen Maßnahmen sollen dem **entgegenwirken,** indem sie auf die wichtigsten Bestimmungsgrößen des gesamtwirtschaftlichen Angebots und der gesamtwirtschaftlichen Nachfrage so einwirken, dass die zyklischen Schwankungen möglichst verschwinden.

Konjunkturpolitik umfasst die Summe **wirtschaftspolitischer Maßnahmen,** die darauf ausgerichtet sind, die **Konjunktur zu glätten** und ein möglichst gleichmäßiges, **positives Wirtschaftswachstum** zu erreichen.

5.2.2 Nachfrageorientierte Konjunkturpolitik

Die **nachfrageorientierte Konjunkturpolitik** beruht auf der Annahme, dass allein der Staat die Konjunktur positiv beeinflussen kann.

- Bei einem **Abschwung** soll der Staat die **Ausgaben erhöhen** (mehr Nachfrage schaffen), um damit die Wirtschaft anzukurbeln.
- Bei einer **Überhitzung der Konjunktur** soll der Staat die **Ausgaben senken** (weniger Nachfrage schaffen), um damit die Konjunktur zu dämpfen.

Die nachfrageorientierte Konjunkturpolitik verlangt somit, dass der Staat bei konjunkturellen Schwankungen dem **Konjunkturverlauf entgegengerichtet** handelt. Die staatliche Konjunkturpolitik mithilfe der Einnahmen- und Ausgabenpolitik bezeichnet man als **antizyklische Fiskalpolitik.**[2]

---

1 **Index,** hier: Messwert für eine wirtschaftliche Veränderung.

2 Unter **„Fiskus"** versteht man heute den Staat schlechthin, insoweit er es mit den Staatseinnahmen (vor allem Steuern), den Staatsausgaben oder dem Staatsvermögen zu tun hat („Einheit von Fiskus und Staat"). Das Wort „Fiskus" kommt aus dem Lateinischen und bedeutet Korb, Geldkorb, Kasse. Fiskalpolitik ist somit Wirtschaftspolitik mit Geldmitteln aus der „Staatskasse".
Antizyklisch: einen bestehenden Konjunkturzustand entgegenwirkend.

Die **Fiskalpolitik** umfasst alle finanzpolitischen Maßnahmen des Staates, die zur **Stabilisierung der Konjunktur und des Wachstums** beitragen.

5.2.3 Maßnahmen zur Beeinflussung der Konjunktur

Die Fiskalpolitik kann die Nachfrager in zweierlei Hinsicht beeinflussen:

- **direkt** über die **Erhöhung oder Senkung der Staatsnachfrage** für Waren und Dienstleistungen.
- **indirekt,** indem auf die private Nachfrage durch **Steueränderungen** eingewirkt wird.

5.2.3.1 Erhöhung oder Senkung der Staatseinnahmen (Staatsnachfrage)

Die Staatsausgaben zur direkten Beeinflussung der Nachfrage sind so zu verändern, dass sie dem **Konjunkturverlauf entgegengerichtet** sind. Welche Maßnahmen in Abhängigkeit der konjunkturellen Lage zu ergreifen sind, zeigt die nachfolgende Übersicht:

	Private Nachfrage	Staatliche Nachfrage
Konjunktureller Aufschwung		**Kürzung von Staatsausgaben** (z. B. Einstellungs- und Beförderungsstopp im öffentlichen Dienst, Verringerung der Staatsausgaben für öffentliche Investitionen). Die nachfragewirksame Geldmenge wird geringer, der Preisauftrieb wird gedämpft. 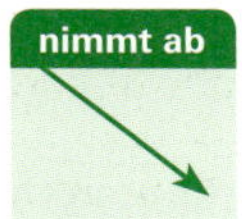 Der Staat erwartet, dass aufgrund dieser Maßnahme die **Nachfrage nach Konsum- und Investitionsgütern sinkt.**
Konjunktureller Abschwung		**Ausweitung von Staatsausgaben.** Die nachgefragte Geldmenge wird höher, der Preisauftrieb verstärkt sich.  Der Staat erwartet, dass aufgrund dieser Maßnahmen die **Nachfrage nach Konsum- und Investitionsgütern steigt** und so die Arbeitslosigkeit abgebaut wird. **Beispiele:** ■ Auflegen eines öffentlichen Ausgabenprogramms. Fragt der Staat z. B. mehr Bauleistungen nach, erhöht sich die Beschäftigung in der Bauindustrie. Diese wiederum kann mehr Baumaterialien, mehr Maschinen, mehr Kraftfahrzeuge und mehr Arbeitskräfte nachfragen (Multiplikatorwirkung zusätzlicher Staatsausgaben). ■ Einführung einer Abwrackprämie z. B. für Autos; Subventionen an die Landwirtschaft. ■ Senkung der Einkommensteuer zur Erhöhung der Konsumausgaben.

5.2.3.2 Erhöhung oder Senkung der Einkommensteuer

Bei der Veränderung der Steuern zur Beeinflussung des privaten Konsums und der privaten Investitionen stehen dem Staat grundsätzlich zwei Möglichkeiten zur Verfügung: Erhöhung der Einkommensteuer oder Senkung der Einkommensteuer.

	Private Nachfrage	Änderung der Steuern durch den Staat
Konjunktureller Aufschwung	nimmt zu	**Erhöhung der Einkommen- und Körperschaftsteuer**[1] **Ziel: Drosselung** des privaten Konsums und der privaten Investitionen. Die nachfragewirksame Geldmenge wird geringer, der Preisauftrieb wird gedämpft.
Konjunktureller Abschwung	nimmt ab	**Senkung der Einkommen- und Körperschaftsteuer** **Ziel: Belebung** des privaten Konsums und der privaten Investitionen. Die nachfragewirksame Geldmenge wird höher, der Preisauftrieb verstärkt sich.

Inwiefern die vorgestellten Maßnahmen tatsächlich zur Drosselung bzw. Belebung des privaten Konsums und der privaten Investitionen führen, ist von vielen Faktoren abhängig. So ist durchaus vorstellbar, dass die durch Steuersenkungen geschaffene Ausweitung des verfügbaren Einkommens zu großen Teilen nicht für Konsumzwecke verwendet, sondern angespart wird. Denn nicht zuletzt beeinflussen die **Zukunftserwartungen** sowohl in den Unternehmen als auch in den Haushalten das wirtschaftliche Handeln.

Überblick: Konjunktur, Konjunkturpolitik

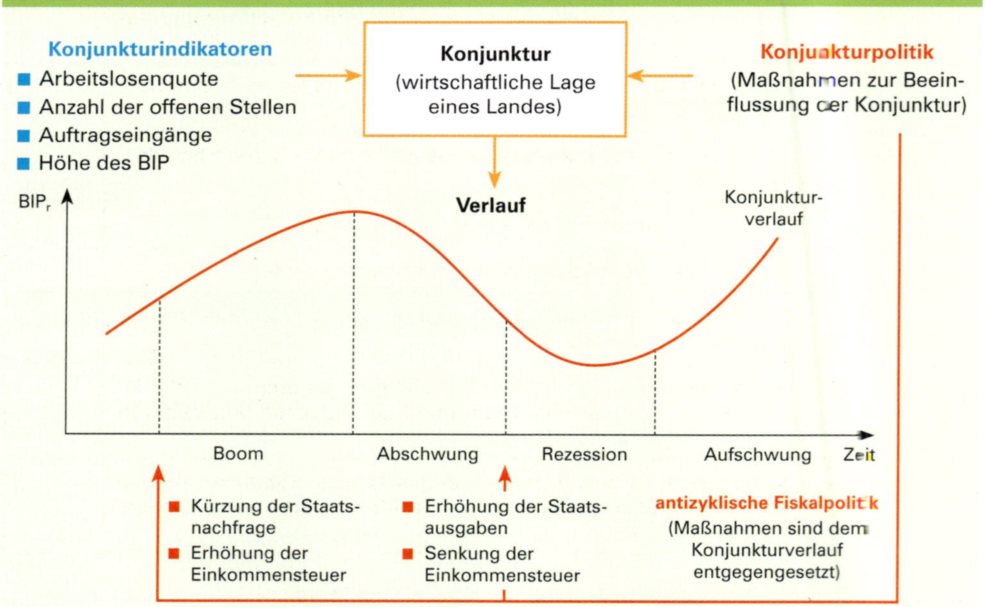

1 Die **Körperschaftsteuer** ist die Einkommensteuer der Kapitalgesellschaften (z. B. der GmbH).

Kompetenztraining

37 1. „Der Bundesregierung ist es nicht gelungen, die Konjunktur in den Griff zu bekommen!" Diese und ähnliche Schlagzeilen können Sie in den Tageszeitungen lesen oder in den Nachrichten hören.

1.1 Erläutern Sie den Begriff Konjunktur!

1.2 Wegen der Sommerferien sinkt das Bruttoinlandsprodukt um 3 % gegenüber dem gleichen Zeitraum des Vormonats. Erklären Sie, ob daraus auf einen verschlechterten Konjunkturverlauf zu schließen ist!

1.3 Zeichnen Sie ein Schaubild mit einem idealtypischen Konjunkturverlauf!

1.4 Zeichnen Sie in dieses Schaubild ein:

A = oberer Wendepunkt
B = unterer Wendepunkt
C = zweiter oberer Wendepunkt
D = Beginn des Booms
E = Beginn einer Depression
F = Beginn einer Rezession!

2. Notieren Sie aufgrund der nachfolgenden Sachdarstellungen, in welcher Phase des Konjunkturzyklus sich die Volkswirtschaft befindet! Tragen Sie bitte eine

(1) für Aufschwung,
(2) für Hochkonjunktur,
(3) für Rezession und
(4) für Depression ein!

Sollte keine eindeutige Zuordnung möglich sein, tragen Sie bitte eine (9) ein!

2.1	Das Zinsniveau ist im Vergleich zu den letzten Jahren auf einem Tiefststand.	
2.2	Die Investitionsneigung der Unternehmen nimmt spürbar zu.	
2.3	Die Arbeitslosigkeit nähert sich einem Höchststand, die Investitionstätigkeit der Unternehmen ist extrem gering.	
2.4	Bei den Tarifverhandlungen sind die Gewerkschaften in diesem Jahr eindeutig in der stärkeren Verhandlungsposition.	
2.5	Im Vergleich zu der jüngeren Vergangenheit geht die Kapazitätsauslastung zurück.	
2.6	Die hohe Zahl der Arbeitslosen geht langsam zurück.	
2.7	Die Preise für Güter und Dienstleistungen steigen deutlich.	
2.8	Die Kreditinstitute stellen auch in diesem Jahr wieder viele Ausbildungsplätze zur Verfügung.	
2.9	Die Kreditinstitute klagen über die geringen Zuwächse im Kreditgeschäft für Firmenkunden sowie über das steigende Volumen von Kreditausfällen in diesem Bereich.	
2.10	Das Konjunkturbarometer zeigt eine optimistische Stimmung bei den Unternehmen an, die im Wesentlichen auf dem spürbaren Anstieg der Nachfrage basiert.	

3. 3.1 Beschreiben Sie die Bedeutung von Konjunkturindikatoren!

3.2 Erklären Sie, inwiefern die Entwicklung der Arbeitslosenquote als Konjunkturindikator genutzt werden kann!

4. Stellen Sie dar, welche Möglichkeit staatlicher Konjunkturpolitik in nebenstehender Abbildung veranschaulicht wird!

   Begründen Sie Ihre Feststellung!

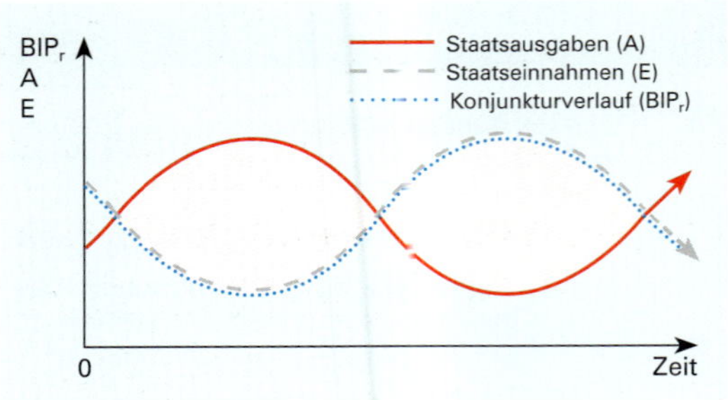

5. Der Versuch des Staates (der Regierung), durch Steuer- und Ausgabenpolitik den Konjunkturverlauf zu beeinflussen, wird als Fiskalpolitik bezeichnet. Die Fiskalpolitik sollte „antizyklisch" sein.

   Aufgabe:

   Begründen Sie die Forderung nach einer antizyklischen Fiskalpolitik

6. Erklären Sie, wie sich eine Senkung bzw. Erhöhung der Einkommensteuer auf Ihre eigene Lebenssituation auswirkt!

7. Angenommen, die Regierung senkt im Rahmen ihrer antizyklischen Finanzpolitik die Staatsausgaben. Die Staatseinnahmen sollen unverändert bleiben.

   Aufgabe:

   Entscheiden Sie, wie sich die Ausgabenkürzung auf Beschäftigung und Preisniveau auswirkt! Begründen Sie Ihre Aussage!

Kompetenzbereich IV: Entscheidungen im Rahmen einer beruflichen Selbstständigkeit treffen

1 Private und berufliche Chancen und Risiken sowie die Motive einer hauptberuflichen Selbstständigkeit erörtern

Lernsituation 1:

Svenja Wagner ist gelernte Fahrradmechanikerin und hat nach ihrer Ausbildung durch eine Weiterbildung kaufmännische Grundkenntnisse erworben. Svenja ist seit ihrer Kindheit total sportbegeistert und betreibt in ihrer Freizeit aktiv eine Vielzahl von Trend-, Extrem- und Funsportarten. Nun möchte sie ihre beruflichen Kenntnisse und ihre Hobbys durch eine erfolgreiche Unternehmensgründung in Ravensburg vereinen.

Sie hat bereits durch Gelegenheitsgeschäfte im Onlineportal „E-Kauf" günstige Einkaufsquellen ermittelt und sich erste Kundenkontakte und ausgezeichnete Branchenkenntnisse angeeignet. Jetzt möchte sie den Sprung wagen, dass aus dem Gelegenheitsgeschäft ein hauptberufliches Gewerbe wird. Parallel zum Onlineshop möchte Svenja Wagner ein Ladenlokal für den persönlichen Kundenkontakt aufbauen. Beflügelt durch ihre Anfangserfolge im Onlineportal fühlt sie sich auf dem Weg zur Top-Verkäuferin.

Svenja Wagner meldet sich für ein Beratungsgespräch bei der zuständigen Industrie- und Handelskammer (IHK) Bodensee-Oberschwaben in Weingarten an. Die Kammer bietet Start-up-Unternehmen die Möglichkeit, sich kostenlos und kompetent zu informieren.

Zur gewissenhaften Vorbereitung fertigt sie sich folgenden Merkzettel an:

1. *Mein Onlineshop bietet als Kernsortiment Sportartikel für Trend-, Extrem- und Funsportarten an. Als ergänzendes Randsortiment werden allgemein im Sportbetrieb nachgefragte Accessoires angeboten.*
2. *Planungszahlen meines Powerseller-Onlineshops im ersten Geschäftsjahr:*
   - *Umsätze 480000,00 EUR*
   - *Wareneinkäufe 32000,00 EUR*
   - *Vertriebskosten 10000,00 EUR*
3. *Zusätzlich zum Onlineshop plane ich ein Ladenlokal in Ravensburg zu eröffnen. Hier kann ich meine Kunden aus der Urlaubs- und Bergregion Allgäu persönlich beraten und Kundenbindungen langfristig aufbauen. Für mögliche Umsatzzahlen habe ich noch keine Erfahrungswerte.*
4. *Neben dem Handel mit Sportartikeln will ich Kurse für Trend-, Extrem- und Funsportarten (z.B. Bungeejumping, Freeclimbing, Inlineskating oder Zorbing) und begleitende Sportarrangements in der Urlaubs- und Bergregion Allgäu anbieten.*
5. *Um die drei Geschäftsfelder Onlineshop, Ladenlokal und Sportevents erfolgreich zu managen, werde ich weitere kompetente Mitarbeiter einstellen.*

Kompetenzorientierte Arbeitsaufträge:

1. Recherchieren Sie im Internet und erstellen Sie eine Checkliste, die im Rahmen eines Selbsttests eine erste Antwort darauf gibt, ob ein Interessent auch das „Zeug zu einem Unternehmer" hat und den Weg in die Selbstständigkeit weiter verfolgen soll!

15 Speth u.a. - ISBN 978-3-8120-0691-0

2. Nennen Sie fünf mögliche Motive für eine hauptberufliche Selbstständigkeit!

3. Erläutern Sie, was man unter persönlichen und fachlichen Voraussetzungen für eine Selbstständigkeit versteht. Nennen Sie jeweils vier Beispiele! Nutzen Sie zur Beantwortung das nachfolgende Schema!

Voraussetzungen	Erläuterung	Beispiele
Persönliche Voraussetzungen		
Fachliche Voraussetzungen		

4. Erkundigen Sie sich auf der Homepage einer IHK (z.B. der IHK Bodensee-Oberschwaben), welche Beratungsleistungen die Kammer einem Unternehmensgründer wie Svenja Wagner bietet! Erarbeiten Sie eine Checkliste, die Svenja Wagner dabei hilft, ihre Unternehmensgründung auf eine gute Ausgangsbasis zu stellen. Nehmen Sie dabei das Informationsmaterial, das die IHK auf ihrer Homepage bereitstellt, zuhilfe. Eine weitere IHK-Informationsquelle ist die Internetadresse „startercenter24.de".

   Präsentieren Sie Ihre Ergebnisse in geeigneter Form!

5. Bewerten Sie die Geschäftsidee von Svenja Wagner hinsichtlich einer langfristigen Erfolgsaussicht!

6. Begründen Sie, worin Sie die größte Chance sowie das größte Risiko der Unternehmensgründung durch Svenja Wagner sehen!

1.1 Private und berufliche Chancen einer hauptberuflichen Selbstständigkeit erörtern

1.1.1 Besondere Anforderungen an eine Unternehmerpersönlichkeit

Der Weg zum eigenen Unternehmen ist mit Stolpersteinen gepflastert. Sie zu leugnen, ist gefährlich. Wer sie erkennt und akzeptiert, kann sich darauf einstellen und ihnen ausweichen. Dabei liegt das größte Risiko in der Person des Gründers selbst, der realistischen Wahrnehmung seiner eigenen Stärken und Schwächen.

(1) Persönliche Voraussetzungen

Wichtige persönliche Voraussetzungen für einen Unternehmensgründer sind:

- Er muss **selbstständig** und **eigenverantwortlich** arbeiten können und wollen.
- Er hat niemanden, der ihn antreibt und sein **Engagement** unmittelbar kontrolliert.
- Er muss **Verantwortung** übernehmen für sein eigenes Handeln.
- Er muss **Mitarbeiter führen** und **motivieren** können.
- Zumindest in den ersten Jahren ist die zeitliche, physische und psychische **Belastung** hoch.
- Er braucht einen **familiären Rückhalt,** der ihn in seinem Vorhaben unterstützt.

- Folgende **Charaktereigenschaften** sind daher besonders gefordert:
  - Ehrgeiz
  - Einsatzbereitschaft
  - Risikobereitschaft
  - Belastbarkeit
  - berufliche Qualifikationen
  - Kreativität
  - berufliche Erfahrung
  - Verantwortungsbewusstsein
  - Führungserfahrung

(2) Fachliche Voraussetzungen

„Schuster, bleib bei deinem Leisten!" Diese einfache Regel gilt besonders für eine Unternehmensgründung. Der Unternehmensgründer sollte sein „Handwerk" verstehen. Der Erfolg der Unternehmensgründung stützt sich im besonderen Maße auf **zwei Säulen.** Das ist zum einen die **berufliche Erfahrung** und zum anderen sind es die **kaufmännischen Grundkenntnisse**.

Berufliche Erfahrung	Kaufmännische Grundkenntnisse
Der Schlüssel zum Erfolg ist, wenn der Unternehmensgründer sein Metier[1] beherrscht, mehrere Jahre einschlägige Berufserfahrung hat, die Branche und den Markt kennt, wenn er weiß, wovon er redet. Er ■ ist glaubwürdig, ■ kann seine Kunden überzeugen, ■ ist Vorbild für seine Mitarbeiter und ■ gewinnt dadurch das Vertrauen seiner Kapitalgeber.	Berufliche Kompetenz ist kein Garantieschein für den unternehmerischen Erfolg. Es bedarf auch betriebswirtschaftlicher Kenntnisse und Fertigkeiten, wie z. B. ■ die Beherrschung der Kalkulationsverfahren, ■ der Zins- und Prozentrechnung, ■ der Buchführung, ■ des Vertragsrechts.

1.1.2 Private und berufliche Chancen und Risiken der hauptberuflichen Selbstständigkeit

Der angehende Unternehmer hat die Chancen und Risiken einer unternehmerischen Selbstständigkeit abzuwägen. Eine Unternehmensgründung stellt immer eine gewisse Herausforderung dar. Jeder, der seine berufliche Zukunft in die eigenen Hände nimmt, betritt Neuland. Nicht immer verläuft eine Unternehmensgründung so erfolgreich wie erhofft, denn den Chancen stehen auch entsprechende Risiken gegenüber:

(1) Chancen

Chancen einer hauptberuflichen Selbstständigkeit sind z. B.

- Unabhängigkeit,
- Selbstverwirklichung,
- leistungsgerechtes Einkommen und
- Ansehen in der Öffentlichkeit.

1 **Metier:** bestimmte berufliche Tätigkeit, die der Betreffende durch die Beherrschung der dabei erforderlichen Fertigkeiten kompetent ausführen kann.

(2) Risiken

Hohe Arbeitsbelastung

Eine hohe Anfangsbelastung durch Gründungsformalitäten, das Bearbeiten erster Aufträge und die Akquisition[1] von Kunden verlangen von einem Unternehmensgründer sehr viel persönlichen Einsatz, ohne dass bereits ein Euro auf dem Bankkonto eingegangen ist. Es muss daher sichergestellt sein, dass der Familie die Belastung bewusst ist und sie vor allem bereit ist, diese mit zu tragen.

Große Verantwortung

Der Unternehmensgründer ist nicht nur für sich und seine Familie verantwortlich, sondern er trägt auch Verantwortung für seine Mitarbeiter und deren Familien.

Gefahr von Einkommens- und Vermögensverlusten

Eine Unternehmensgründung ist ein Wagnis, das misslingen kann. In diesem Fall drohen Einkommensverluste und im schlimmsten Fall der Vermögensverlust durch eine Insolvenz.[2] Vor Beginn der Selbstständigkeit sollte daher sichergestellt sein, dass es dadurch nicht zu einer finanziellen Benachteiligung der Familie oder des Partners kommt.

Verlust der sozialen Sicherung

Die Arbeitskraft des Unternehmensgründers ist sein wichtigstes Kapital. Die größte Gefahr besteht darin, dieses Kapital z.B. durch Krankheit und Unfall einzubüßen. Es gilt daher diese Risiken abzudecken, z.B. durch eine Kranken- und Unfallversicherung, eine Berufsunfähigkeitsversicherung sowie die Arbeitslosenversicherung für den Fall der Aufgabe der selbstständigen Tätigkeit.

Gleichzeitig gilt es Maßnahmen zur Altersvorsorge zu treffen, z.B. durch Eintritt in die gesetzliche Rentenversicherung.[3]

Viele Risiken können durch intensives Recherchieren, Planen und vor allem durch Erfüllung bestimmter Gründungsvoraussetzungen verringert werden.

1 **Akquisition:** Anschaffung, Kundenwerbung.

2 Vgl. hier S. 168.

3 Unternehmer unterliegen nicht automatisch der Rentenversicherungspflicht.

Wie das Schaubild auf S. 228 zeigt, sind neben einer soliden Finanzierung, einer realistischen Einschätzung der möglichen Umsätze und den Gedanken zum Kundennutzen der eigenen Geschäftsidee insbesondere gute kaufmännische Kenntnisse sehr bedeutende Einflussfaktoren für einen erfolgreichen Schritt in die Selbstständigkeit.

1.2 Motive einer hauptberuflichen Selbstständigkeit erörtern

Für den Weg in die Selbstständigkeit gibt es die unterschiedlichsten Motive. Im Folgenden werden beispielhaft einige Motive aufgezeigt.

Unabhängigkeit erleben und die eigene Unternehmensidee verwirklichen	Der Unternehmer hat die Möglichkeit, seine Ideen umzusetzen. Er kann Entscheidungen treffen, sich um Realisierung bemühen und den Erfolg ernten. Als Unternehmer ist er sein eigener Herr und hat die Freiheit, das Geschäft auf die Art zu führen, die er für richtig hält.
Werte schaffen und bewahren	Gelingt es einen echten Unternehmenswert aufzubauen, ist dies ein Grundstein, sich ein hohes Einkommen zu verschaffen. Zudem können die geschaffenen Werte an einen Nachfolger (z. B. die Kinder) übergeben werden.
Mitarbeiter auswählen und führen	Als Unternehmer hat man die Möglichkeit, seine Mitarbeiter selbst auszusuchen und zum Erfolg zu führen. Er kann seinen unternehmerischen Tatendrang umsetzen.
Arbeitszufriedenheit erlangen und Erfolge erzielen	Wer seinen Job liebt und erfolgreich ist, besitzt eine hohe Arbeitszufriedenheit. Er kann seinen beruflichen Aufstieg selbst in die Hand nehmen und Erfolge feiern.
Abwechslungsreiche Aufgaben eigenständig bewältigen	Auf einen Unternehmer kommt täglich eine Vielzahl unterschiedlicher Entscheidungen zu, die er eigenverantwortlich vertreten muss, und die für das Unternehmen gegebenenfalls von hoher Bedeutung sein können.
Ansehen erwerben	Es besteht die Chance, in absehbarer Zeit ein bekannter und angesehener Unternehmer zu werden.
Berufliche Enttäuschungen vermeiden oder beenden bzw. der Arbeitslosigkeit entgehen	Einige Unternehmensgründungen gehen darauf zurück, dass die Unternehmensgründer in der Selbstständigkeit eine Alternative zur Arbeitslosigkeit bzw. einer unbefriedigenden beruflichen Situation sehen. Allerdings sollte die Gründung eines Unternehmens keine Lösung für eine berufliche Notsituation sein.

2 Ausgehend von einer Geschäftsidee einen Geschäftsplan skizzieren

Ausgangspunkt der Überlegungen, sich selbstständig zu machen, sollte eine pfiffige Produkt- oder Geschäftsidee sein. Der Unternehmensgründungsprozess kann von der Idee bis zur Verwirklichung mehrere Wochen oder gar Monate dauern.

Geschäftsidee Kapitel 2.1 → **Orientierung** Kapitel 2.2 → **Planung** Kapitel 2.3 → **Umsetzung der Geschäftsidee**[1]

Die einzelnen Prozess-Schritte werden in den genannten Kapiteln ausführlich dargestellt.

1 Auf die Umsetzung der Geschäftsidee wird im Folgenden nicht eingegangen.

2.1 Geschäftsidee entwickeln

Zu Beginn jeder Unternehmensgründung steht eine Geschäftsidee. Sie knüpft häufig an die bisherige berufliche Fähigkeit bzw. an das Hobby des Unternehmensgründers an. So hat z. B. Svenja Wagner (siehe Lernsituation 1) die Idee,

- das geplante Ladenlokal auf spezielle Sportarten und Sportevents zu **spezialisieren** und damit etwas **Neues** zu **schaffen,**
- **Mitarbeiter** zu **suchen,** die sowohl die kaufmännischen Voraussetzungen mitbringen als auch die speziellen Sportarten beherrschen, um dadurch Kunden zu gewinnen,
- einen umfassenden **Service aufzubauen,** um die Kunden in jeder Situation bestens betreuen zu können,
- eine **straffe Organisation** zu schaffen, um ihr Sportgeschäft kostengünstiger und damit erfolgreicher führen zu können als ihre Mitbewerber.

Kurz: Svenja Wagner geht davon aus, dass ihr neues Sportgeschäft erfolgreich sein wird, weil sie gegenüber den bisherigen Sportgeschäften in der Region etwas Neues anbietet und dieses Angebot mit Sportevents und Reisen kombiniert.

Beispiel (vgl. Lernsituation 1 von S. 225):

Svenja Wagner, gelernte Fahrradmechanikerin und Freizeitsportlerin, hat entschieden, sich mit dem Spezialgeschäft für Trend-, Extrem- und Funsportarten (z. B. Bungeejumping, Freeclimbing, Nordic Walking, Inlineskating oder Zorbing) selbstständig zu machen. Neben den Sportartikeln bietet sie auch Kurse und Reisen zu entsprechenden Veranstaltungen an.

2.2 Sachliche Voraussetzungen klären

Bei der Prüfung der sachlichen Voraussetzungen hat der Existenzgründer insbesondere folgende Fragen zu klären:

- Marktchancen und Marktpositionierung,
- Standort,
- Personalbedarf,
- gesicherte Finanzierung,
- rechtliche Voraussetzungen.

2.2.1 Marktchancen und Marktpositionierung

(1) Marktchancen

Der Unternehmensgründer muss überprüfen, ob für seine Geschäftsidee ein entsprechender Bedarf vorhanden ist. Dazu muss er die gegenwärtig vorherrschenden Marktgegebenheiten auf seinem relevanten Markt[1] untersuchen.

Beispiel (vgl. Lernsituation 1 von S. 225):

Untersuchungsgegenstände für Svenja Wagner sind:

- Anzahl der Personen, die als Käufer infrage kommen,
- Einkommens- und Vermögensverhältnisse der möglichen Käufer,
- persönliche Meinung der (möglichen) Käufer zu den angebotenen Sportarten,
- Beschaffung von Daten über konkurrierende Sportgeschäfte, z.B. deren Preise, Lieferungs- und Zahlungsbedingungen, Werbung.

(2) Marktpositionierung

Die Marktpositionierung legt fest, welche Rolle ein Unternehmen auf dem Markt einnehmen möchte. Beispielhaft werden zwei Marktpositionierungen vorgestellt.

Marktführer	Nischenbesetzer
▪ Er hat in der Regel den größten Anteil am relevanten Markt. ▪ Er ist führend bei Preisänderungen, innovativen Produkten, Werbung. ▪ Die Konkurrenz orientiert sich an ihm.	▪ Sind kleinere Unternehmen. ▪ Beschränken sich auf Teilmärkte. ▪ Spezialisieren sich auf Marktnischen, die von größeren Unternehmen vernachlässigt werden.

Beispiel (vgl. Lernsituation 1 von S. 225):

Svenja Wagner entscheidet sich für die Position eines Nischenbesetzers, da sie ein Spezialgeschäft für Trend-, Extrem- und Funsportarten eröffnen möchte.

2.2.2 Standort[2]

Der Standort ist für den Erfolg eines Unternehmens mit entscheidend. Man muss einen Standort finden, der die Zielsetzung des Unternehmens unterstützt. Der Standort ist z.B. von Bedeutung für

- die Nähe zu Lieferanten und Kunden,
- die Möglichkeit qualifizierte Mitarbeiter zu bekommen,
- die Höhe der Kosten, z.B. Miete, Pacht, Grundstückspreise, Lohnkosten,
- den Umfang der Umweltauflagen,
- die Güte der Verkehrsanbindung.

1 Der **relevante Markt (Zielmarkt)** ist die Gesamtheit der möglichen Käufer für ein Produkt.

2 Zu Einzelheiten siehe Kapitel 3, S. 237ff.

2.2.3 Personalbedarf

Für die Umsetzung der Geschäftsidee benötigt der Unternehmensgründer Mitarbeiter. Die Anzahl der Mitarbeiter **(quantitativer Personalbedarf)** muss einerseits so groß sein, dass alle anfallenden Aufgaben erfüllt werden können. Andererseits ist darauf zu achten, dass keine Personalüberbesetzung besteht. Gerade in der Gründungsphase gilt es, die Kosten möglichst niedrig zu halten.

Neben der Anzahl der Mitarbeiter hat der Unternehmensgründer auf deren Qualifikation zu achten **(qualitativer Personalbedarf)**. Sie muss möglichst deckungsgleich mit dem Anforderungsprofil der zu besetzenden Stelle sein.

Beispiel (vgl. Lernsituation 1 von S. 225):

Svenja Wagner muss Verkäufer für ihr Sportgeschäft und erfahrene Sportbegleiter für die Betreuung ihrer Veranstaltungen einstellen. Zusätzlich benötigt sie Personal, um die anfallenden Büroarbeiten zu erledigen. Schließlich muss sie entscheiden, ob sie zusätzlich zu der Geschäftsleitung noch Tätigkeiten im Sportgeschäft übernehmen möchte.

2.2.4 Gesicherte Finanzierung[1]

Im Falle einer Neugründung, aber auch bei der Verwirklichung einer neuen Produkt- oder Geschäftsidee in einem bestehenden Unternehmen sind zunächst erhebliche Finanzmittel für die **Betriebs- und Geschäftsausstattung** (z. B. Maschinen, Büroeinrichtung, Kasse) und die Beschaffung der **Waren** (z. B. Rohstoffe, Handelswaren) sowie anfallende **Gründungskosten** notwendig, bevor Geld verdient wird. In der Regel ist eine Anschubfinanzierung durch Eigenkapital und Bankkredite notwendig. Für Unternehmensgründer stehen oft zinsgünstige Sonderkredite zur Verfügung.

Beispiel (vgl. Lernsituation 1 von S. 225):

Svenja Wagner hat darauf zu achten, dass die Finanzmittel in ausreichendem Umfang zur Verfügung stehen, um unvorhergesehenen Bedarf und die Kosten ihrer persönlichen Lebensführung in der Anlaufphase abdecken zu können. Sie muss darauf vorbereitet sein, dass sie in der ersten Zeit nicht allein von der Selbstständigkeit leben kann. Svenja Wagner sollte daher für diese Zeit eine Geldreserve (z. B. Sparguthaben) bereitstellen.

1 Um eine gesicherte finanzielle Basis zu schaffen, ist es sinnvoll, einen Geschäftsplan (Businessplan) zu erstellen. Vgl. S. 234 f.

2.3 Einen Geschäftsplan skizzieren

(1) Begriff Geschäftsplan

Sind die Voraussetzungen für eine Unternehmensgründung gegeben, muss überprüft werden, ob die Geschäftsidee auch erfolgreich umgesetzt werden kann. Ein wichtiges Instrument hierfür ist der Geschäftsplan.

Der **Geschäftsplan** bildet die Grundlage für die Beurteilung der **Erfolgschancen** einer Geschäftsidee, indem er die **unternehmerischen Ziele**, die **geplanten Strategien und Maßnahmen** für einen **bestimmten Zeitraum** (meist 3 bis 5 Jahre) darstellt.[1]

(2) Aufgaben (Funktionen) des Geschäftsplans

Das Entwickeln eines Geschäftsplans zwingt den Unternehmensgründer, die geplante Unternehmensgründung systematisch vorzubereiten, durchzurechnen, Wissenslücken zu schließen und alle Entscheidungen zu begründen.

Der Geschäftsplan ist somit eine Art **Machbarkeits- und Wirtschaftlichkeitsstudie** über die Geschäftsidee. Der Geschäftsplan ist vom **Unternehmensgründer selbst** zu erstellen. Allerdings sollte er frühzeitig eine Beratungsstelle in Anspruch nehmen, die ihm bei der Ausarbeitung behilflich ist.[2]

Wichtige Aufgaben des Geschäftsplans sind:

- Durchführbarkeit des Vorhabens prüfen,
- Aussagen über die zur Verfügung stehenden Finanzmittel treffen,
- Beziehungen zu möglichen Geschäftspartnern aufzeigen,
- wichtige Umsetzungsschritte beschreiben,
- Basis für spätere Soll-Ist-Vergleiche abgeben,
- Chancen und Risiken diskutieren,
- Zielsetzungen für mögliche Weiterentwicklungen der Geschäftsidee vorgeben.

(3) Aufbau und Inhalt des Geschäftsplans

Für den Aufbau eines Geschäftsplans gibt es keine festen Regeln. Er besteht jedoch in der Regel aus einem **Textteil** mit einer ausführlichen Beschreibung der Geschäftsidee und der geplanten Umsetzung sowie einem **Zahlenteil**[3] mit Aussagen über die Finanzierung, die Umsatzentwicklung und die Wirtschaftlichkeit des Vorhabens.

1 Für den Begriff Geschäftsplan wird auch der Begriff **Businessplan** verwendet.

2 Zu den Beratungsstellen gehören z. B. die Industrie- und Handelskammern, die Handwerkskammern oder auch sonstige regionale Gründungsinitiativen.

3 Der Bildungsplan sieht die Darstellung eines mit Zahlen belegten Geschäftsplans nicht vor.

Nachfolgend wird eine **Checkliste** vorgegeben, die die Inhalte und eine grobe **Gliederung für einen Geschäftsplan** darstellt.[1]

Inhalte des Geschäftsplans	Zentrale Aussagen
Gründerperson[2]	■ Qualifikationen, Berufserfahrungen, Zulassungen ■ Branchenkenntnisse ■ Besondere Stärken, eventuelle Defizite
Geschäftsidee/ Produkt/ Dienstleistung	■ Zweck der Unternehmensgründung ■ Besonderheit der Geschäftsidee ■ Art des Produkts/der Dienstleistung ■ Start der Produktion/Dienstleistung ■ Entwicklungsstand des Produkts ■ Eventuell notwendige gesetzliche Formalitäten (z. B. Genehmigung)
Markt/Wettbewerb	
■ Kunden	■ Infrage kommende Kunden ■ Kundengebiet ■ Zusammensetzung des Kundensegments (Alter, Geschlecht, Einkommen, Privat- oder Geschäftskunden) ■ Abhängigkeit von Großkunden ■ Bedürfnisse/Probleme der Kunden
■ Wettbewerber	■ Anzahl der Konkurrenten ■ Stärken und Schwächen der Konkurrenten ■ Eigene Schwäche/Stärke gegenüber den wichtigsten Konkurrenten
Standort	■ Gründe für den geplanten Standort ■ Nachteile des Standorts, Ausgleichsmöglichkeiten
Marketing	
■ Angebot	■ Nutzen des Produkts/der Dienstleistung für potenzielle Kunden ■ Stärke des eigenen Produkts gegenüber dem Konkurrenzangebot
■ Preis	■ Art der Preisstrategie ■ Höhe des Angebotspreises ■ Kalkulation, die dem Angebotspreis zugrunde liegt
■ Vertrieb/Werbung	■ Höhe der Vertriebskosten ■ Absatzmenge in dem vorgegebenen relevanten Markt und Zeitraum ■ Mögliche Vertriebspartner ■ Geplante Werbemaßnahmen

1 Der vorgestellte Geschäftsplan ist angelehnt an einen Vorschlag des Bundesministeriums für Wirtschaft und Energie.

2 In der Anlage zum Geschäftsplan sind Informationen zur Unternehmerpersönlichkeit wie Lebenslauf, Zeugnisse, Referenzen usw. beizufügen.

Inhalte des Geschäftsplans	Zentrale Aussagen
Organisation/ Mitarbeiter/ Rechtsform	
■ Organisation	■ Vorstellen des geplanten Unternehmens (Gründungsdatum, Gesellschafter, Geschäftsführer, Sitz, Geschäftszweck, Lizenzen, Patente, Verträge) ■ Vorlegen des Stellenplans mit Angaben zu den einzelnen Führungspersonen (Alter, Qualifikation, Ausbildung)
■ Mitarbeiter	■ Einstellungstermine der Mitarbeiter ■ Qualifikation der Mitarbeiter ■ Geplante Schulungsmaßnahmen
■ Rechtsform	■ Einzel- oder Gesellschaftsunternehmen ■ Begründung der gewählten Rechtsform
Risiken/Chancen	■ Größte Chance für die Entwicklung des Unternehmens ■ Zeitraum für den Attraktivitätsvorsprung des eigenen Produkts, der Dienstleistung gegenüber den Konkurrenten ■ Probleme, die die Entwicklung des Unternehmens behindern können ■ Strategie, um Risiken und Probleme zu begegnen.
Finanzplanung	■ Gesamtkapitalbedarf für die Unternehmensgründung (Investitionsplan) ■ Anteil des Eigenkapitalanteils ■ Benötigtes Fremdkapital ■ Art der Kreditsicherheiten ■ Mögliche Beteiligungskapitalgeber ■ Nutzung von Förderprogrammen
Ertragsvorschuss für 3 Jahre	■ Erwarteter Umsatz ■ Höhe der geplanten Kosten ■ Geschätzter Gewinn

(4) Adressaten des Geschäftsplans

Den Geschäftsplan erstellt der Gründer nicht nur für sich selbst. Weitere wichtige Adressaten sind:

- Investoren,
- Kreditgeber (z. B. Banken),
- wichtige Geschäftspartner,
- Agentur für Arbeit.

Der Geschäftsplan ist für die angesprochenen Adressaten ein wichtiges Entscheidungsdokument.

Überblick: Grundlagen einer hauptberuflichen Selbstständigkeit

Unternehmensgründung

↓

Geschäftsidee

↓

Vorüberlegungen zur Umsetzung

- Persönliche und fachliche Eignung des Unternehmensgründers prüfen → Chancen und Risiken der hauptberuflichen Selbstständigkeit abwägen
- Sachliche Voraussetzungen klären
  - Marktchancen und Marktpositionierung
  - Standort
  - Personalbedarf
  - Finanzierung
- Geschäftsplan erstellen zur Klärung der Umsetzbarkeit der Geschäftsidee

Kompetenztraining

38

1. Erläutern Sie, welche Vorüberlegungen das Vorhaben einer Unternehmensgründung erfordert!
2. Formulieren Sie Fragen zum Thema „Von der Geschäftsidee zum Unternehmenskonzept", die Sie als Berater für Unternehmensgründungen einem potenziellen[1] Gründer stellen würden! Achten Sie darauf, dass die Fragen den Gesamtkomplex Unternehmensgründung abdecken!
3. Nennen Sie persönliche Bereiche, die der Unternehmensgründer vor der Unternehmensgründung absichern sollte!
4. Recherchieren Sie, welches Ziel der Unternehmensgründer mit dem Abschluss einer Berufsunfähigkeitsversicherung verfolgt!
5. Bei der Gründung des Unternehmens muss der Gründer sich über unvorhersehbare Gefahren für das Unternehmen Gedanken machen, z. B.:
   - Einbruch,
   - Feuer,
   - ein Maschinenschaden, der einen Produktionsstillstand zur Folge hat, oder
   - Fahrlässigkeiten der Mitarbeiter, die zu Ansprüchen führen.

   Aufgabe:

   Recherchieren Sie im Internet, welche betriebliche Versicherungen der Unternehmensgründer gegebenenfalls abschließen sollte, und charakterisieren Sie diese kurz!
6. 6.1 Beschreiben Sie den Aufbau eines Geschäftsplans!

   6.2 Stellen Sie dar, inwiefern ein Geschäftsplan die Visitenkarte des angehenden Unternehmers ist!

   6.3 Erläutern Sie, warum der Geschäftsplan ein wichtiges unternehmensinternes Steuerungs- und Kontrollinstrument des Managements ist!
7. „Lohnt es sich, selbstständig zu werden"? Sammeln Sie in Gruppen Gründe für und gegen die Selbstständigkeit, diskutieren Sie anschließend im Klassenverband und halten Sie die vorgetragenen Argumente in einem Protokoll fest!

1 **Potenziell:** möglich, denkbar.

3 Sich mit der Bedeutung von Standortfaktoren auseinandersetzen

Lernsituation 2:

Fortsetzung der Lernsituation 1

Nachdem Svenja Wagner in den letzten Tagen ausführliche und informative Gespräche zu ihrer geplanten Unternehmensgründung mit verschiedenen Stellen geführt hat, stellte sich immer wieder heraus, dass die Standortfrage von entscheidender Bedeutung für die Erfolgsaussichten ihrer Unternehmensgründung ist.

Vor diesem Hintergrund hat die IHK Bodensee-Oberschwaben sie auf zwei mögliche Objekte hingewiesen, die nach dem Kenntnisstand der IHK über die örtliche Presse aktuell zur Vermietung für gewerbliche Nutzung am Markt angeboten werden und geeignet erscheinen. Um sich näher zu informieren, recherchiert Svenja Wagner beim Ravensburger Tagesanzeiger und stößt dabei auf die Inserate der beiden Objekte.

Ladenlokal Ravensburg City

Das Ladenlokal befindet sich im Erdgeschoss und liegt zentral in der Hauptfußgängerzone von Ravensburg. Die Gesamtfläche des Ladens beträgt ca. 150 m^2. Die Fläche ist beliebig in Laden- und Lagerfläche teilbar und für unterschiedliche Branchen geeignet. Die Anlieferung von Waren kann über den Wirtschaftshof im hinteren Teil des Gebäudes zu bestimmten Zeiten am Vormittag oder Abend erfolgen. Die Hausfront wurde erst kürzlich saniert, die beleuchtete Überdachung der Schaufensterfront erhöht den Aufmerksamkeitsgrad. Das Anbringen einer Werbefläche am Vordach ist über die gesamte Breite der Schaufensterfront möglich. Kundenparkplätze stehen nicht zur Verfügung. Mietpreis: 2 500,00 EUR monatlich zuzüglich Nebenkosten.

Ladenlokal im Gewerbepark Ravensburg

Verkehrsgünstig mit direkter Anbindung zur Autobahn und nur ca. 15 Autominuten entfernt von der Ravensburger Innenstadt mit deren vielen touristischen Sehenswürdigkeiten befindet sich unsere Immobilie, in der Einzelhandel, Büros und Ausstellungsflächen einen kundenfreundlichen Anziehungspunkt bilden. Wir bieten Ihnen hier Verkaufsflächen an, die bisher u. a. als Getränkemarkt genutzt wurden. Details: 200 m^2 Verkaufsraum + 100 m^2 Büro- und Lagerfläche. Hinzu kommt eine Freifläche von ca. 800 m^2 direkt vor dem Ladenlokal, die als Kundenparkplatz oder für Produktpräsentationen genutzt werden kann. Der Gewerbepark ist komplett umzäunt und wird videoüberwacht. Mietpreis: 1 500,00 EUR zuzüglich Nebenkosten.

Nachdem Svenja durch Besichtigung der beiden Objekte die angegebenen Daten aus den Anzeigen geprüft und sich einen persönlichen Eindruck verschafft hat, ist sie von beiden Objekten absolut überzeugt. Allerdings wird ihr bewusst, dass sie nunmehr eine schwierige Entscheidung treffen muss.

Kompetenzorientierte Arbeitsaufträge:

1. Erläutern Sie, was man unter Standortfaktoren versteht!
2. Unterscheiden Sie zwischen quantitativen und qualitativen Standortfaktoren und nennen Sie jeweils drei Beispiele!
3. Erläutern Sie anhand von drei selbst gewählten Beispielen, inwiefern der Geschäftszweig eines Unternehmens Einfluss auf die Bedeutung einzelner Standortfaktoren hat! Gehen Sie dabei insbesondere auf im jeweiligen Beispiel besonders wichtige Standortfaktoren ein!
4. **Arbeitsvorschlag zur Durchführung einer Standortanalyse mithilfe einer Bewertungstabelle**
   Führen Sie in Kleingruppen auf der Basis der vorliegenden Lernsituation eine Standortanalyse mithilfe einer Bewertungstabelle durch! Legen Sie dabei zunächst für die geplante Unternehmensgründung mögliche Standortfaktoren sowie deren Gewichtung fest und nehmen Sie anschließend eine Bewertung vor! Bereiten Sie Ihre Ergebnisse für eine Präsentation vor und nutzen Sie hierzu das nachfolgende Schema:

ausgewählte Standortfaktoren	**Gewichtung**	**Ladenlokal Ravensburg City**		**Ladenlokal Gewerbepark Ravensburg**	
		ungewichtete Punkte	gewichtete Punkte	ungewichtete Punkte	gewichtete Punkte
(1)	(2)	(3)	(4) = (2) · (3)	(5)	(6) = (2) · (5)
Mietkosten					
Erreichbarkeit					
⋮					
Summe der Punkte	100				

Hinweise zur Erstellung einer Bewertungstabelle:

Bei der Bewertungstabelle werden zunächst ❶ Auswahlkriterien für die Standortwahl festgelegt (z. B. Mietkosten, Erreichbarkeit). Im Anschluss werden den Auswahlkriterien ❷ Gewichtungen zugeordnet, die für alle Standorte gleichermaßen gelten. Je bedeutender ein Standortfaktor eingeschätzt wird, desto höher wird er gewichtet (z. B. mit 30). In der Summe müssen die Gewichtungen 100 ergeben.

❸ Danach werden die ausgewählten Standortfaktoren einzeln dahingehend analysiert, inwieweit sie die Auswahlkriterien erfüllen. Hierfür werden Punkte vergeben, z. B. „5“ für hohe Zielerfüllung, „0“ für keine Zielerfüllung. ❹ Durch Multiplikation der Gewichtungen mit den einzelnen Punkten erhält man je Standortfaktor die gewichteten Punkte (z. B. 30 · 5 = 150).

Ausgewählt wird jener Standort, dessen Summe der gewichteten Punkte maximal ist.

(1) Begriff Standortfaktoren

Die Standortwahl gehört zu den Entscheidungen mit sehr **langfristigen Auswirkungen** auf das Wohlergehen des Unternehmens. Eine Fehlentscheidung bei der Standortwahl kann später oft nur mit **erheblichen Kosten** korrigiert werden. Im schlimmsten Fall kann sie das Unternehmen sogar in seiner Existenz bedrohen. Eine Standortanalyse ist daher vor dieser strategischen Entscheidung dringend geboten.

Standortfaktoren sind alle standortspezifischen Faktoren (Gesichtspunkte), die den Erfolg des Unternehmens beeinflussen.

(2) Arten von Standortfaktoren

Standortfaktoren lassen sich unterteilen in solche, die direkt gemessen werden können **(quantitative Standortfaktoren)**, und in solche, die subjektiv geschätzt werden müssen **(qualitative Standortfaktoren)**.

Quantitative Standortfaktoren

Das sind Standortfaktoren, deren Beitrag zum Unternehmenserfolg **direkt gemessen** werden kann. Wichtige quantitative Standortfaktoren sind:

Standortfaktoren	Beispiele
Produktionskosten	■ Grundstückskosten ■ Kosten für die Errichtung der Gebäude ■ Höhe der Personalkosten ■ Standortabhängige Finanzierungskosten ■ ...
Abgaben/ Fördermaßnahmen	■ Steuern, z. B. Höhe der Grund- und Gewerbesteuer der Gemeinde ■ Umweltabgaben ■ Regionale Förderungsmaßnahmen der öffentlichen Hand ■ ...
Auflagen	■ Gewerbeeinschränkungen ■ Umweltschutzauflagen ■ Dauer von Genehmigungsverfahren ■ ...
Absatzkosten/ Absatzmöglichkeiten	■ Transportkosten der Produkte vom Standort zum Absatzmarkt ■ Regionales Marktvolumen ■ ...

Qualitative Standortfaktoren

Das sind Standortfaktoren, deren Beitrag zum Unternehmenserfolg **nicht direkt gemessen** werden kann. Qualitative Standortfaktoren müssen von den Planungs- und Entscheidungsträgern subjektiv geschätzt werden. Wichtige qualitative Standortfaktoren sind:

Standortfaktoren	Beispiele
Produktionsumfeld	■ Grundstück (Lage, Form, Bodenbeschaffenheit, Bebauungsvorschriften, Ausdehnungsmöglichkeiten). ■ Verkehrsanbindung (Personen- und Güterverkehrsnetz, Speditionsunternehmen, Nähe eines Binnen- oder Seehafens). ■ Arbeitskräftebeschaffung (Bevölkerungsstruktur und -ausbildung, Konkurrenz auf dem Arbeitsmarkt, Arbeitskräftereserven). ■ ...

Standortfaktoren	Beispiele
Absatzbereich	■ Kaufkraft der Bewohner, Region ist bekannt für die Branche (z. B. Nürnberger Lebkuchen), Stärke der regionalen Konkurrenz. ■ …
Infrastruktur[1]	■ Wohnraum, Technologie- bzw. Handelszentren, Bildungs- und Kultureinrichtungen, Universität. ■ Landschaftliche Lage, Umgebung. ■ …

Überblick: Standortfaktoren

Standortfaktoren

Standortfaktoren sind alle speziellen Gesichtspunkte, die ein Unternehmen bei der Wahl eines Standortes berücksichtigt.

Quantitative Standortfaktoren

- Produktionskosten
- Abgaben/Fördermaßnahmen
- Auflagen
- Absatzkosten, Absatzmöglichkeiten

Qualitative Standortfaktoren

- Produktionsumfeld
- Absatzbereich
- Infrastruktur

→ Beeinflussen den Erfolg des Unternehmens ←

Kompetenztraining

39

1. Die Gewinnlage eines Unternehmens hängt u. a. von der Wahl des optimalen Standorts bei der Gründung ab.

   Aufgabe:

   Erklären Sie, warum die Standortwahl für die künftige Entwicklung eines Unternehmens von großer Bedeutung ist!

2. Ein Unternehmen des Maschinenbaus plant den Bau eines Zweigwerkes.[2] Folgende Mindestanforderungen werden an den Standort gestellt:
   - Mindestgröße des Grundstücks 5 000 m^2.
   - Die nächste Autobahnauffahrt darf höchstens 10 km vom Grundstück entfernt liegen.

1 **Infrastruktur** umfasst alle staatlichen und privaten Einrichtungen eines Landes, die für eine ausreichende Lebensqualität und die wirtschaftliche Entwicklung nötig sind. Dazu gehören z. B. Verkehrs- und Kommunikationseinrichtungen, Bildungseinrichtungen oder die Energie- und Wasserversorgung.

2 Quelle: Hansmann, Karl-Werner: Industrielles Management, 8. Auflage, Oldenburg Verlag München 2006, S. 110 f.

- Auf dem Arbeitsmarkt dürfen höchstens drei bedeutende andere Unternehmen in Konkurrenz stehen.
- Die Miete für angemessenen Wohnraum der Belegschaft darf 7,50 EUR nicht übersteigen.

Untersucht werden vier Standorte. Für die Standorte liegen folgende Daten vor:

Standortfaktoren / Standort	I Grundstücks-größe m^2	II Autobahn-entfernung km	III Konkurrenz-firmen Arbeitsmarkt	IV Miete/ Wohnraum EUR/m^2
I	7000	1	1	7,50
II	10000	8	1	7,00
III	5000	3	3	6,10
IV	8000	12	2	6,80

Das Maschinenbauunternehmen legt folgende, bereits gewichtete Standortfaktoren zugrunde:

	Gewichtung
1. Grundstück	40
2. Verkehrslage des Grundstücks	20
3. Arbeitsbeschaffung	30
4. Infrastruktur	10

Aufgaben:

2.1 Legen Sie aufgrund der Angaben die Bedeutung der einzelnen Standortfaktoren auf einer Skala von Null (Mindestanforderung nicht erfüllt!) bis zehn Punkten fest. Begründen Sie Ihre Entscheidung!

2.2 Treffen Sie eine begründete Entscheidung, welchen Standort das Maschinenbauunternehmen bestimmen soll!

Hinweis: Verwenden Sie zur Lösung der Aufgabe 2.1 die nachfolgende Tabelle!

Standortfaktoren / Standort	I		II		III		IV		Summe der Punkte	Rangfolge
	ungewichtete Punkte	gewichtete Punkte	ungewichtete Punkte	gewichtete Punkte	ungewichtete Punkte	gewichtete Punkte	ungewichtete Punkte	gewichtete Punkte		
I										
II										
III										
IV										

16 Speth u.a. - ISBN 978-3-8120-0691-0

4 Rechtsformen anhand verschiedener Merkmale vergleichen und prüfen, welche Rechtsform sich unter Berücksichtigung der persönlichen Voraussetzungen und der Geschäftsidee am besten eignet

Lernsituation 3:

Jannik Bohne hat nach der sehr erfolgreich absolvierten Abschlussprüfung zum Anlagenmechaniker für Sanitär-, Heizungs- und Klimatechnik bei seinem Ausbildungsbetrieb, der Heinz Heberle Sanitärtechnik e.K., zunächst einen auf sechs Monate befristeten Arbeitsvertrag erhalten.

Das Unternehmen aus Heidelberg hat sich in der jüngeren Vergangenheit sehr erfolgreich auf die Planung und Installation von Wellnessoasen, Holzpellets- und Solaranlagen spezialisiert. Die abwechslungsreiche Arbeit, der Kontakt mit den Kunden und auch die Zusammenarbeit mit den drei Kollegen bereitet Jannik sehr viel Freude, sodass er großes Interesse an einem unbefristeten Arbeitsvertrag hat. Zudem ist die Bezahlung recht gut und es bieten sich in diesem Berufsfeld viele Möglichkeiten der Weiterqualifizierung und eines damit verbundenen beruflichen Aufstiegs.

Deshalb nutzt Jannik einen Monat vor Ablauf der Befristung die Gunst der Stunde und spricht Heinz Heberle kurz nach Feierabend darauf an.

Heinz Heberle teilt Jannik mit, dass er mit seiner Arbeit mehr als zufrieden ist. Jedes Unternehmen könne sich glücklich schätzen, einen so engagierten und motivierten Gesellen zu beschäftigen. Da er sich aber aufgrund seines Alters aus dem Unternehmen zurückziehen möchte und die Übergabeverhandlungen bereits laufen, könne er hierzu keine Entscheidung mehr treffen. Heinz Heberle führt kurz aus, dass er das Unternehmen als Einzelunternehmen führe und selbst keine Nachkommen habe. Somit möchte er das Unternehmen an seine drei langjährigen Mitarbeiter gegen Zahlung einer monatlichen Rente übergeben. Diese hätten sich sowohl während der Ausbildung als auch in den letzten Monaten äußerst positiv über Jannik geäußert. Er könne sich gut vorstellen, dass sie daran interessiert sind, Jannik als Mitarbeiter auch zukünftig mit einzubinden. Heinz Heberle rät Jannik, sich noch einige Tage zu gedulden, da die Kollegen ihn ganz bestimmt bei passender Gelegenheit ansprechen werden.

Nur zwei Tage später kommen die Kollegen auf Jannik zu und teilen ihm mit, dass sie das Unternehmen von Heinz Heberle übernehmen möchten. Sie könnten sich sehr gut vorstellen, ihn nicht nur als Mitarbeiter, sondern auch als Mitinhaber mit einer kleineren Beteiligung aufzunehmen. Jannik ist von der Idee, Unternehmer zu werden, sofort begeistert und fragt nach, wie eine solche Beteiligung aussehen soll. Daraufhin teilt ihm sein Kollege Lothar Specht mit, dass man das Unternehmen ja nicht mehr in der Rechtsform e.K. weiterführen könne und deshalb zunächst vorgehabt hätte, das Unternehmen als GbR fortzuführen. Hiervon sei man aber aus unterschiedlichen Gründen mittlerweile etwas abgerückt. Nun wolle man wahrscheinlich ganz weg von einer Personen- und hin zu einer Kapitalgesellschaft. Deshalb plane man zunächst einmal die Gründung einer UG, verbunden mit der Möglichkeit, diese später in eine GmbH umzuwandeln. Wenn Jannik jedoch bereit wäre, mit einer Beteiligung in der Größenordnung von ca. 5000,00 EUR einzusteigen, könnten sie das Unternehmen sofort in der Rechtsform der GmbH betreiben.

Abgesehen von der Beteiligung in Höhe von 5000,00 EUR, die für Jannik aufgrund seines Sparverhaltens kein großes Problem darstellt, ist er in Bezug auf die Anmerkungen zu den einzelnen Rechtsformen und somit auch mit seiner Rolle im Unternehmen total ahnungslos.

Kompetenzorientierte Arbeitsaufträge:

1. Nennen Sie die Stelle, bei der eine Unternehmensgründung angemeldet werden muss!
2. Stellen Sie dar, welche Stellen über eine Unternehmensgründung informiert werden müssen! Begründen Sie die Informationspflicht!
3. Arbeiten Sie zunächst in Partnerarbeit mögliche Vor- und Nachteile heraus, die die Arbeit von Heinz Heberle als bisherigen Einzelunternehmer auszeichneten!
4. Unterscheiden Sie zwischen Personen- und Kapitalgesellschaft!
5. Beurteilen Sie, welcher Beweggrund hauptsächlich dazu geführt haben könnte, von der ursprünglichen Idee zur Gründung einer Personengesellschaft abzukommen!
6. Erstellen Sie eine klar strukturierte Gegenüberstellung der angesprochenen Rechtsformen Einzelunternehmen, GbR und GmbH/UG! Berücksichtigen Sie dabei die Merkmale Mindestkapital, Haftung und Geschäftsführung!
7. Entscheiden Sie, welche Rechtsform sich unter Berücksichtigung der persönlichen Voraussetzungen und der Geschäftsidee im vorliegenden Fall am besten eignet!
8. Versetzen Sie sich in die Rolle von Jannik Bohne! Beurteilen Sie das Angebot der Kollegen für eine Beteiligung, indem Sie mögliche Vor- und Nachteile abwägen und treffen Sie eine begründete persönliche Entscheidung!

4.1 Rechtsformen des Unternehmens festlegen und das Unternehmen anmelden

4.1.1 Festlegung der Rechtsform des Unternehmens

Der Unternehmensgründer hat sein Unternehmen in einem rechtlichen Rahmen zu führen, d. h., er muss sich für eine Rechtsform entscheiden.

Die **Rechtsform** stellt die Rechtsverfassung eines Unternehmens dar. Sie regelt die Rechtsbeziehungen innerhalb des Unternehmens und zwischen dem Unternehmen und Dritten.

Der Unternehmensgründer kann sich prinzipiell zwischen drei Gruppen von Rechtsformen entscheiden:

Einzel-unternehmung	Bei der Einzelunternehmung bringt der Unternehmer allein das Kapital auf, führt das Unternehmen in alleiniger Verantwortung, erhält den gesamten Gewinn und trägt für das Scheitern die alleinige Verantwortung.
Personen-gesellschaften	Hier schließen sich mindestens zwei Unternehmer zusammen, von denen mindestens einer die Rolle eines Einzelunternehmers ausübt. Bei den Personengesellschaften steht das Handeln von Personen im Vordergrund. Ein Beispiel für Personengesellschaften ist die Gesellschaft des bürgerlichen Rechts (GbR).
Kapital-gesellschaften	Hier bringen Kapitalanleger mit kleinen und großen Beträgen das Kapital der Gesellschaft auf. Ihr Risiko ist auf den Wert der Kapitaleinlage beschränkt. Die Leitung der Kapitalgesellschaft obliegt angestellten Geschäftsführern. Ein Beispiel für eine Kapitalgesellschaft ist die Gesellschaft mit beschränkter Haftung (GmbH).

Beispiel (vgl. Lernsituation 1 von S. 225):

Svenja Wagner möchte ihr Sportgeschäft in alleiniger Verantwortung führen. Sie wird sich daher für die Rechtsform der Einzelunternehmung entscheiden.

4.1.2 Anmeldung des Unternehmens

Der Gründer **muss** sein neu zu gründendes Unternehmen bei folgenden öffentlichen Stellen anmelden:

(1) Amtsgericht

Eine Anmeldung beim zuständigen **Amtsgericht** zur **Eintragung** in das **Handelsregister**[1] ist erforderlich, sofern ein **Handelsgewerbe**[2] vorliegt.

(2) Gemeindebehörde

Eine Anmeldung ist auch erforderlich bei der für den betreffenden Ort zuständigen Behörde, z.B. beim **Gewerbeamt** der Gemeinde. Mit der Anmeldung erhält der Gründer der Unternehmung einen **Gewerbeschein**. Der Gewerbeschein ist der Beleg für die offizielle Anmeldung des Gewerbes.

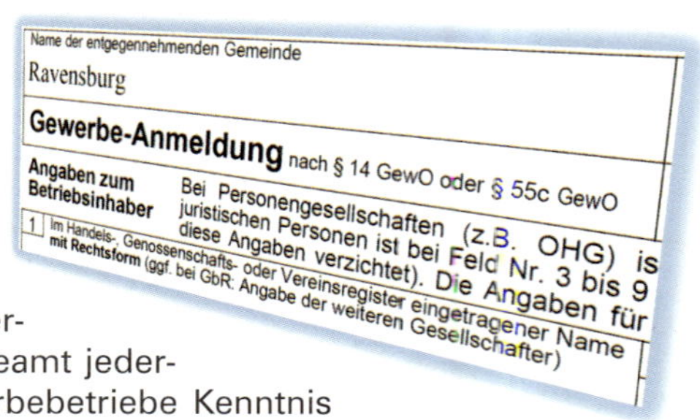
Name der entgegennehmenden Gemeinde
Ravensburg
Gewerbe-Anmeldung nach § 14 GewO oder § 55c GewO
Angaben zum Betriebsinhaber
Bei Personengesellschaften (z.B. OHG) is
juristischen Personen ist bei Feld Nr. 3 bis 9
diese Angaben verzichtet). Die Angaben für
1 Im Handels-, Genossenschafts- oder Vereinsregister eingetragener Name mit Rechtsform (ggf. bei GbR: Angabe der weiteren Gesellschafter)

Die Gewerbeanmeldung (Fachausdruck: Gewerbeanzeige) verfolgt den Zweck, dem Gewerbeamt jederzeit über Zahl und Art der ansässigen Gewerbebetriebe Kenntnis zu geben. Dadurch soll eine wirksame Überwachung der Gewerbebetriebe gewährleistet werden.

---

1 Das **Handelsregister** ist ein amtliches, öffentliches, elektronisch geführtes Verzeichnis aller Kaufleute eines Amtsgerichtsbezirks.

2 Ein **Handelsgewerbe** ist jeder Gewerbebetrieb, wenn er einen nach Art und Umfang in kaufmännischer Weise eingerichteten Geschäftsbetrieb erfordert.

Mit der Gewerbeanzeige werden auch die sonstigen Meldeverpflichtungen erfüllt. Die nachfolgend genannten Stellen erhalten je eine **Ausfertigung von der Gewerbeanzeige:**

- das **Finanzamt,** um die Abführung der Steuern zu gewährleisten;
- die **Berufsgenossenschaft** als Träger der gesetzlich vorgeschriebenen Unfallversicherung;
- die **Handwerkskammer** bzw. die **Industrie- und Handelskammer** als berufsständische Vertretung;
- das **Gewerbeaufsichtsamt** als Aufsichtsbehörde für Anlagen, die einer besonderen Überwachung bedürfen.

Die Gewerbeanzeige ist nicht immer ausreichend. Für bestimmte Gewerbezweige ist eine behördliche Genehmigung erforderlich (z.B. für Spielhallen, Makler, Bauträger, Gaststätten, Reisegewerbe).

(3) Anmeldung zur Sozialversicherung

Werden Arbeitnehmer beschäftigt, so ist eine Anmeldung bei den Sozialversicherungsträgern (gesetzliche Krankenkassen, gesetzliche Pflegekassen, Deutsche Rentenversicherung [gesetzliche Rentenversicherung], Bundesagentur für Arbeit [gesetzliche Arbeitsförderung]) erforderlich, um Versicherungsschutz zu erhalten.

4.2 Verschiedene Rechtsformen anhand verschiedener Merkmale vergleichen

4.2.1 Einzelunternehmung

(1) Begriff Einzelunternehmer

Einzelunternehmer ist, wer es selbst „unternimmt“, Geschäfte in **eigenem Namen** und auf **eigene Rechnung** mit **vollem Risiko** zu tätigen und hierzu **sein eigenes Geld- und Sachkapital** einsetzt. Der Einzelunternehmer ist alleiniger Gesellschafter bzw. Inhaber der Unternehmung.

(2) Ausgewählte Merkmale der Einzelunternehmung

Aufbringung des Eigenkapitals	Das Eigenkapital stellt der Einzelunternehmer zur Verfügung. Über die **Höhe des aufzubringenden Eigenkapitals** gibt es **keine gesetzliche Vorschrift.**
Geschäftsführung	Die Geschäftsführung, d.h., die Leitung der Unternehmung obliegt dem Einzelunternehmer allein. Er trifft alle Anordnungen in seinem Betrieb allein, ohne andere anhören zu müssen.
Haftung	Der Einzelunternehmer haftet für alle Verbindlichkeiten der Unternehmung mit seinem Geschäfts- und sonstigen Privatvermögen **unbeschränkt** und **unmittelbar.**

(3) Bedeutung der Einzelunternehmung

Vorteile	Nachteile
■ Keine Abstimmung der Entscheidungen mit anderen. (Ausnahme: Mitbestimmung der Arbeitnehmer.) ■ Schnelle Entscheidungsmöglichkeiten. ■ Rasche Anpassung an veränderte wirtschaftliche Verhältnisse (z. B. Aufnahme neuer Produkte). ■ Klarheit und Eindeutigkeit der Unternehmensführung. ■ Großes Eigeninteresse des Inhabers an der Arbeit, da ihm der Gewinn allein zusteht (Gewinn als Leistungsanreiz).	■ Bei falschen Entscheidungen trägt der Inhaber das Risiko allein. ■ Der Erfolg der Unternehmung hängt untrennbar an der Person des Inhabers, seinen fachlichen Fähigkeiten, seinem Charakter und seiner Gesundheit. ■ Gefahr, dass durch aufwendige Lebenshaltung des Inhabers die Existenz der Unternehmung aufs Spiel gesetzt wird. ■ In der Regel geringe Eigenkapitalkraft und beschränkte Kreditbeschaffungsmöglichkeiten. ■ Großes Haftungsrisiko.

4.2.2 Gesellschaft des bürgerlichen Rechts (GbR)

(1) Begriff Gesellschaft des bürgerlichen Rechts

Eine **Gesellschaft des bürgerlichen Rechts** (BGB-Gesellschaft) liegt vor, wenn sich mindestens **zwei Gesellschafter (Personen)** durch einen **Gesellschaftsvertrag** gegenseitig verpflichtet haben, die Erreichung eines **gemeinsamen Zwecks** (Zieles) in der **vertraglich bestimmten Weise zu fördern** und hierzu insbesondere die vereinbarten Beiträge leisten.

Beispiele:

GbR auf Dauer:
Kiosk, Imbiss, kleine Boutique, kleiner Handwerksbetrieb, Praxisgemeinschaften von Ärzten, Architekten und Rechtsanwälten.

GbR auf Zeit:
Spielgemeinschaften für Lotto – Durchführung einer Klassenfahrt – Zusammenschlüsse von mehreren Bauunternehmen (auch Arbeitsgemeinschaften genannt) zur Durchführung von größeren Bauvorhaben (z. B. Bau von Autobahnen, Brücken, Flughäfen), zu denen ein einzelnes Bauunternehmen (z. B. personell und/oder finanziell) nicht in der Lage ist.

(2) Ausgewählte Merkmale der Gesellschaft des bürgerlichen Rechts

Aufbringung des Eigenkapitals	Soweit hierüber keine anderen Vereinbarungen getroffen wurden, haben die Gesellschafter gleiche Beträge zu leisten. Diese Beiträge können in einmaligen oder wiederkehrenden Leistungen bestehen. Sie können in Geld, Sachwerten, in der Überlassung von Rechten (z. B. Patentrechten), Forderungen und auch in Dienstleistungen bewirkt werden. Für die Gründung ist kein Mindestkapital notwendig. Die in die Gesellschaft eingebrachten vertretbaren Sachen[1] werden im Zweifel[2] gemeinschaftliches Eigentum der Gesellschafter.

1 **Vertretbare Sachen** sind bewegliche, untereinander austauschbare Sachen (sogenannte Gattungssachen: z. B. Nägel, Schrauben, Heizöl).

2 **Im Zweifel:** Das bedeutet im vorliegenden Fall, dass nach dem BGB gemeinschaftliches Eigentum der Gesellschaft entsteht, wenn zwischen den Gesellschaftern nichts anderes vereinbart wurde.

Geschäftsführung	Die Geschäftsführung steht allen Gesellschaftern gemeinschaftlich zu, soweit vertraglich nichts Abweichendes vereinbart wurde **(Gesamtgeschäftsführungsbefugnis).** Zur Erleichterung der Geschäftsführung werden im Gesellschaftsvertrag meistens einer oder einige wenige von ihnen mit der Geschäftsführung beauftragt. Wenn mehrere oder alle Gesellschafter **Einzelgeschäftsführungsbefugnis** haben, kann jeder zur Geschäftsführung berufene Gesellschafter zur Wahrung einer einheitlichen Linie in der Geschäftsführung den Rechtsgeschäften eines anderen Gesellschafters widersprechen. Bei einem Widerspruch muss das Geschäft unterbleiben.
Haftung	Die Gläubiger einer GbR können zur Begleichung ihrer Forderungen nicht nur auf das Gesellschaftsvermögen der Gesellschafter zurückgreifen. Die Gesellschafter haften vielmehr für die Gesellschaftsschulden gegenüber Gläubigern **auch persönlich** mit dem **eigenen Vermögen,** und zwar unmittelbar und unbeschränkt mit dem gesamten Privatvermögen als **Gesamtschuldner.** Nur in Einzelfällen können die Gesellschafter ihre persönliche Haftung ausschließen.

(3) Bedeutung der Gesellschaft des bürgerlichen Rechts

Die Gesellschaft bürgerlichen Rechts hat im Wirtschaftsleben eine zunehmende Bedeutung erlangt. Sie ist einerseits eine geeignete Gesellschaftsform für Kleingewerbetreibende und Freiberufler (Ärzte, Rechtsanwälte usw.). Andererseits ermöglicht die GbR Unternehmen, zeitlich begrenzte Großaufträge durchführen zu können, zu denen ein einzelner Gesellschafter (z. B. wegen des erforderlichen Kapitalbedarfs) allein nicht in der Lage wäre. Ferner besteht die Möglichkeit, die Risikohaftung zwischen mehreren Gesellschaftern bzw. Unternehmen aufzuteilen.

4.2.3 Gesellschaft mit beschränkter Haftung (GmbH)

(1) Begriff GmbH

Die **Gesellschaft mit beschränkter Haftung** (GmbH) ist eine **Handelsgesellschaft** mit **eigener Rechtspersönlichkeit (juristische Person[1]),** deren Gesellschafter mit ihren Geschäftsanteilen an der Gesellschaft beteiligt sind, ohne persönlich zu haften.

Die **GmbH** hat **selbstständige Rechte und Pflichten.** Mithilfe ihrer Organe (z. B. Geschäftsführer) ist es möglich, Rechtsgeschäfte abzuschließen. Sie kann z. B. Eigentum an Grundstücken erwerben und vor Gericht klagen und verklagt werden. Die GmbH ist Gläubiger und Schuldner, nicht etwa die GmbH-Gesellschafter.

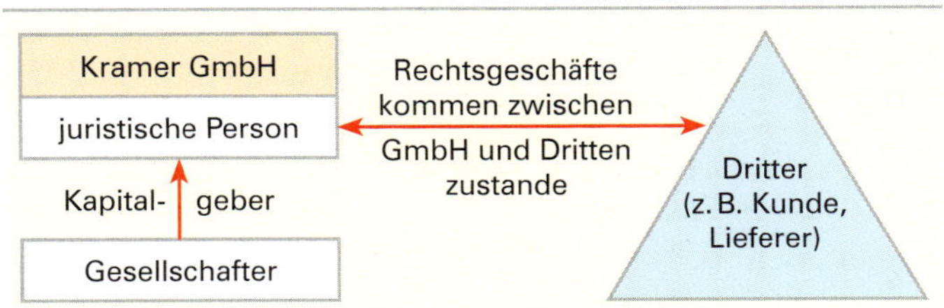

Die **GmbH-Gesellschafter** statten die GmbH lediglich mit **Eigenkapital** aus.

1 Vgl. hierzu die Ausführungen auf S. 89.

(2) Ausgewählte Merkmale der GmbH

Aufbringung des Eigenkapitals	■ Das Eigenkapital wird von den Gesellschaftern aufgebracht, indem sie **Geschäftsanteile** übernehmen. Jeder Gesellschafter kann sich mit einem oder mehreren Geschäftsanteilen beteiligen. Ein Geschäftsanteil ist ein Anteil am **Stammkapital.** Das Stammkapital muss mindestens 25 000,00 EUR betragen. Von diesem Stammkapital müssen mindestens 12 500,00 EUR bzw. $^1/_4$ aller Geschäftsanteile eingezahlt werden. ■ Unternehmensgründer mit wenig Eigenkapital können eine **Unternehmergesellschaft (UG)**[1] mit einem geringeren Stammkapital als 25 000,00 EUR gründen. Das Stammkapital kann zwischen 1,00 EUR und 24 999,00 EUR liegen. Die Gewinne der UG dürfen solange nicht voll ausgeschüttet werden, bis das Mindestkapital von 25 000,00 EUR erreicht ist. Wenn das Mindestkapital von 25 000,00 EUR erreicht ist, kann die Unternehmergesellschaft in eine „gewöhnliche" GmbH umgewandelt werden.
Geschäftsführung	Die Geschäftsführung obliegt dem **Geschäftsführer**. Er muss bei der Geschäftsführung die **Weisung** der **Gesellschafter** unmittelbar befolgen. Geschäftsführer können auch die Gesellschafter sein.
Haftung	Die **Gesellschafter** der GmbH **haften nicht** für die Verbindlichkeiten der Gesellschaft. Als juristische Person haftet die GmbH mit ihrem Geschäftsvermögen selbst. Das einzige Risiko, das der GmbH-Gesellschafter eingeht, ist, dass er den Wert seines Geschäftsanteils teilweise oder ganz verliert **(Risikohaftung).**

(3) Bedeutung der GmbH

Die Gesellschaft mit beschränkter Haftung ist vor allem bei Familienunternehmen und bei Unternehmen mittlerer Größe anzutreffen, weil für die

- Gründung ein sehr **niedriges Anfangskapital** (Eigenkapital) vorgeschrieben ist,
- die **Haftung** der Gesellschafter **begrenzt** ist,
- ein **enges Verhältnis** zwischen Gesellschaftern und Geschäftsführern besteht (die Gesellschafter häufig selbst Geschäftsführer sind) und
- die **Gründung** verhältnismäßig **unkompliziert** und **kostengünstig** ist.

1 Die Unternehmergesellschaft ist **keine eigene Rechtsform,** sondern lediglich eine besondere Variante der GmbH.

Überblick: Rechtsformen

Rechtsformen

↓

Festlegen der Rechtsform und Anmeldung des Unternehmens

↓

Arten von Rechtsformen

Einzelunternehmung

Der Einzelunternehmer führt die Geschäfte in eigenem Namen und auf eigene Rechnung. Er setzt sein eigenes Geld ein und trägt das volle Risiko.

Gesellschaftsunternehmen

Personengesellschaft

Die Gesellschafter mit ihrer Arbeitskraft stehen im Vordergrund. Sie haften unbeschränkt oder beschränkt für die Schulden der Gesellschaft.

Z. B. Gesellschaft des bürgerlichen Rechts (GbR)

Kapitalgesellschaft

Die Kapitalbeteiligung steht im Vordergrund. Die Leitung obliegt angestellten Geschäftsführern. Die Gesellschaft als juristische Person haftet, nicht die Gesellschafter.

Z. B. Gesellschaft mit beschränkter Haftung (GmbH)

Kompetenztraining

40

1. Heinz Augustin, Angestellter eines Softwareentwicklers, möchte sich selbstständig machen und hierzu eine Einzelunternehmung gründen.

   Aufgaben:

   1.1 Nennen Sie drei persönliche Voraussetzungen, die Heinz Augustin mitbringen sollte, um das Softwareunternehmen erfolgreich führen zu können!

   1.2 Nennen Sie drei Gründe, die Heinz Augustin zur Wahl dieser Rechtsform veranlasst haben könnten!

2. Nennen und beurteilen Sie je drei Vor- und Nachteile der Einzelunternehmung

   2.1 aus der Sicht der Arbeitnehmer,

   2.2 aus der Sicht des Einzelunternehmers!

3. Erklären Sie Gründe, die Ihrer Ansicht nach dafür entscheidend sind, dass größere Unternehmen überwiegend Gesellschaftsunternehmen sind!

4. Mehrere Baugeschäfte führen für gemeinsame Rechnung einen Autobahnbau im Wert von 60 Mio. EUR durch.

   Aufgaben:

   4.1 Erklären Sie, warum Arbeitsgemeinschaften überwiegend die Rechtsform einer Gesellschaft des bürgerlichen Rechts (GbR) haben!

4.2 Erklären Sie, warum man die GbR auch als Gelegenheitsgesellschaft bezeichnet!

4.3 Nennen Sie die Zahl der Baugeschäfte (Gesellschafter der GbR), die eine GbR mindestens haben muss!

4.4 Nennen Sie mindestens zwei „Probleme“, über die sich die Gesellschafter der Arbeitsgemeinschaft geeinigt haben müssen!

4.5 Die Gründung einer Gesellschaft des bürgerlichen Rechts erhöht die „Kreditwürdigkeit“. Erläutern Sie diese Aussage!

4.6 Recherchieren Sie, wie sich die Gründung der Arbeitsgemeinschaft auf die rechtliche und wirtschaftliche Selbstständigkeit der beteiligten Baugeschäfte (Gesellschafter) auswirkt!

4.7 Erklären Sie, warum bei Gesellschaften des bürgerlichen Rechts vor allem die Haftungsverhältnisse zu klären sind!

4.8 Erläutern Sie, warum für die Gesellschaften des bürgerlichen Rechts gesetzlich kein „Mindesteigenkapital“ vorgeschrieben ist!

5. Der Einzelunternehmer Heinz Kern betreibt eine Werkstatt für medizinische Geräte. Heinz Kern möchte seine Einzelunternehmung in eine GmbH umwandeln. Gleichzeitig soll der bisherige Verkaufsleiter Alexander Dick als Gesellschafter in die neue GmbH aufgenommen werden.

Aufgaben:

5.1 Nennen Sie zwei Gründe, die für die Wahl der Gesellschaftsform GmbH sprechen!

5.2 Beschreiben Sie, welche finanziellen Voraussetzungen für die Anmeldung der GmbH gegeben sein müsssen!

5.3 Stellen Sie dar, wie die Haftungsverhältnisse bei der GmbH geregelt sind!

5.4 Erläutern Sie, wie die Geschäftsführung der GmbH im Gesetz geregelt ist!

41 Entscheiden Sie bei den folgenden Problemlagen, welche Rechtsform am besten geeignet ist und begründen Sie Ihre Rechtsformwahl:

1. Fritz Müller arbeitet als angestellter Bäckermeister in einer Brotfabrik. Sein großer Wunsch ist, selbst (allein) eine eigene Bäckerei zu besitzen und zu leiten. Aus einer unerwarteten Erbschaft stehen ihm 130 000,00 EUR zur freien Verfügung. Soweit Kredite erforderlich sind, ist Fritz Müller bereit, mit seinem gesamten Privatvermögen unbeschränkt zu haften.

2. Weil die eigenen Finanzmittel nicht ausreichen und um sich nicht zu stark zu verschulden, sucht Fritz Müller einen weiteren Gesellschafter, der sich an der Finanzierung der Bäckerei beteiligt.

   2.1 Sein Schwager Fin Thein ist bereit, sich mit 100 000,00 EUR zu beteiligen, hat jedoch kein Interesse an der Geschäftsführung und möchte außerdem nur bis zur Höhe seiner Einlage für die Verbindlichkeiten des zu gründenden Unternehmens haften.

   2.2 Sven König ist ebenfalls bereit, sich mit 100 000,00 EUR zu beteiligen, er möchte jedoch (wie Fritz Müller) das Geschäftsführungsrecht haben, ohne persönlich haften zu müssen.

5 Kapitalbedarf einer Unternehmensgründung (Kapitalbedarfsplan) ermitteln

Lernsituation 4:

Arne und Luca spielen seit vielen Jahren im gleichen Fußballverein in einer Mannschaft und sind auch privat sehr eng befreundet. Während Arne seit fast zwei Jahren eine Ausbildung zum Chemielaborant bei der Karlsruher Industrielacke AG absolviert, hat Luca erst vor einigen Monaten ebenfalls in diesem Unternehmen eine Ausbildung zum Industriekaufmann begonnen. Seither verbringen die beiden jede Mittagspause gemeinsam in der hervorragend ausgestatteten Kantine des Ausbildungsbetriebes.

Am Montagmittag hat Arne bereits mit einem leckeren Menü aus der Kantine an einem Tisch Platz genommen und wartet auf Luca. Dieser betritt später als gewöhnlich und deutlich erkennbar gestresst die Kantine mit einem Notizblock, einem Taschenrechner und einem Stift. Auf Arnes Rückfrage, ob er denn heute gar nichts essen möchte, antwortet Luca, dass ihm der Appetit total vergangen sei.

Er berichtet, dass er heute in der Controllingabteilung neu angefangen und sein Abteilungsleiter ihn gleich zu einem Gespräch ins Büro bestellt habe. Dort hätte er zunächst einen Endlosvortrag über die wichtige Bedeutung dieser Abteilung für das Gesamtunternehmen über sich ergehen lassen müssen. Anschließend habe der Abteilungsleiter die Schlüsselrolle des von ihm geleiteten Controllings dann am Beispiel eines neuen Projektes deutlich gemacht. Dabei gehe es um die beabsichtigte Gründung eines Zweigbetriebs in der Nähe von Würzburg, wobei er, ehrlich gesagt, nicht allzu viel von dem verstanden habe, was der Abteilungsleiter ihm da so alles erklären wollte.

Angaben zur Berechnung des Kapitalbedarfs für das geplante Zweigwerk Würzburg

Gründungskosten: 10 400,00 EUR

Kosten der Anlaufphase: 99 280,00 EUR

Anlagevermögen:

- 750 000,00 EUR für die Immobilie im Gewerbepark Würzburg
- 240 000,00 EUR für Maschinen und Anlagen
- 120 000,00 EUR Betriebs- und Geschäftsausstattung

Umlaufvermögen:

An täglichen Kosten werden veranschlagt:

- für Fertigungslöhne 1 800,00 EUR
- für Rohstoffverbrauch 2 200,00 EUR

Die Lieferanten der Rohstoffe gewähren Zahlungsziele von 14 Tagen. Die Lagerdauer der Rohstoffe beträgt im Durchschnitt 10 Tage, die der Fertigerzeugnisse 4 Tage. Die Produktionsdauer beläuft sich auf 2 Tage, das Kundenziel auf 30 Tage.

Das neue Zweigwerk ist vom Tag der Beschaffung der Rohstoffe an betriebsbereit.

Zur Finanzierung stehen dem Unternehmen 1 100 000,00 EUR Eigenkapital zur Verfügung. Die restlichen Mittel sollen über Bankkredite finanziert werden.

„Als ich gegen Ende seiner Ausführungen glaubte, dass es das jetzt erst einmal gewesen sei, zückte er dieses Papier mit gefühlt tausend Angaben und Zahlen. Tja, und dann kam es ziemlich dick. Ich solle mich doch mal bis heute Nachmittag mit diesen Zahlen hier beschäftigen und ausrechnen, wie viel Kapital für die Gründung des Zweigwerks erforderlich und wie hoch der Bedarf an Bankdarlehen für diese Investition ist. Schließlich hätte ich ja Abitur und nun könne ich ja mal beweisen, ob ich es tatsächlich verdient hätte, in einem solch angesehenen Unternehmen eine Ausbildung zum Industriekaufmann zu absolvieren. Zur Lösung dieser Aufgabe müsse man lediglich lesen, rechnen und denken können und mein Ergebnis würde ja zeigen, ob ich das tatsächlich beherrschen würde."

Arne ist ziemlich fassungslos über die Schilderungen von Luca, schiebt sein Tablett mit dem Menü zur Seite und sagt: *„Lass mal den Zettel sehen, das kriegen wir bestimmt gemeinsam hin. Schließlich haben wir schon ganz andere aussichtslose Spiele zusammen gewonnen."*

Kompetenzorientierte Arbeitsaufträge:

1. Ermitteln Sie den Kapitalbedarf für das Umlaufvermögen bis zum Eintreffen der ersten Umsatzerlöse! Es ist davon auszugehen, dass die Kunden pünktlich bezahlen!

Hinweise zur Lösung:

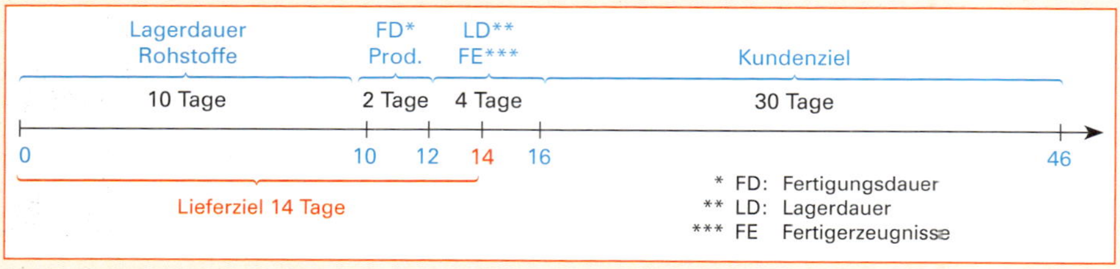

- **Formel zur Berechnung des Kapitalbedarfs für die Rohstoffe:**
  = täglicher Rohstoffverbrauch · (Lagerdauer der Rohstoffe + Produktionsdauer + Lagerdauer der Erzeugnisse + Kundenziel – Lieferziel)
- **Formel zur Berechnung des Kapitalbedarfs für die Fertigungslöhne:**
  = tägliche Fertigungslöhne · (Produktionsdauer + Lagerdauer der Erzeugnisse + Kundenziel)

2. Berechnen Sie die Höhe des Gesamtkapitalbedarfs!
3. Ermitteln Sie die Höhe des benötigten Bankdarlehens!

(1) Begriff Kapitalbedarfsplan

Der **Kapitalbedarfsplan** zur Unternehmensgründung ermittelt den Betrag an finanziellen Mitteln, der benötigt wird, um mit dem **Unternehmen zu starten** und die **erste Aufbauphase zu überstehen.**

Die genaue Ermittlung des Kapitalbedarfs gehört zu den wichtigsten Aufgaben jedes Unternehmensgründers. Eine exakte Kapitalbedarfsplanung hilft, ständige Zahlungsbereitschaft zu sichern und Zahlungsunfähigkeit zu vermeiden. Es gilt, nicht nur den langfristigen Kapitalbedarf für das **Anlagevermögen** wie Grundstücke, Gebäude, Maschinen und Fahrzeuge zu erfassen, sondern auch den kurzfristigen Kapitalbedarf für das **Umlaufvermögen,** beispielsweise für das Material- und Warenlager sowie Roh-, Hilfs- und Betriebsstoffe.

Auch die **Gründungskosten,** die **Kosten für die Anlaufphase,** den **Kapitaldienst,** d.h. die Zahlung von Zins und Tilgung für ein eventuell aufgenommenes Existenzgründungsdarlehen, und nicht zuletzt die **Sicherung der privaten Lebenshaltungskosten** gilt es zu berücksichtigen.

(2) Aufgaben des Kapitalbedarfsplans

Kapitalbedarfsplan[1]	
	EUR
Gründungskosten	
Beratungen	
+ Anmeldungen/Genehmigungen	
+ Eintrag ins Handelsregister	
+ Notar	
+ Sonstige	
= Gesamt	
Kosten für die Anlaufphase	
Personalkosten	
+ Beratung	
+ Leasing	
+ Miete/Pacht	
+ Werbung	
+ Vertrieb	
+ betriebliche Steuern	
+ Versicherungen	
+ Reserve für Startphase	
+ Sonstige	
= Gesamt	
Anlagevermögen	
Patent-, Lizenzgebühren u.Ä.	
+ Grundstücke/Immobilien einschl. Nebenkosten	
+ Produktionsanlagen, Maschinen, Werkzeuge	
+ Betriebs-, Geschäftsausstattung	
+ Fahrzeuge	
= Gesamt	
Umlaufvermögen	
Material- und Warenlager, Roh-, Hilfs- und Betriebsstoffe	
Kapitaldienst	
Zinsen für Existenzgründungsdarlehen	
Bankkredite	
Tilgung	
= **Kapitalbedarf**	

Gründungskosten sind alle Ausgaben, die in direktem Zusammenhang mit der Gründung stehen.

Kosten für die Anlaufphase beinhalten alle Ausgaben bis zum ersten Geldeingang aus Umsatz. Es sollte ein Zeitraum von ca. drei Monaten gewählt werden.

Zum **Anlagevermögen** zählen Sachinvestitionen, die dem Unternehmen längerfristig zur Verfügung stehen. Die dafür erforderlichen Anschaffungskosten sind nach dem Vergleich von Angeboten leicht zu beziffern.

Das **Umlaufvermögen** umfasst für die Gründungsphase den ersten Material- und Warenbestand. Zu berücksichtigen sind dabei der tägliche Verbrauch beziehungsweise Aufwand an Materialien, die Produktionsdauer, die Lagerdauer der Fertigprodukte sowie die Zahlungsbedingungen für die Kunden. Zur Berechnung des Umlaufvermögens siehe Lernsituation 4, Arbeitsauftrag 1.

Der **Kapitaldienst** umfasst die Ausgaben für Zins und Tilgung eines eventuell aufgenommenen Existenzgründungsdarlehens. Hinzu kommen eventuell noch die Zinsbelastung für einen Kontokorrentkredit.

1 Quelle: http: www.existenzgruender.de/DE/Weg-in-die-Selbststaendigkeit/Finanzierung/Finanzierungswissen/Kapitalbedarfsplan/inhalt.html; [15.09.2016]

Kompetenztraining

42

1. Erklären Sie, warum die Höhe des notwendigen Kapitals (der Kapitalbedarf) von der Art, der Menge und den Preisen der zu beschaffenden Werkstoffe, Maschinen, Betriebs- und Geschäftsausstattung u. Ä. (Produktionsfaktoren) abhängt!

2. 2.1 Erklären Sie den Begriff Kapitalbedarf bei der Gründung eines Unternehmens!

   2.2 Erklären Sie, welche Zielsetzung die Kapitalbedarfsplanung hat!

3. Stellen Sie die Folgen dar, die eine fehlerhafte Ermittlung des Kapitalbedarfs haben kann!

4. Nennen Sie die Bereiche, für die bei der Gründung eines Unternehmens Kapital benötigt wird!

5. Alexander Neurer plant die Umsetzung seiner Geschäftsidee, Fahrräder nach Maß herzustellen. Er hat sich für einen Standort im Karlsruher Gewerbegebiet Hagsfeld entschieden und rechnet mit Gründungskosten in Höhe von 6000,00 EUR.

   Alexander Neurer rechnet mit folgenden Anschaffungen:

Maschinen	150000,00 EUR
Betriebs- und Geschäftsausstattung	40000,00 EUR
Fahrzeuge	35000,00 EUR
Lizenzgebühren	7200,00 EUR

   Vom Beginn der Fertigung bis zu den ersten Einnahmen rechnet er mit einem Zeitunterschied von 3 Monaten. In dieser Zeit fallen voraussichtlich folgende Aufwendungen an:

Löhne und Gehälter	45000,00 EUR
Miete für die Fertigungshalle	6000,00 EUR
Werbung	9000,00 EUR
Versicherungen	2100,00 EUR
Vertriebskosten	8600,00 EUR

   Alexander Neurer plant mit Kosten für das Material- und Warenlager in Höhe von 12000,00 EUR und für die Roh-, Hilfs- und Betriebsstoffe in Höhe von 30000,00 EUR.

   Der Kapitaldienst für das aufgenommene Existenszgründungsdarlehen beträgt für die ersten zwei Monate: Zinsen 900,00 EUR. Die Tilgung des Darlehens erfolgt in jährlichen Raten.

   Zur Sicherstellung der privaten Lebenshaltungskosten stellt Alexander Neurer 5600,00 EUR für die ersten beiden Monate ein. Außerdem rechnet Alexander Neurer noch ein Sicherheitspolster von 5000,00 EUR in den Finanzplan ein.

   Aufgaben:

   5.1 Ermitteln Sie den Kapitalbedarf für diese Unternehmensgründung!

   5.2 Alexander Neurer hat ein Eigenkapital in Höhe von 240000,00 EUR. Berechnen Sie den Kreditbedarf!

Stichwortverzeichnis

H

I

J

K

17 Speth u.a. - ISBN 978-3-8120-0691-0

U

V

W

Z

Leseprobe aus dem „Arbeitsheft Wirtschaftskompetenz – Schuljahr 1" (BN 1691)

Boller

Arbeitsheft Wirtschaftskompetenz

1. Schuljahr

1

Merkur
Verlag Rinteln

Vorwort

Das Arbeitsheft orientiert sich an dem **Bildungsplan für gewerbliche, hauswirtschaftlich-pflegerisch-sozialpädagogische sowie landwirtschaftliche Berufsschulen** im Fach **Wirtschaftskompetenz** vom **22. Juli 2016** für das **erste** Schuljahr im **Kompetenzbereich I** („Die Rolle des Mitarbeiters in der Arbeitswelt aktiv ausüben“). Dabei unterstützt dieses Arbeitsheft konsequent die **oberste Zielsetzung des Bildungsplans**, die **Handlungskompetenz** zu fördern, welche die Schülerinnen und Schüler in die Lage versetzt, **Lebenssituationen** als Beschäftigte, Konsumenten, Staatsbürger und Selbstständige zu bewältigen.

- Das Arbeitsheft verfolgt die **konkrete Umsetzung** der **zentralen Forderung des Bildungsplans**, dass der **Kompetenzerwerb** realitäts- und situationsbezogen erfolgt, indem **berufliche, private und gesellschaftliche Problemstellungen** in **authentischen Lernsituationen** aufbereitet werden.
- Konkrete **kompetenzorientierte Arbeitsaufträge** im Anschluss an die Lernsituation fordern die Schülerinnen und Schüler zum **Handeln** in den Phasen der vollständigen Handlung auf. Zusammenhänge werden so **anschaulich** verdeutlicht und **ganzheitliche Betrachtungsweisen** gefördert.
- Um diese Zielsetzung zu unterstützen, folgt das Arbeitsheft einer durchgängigen, am **Merkurbuch 0691** angelehnten Struktur. Zu Beginn eines jeden Kapitels werden die **Lernsituationen aus dem Lehrbuch** aufgenommen und die Schülerinnen und Schüler können in diesem Arbeitsheft die Lösung der **kompetenzorientierten Arbeitsaufträge** individuell **dokumentieren.**
- Das nebenstehende Symbol dient als Hinweis, dass es sich um einen **ergänzenden kompetenzorientierten Arbeitsauftrag** zu der Lernsituation bzw. dem Lehrbuch handelt.

- Im Anschluss an die kompetenzorientierten Arbeitsaufträge folgt stets ein **„Kompetenz-Check“**, der es den Schülerinnen und Schülern ermöglicht, ihre erworbenen Kompetenzen **niveaudifferenziert** und somit ganz individuell zu festigen.

  Die Aufgaben im „Kompetenz-Check“ sind in **vier im Anspruchsniveau steigende Kompetenzstufen** untergliedert:

Kompetenzstufe 1: **Einfachere** Aufgaben zur **Überprüfung** von **Wissen.**

Kompetenzstufe 2: **Komplexere** Aufgaben zur **Überprüfung** von **Wissen.**

Kompetenzstufe 3: **Einfachere** Aufgaben zur **Förderung** von **Fertigkeiten.**

Kompetenzstufe 4: **Komplexere** Aufgaben zur **Förderung** von **Fertigkeiten.**

- Für das **2. und 3. Ausbildungsjahr** stehen **zwei weitere Arbeitshefte** aus der Reihe „Wirtschaftskompetenz“ zur Verfügung:
  - „Arbeitsheft Wirtschaftskompetenz – 2. Schuljahr“ (Merkurbuch 1692)
  - „Arbeitsheft Wirtschaftskompetenz – 3. Schuljahr“ (Merkurbuch 1693)

Ich wünsche allen Schülerinnen und Schülern viel Erfolg beim Erwerb der angestrebten Kompetenzen und hoffe sehr, dass das vorliegende Arbeitsheft einen wertvollen Beitrag dazu leisten kann.

Siegen, Sommer 2016

Der Verfasser

Kompetenzbereich I: Die Rolle des Mitarbeiters in der Arbeitswelt aktiv ausüben

1 Berufsausbildung unter Berücksichtigung wesentlicher Rechtsvorschriften analysieren

Lernsituation 1:

Mori z Becker ist 16 Jahre alt und … Elektroniker bei der Luft ut Klimatechnik GmbH bego… t er den folgenden Be fsausbildungsvertrag (Auszu…

> Schulbuch und Arbeitsheft folgen in der Anordnung und im Inhalt den **kompetenzorientierten Zielformulierungen** des neuen Bildungsplans.

> Die **Lernsituationen** aus dem Schulbuch bilden auch im Arbeitsheft den **Ausgangspunkt für den Kompetenzerwerb.**

Ulm

Rathaus des Handwerks für die Regionen Ostwürttemberg, Donau-Iller, Bodensee-Oberschwaben

Berufsausbildungsvertrag

	k GmbH
Kreis	
Telefon-Nr.	0731 9633-0
Telefax-Nr.	0731 9633-33
E-Mail	

Ausbilder (Betriebsinhaber) bzw. verantwortlicher Ausbilder
Herget, Fred

Wird nachstehender Vertrag zur Ausbildung im **Ausbildungsberuf**
Elektroniker

mit der **Fachrichtung**/dem **Schwerpunkt**, nach Maßgabe der Ausbildungsordnung, geschlossen
Energie- und Gebäudetechnik

A Die **reguläre Ausbildungszeit** beträgt nach der Ausbildungsordnung
42 Monate

Das Ausbildungsverhältnis

beginnt am:	endet am:
01.08.2016	31.01.2020

Probezeit
3 Monate

Hierauf wird die/das

mit _0_ Monaten angerechnet, bzw. die entsprechende Verkürzung beantragt. Entsprechende Zeugnisse/Nachweise sind beizufügen.

B Die Ausbildung findet statt in:
Biberacher Str. 12, 89079 Ulm

C Berufsschule (Name und Ort)
Im 1. Ausbildungsjahr
Ferdinand-von Steinbeis-Schule
Im 2., 3. und 4. Ausbildungsjahr
Ferdinand-von Steinbeis-Schule

D Überbetriebliche Ausbildung
Der Auszubildende hat an sämtlichen überbetrieblichen Unterweisungsmaßnahmen, die nach den Beschlüssen der Vollversammlung durchgeführt werden, teilzunehmen.

E Die regelmäßige wöchentliche Arbeitszeit beträgt in Stunden:	40,0

und dem **Auszubildenden**

Name	Becker
Vorname	Moritz
Straße	Lindauer Str. 57
PLZ/Ort	89079 Ulm
Geburtsdatum und -Ort	11. 01. 2000
Staatszugehörigkeit	Deutsch
Gesetzlicher Vertreter	Eltern

F Der Ausbildende zahlt dem Auszubildenden eine angemessene Vergütung. Soweit Vergütungen tariflich geregelt sind oder während der Dauer der Ausbildung tariflich geregelt werden, gelten grundsätzlich die tariflichen Sätze als angemessen. Besteht keine tarifliche Regelung, werden mindestens die Richtsätze des zuständigen Landesfachverbandes bezahlt. Bei Änderung der tariflichen Vergütungssätze während der Ausbildung ändert sich die Vergütung entsprechend. Die Vergütung beträgt zur Zeit monatlich brutto Euro:

1. Ausbildungsjahr	2. Ausbildungsjahr	3. Ausbildungsjahr	4. Ausbildungsjahr
680,00 €	730,00 €	850,00 €	930,00 €

G Der Ausbildende gewährt dem Auszubildenden Urlaub nach den geltenden Bestimmungen. Die Urlaubsdauer richtet sich grundsätzlich nach dem Jugendarbeitsschutzgesetz, dem Bundesurlaubsgesetz bzw. den gültigen Tarifverträgen. Es besteht zur Zeit ein Urlaubsanspruch von:

Im Jahre	2016	2017	2018	2019	2020
Tage	AT 12	AT 30	AT 30	AT 30	AT 3

AT = Arbeitstage/WT = Werktage

H Auf anzuwendende Tarifverträge und Betriebs- bzw. Dienstvereinbarungen wurde hingewiesen.

I Sonstige Vereinbarungen

Die vorstehenden sowie die weiteren Vertragsbestimmungen §§ 1-11 (Rückseite) sind Gegenstand des Vertrags und werden anerkannt.

Ort	Datum
Ulm	15.02.2016

Der Ausbildende: **Luftgut Klimatechnik GmbH** i.A. Lohmann

Der Auszubildende: Moritz Becker

Die gesetzlichen Vertreter des Auszubildenden: Max Becker Anja Becker

Dieser Vertrag ist anerkannt und in das Verzeichnis der Berufsausbildungsverhältnisse eingetragen.

Nummer	1084767
Datum	22.02.2016
Vorgesehener Prüfungstermin:	
Winter 2020	

Hinweis: die sich aus dem Berufsbildungsverhältnis ergebenden Daten gemäß § 28 HwO und § 34/35 BBiG werden bei den zuständigen Stellen gespeichert.

Hinweis: die sich aus dem Berufsbildungsverhältnis ergebenden Daten gemäß § 28 HwO und § 34/35 BBiG werden bei den zuständigen Stellen gespeichert.

Die Luftgut Klimatechnik GmbH hat im aktuellen Ausbildungsjahr 5 Auszubildende in verschiedenen Ausbildungsberufen eingestellt. Fred Herget ist Ausbilder des Unternehmens.

Kompetenzorientierte Arbeitsaufträge

1. Gemäß dem Berufsbildungsgesetz muss der Ausbildende unverzüglich nach Abschluss des Berufsausbildungsvertrags, spätestens jedoch vor Beginn der Berufsausbildung, den wesentlichen Inhalt des Vertrags schriftlich niederlegen.

   Analysieren Sie den abgebildeten Ausbildungsvertrag und erstellen Sie eine Checkliste mit den wesentlichen Inhalten, die ein Ausbildungsvertrag gemäß dem Berufsbildungsgesetz enthalten muss!

Die **kompetenzorientierten Arbeitsaufträge** können im Arbeitsheft **direkt** bearbeitet werden.

Die Vorteile:

- **Dokumentation** des Kompetenzzuwachses!
- unterrichtspraktische **Entlastung!**

Checkliste zur Berufsausbildung	
wichtige Inhalte	**erledigt**
	☐
	☐
	☐
	☐
	☐
	☐
	☐
	☐
	☐
	☐

2. Zunächst sollen die Auszubildenden den Betrieb, ihre neue Arbeitssituation und ihre Rechtsposition erkunden.

Fred Herget erteilt ihnen folgende Aufträge:

- *„Lesen Sie Ihren Ausbildungsvertrag, besprechen Sie ihn in Gruppen und notieren Sie offene Fragen.“*
- *„Notieren Sie Ihre Rechte und Pflichten!“*
- *„Recherchieren Sie, wie viel Urlaubstage Ihnen nach dem Jugendarbeitsschutzgesetz zustehen!“*
- *„Für den Fall, dass es Ihnen bei uns nicht gefällt: Prüfen Sie nach, auf welche Weise Sie in diesem Fall das Ausbildungsverhältnis vorzeitig beenden können.“*

Bearbeiten Sie die Arbeitsaufträge von Fred Herget anhand des gegebenen Berufsausbildungsvertrags und der nachfolgenden Informationen aus Kapitel 1!

- *„Lesen Sie Ihren Ausbildungsvertrag, besprechen Sie ihn in Gruppen und notieren Sie offene Fragen.“*

Offene Fragen:

➤ ______________________________

➤ ______________________________

➤ ______________________________

➤ ______________________________

➤ ______________________________

➤ ______________________________

➤ ______________________________

- *„Notieren Sie Ihre Rechte und Pflichten!“*

Rechte	
Pflichten	

- *„Recherchieren Sie, wie viel Urlaubstage Ihnen nach dem Jugendarbeitsschutzgesetz zustehen!"*

Urlaubsanspruch je nach ______

- Bis ____ Jahre: ___ Werktage im Jahr
- Bis ____ Jahre: ___ Werktage im Jahr
- Bis ____ Jahre: ___ Werktage im Jahr

- *„Für den Fall, dass es Ihnen bei uns nicht gefällt: Prüfen Sie nach, auf welche Weise Sie in diesem Fall das Ausbildungsverhältnis vorzeitig beenden können."*

____

____

____

____

3. Neben dem Ausbildungsvertrag bilden die Ausbildungsordnung und der Ausbildungsplan die wesentliche Grundlage für die Berufsausbildung.

   Erläutern Sie kurz, worin sich Ausbildungsordnung und Ausbildungsplan unterscheiden!

Ausbildungs-ordnung	
Ausbildungs-plan	

4. Angesichts der hohen Jugendarbeitslosigkeit in vielen südeuropäischen Ländern wird Deutschland häufig um das Erfolgsmodell „Duale Ausbildung" beneidet. Daher unterstützt Deutschland durch Beratung und Pilotprojekte die europäischen Partnerländer bei der Reform ihrer Berufsbildungssysteme.

   Erklären Sie, was die duale Ausbildung so erfolgreich macht!

____

____

5. Stellen Sie Ihre eigenen Interessen und mögliche Interessen Ihres Ausbildungsbetriebs an der Durchführung der Ausbildung gegenüber und kennzeichnen Sie Übereinstimmungen (☺) und mögliche Konfliktbereiche (☹) durch Ankreuzen. Erstellen Sie hierzu eine Tabelle nach folgendem Muster!

Eigene Interessen	☺	☹	Betriebsinteressen

Zusatzauftrag: Kreuzworträtsel

1. Lösen Sie nachfolgendes Kreuzworträtsel!
2. Erläutern Sie anschließend das Lösungswort in dem dafür vorgesehenen Feld.

① Sie kann unter bestimmten Voraussetzungen gekürzt werden.

② Es handelt sich nicht um eine Turnvorführung, vielmehr wird hier der Berufsausbildungsvertrag eingetragen.

③ Sie beträgt mindestens einen und darf nicht länger als vier Monate dauern.

④ Ein Recht des Auszubildenden, woran auch die Handwerkskammer nicht ganz unbeteiligt ist.

⑤ Bei grob fahrlässig oder vorsätzlich verursachten Schäden durch den Auszubildenden an Einrichtungen des Ausbildenden kommt sie zum Tragen.

⑥ Für Berufsschüler gilt, dass der Urlaub dorthin gelegt werden soll.

⑦ Er wird von jedem Ausbildungsbetrieb eigenständig erstellt und regelt die sachliche und zeitliche Berufsausbildung im Betrieb.

⑧ Normalerweise muss man sie nach der Probezeit immer beachten, allerdings kann aus einem wichtigen Grund auf sie verzichtet werden.

⑨ In Bezug auf Geschäftsdaten muss sie vom Auszubildenden eingehalten werden.

⑩ Er ist Grundlage für den berufsbezogenen Unterricht in der Berufsschule und ist zeitlich und inhaltlich mit dem Ausbildungsrahmenplan abgestimmt.

⑪ Jeden Monat bereitet sie dem überwiegenden Teil der Auszubildenden große Freude.

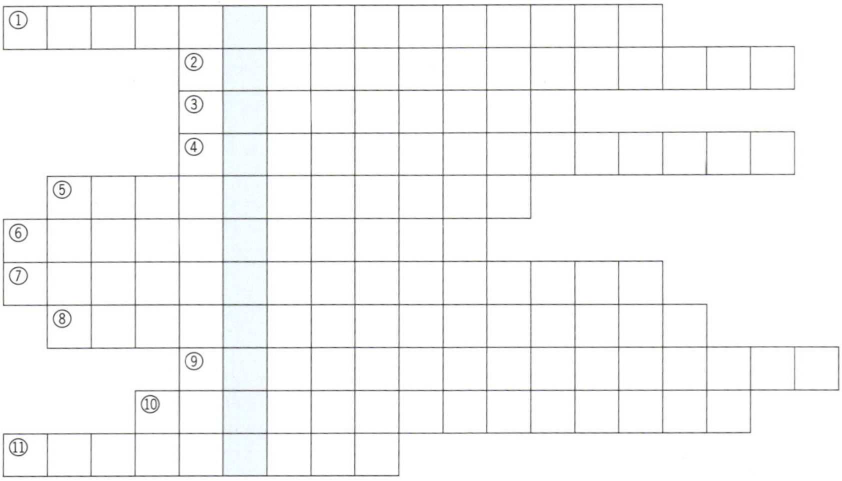

Lösungswort:

Mithilfe des **Kompetenz-Checks** wird der **Kompetenzerwerb gefördert und gefestigt.** Die vier Anspruchsniveaus („Kompetenzstufen") ermöglichen **individuelle Differenzierung.**

Kompetenz-Check

1. Entscheiden Sie, welche der nachfolgenden Aussagen zur Berufsausbildung falsch ist!

Kompetenzstufe 1

① Ausbildender ist derjenige, der einen Auszubildenden zur Berufsausbildung einstellt.

② Ein Ausbilder ist derjenige, der vom Ausbildenden mit der Durchführung der Ausbildung beauftragt wird.

③ Auszubildender ist derjenige, der nach den Bestimmungen des Berufsausbildungsgesetzes einen anerkannten Ausbildungsberuf aufgrund staatlicher und bundeseinheitlich gültiger Ausbildungsverordnung erlernt.

④ Für das Handwerk sind die Berufsausbildung, die berufliche Fortbildung und die berufliche Umschulung in der Handwerksordnung und im Berufsbildungsgesetz geregelt.

⑤ Die Ausbildungsordnung ist die Grundlage für eine geordnete und einheitliche Berufsausbildung in anerkannten Ausbildungsberufen.

⑥ Der Ausbildungsplan regelt die sachliche und zeitliche Berufsausbildung im Betrieb und wird von der Agentur für Arbeit bundeseinheitlich festgelegt.

2. Entscheiden Sie, welcher der nachfolgenden Inhalte nicht zwingend im Ausbildungsvertrag enthalten sein muss!

Kompetenzstufe 1

① Dauer des Urlaubs.

② Voraussetzungen, unter denen der Berufsausbildungsvertrag gekündigt werden kann.

③ Beginn und Dauer der Berufsausbildung.

④ Zahlung und Höhe der Ausbildungsvergütung.

⑤ Arbeitsbeginn und Arbeitsende für die einzelnen Wochentage.

⑥ Hinweis auf anwendbare Tarifverträge und Betriebsvereinbarungen.

☐

3. Der Ausbildungsvertrag (vgl. Lernsituation 1) wurde zwischen der Luftgut Klimatechnik GmbH und Moritz Becker abgeschlossen.

Kompetenzstufe 2

Entscheiden Sie, welche beiden der nachfolgenden Aussagen zu diesem Ausbildungsvertrag falsch sind! Falls nur eine Aussage falsch ist, tragen Sie bitte eine ⑨ in das zweite Kästchen ein!

① Da Moritz Becker zum Zeitpunkt des Abschlusses dieses Ausbildungsvertrags noch minderjährig war, wäre der Ausbildungsvertrag allein mit der Unterschrift seiner gesetzlichen Vertreter sowie des Ausbilders rechtswirksam.

② Dieser Ausbildungsvertrag muss bei der zuständigen Stelle (z.B. Handwerkskammer) zur Genehmigung und Eintragung in das Verzeichnis der Berufsausbildungsverhältnisse vorgelegt werden.

③ Die wesentlichen Inhalte dieses Ausbildungsvertrags mussten unverzüglich nach Abschluss des Berufsausbildungsvertrags, spätestens jedoch vor dem 01.08. schriftlich niedergelegt werden.

④ Im vorliegenden Ausbildungsvertrag wurde die Ausbildungsdauer nicht verkürzt.

⑤ Mit der in diesem Ausbildungsvertrag angegebenen Probezeit wurde die längste im Berufsbildungsgesetz mögliche Probezeit für Ausbildungsverhältnisse gewählt.

⑥ Moritz Becker stehen pro Kalendermonat 2,5 Urlaubstage zu.

☐ ☐

4. Die Rechte und Pflichten des Auszubildenden bzw. des Ausbildenden ergeben sich vor allem aus dem Berufsbildungsgesetz und dem Jugendarbeitsschutzgesetz. Beurteilen Sie, welche zwei der nachfolgenden Aussagen nicht zutreffend sind! Falls nur eine Aussage falsch ist, tragen Sie bitte eine ⑨ in das zweite Kästchen ein!

Kompetenzstufe 2

① Der Ausbildende ist dem Auszubildenden im unverschuldeten Krankheitsfall zur Entgeltfortzahlung für bis zu vier Monate verpflichtet.

② Der Auszubildende muss sich bemühen, so zu lernen, dass die Abschlussprüfung bestanden wird.

③ Die Ausbildungsmittel müssen dem Auszubildenden kostenlos zur Verfügung gestellt werden.

④ Der Auszubildende hat einen Urlaubsanspruch von mindestens 25 Arbeitstagen, sofern er das 18. Lebensjahr vollendet hat.

⑤ Der Ausbildende muss dem Auszubildenden spätestens am letzten Werktag des Monats seine Ausbildungsvergütung zahlen.

⑥ Der Ausbildende muss den Auszubildenden rechtzeitig zu den Prüfungen anmelden und für diese freistellen.

⑦ Der Auszubildende haftet für solche Schäden, die er im Ausbildungsbetrieb an Maschinen, Büroeinrichtungen etc. fahrlässig oder vorsätzlich verursacht.

⑧ Auszubildende müssen die Weisungen des Ausbildenden im Rahmen der Berufsausbildung sorgfältig befolgen.

5. Der am 21.09.1999 geborene Malte Losch hatte sich im Mai 2016 bei der Tuttlinger Brauerei AG als Auszubildener beworben. Am 20. September 2016 absolvierte er mit Erfolg den Einstellungstest bei der Brauerei. Den schriftlichen Bescheid über das erfolgreiche Bestehen erhielt er am 21. Dezember 2016 verbunden mit einer Einladung zu einem gemeinsamen Gesprächstermin mit seinen Eltern in den Räumlichkeiten der Tuttlinger Brauerei AG.

Kompetenzstufe 3

Am 27. Januar 2017 fand das Gespräch zwischen dem Ausbilder Konstantin Wollitz sowie Malte Losch und seinen Eltern statt. Zum Abschluss des Gesprächs teilte der Ausbilder Malte und seinen Eltern mit, dass die Tuttlinger Brauerei AG Malte eine Lehrstelle als Elektroniker im September zur Verfügung stellt. Sowohl Malte als auch seine Eltern nahmen das Angebot gerne an.

Wenige Tage nach dem Gespräch erhielt Malte am 13.02.2017 einen Ausbildungsvertrag von der Tuttlinger Brauerei AG zugesandt. Malte und seine Eltern vereinbarten einen Termin mit Frau Klemmle aus der Personalabteilung der Tuttlinger Brauerei AG und unterzeichneten am 15.02.2017 in deren Gegenwart gemeinsam den Ausbildungsvertrag. Am 11.03.2017 erhielt Malte eine Ausfertigung des unterzeichneten Ausbildungsvertrags per Post. Seine dreijährige Ausbildung beginnt zum 1. September 2017.

Entscheiden Sie, an welchem Tag der Ausbildungsvertrag rechtswirksam zustande gekommen ist!

① 20.09.2016	③ 27.01.2017	⑤ 15.02.2017
② 21.12.2016	④ 13.02.2017	⑥ 01.09.2017

6. Entscheiden Sie, welche der nachfolgenden Aussagen zur Beendigung des Ausbildungsverhältnisses falsch ist!

Kompetenzstufe 3

① Während der Probezeit kann das Ausbildungsverhältnis vom Auszubildenden jederzeit ohne Einhaltung einer Kündigungsfrist gekündigt werden.

② Während der Probezeit kann das Ausbildungsverhältnis vom Ausbildenden jederzeit ohne Einhaltung einer Kündigungsfrist gekündigt werden.

③ Das Ausbildungsverhältnis kann in beiderseitigem Einvernehmen durch Aufhebungsvertrag nach Ablauf der Probezeit beendet werden.

④ Der Auszubildende kann das Ausbildungsverhältnis nach Ablauf der Probezeit mit einer vierwöchigen Kündigungsfrist kündigen, wenn er ein Studium aufnehmen möchte.

⑤ Nach Ablauf der Probezeit kann der Ausbildende aus wichtigem Grund mit einer vierwöchigen Frist schriftlich kündigen. Der Kündigungsgrund muss angegeben werden.

⑥ Das Ausbildungsverhältnis endet spätestens mit dem Ablauf der Ausbildungszeit, frühestens jedoch mit dem Bestehen der Abschlussprüfung.

7. Kennzeichnen Sie nachfolgende Aussagenpaare mit einer
①, wenn nur Aussage A richtig ist,
②, wenn nur Aussage B richtig ist,
③, wenn sowohl Aussage A als auch Aussage B richtig sind,
④, wenn beide Aussagen falsch sind!

Kompetenzstufe 4

7.1	**A:**	Die Ausbildungsordnung regelt u. a. die Ausbildungsdauer. Sie soll nicht mehr als vier und nicht weniger als zwei Jahre betragen.	
	B:	Die Ausbildungsordnung legt den Ausbildungsrahmenplan fest. Hierbei handelt es sich um eine Anleitung zur sachlichen und zeitlichen Gliederung der Fertigkeiten und Kenntnisse.	
7.2	**A:**	Der Ausbildungsrahmenplan ist Grundlage für den berufsbezogenen Unterricht in der Berufsschule und ist zeitlich und inhaltlich mit dem Ausbildungsrahmenlehrplan abgestimmt.	
	B:	Der Rahmenlehrplan wird in einen betrieblichen Ausbildungsplan umgesetzt, der die Grundlage für die individuelle Ausbildung im Betrieb bildet.	
7.3	**A:**	Im Rahmen der Fürsorgepflicht hat der Ausbildende dafür Sorge zu tragen, dass der Auszubildende keine sittlichen und körperlichen Schäden nimmt.	
	B:	Der Auszubildende muss sich rechtzeitig bei der zuständigen Stelle zu Prüfungen anmelden.	
7.4	**A:**	Ein 16-jähriger Auszubildender hat gemäß den gesetzlichen Vorschriften einen Urlaubsanspruch von mindestens 30 Arbeitstagen.	
	B:	Der Auszubildende sollte seinen Urlaub möglichst außerhalb der Schulferien legen, um so die betrieblichen Belange so wenig als möglich zu stören.	
7.5	**A**	Während der Probezeit kann sowohl der Auszubildende als auch der Ausbilder das Ausbildungsverhältnis ohne Angabe von Gründen mit einer Frist von zwei Wochen kündigen.	
	B:	Nach Ablauf der Probezeit können beide Seiten das Ausbildungsverhältnis aus wichtigem Grund kündigen. Die Kündigung muss schriftlich erfolgen und den Grund enthalten.	
7.6	**A:**	Sind Auszubildende der Meinung, dass der ausbildende Betrieb seinen Pflichten nicht nachkommt, können sie sich unter anderem an den Betriebsrat wenden.	
	B:	Ist zwischen dem Auszubildenden und dem Ausbildenden keine gütliche Einigung möglich, müssen die Amtsgerichte eingeschaltet werden.	

Die Merkur-Reihe „Wirtschaftskompetenz" im Überblick:

¬ Speth | Boller

Wirtschaftskompetenz

| Zielgruppe | Ausbildungsberufe und Schulformen, in denen die Grundlagen der Wirtschafts- und Sozialkunde (Ausbildungs- und Berufsorientierung, Recht und VWL) unterrichtet werden

| Lehrplanbezug | **Baden-Württemberg (Schuljahr 2016/2017)**

| Konzeption | Das Buch „Wirtschaftskompetenz" deckt alle Anforderungen des **neuen Bildungsplans** vom 22. Juli 2016 für das **Fach „Wirtschaftskompetenz"** für die **gewerblichen, hauswirtschaftlich-pflegerisch-sozialpädagogischen sowie landwirtschaftlichen Berufsschulen** in Baden-Württemberg ab.

Um dem Konzept der Handlungskompetenz gerecht zu werden, werden im Buch den Hauptkapiteln **lebensnahe (authentische) Lernsituationen** vorangestellt. Jede Situation enthält am Ende konkrete **kompetenzfördernde Arbeitsaufträge,** die die unterschiedlichen Teilbereiche der Handlungskompetenz fördern.

| Inhalt |

- **Kompetenzbereich I:** Die Rolle des Mitarbeiters in der Arbeitswelt aktiv ausüben (1. Schuljahr)
- **Kompetenzbereich II:** Als Konsument rechtliche Bestimmungen in Alltagssituationen anwenden (2. Schuljahr)
- **Kompetenzbereich III:** Wirtschaftspolitisches Handeln in der Sozialen Marktwirtschaft beurteilen (3. Schuljahr)
- **Kompetenzbereich IV:** Entscheidungen im Rahmen einer beruflichen Selbstständigkeit treffen (3. Schuljahr)

ISBN 978-3-8120-0691-0

¬ Boller

Arbeitsheft-Reihe „Wirtschaftskompetenz"

| Gesamtkonzeption | Die Arbeitshefte zielen darauf ab, dass die Schülerinnen und Schüler ihren **Kompetenzzuwachs** nachhaltig **dokumentieren** und anhand eines stufenförmig aufgebauten **„Kompetenz-Checks"** festigen und vertiefen können. Um diese Zielsetzung zu unterstützen, folgt das jeweilige Arbeitsheft einer durchgängigen, dem Schulbuch angelehnten Struktur.

Arbeitsheft 1

1. Schuljahr

ISBN 978-3-8120-**1691-9**

Arbeitsheft 2

2. Schuljahr

ISBN 978-3-8120-**1692-6**

Arbeitsheft 3

3. Schuljahr

ISBN 978-3-8120-**1693-3**